OEUVRES COMPLÈTES

DE M. A. DE

LAMARTINE

TOME VI

MÉLANGES

LAGNY. — TYPOGRAPHIE DE VIALAT et Cie

JÉRUSALEM.

ŒUVRES COMPLÈTES

DE M. A. DE

LAMARTINE

NOUVELLE ÉDITION

ILLUSTRÉE DE 34 BELLES GRAVURES SUR ACIER

ET DU PORTRAIT DE L'AUTEUR

TOME SIXIÈME

PARIS

21, quai Malaquais

ÉDITEURS :

CHARLES GOSSELIN, FURNE et Cie, PAGNERRE,

DUFOUR et MULAT

—

1850

SOUVENIRS

IMPRESSIONS

PENSÉES ET PAYSAGES.

PAYSAGES ET PENSÉES EN SYRIE.

Le 28 mars, je pars de Bayruth pour Balbek et Damas; la caravane se compose de vingt-six chevaux, et huit ou dix Arabes à pied pour domestiques et escorte.

En quittant Bayruth, on monte par des chemins creux, dans un sable rouge, dont les bords sont festonnés de toutes les fleurs de l'Asie; toutes les formes, tous les parfums du printemps : nopals, arbustes épineux, aux grappes de fleurs jaunes comme l'or, semblables au genêt de nos montagnes; vignes se suspendant d'arbre en arbre, beaux caroubiers, arbres à la feuille d'un vert noir et bronzé, aux rameaux entrelacés, au tronc d'une écorce brune, polie, luisante, le plus bel arbre de ces climats. On arrive, après une demi-heure, au sommet de la presqu'île qui forme le cap de Bayruth; elle se termine en pointe arrondie dans la mer, et sa base est formée par une belle et large plaine, traversée par le Nahr-Bayruth. Cette plaine, arrosée, cultivée, plantée partout de beaux palmiers, de verts mûriers, de pins à la cime large et touffue, vient mourir sous les premiers rochers du Liban. Au point culminant de la plaine de Bayruth s'étend la magnifique scène de Fakar-el-Din ou Facardin : c'est la promenade de Bayruth ; c'est là que les cavaliers turcs, arabes, et les Européens, vont exercer leurs chevaux et courir le dgérid; c'est là que j'allais tous les jours moi-même passer quelques heures à cheval, tantôt courant sur les sables déserts qui dominent l'horizon bleu et immense de la mer syrienne, tantôt, au pas, rêvant sous les allées des jeunes pins qui couvrent une partie de ce promontoire. C'est le plus beau lieu que je connaisse au monde : — des pins gigantesques, dont les troncs vigoureux, légèrement inclinés sous le vent de mer, portant comme des dômes leurs têtes larges et arrondies en parasol, sont jetés par groupes de deux ou de trois arbres, ou semés isolément de vingt pas en vingt pas, sur un sable d'or, que perce çà et là un léger duvet vert de gazon et d'anémones. Ils furent plantés par Fakar-el-Din, dont les merveilleuses aventures ont répandu la renommée en Europe : ils gardent encore son nom. Je voyais tous les jours avec douleur un héros plus moderne renverser ces arbres qu'un autre grand homme avait plantés. Ibrahim-Pacha en faisait couper quelques uns pour sa marine ; mais il en reste assez pour signaler au loin le promontoire à l'œil du navigateur et à l'admiration de l'homme épris des plus belles scènes de la nature.

C'est de là qu'on a, selon moi, la plus splendide apparition du Liban : on est à ses pieds, mais assez éloigné cependant pour que son ombre ne soit pas sur vous, et pour que l'œil puisse l'embrasser dans toute sa hauteur, plonger dans l'obscurité de ses gorges, discerner l'écume de ses torrens et jouer librement autour des premiers cônes dont il est flanqué, et qui portent chacun un monastère de Maronites, au-dessus d'un bouquet de pins, de cèdres ou de noirs cyprès. — Le Sannin, la cime la plus élevée et la plus pyramidale du Liban, domine toutes les cimes inférieures, et forme, avec sa neige presque éternelle, le fond majestueux, doré, violet, rose, de l'horizon des montagnes, qui se noie dans le firmament, non comme un corps solide, mais comme une vapeur, une fumée transparente, à travers lesquelles on croit distinguer l'autre côté du ciel; phénomène ravissant des montagnes d'Asie, que je n'ai vu nulle part ailleurs, et dont je jouis tous les soirs sans m'en rendre raison. — Du côté du midi, le Liban s'abaisse graduellement jusqu'au cap avancé de Saïde, autrefois Sidon; ses cimes ne portent plus de neige que çà et là, sur deux ou trois cimes plus éloignées et plus élevées que les autres et que le reste de la chaîne libanienne : elles suivent, comme une muraille de ville ruinée, tantôt s'élevant, tantôt s'abaissant, la ligne de la plaine et de la mer, et vont mourir dans la vapeur de l'occident, vers les montagnes de la Galilée, aux bords de la mer de Génésareth, autrement le lac de Tibériade. Du côté du nord, vous apercevez un coin de la mer qui s'avance, comme un lac dormant, dans la plaine, cachée à demi par les verts massifs de la ravissante colline de San-Dimitri, la plus belle colline de la Syrie. Dans ce lac, dont vous n'apercevez pas la jonction avec la mer, quelques navires sont toujours à l'ancre, et se balancent gracieusement sur la vague, dont l'écume vient mouiller les lentisques, les lauriers-roses et les nopals. — De la rade, un pont construit par les Romains d'abord, et restauré par Fakar-el-Din, jette ses arches, élevées en ogives, sur la rivière de Bayruth, qui court à travers la plaine, où elle répand la vie et la verdure, et va se perdre, non loin, dans la rade.

Cette promenade est la dernière que je fis avec Julia. Elle montait pour la première fois un cheval du désert, que je lui avais ramené de la mer Morte, et dont un domestique arabe tenait la bride. Nous étions seuls; la journée, quoique nous fussions en novembre, était éclatante de lumière, de chaleur et de verdure. Jamais je n'avais vu cette admirable enfant dans une ivresse si complète de la nature, du mouvement, du bonheur d'exister, de voir et de sentir; elle se tournait à chaque instant vers moi, pour s'écrier; et quand nous eûmes fait le tour de la colline de San-Dimitri, traversé la plaine et gagné les pins, où nous nous arrêtâmes :

— N'est-ce pas, me dit-elle, que c'est la plus longue, la plus belle et la plus délicieuse promenade que j'aie encore faite de ma vie? — Hélas oui! et c'était la dernière! — Quinze jours après, je me promenais seul et pleurant sous les mêmes arbres, n'ayant plus que dans le cœur cette ravissante image de la plus céleste créature que le ciel m'ait donnée à voir, à posséder et à pleurer. — Je ne vis plus; — la nature n'est plus animée pour moi par tout ce qui me la faisait sentir double dans l'âme de mon enfant: — je la regarde encore; elle ravit toujours mes yeux; mais elle ne soulève plus mon cœur, ou si elle le soulève, à mon insu, par minutes, par instans, il retombe aussitôt, froid et brisé, sur le fond de tristesse désolante et d'amertume où la volonté de Dieu l'a placé par tant de pertes irréparables.

Du côté du couchant, l'œil est d'abord arrêté par de légères collines de sable, rouge comme la braise d'un incendie, et d'où s'élève une vapeur d'un blanc rose, semblable à la réverbération d'une gueule de four allumé; puis, en suivant la ligne de l'horizon, il passe par-dessus ce désert, et arrive à la ligne bleu foncé de la mer, qui termine tout, et se fond au loin, avec le ciel, dans une brume qui laisse leur limite indécise. Toutes ces collines, toute cette plaine, les flancs de toutes les montagnes, portent un nombre infini de jolies maisonnettes isolées, dont chacune a son verger de mûriers, son pin gigantesque, ses figuiers, et, çà et là, par groupes plus compactes et plus frappans pour l'œil, de beaux villages ou des groupes de monastères, qui s'élèvent sur leur piédestal de rochers, et répercutent au loin sur la mer les rayons jaunes du soleil d'Orient. — Deux à trois cents de ces monastères sont répandus sur toutes les crêtes, sur tous les promontoires, dans toutes les gorges du Liban : c'est le pays le plus religieux du monde, et le seul pays peut-être où l'existence du système monacal n'ait pas encore amené les abus qui l'ont fait détruire ailleurs. — Ces religieux, pauvres et utiles, vivent du travail de leurs mains, ne sont, à proprement parler, que des laboureurs pieux, et ne demandent au gouvernement et aux populations que le coin de rocher qu'ils cultivent, la solitude et la contemplation;—ils expliquent parfaitement encore, par leur existence actuelle au milieu des contrées mahométanes, la création de ces premiers asiles du christianisme naissant, souffrant et persécuté, et la prodigieuse multiplication de ces asiles de la liberté religieuse, dans les temps de barbarie et de persécutions. Là, fut la raison de leur existence ; là, elle est encore pour les Maronites : aussi ces moines sont-ils restés ce qu'ils ont dû être partout, et ce qu'ils ne peuvent plus être, que par exception, nulle part. — Si l'état actuel des sociétés et des religions comporte encore des ordres monastiques, ce n'est plus ceux qui sont nés dans une autre époque, pour d'autres besoins, d'autres nécessités : chaque temps doit porter ses créations sociales et religieuses ; les besoins de ces temps-ci sont autres que les besoins des premiers siècles. — Les ordres monastiques modernes n'ont que deux choses qu'ils puissent faire mieux que les gouvernemens et les forces individuelles : instruire les hommes et les soulager dans leurs misères corporelles. Les écoles et les hôpitaux, voilà les deux seules places qui restent à prendre pour eux dans le mouvement du monde actuel ; mais, pour prendre la première de ces places, il faut participer d'abord soi-même à la lumière qu'on veut répandre ;—il faut être plus instruit et plus véritablement moral que les populations qu'on veut instruire et améliorer. — Revenons au Liban. —

Nous commençons à le monter par des sentiers de roches jaunâtres et de grès légèrement tachés de rose, qui donnent de loin à la montagne cette couleur violette et rosée qui enchante le regard. Rien de remarquable jusqu'aux deux tiers de la montagne : là, le sommet d'un promontoire qui s'avance sur une profonde vallée. — Un des plus beaux coups d'œil qu'il soit donné à l'homme de jeter sur l'œuvre de Dieu, c'est la vallée d'Hammana : elle est sous vos pieds ; elle commence par une gorge noire et profonde, creusée presque comme une grotte dans les plus hauts rochers et sous les neiges du

Liban le plus élevé : on ne la distingue d'abord que par le torrent d'écume qui descend avec elle des montagnes, e trace, dans son obscurité, un sillon mobile et lumineux : elle s'élargit insensiblement de degrés en degrés, comme son torrent de cascades en cascades ; puis, tout à coup, se détournant vers le couchant, et formant un cadre gracieux et souple, comme un ruisseau qui entre dans un fleuve, ou qui devient fleuve lui-même, elle entre dans une plus large vallée, et devient vallée elle-même ; elle s'étend dans une largeur moyenne d'une demi-lieue, entre deux chaînes de la montagne : elle se précipite vers la mer par une pente régulière et douce : elle se creuse ou s'élève en collines, selon les obstacles de rochers qu'elle rencontre dans sa course : sur ces collines, elle porte des villages séparés par des ravins, d'immenses plateaux entourés de noirs sapins, et dont les plates-formes cultivées portent un beau monastère : dans ces ravins, elle répand toutes les eaux de ses mille cascades, et les roule en écume étincelante et bruyante. Les flancs des deux parois du Liban qui la ferment sont couverts eux-mêmes d'assez beaux groupes de sapins et de couvens, et de hauts villages, dont la fumée bleue court sur leurs précipices. A l'heure où cette vallée m'apparut, le soleil se couchait sur la mer, et ses rayons, laissant les gorges et les ravins dans une obscurité mystérieuse, rasaient seulement les couvens, les toits des villages, les cimes des sapins et les têtes les plus hautes des rochers qui sortent du niveau des montagnes; les eaux, étant grandes, tombaient de toutes les corniches des deux montagnes, et jaillissaient en écume de toutes les fentes des rochers, entourant de deux larges bras d'argent ou de neige la belle plate-forme qui soutient les villages, les couvens et les bois de sapins. Leur bruit, semblable à celui des tuyaux d'orgue dans une cathédrale, résonnait de partout, et assourdissait l'oreille. J'ai rarement senti aussi profondément la beauté spéciale des vues de montagnes; beauté triste, grave et douce, d'une tout autre nature que les beautés de la mer ou des plaines ;— beauté qui recueille le cœur au lieu de l'ouvrir, et qui semble participer du sentiment religieux dans le malheur; — recueillement mélancolique, — au lieu du sentiment religieux dans le bonheur : expansion, amour et joie.

A chaque pas sur les flancs de la corniche que nous suivions, les cascades tombent sur la tête du passant, ou glissent dans les interstices des roches vives qu'elles ont creusées; gouttières de ce toit sublime des montagnes, qui filtrent incessamment le long de ses pentes. Le temps était brumeux; la tempête mugissait dans les sapins, et apportait, de momens en momens, des poussières de neige qui perçaient en le colorant le rayon fugitif du soleil de mars. Je me souviens de l'effet neuf et pittoresque que faisait le passage de notre caravane sur un des ravins de ces cascades. Les flancs des rochers du Liban se creusaient tout à coup, comme une anse profonde de la mer entre les rochers; un torrent, retenu par quelques blocs de granit, remplissait de ses bouillons rapides et bruyans cette déchirure de la montagne; la poudre de la cascade, qui tombait à quelques toises au-dessus, flottait au gré des vents sur les deux promontoires de terre aride et grise qui environnaient l'anse et qui, s'inclinant tout à coup rapidement, descendaient au lit du torrent qu'il fallait passer; une corniche étroite, taillée dans le flanc de ces mamelons, était le seul chemin par où l'on pût descendre au torrent pour le traverser. On ne pouvait passer qu'un à un à la file sur cette corniche; j'étais un des derniers de la caravane : la longue file de chevaux, de bagages et de voyageurs descendait successivement dans le fond de ce gouffre, tournant et disparaissant complétement dans les ténèbres du brouillard des eaux, et reparaissait par degrés de l'autre côté et sur l'autre corniche du passage; d'abord vêtue et voilée d'une vapeur sombre, pâle et jaunâtre comme la vapeur du soufre, puis d'une vapeur blanche et légère comme l'écume d'argent des eaux; puis enfin éclatante et colorée par les rayons du soleil qui commençait à l'éclairer davantage, à mesure qu'elle remontait sur les flancs opposés : c'était une scène de l'Enfer du Dante, réalisée à l'œil dans un des plus terribles cercles que son imagination eût pu inventer : mais qui est-ce qui est poëte devant la nature? qui est-ce qui invente après Dieu ?

Le village d'Hammana, village druse où nous allions coucher, brillait déjà à l'ouverture supérieure de la vallée qui porte son nom. Jeté sur un pic de rochers aigus et concassés qui touchent à la neige éternelle, il est dominé par la maison du scheik, placée elle-même sur un pic plus élevé, au milieu du village. Deux profonds torrens encaissés dans les roches et obstrués de blocs qui brisent leur écume, cernent de toutes parts le village; on les passe sur quelques troncs de sapins où l'on a jeté un peu de terre, sans parapets, et l'on gravit aux maisons. Les maisons, comme toutes celles du Liban et de la Syrie, présentent au loin une apparence de régularité, de pittoresque et d'architecture qui trompe l'œil au premier regard, et les fait ressembler à des groupes de villas italiennes avec leurs toits en terrasses et leurs balcons décorés de balustrades. Mais le château du scheik d'Hammana surpasse en élégance, en grâce et en noblesse, tout ce que j'avais vu dans ce genre, depuis le palais de l'émir Beschir à Deir-el-Kammar. On ne peut le comparer qu'à un de nos plus merveilleux châteaux gothiques du moyen âge, tels du moins que leurs ruines nous les font concevoir, ou que la peinture nous les retrace. Des fenêtres en ogive décorées de balcons, une porte large et haute surmontée d'une arche en ogive aussi, qui s'avance comme un portique, au-dessus du seuil; deux bancs de pierre sculptés en arabesques et tenant aux deux montans de la porte, sept ou huit marches de pierre circulaire descendant en perron, jusque sur une large terrasse ombragée de deux ou trois sycomores immenses et où l'eau coule toujours dans une fontaine de marbre : voilà la scène. Sept ou huit Druses armés, couverts de leur noble costume aux couleurs éclatantes, coiffés de leur turban gigantesque et dans des attitudes martiales, semblent attendre l'ordre de leur chef; un ou deux nègres, vêtus de vestes bleues, quelques jeunes esclaves ou pages assis ou jouant sur les marches du perron ; et enfin plus haut, sous l'arche même de la grande porte, le scheik assis la pipe à la main, couvert d'une pelisse écarlate, et nous regardant passer dans l'attitude de la puissance et du repos : voilà les personnages. — Ajoutez-y deux jeunes et belles femmes, l'une accoudée à une fenêtre haute de l'édifice, l'autre debout sur un balcon au-dessus de la porte.

Nous couchons à Hammana dans une chambre qu'on nous avait préparée depuis quelques jours. — Nous nous levons avant le soleil, nous gravissons la dernière cime du Liban. La montée dure une heure et demie; on est enfin dans les neiges, et l'on suit ainsi dans une plaine élevée, légèrement diversifiée par les ondulations des collines, comme au sommet des Alpes, la gorge qui conduit de l'autre côté du Liban. — Après deux heures de marche pénible dans deux ou trois pieds de neige, on découvre d'abord les cimes élevées et neigeuses encore de l'Anti-Liban, puis ses flancs arides et nus, puis enfin la belle et large plaine du Bkâ faisant suite à la vallée de Balbek à droite. Cette plaine commence au désert de Homs et de Hama et ne se termine qu'aux montagnes de Galilée vers Saphad; elle laisse seulement là un étroit passage au Jourdain, qui va se jeter dans la mer de Génésareth. — C'est une des plus belles et des plus fertiles plaines du monde, mais elle est à peine cultivée; toujours infestée par les Arabes errans, les habitans de Balbek, de Zaklé ou des autres villages du Liban, osent à peine l'ensemencer. Elle est arrosée par un grand nombre de torrens, des sources intarissables, et présentait à l'œil, quand nous la vîmes, plutôt l'aspect d'un marécage ou d'un lac mal desséché, que celui d'une terre.

En quatre heures nous descendons à la ville de Zaklé, et l'évêque grec, né à Alep, nous reçoit et nous donne quelques chambres. Nous repartons le 30 pour traverser la plaine de Bkâ, et aller coucher à Balbek.

LES RUINES DE BALBEK.

En quittant Zaklé, jolie ville chrétienne au pied du Liban, aux bords de la plaine, en face de l'Anti-Liban, on suit d'abord les racines du Liban, en remontant vers le nord; on passe auprès d'un édifice ruiné, sur les débris duquel les Turcs ont élevé une maison de derviche et une mosquée d'un effet grandiose et pittoresque. — C'est, disent les traditions arabes, le tombeau de Noé, dont l'arche toucha le sommet du Sannin, et qui habita la belle vallée de Balbek, où il mourut et fut enseveli. Quelques restes d'arches et de structures antiques, des temps grecs ou romains, confirment ici les traditions. On voit, du moins, que de tout temps ce lieu a été consacré par quelque grand souvenir; la pierre est là, témoin de l'histoire. Nous passâmes, non sans reporter notre esprit à ces jours antiques où les enfans du patriarche, ces nouveaux hommes nés d'un seul homme, habitaient ces séjours primitifs, et fondaient des civilisations et des édifices qui sont restés des problèmes pour nous.

Nous employâmes sept heures à traverser obliquement la plaine qui conduit à Balbek. Au passage du fleuve qui partage la plaine, nos escortes arabes voulurent nous forcer à prendre à droite, et à coucher dans un village turc, à trois lieues de Balbek. Mon drogman ne put se faire obéir, et je fus forcé de pousser mon cheval au galop de l'autre côté du fleuve, pour forcer les deux chefs de la caravane à nous suivre. Je m'avançai sur eux la cravache à la main; ils tombèrent de cheval à la seule menace, et nous accompagnèrent en murmurant.

En approchant de l'Anti-Liban, la plaine s'élève, devient plus sèche et plus rocailleuse. — Anémones et perce-neiges,

RUINES DE BALBEK.

aussi nombreuses que les cailloux sous nos pieds. Nous commençons à apercevoir une masse immense qui se détachait en noir sur les flancs blanchâtres de l'Anti-Liban. C'était Balbek ; mais nous ne distinguions rien encore. — Enfin, nous arrivâmes à la première ruine. C'est un petit temple octogone, porté sur des colonnes de granit rouge égyptien, colonnes évidemment coupées dans les colonnes plus élevées, dont les unes ont une volute au chapiteau, les autres aucune trace de volute, et qui furent, selon moi, transportées, coupées et dressées là dans des temps très-modernes, pour porter la calotte d'une mosquée turque ou le toit d'un santon : ce doit être du temps de Fakar-el-Din. — Les matériaux sont beaux ; il y a encore, dans ce travail de la corniche et de la voûte, la trace de quelques sentimens de l'art ; mais ces matériaux sont évidemment des fragmens de ruines, rajustés par une main plus faible et par un goût déjà corrompu. Ce temple est à un quart d'heure de marche de Balbek. Impatiens de voir ce que l'antiquité la plus reculée nous a laissé de beau, de grand, de mystérieux, nous pressions le pas de nos chevaux fatigués, dont les pieds commençaient à heurter çà et là les blocs de marbre, les tronçons de colonnes, les chapiteaux renversés ; toutes les murailles d'enceinte des champs qui avoisinent Balbek sont construites de ces débris : nos antiquaires trouveraient une énigme à chaque pierre. Quelque culture commençait à reparaître, et de larges noyers, les premiers que j'eusse revus en Syrie, s'élevaient entre Balbek et nous, et poussaient jusque entre les ruines des temples, que leurs rameaux nous cachaient encore. Ils parurent enfin ; ce n'est pas, à proprement parler, un temple, un édifice, une ruine ; c'est une colline d'architecture qui sort tout à coup de la plaine, à quelque distance des collines véritables de l'Anti-Liban. On se traîne parmi les décombres, dans le village arabe ruiné qu'on appelle Balbek. Nous longeâmes un des côtés de cette colline de ruines, sur laquelle une forêt de gracieuses colonnes s'élevait, dorée par le soleil couchant, et jetait à l'œil les teintes jaunes et mates du marbre du Parthénon ou du travertin du Colysée à Rome. Parmi ces colonnes, quelques-unes, en file élégante et prolongée, portent encore leurs chapiteaux intacts, leurs corniches richement sculptées, et bordent les murs de marbre qui servent à enclore les sanctuaires; quelques autres sont couchées entières contre ces murs qui les soutiennent, comme un arbre dont la racine a manqué, mais dont le tronc est encore sain et vigoureux; d'autres, en plus grand nombre, sont répandues çà et là en immenses morceaux de marbre ou de pierre, sur les pentes de la colline, dans les fossés profonds qui l'entourent, et jusque dans le lit de la rivière qui coule à ses pieds. Au sommet du plateau de la montagne de pierre, six colonnes d'une taille plus gigantesque s'élèvent isolées, non loin d'un temple inférieur, et portent encore leurs corniches colossales. Nous verrons plus tard ce qu'elles témoignent, dans cet isolement des autres édifices. En continuant à longer le pied des monumens, les colonnes et l'architecture finissent, et vous ne voyez plus que des murs gigantesques, bâtis de pierres énormes et presque toutes portant les traces de la sculpture; débris d'une autre époque, dont on s'est servi à l'époque reculée où l'on a élevé les temples à présent ruinés.

Nous n'allâmes pas plus loin ce jour-là; le chemin s'écartait des ruines et nous conduisait, parmi des ruines encore et sur des voûtes retentissantes du pas de nos chevaux, vers une maisonnette construite parmi les décombres : c'était le palais de l'évêque de Balbek, qui, revêtu de sa pelisse violette, et entouré de quelques paysans arabes, vint au-devant de nous et nous conduisit à son humble porte. La moindre chaumière de paysan de Bourgogne ou d'Auvergne a plus de luxe et d'élégance que le palais de l'évêque de Balbek : une masure sans fenêtres ni porte, mal jointe, et dont le toit, écroulé en partie, laisse ruisseler la pluie sur un pavé de boue, voilà l'édifice; au fond de la cour cependant, un mur propre et neuf, construit de blocs de travertin; une porte et une fenêtre en ogives, d'architecture moresque et dont les ogives étaient formées de pierres admirablement sculptées, attiraient mon œil : c'était l'église de Balbek, la cathédrale de cette ville, où d'autres dieux eurent de splendides asiles; c'est la chapelle où le peu de chrétiens arabes qui vivent sur ces débris de tant de cultes viennent adorer, sous une forme plus pure, cette même Divinité dont la pensée a travaillé les hommes de tous les siècles, et leur a fait remuer tant de pierres et tant d'idées.

Nous déposâmes nos manteaux sous ce toit hospitalier, nous attachâmes nos chevaux au piquet, sur la vaste pelouse qui s'étend entre la maison du prêtre et les ruines; nous allumâmes un feu de broussailles pour sécher nos habits mouillés par la pluie du jour, et nous soupâmes dans la petite cour de l'évêque, sur une table formée de quelques pierres des temples, pendant que, dans la chapelle voisine, les litanies de la prière du soir retentissaient en un chant plaintif, et que la voix grave et sonore de l'évêque murmurait les pieuses oraisons à son troupeau; ce troupeau se composait de quelques bergers arabes et de quelques femmes. Quand ces paysans du désert sortirent de l'église et s'arrêtèrent autour de nous pour nous contempler, nous ne vîmes que des visages amis, des regards bienveillans; nous n'entendîmes que des paroles obligeantes et affectueuses, ces touchans saluts, ces vœux prolongés et naïfs des peuples primitifs, qui n'ont pas fait encore une vaine formule du salut de l'homme à l'homme, mais qui ont concentré dans un petit nombre de paroles applicables aux diverses rencontres du matin, du midi ou du soir, tout ce que l'hospitalité peut souhaiter de plus touchant et de plus efficace à ses hôtes, tout ce qu'un voyageur peut souhaiter au voyageur pour le jour, la nuit, la route, le retour. Nous étions chrétiens; — c'était assez pour eux : les religions communes sont la plus puissante sympathie des peuples; — une idée commune entre les hommes est plus qu'une patrie commune! et les chrétiens de l'Orient, noyés dans le mahométisme qui les entoure, qui les menace, qui les persécuta souvent, voient toujours dans les chrétiens de l'Occident des protecteurs actuels et des libérateurs futurs! L'Europe ne sait pas assez quel puissant levier elle a, dans ces populations chrétiennes, pour remuer l'Orient le jour où elle voudra y porter ses regards et rendre à ce pays, qui touche à une transformation nécessaire et inévitable, la liberté et la civilisation dont il est si capable et si digne. Il est temps, selon moi, de lancer une colonie européenne dans ce cœur de l'Asie, de reporter la civilisation moderne aux lieux d'où la civilisation antique est sortie, et de former un empire immense de ces grands lambeaux de l'empire turc, qui s'écroule sous sa propre masse, et qui n'a d'héritier que le désert et la poudre des ruines sur lesquelles il s'est abîmé. Rien n'est plus facile que d'élever un monument nouveau sur ces terrains déblayés, et de rouvrir à de fécondes races humaines ces sources intarissables de population que le mahométisme a taries par son exécrable administration : quand je dis exécrable, je n'entends pas inculper le caractère du mahométisme d'une férocité brutale qui n'est pas dans sa nature, mais d'une insouciance coupable, d'un fatalisme irrémédiable qui, sans rien détruire, laisse tout périr autour de lui. La population turque est saine, bonne et morale; sa religion n'est ni aussi superstitieuse ni aussi exclusive qu'on nous la peint; mais sa résignation passive, mais l'abus de sa foi dans le règne sensible de la Providence, tue les facultés de l'homme en remettant tout à Dieu : Dieu n'agit pas pour l'homme, chargé d'agir dans sa propre cause; il est spectateur et juge de l'action humaine; le mahométisme a pris le rôle divin; il s'est constitué spectateur inactif de l'action divine; il croise les bras à l'homme, et l'homme périt volontairement dans cette inaction. A cela près, il faut rendre justice au culte de Mahomet : ce n'est qu'un culte très-philosophique, qui n'a imposé que deux grands devoirs à l'homme : la prière et la charité. — Ces deux grandes idées sont en effet les deux plus hautes vérités de toute religion; le mahométisme en fait découler sa tolérance, que d'autres cultes ont si cruellement exclue de leurs dogmes. Sous ce rapport, il est plus avancé sur la route de la perfection religieuse que beaucoup de religions qui l'insultent et le méconnaissent. Le mahométisme peut entrer, sans effort et sans peine, dans un système de liberté religieuse et civile, et former un des élémens d'une grande agglomération sociale en Asie ; il est moral, patient, résigné, charitable et tolérant de sa nature. Toutes ces qualités le rendent propre à une fusion nécessaire dans les pays qu'il occupe, et où il faut l'éclairer et non l'exterminer ; il a l'habitude de vivre en paix et en harmonie avec les cultes chrétiens qu'il a laissés subsister et agir librement au sein même de ses villes les plus saintes, comme Damas et Jérusalem ; l'empire lui importe peu : pourvu qu'il ait la prière, la justice et la paix, cela lui suffit. On peut, dans la civilisation européenne, tout humaine, toute politique, tout ambitieuse, lui laisser aisément sa place à la mosquée et sa place à l'ombre ou au soleil.

Alexandre a conquis l'Asie avec trente mille soldats grecs et macédoniens ; — Ibrahim a renversé l'empire turc avec trente ou quarante mille enfans égyptiens, sachant seulement charger une arme et marcher au pas. Un aventurier européen, avec cinq ou six mille soldats d'Europe, peut aisément renverser Ibrahim, et conquérir l'Asie, de Smyrne à Bassora et du Caire à Bagdad, en marchant pas à pas ; en prenant les Maronites du Liban pour pivots de ses opérations ; en organisant derrière lui, à mesure qu'il avancerait, et en faisant des chrétiens de l'Orient son moyen d'action, d'administration et de recrutement ; les Arabes du désert même seront à lui le jour où il les pourra solder : ceux-là n'ont d'autre culte que l'argent, leur divinité sera toujours le sabre et l'or : avec ce vice, on peut les tenir assez de temps pour que leur soumission devienne ensuite inévitable ; ils y serviront eux-mêmes ; après cela on repoussera leurs tentes plus loin dans le désert, qui est leur seule patrie ; on les attirera peu à peu à une civilisation plus douce, dont ils n'ont pas eu l'exemple autour d'eux

Nous nous levâmes avec le soleil, dont les premiers rayons frappaient sur les temples de Balbek, et donnaient à ces mystérieuses ruines cet éclat d'éternelle jeunesse que la nature sait rendre à son gré, même à ce que le temps a détruit. Après un court déjeuner, nous allâmes toucher de la main ce que nous n'avions encore touché que de l'œil ; nous approchâmes lentement de la colline artificielle, pour bien embrasser du regard les différentes masses d'architecture qui la composent ; nous arrivâmes bientôt, par la partie du nord, sous l'ombre même des murailles gigantesques qui, de ce côté, enveloppent les ruines : — un beau ruisseau, répandu hors de son lit de granit, courait sous nos pieds, et formait çà et là de petits lacs d'eau courante et limpide qui murmurait et écumait autour des énormes pierres tombées des murailles, et des sculptures ensevelies dans le lit du ruisseau. Nous passâmes le torrent de Balbek, à l'aide de ces ponts que le temps y a jetés, et nous montâmes, par une roche étroite et escarpée, jusqu'à la terrasse qui enveloppait ces murs : à chaque pas, à chaque pierre que nos mains touchaient, que nos regards mesuraient, notre admiration et notre étonnement nous arrachaient une exclamation de surprise et de merveille. Chacun des moellons de cette muraille d'enceinte avait au moins huit à dix pieds de longueur, sur cinq à six de largeur et autant de hauteur. Ces blocs, énormes pour la main de l'homme, reposent sans ciment l'un sur l'autre, et presque tous portent les traces de sculpture d'une époque indienne ou égyptienne. On voit, au premier coup d'œil, que ces pierres écroulées ou démolies ont servi primitivement à un tout autre usage qu'à former un mur de terrasse et d'enceinte, et qu'elles étaient les matériaux précieux des monumens primitifs, dont on s'est servi plus tard pour enceindre les monumens des temps grecs et romains. C'était un usage habituel, je crois même religieux, chez les anciens, lorsqu'un édifice sacré était renversé par la guerre ou par le temps, ou que les arts plus avancés voulaient le renouveler en le perfectionnant, de se servir des matériaux pour les constructions accessoires des monumens restaurés, afin de ne pas laisser profaner, sans doute, à des usages vulgaires, les pierres qu'avait touchées l'ombre des dieux; et aussi, peut-être, par respect pour les ancêtres, et afin que le travail humain des différentes époques ne fût pas enseveli sous la terre, mais portât encore le témoignage de la piété des hommes et des progrès successifs de l'art : il en est ainsi au Parthénon, où les murs de l'Acropolis, réédifiés par Périclès, contiennent les matériaux travaillés du temple de Minerve. Beaucoup de voyageurs modernes ont été induits en erreur, faute de connaître ce pieux usage des anciens, et ont pris pour des constructions barbares des Turcs ou des croisés, des édifices ainsi construits dès la plus haute antiquité.

Quelques-unes des pierres de la muraille avaient jusqu'à vingt et trente pieds de longueur, sur sept et huit pieds de hauteur.

Arrivés au sommet de la brèche, nos yeux ne savaient où se poser : c'était partout des portes de marbre, d'une hauteur et d'une largeur prodigieuses; des fenêtres ou des niches bordées de sculptures les plus admirables, des cintres revêtus d'ornemens exquis; des morceaux de corniches, d'entablemens ou de chapiteaux, épais comme la poussière sous nos pieds; des voûtes à caissons sur nos têtes; tout mystère, confusion, désordre, chefs-d'œuvre de l'art, débris du temps, inexplicables merveilles autour de nous : à peine avions-nous jeté un coup d'œil d'admiration d'un côté, qu'une merveille nouvelle nous attirait de l'autre. Chaque interprétation de la forme ou du sens religieux des monumens était détruite par une autre. Dans ce labyrinthe de conjectures, nous nous perdions inutilement : on ne peut reconstruire avec la pensée les édifices sacrés d'un temps ou d'un peuple dont on ne connaît à fond ni la religion ni les mœurs. Le temps emporte ses secrets avec lui, et laisse ses énigmes à la science humaine pour la jouer et la tromper. Nous renonçâmes promptement à bâtir aucun système sur l'ensemble de ces ruines; nous nous résignâmes à regarder et à admirer, sans com-

prendre autre chose que la puissance colossale du génie de l'homme, et la force de l'idée religieuse, qui avaient pu remuer de telles masses et accomplir tant de chefs-d'œuvre.
— Nous étions séparés encore de la seconde scène des ruines par des constructions intérieures qui nous dérobaient la vue des temples. Nous n'étions, selon toute apparence, que dans les logemens des prêtres, ou sur le terrain de quelques chapelles particulières, consacrées à des usages inconnus. Nous franchîmes ces constructions monumentales, beaucoup plus riches que les murs d'enceinte, et la seconde scène des ruines fut sous nos yeux. Beaucoup plus large, beaucoup plus longue, beaucoup plus décorée encore que la première d'où nous sortions, elle offrait à nos regards une immense plate-forme, en carré long, dont le niveau était souvent interrompu par des restes de pavés plus élevés, et qui semblaient avoir appartenu à des temples tout entiers détruits, ou à des temples sans toits, sur lesquels le soleil, adoré à Balbek, pouvait voir son autel. Tout autour de cette plate-forme, règne une série de chapelles, décorées de niches, admirablement sculptées; de frises, de corniches, de caissons, du travail le plus achevé, mais du travail d'une époque déjà corrompue des arts : on y sent l'empreinte des goûts, surchargés d'ornemens, des époques de décadence des Grecs et des Romains. Mais pour éprouver cette impression, il faut avoir déjà l'œil exercé par la contemplation des monumens purs d'Athènes ou de Rome : tout autre œil serait fasciné par la splendeur des formes et par le fini des ornemens. Le seul vice ici, c'est trop de richesse : la pierre est écrasée sous son propre luxe, et les dentelles de marbre courent de toutes parts sur les murailles. Il existe, presque intactes encore, huit ou dix de ces chapelles qui semblent avoir existé toujours ainsi, ouvertes sur le carré long, qu'elles entourent, et où les mystères des cultes de Baal étaient sans doute accomplis au grand jour. Je n'essaierai pas de décrire les mille objets d'étonnement et d'admiration que chacun de ces temples, que chacune de ces pierres offrent à l'œil du spectateur. Je ne

suis ni sculpteur ni architecte; j'ignore jusqu'au nom que la pierre affecte dans telle ou telle place, dans telle ou telle forme. Je parlerais mal une langue inconnue; — mais cette langue universelle que le beau parle à l'œil, même de l'ignorant, que le mystérieux et l'antique parlent à l'esprit et à l'âme du philosophe, je l'entends; et je ne l'entendis jamais aussi fortement que dans ce chaos de marbres, de formes, de mystères qui encombrent cette merveilleuse cour.

Et cependant ce n'était rien encore auprès de ce que nous allions découvrir tout à l'heure. — En multipliant par la pensée les restes des temples de Jupiter Stator à Rome, du Colysée, du Parthénon, on pourrait se représenter cette scène architecturale; il n'y avait encore de prodiges que la prodigieuse agglomération de tant de monumens, de tant de richesses et de tant de travail dans une seule enceinte et sous un seul regard, au milieu du désert, et sur les ruines d'une cité presque inconnue; nous nous arrachâmes lentement à ce spectacle, et nous marchâmes vers le midi, où la tête des six colonnes gigantesques s'élevait comme un phare au-dessus de cet horizon de débris; pour y parvenir, nous fûmes obligés de franchir encore des murs d'enceintes extérieures, de hauts parvis, des piédestaux et des fondations d'autels qui obstruaient partout l'espace entre ces colonnes et nous : nous arrivâmes enfin à leur pied. Le silence est le seul langage de l'homme, quand ce qu'il éprouve dépasse la mesure ordinaire de ses impressions; nous restâmes muets à contempler ces six colonnes et à mesurer de l'œil leur diamètre, leur élévation, et l'admirable sculpture de leurs architraves et de leurs corniches; elles ont sept pieds de diamètre et plus de soixante-dix pieds de hauteur; elles sont composées de deux ou trois blocs seulement, si parfaitement joints ensemble qu'on peut à peine discerner les lignes de jonction; leur matière est une pierre d'un jaune légèrement doré qui tient le milieu entre l'éclat du marbre et le mat du travertin; le soleil les frappait alors d'un seul côté, et nous nous assîmes un moment à leur ombre; de grands oiseaux, semblables à des aigles, volaient effrayés du bruit de nos pas, au-dessus de leurs chapiteaux où ils ont leurs nids, et revenant se poser sur les acanthes des corniches, les frappaient du bec et remuaient leurs ailes, comme des ornemens animés de ces restes merveilleux : ces colonnes, que quelques voyageurs ont prises pour les restes d'une avenue de cent quatre pieds de long et de cinquante-six pieds de large, conduisant autrefois à un temple, me paraissent évidemment avoir été la décoration extérieure du même temple. En examinant d'un œil attentif le temple plus petit qui existe dans son entier tout auprès, on reconnaît qu'il a été construit sur le même dessin. Ce qui me paraît probable, c'est qu'après la ruine du premier par un tremblement de terre, on construisit le second sur le même modèle ; qu'on employa même à sa construction une partie des matériaux conservés du premier temple ; qu'on en diminua seulement les proportions trop gigantesques pour une époque décroissante ; qu'on changea les colonnes brisées par leur chute ; qu'on laissa subsister celles que le temps avait épargnées, comme un souvenir sacré de l'ancien monument : s'il en était autrement, il resterait d'autres débris de grandes colonnes autour des six qui subsistent. Tout indique, au contraire, que l'aire qui les environne était vide et déblayée de débris dès les temps les plus reculés, et qu'un riche parvis servait encore aux cérémonies d'un culte autour d'elles.

Nous avions en face, du côté du midi, un autre temple, placé sur le bord de la plate-forme, à environ quarante pas de nous ; c'est le monument le plus entier et le plus magnifique de Balbek, et j'oserai dire du monde entier ; si vous redressiez une ou deux colonnes du péristyle, roulées sur le flanc de la plate-forme, et la tête encore appuyée sur les murs intacts du temple ; si vous remettiez à leur place quelques-uns des caissons énormes qui sont tombés du toit dans le vestibule ; si vous releviez un ou deux blocs sculptés de la porte intérieure et que l'autel, recomposé avec les débris qui jonchent le parvis, reprît sa forme et sa place, vous pourriez rappeler les dieux et ramener les prêtres et le peuple ; ils reconnaîtraient leur temple aussi complet, aussi intact, aussi brillant du poli des pierres et de l'éclat de la lumière que le jour où il sortit des mains de l'architecte. Ce temple a des proportions inférieures à celui que rappellent les six colonnes colossales ; il est entouré d'un portique soutenu par des colonnes d'ordre corinthien ; chacune de ces colonnes a environ cinq pieds de diamètre et quarante-cinq pieds de fût ; les colonnes sont composées chacune de trois blocs superposés ; elles sont à neuf pieds l'une de l'autre et à la même distance du mur intérieur du temple ; sur les chapiteaux des colonnes s'étend une riche architrave et une corniche admirablement sculptée. Le toit de ce péristyle est formé de larges blocs de pierres concaves, découpés avec le ciseau, en caissons, dont chacun représente la figure d'un dieu, d'une déesse ou d'un héros : nous reconnûmes un Ganymède enlevé par l'aigle de Jupiter. Quelques-uns de ces blocs sont tombés à terre au pied des colonnes ; nous les mesurâmes : ils ont seize pieds de largeur et cinq pieds à peu près d'épaisseur ! ce sont là les tuiles de ces monumens. La porte intérieure du temple, formée de blocs aussi énormes, a vingt-deux pieds de large ; nous ne pûmes mesurer sa hauteur parce que d'autres blocs sont écroulés en cet endroit, et la comblent à demi. L'aspect des pierres sculptées qui composent les faces de cette porte, et sa disproportion avec les restes de l'édifice, me font présumer que c'est la porte du grand temple écroulé qu'on a insérée dans celui-ci ; les sculptures mystérieuses qui la décorent sont, à mon avis, d'une tout autre époque que l'époque antonine, et d'un travail infiniment moins pur ; un aigle, tenant un caducée dans ses serres, étend ses ailes sur l'ouverture ; de son bec s'échappent des festons de rubans ou de chaînes qui sont soutenus à leur extrémité par deux renommées. L'intérieur du monument est décoré de piliers et de niches de la sculpture la plus riche et la plus chargée ; nous emportâmes quelques-uns des fragments de sculpture qui parsemaient le parvis. Il y a des niches parfaitement intactes et qui semblent sortir de l'atelier du sculpteur. Non loin de l'entrée du temple, nous trouvâmes d'immenses ouvertures et des escaliers souterrains qui nous conduisirent dans des constructions inférieures dont on ne peut assigner l'usage; tout y est également vaste et magnifique; c'étaient sans doute les demeures des pontifes, les colléges des prêtres, les salles des initiations, peut-être aussi des demeures royales; elles recevaient le jour d'en haut, ou par les flancs de la plate-forme auxquels ces chambres aboutissent. Craignant de nous égarer dans ces labyrinthes, nous n'en visitâmes qu'une petite partie; ils semblent régner sur toute l'étendue de ce mamelon. Le temple que je viens de décrire est placé à l'extrémité sud-ouest de la colline monumentale de Balbek; il forme l'angle même de la plate-forme. En sortant du péristyle, nous nous trouvâmes sur le bord du précipice; nous pûmes mesurer les pierres cyclopéennes qui forment le piédestal de ce groupe de monumens; ce piédestal a trente pieds environ au-dessus du niveau du sol de la plaine de Balbek; il est construit en pierres dont la dimension est tellement prodigieuse, que, si elle n'était attestée par des voyageurs dignes de foi, l'imagination des hommes de nos jours serait écrasée sous l'invraisemblance; l'imagination des Arabes eux-mêmes, témoins journaliers de ces merveilles, ne les attribue pas à la puissance de l'homme, mais à celle des génies ou puissances surnaturelles. Quand on considère que ces blocs de granit taillé ont, quelques-uns, jusqu'à cinquante-six pieds de long sur quinze ou seize pieds de large, et une épaisseur inconnue, et que ces masses énormes sont élevées les unes sur les autres à vingt ou trente pieds du sol, qu'elles ont été tirées de carrières éloignées, apportées là, et hissées à une telle élévation pour former le pavé des temples, on recule devant une telle épreuve des forces humaines; la science de nos jours n'a rien qui l'explique, et l'on ne doit pas être étonné qu'il faille alors recourir au surnaturel. Ces merveilles ne sont évidemment pas de la date des temples; elles étaient mystère pour les anciens comme pour

TADMOR.

nous; elles sont d'une époque inconnue, peut-être antédiluvienne; elles ont vraisemblablement porté beaucoup de temples consacrés à des cultes successifs et divers. A l'œil simple, on reconnaît cinq ou six générations de monumens, appartenant à des époques diverses, sur la colline des ruines de Balbek. Quelques voyageurs et quelques écrivains arabes attribuent ces constructions primitives à Salomon, trois mille ans avant notre âge. Il bâtit, dit-on, Tadmor et Balbek dans le désert. L'histoire de Salomon remplit l'imagination des Orientaux; mais cette supposition, en ce qui concerne au moins les constructions gigantesques d'Héliopolis, n'est nullement vraisemblable. Comment un roi d'Israël, qui ne possédait pas même un port de mer à dix lieues de ses montagnes, qui était obligé d'emprunter la marine d'Hiram, roi de Tyr, pour lui apporter les cèdres du Liban, aurait-il étendu sa domination au delà de Damas et jusqu'à Balbek? comment un prince, qui, voulant élever le temple des temples, la maison du Dieu unique, dans sa capitale, n'y employa que des matériaux fragiles et qui ne purent résister au temps, ni laisser aucune trace durable, aurait-il pu élever, à cent lieues de son peuple, dans des déserts inconnus, des monumens bâtis en matériaux impérissables? n'aurait-il pas plutôt employé sa force et sa richesse à Jérusalem? et que reste-t-il à Jérusalem qui indique des monumens semblables à ceux de Balbek? rien : ce ne peut donc être Salomon. Je crois plutôt que ces pierres gigantesques ont été remuées, soit par ces premières races d'hommes que toutes les histoires primitives appellent géans, soit par les hommes antédiluviens. On assure que, non loin de là, dans une vallée de l'Anti-Liban, on découvre des ossemens humains d'une grandeur immense; ce bruit a une telle consistance parmi les Arabes voisins, que le consul général d'Angleterre en Syrie, M. Farren, homme d'une haute instruction, se propose d'aller incessamment visiter ces sépulcres mystérieux. Les traditions orientales, et le monument même élevé sur la soi-disant tombe de Noé, à peu de distance de Balbek, assignent ce séjour au patriarche. Les premiers hommes, sortis de lui, ont pu conserver longtemps encore la taille et les forces que l'humanité avait avant la submersion totale ou partielle du globe; ces monumens peuvent être leur ouvrage. A supposer même que la race humaine n'eût jamais excédé ses proportions actuelles, les proportions de l'intelligence humaine peuvent avoir changé : qui nous dit que cette intelligence plus jeune n'avait pas inventé des procédés mécaniques plus parfaits pour remuer, comme un grain de poussière, ces masses qu'une armée de cent mille hommes n'ébranlerait pas aujourd'hui? Quoi qu'il en soit, quelques-unes de ces pierres de Balbek, qui ont jusqu'à soixante-deux pieds de longueur et vingt de large sur quinze d'épaisseur, sont les masses les plus prodigieuses que l'humanité ait jamais remuées. Les plus grandes pierres des pyramides d'Égypte ne dépassent pas dix-huit pieds, et ne sont que des blocs exceptionnels placés pour une fin de solidité spéciale dans certaines parties de cet édifice.

En tournant l'angle nord de la plate-forme, les murailles qui la soutiennent sont d'une aussi belle conservation; mais la masse des matériaux qui la composent est moins étonnante. Les pierres cependant ont, en général, vingt à trente pieds de long sur huit à dix de large. Ces murailles, beaucoup plus antiques que les temples supérieurs, sont couvertes d'une teinte grise, et percées çà et là de trous à leurs angles de jonction. Ces ouvertures sont bordées de nids d'hirondelles, et laissent pendre des touffes d'arbustes et de fleurs pariétaires. La couleur grave et sombre des pierres de la base contraste avec la teinte splendide et dorée des murs des temples et des rangées de colonnes du sommet. Au coucher du soleil, quand ses rayons jouent entre les piliers et ruissellent en ondes de feu entre les volutes et les acanthes des chapiteaux, les temples resplendissent comme de l'or pur sur un piédestal de bronze. Nous descendîmes par une brèche formée à l'angle sud de la plate-forme. Là, quelques colonnes du petit temple ont roulé, avec leur architrave, dans le torrent qui coule le long des murs cyclopéens. Ces énormes tronçons de colonnes, groupés au hasard dans le lit du torrent et sur la pente rapide du fossé, sont restés et resteront sans doute éternellement où le temps les a secoués; quelques noyers et d'autres arbres ont germé entre ces blocs, les couvrent de leurs rameaux et les embrassent de leurs larges racines. Les arbres les plus gigantesques ressemblent à des roseaux poussés d'hier, à côté de ces troncs de colonnes de vingt pieds de circonférence et de ces morceaux d'acanthe dont un seul couvre la moitié du lit du torrent. Non loin de là, du côté du nord, une immense gueule, dans les flancs de la plate-forme, s'ouvrait devant nous. Nous y descendîmes. Le jour extérieur qui y pénétrait par les deux extrémités l'éclairait suffisamment; nous la suivîmes dans toute sa longueur de cinq cents pieds; elle règne sous toute l'étendue des temples; elle a une trentaine de pieds d'élévation, et les parois de la voûte sont formées de blocs qui nous étonnèrent par leur masse, même après ceux que nous venions de contempler. Ces blocs de pierre de travertin, taillée au ciseau, ont une grandeur inégale; mais le plus grand nombre a de dix à vingt pieds de longueur; la voûte est à plein cintre, les pierres jointes sans ciment : nous ne pûmes en deviner la destination. A l'extrémité occidentale, cette voûte a un embranchement plus élevé et plus vaste encore, qui se prolonge sur la plate-forme des petits temples que nous avions visités les premiers. Nous retrouvâmes là le grand jour, le torrent épars parmi d'innombrables morceaux d'architecture roulés des plates-formes, et de beaux noyers croissant dans la poussière de ces marbres. Les autres édifices antiques de Balbek, disséminés devant nous dans la plaine, attiraient nos regards; mais rien n'avait la force de nous intéresser après ce que nous venions de parcourir. Nous jetâmes, en passant, un coup d'œil superficiel sur quatre temples qui seraient encore des merveilles à Rome, et qui ressemblent ici à des œuvres de nains. Ces temples, les uns de forme octogone, et très-élégans d'ornemens, les autres de forme carrée avec des péristyles de colonnes de granit égyptien, et même des colonnes de porphyre, me semblent d'époque romaine. L'un d'eux a servi d'église, dans les premiers temps du christianisme; on distingue encore des symboles chrétiens; il est découvert et ruiné maintenant; les Arabes le dépouillent à mesure qu'ils ont besoin d'une pierre pour supporter leur toit, ou d'une auge pour abreuver leurs chameaux.

Un messager de l'émir des Arabes de Balbek nous cherchait et nous rencontra là. Il venait, de la part du prince, nous souhaiter une heureuse arrivée et nous prier de vouloir bien assister à une course de dgérid, espèce de tournoi, qu'il donnerait en notre honneur, le lendemain matin, dans la plaine au-dessous des temples. Nous lui fîmes nos remercîmens, nous acceptâmes, et j'envoyai mon drogman, accompagné de quelques-uns de mes janissaires, faire, de ma part, une visite à l'émir. Nous rentrâmes chez l'évêque pour nous reposer de la journée; mais à peine avions-nous mangé un morceau de galette et le mouton au riz préparé par nos moukres, que nous étions déjà tous à errer, sans guide et au hasard, autour de la colline des ruines ou dans les temples dont nous avions appris la route le matin. Chacun de nous s'attachait aux débris ou au point de vue qu'il venait de découvrir, et appelait de loin ses compagnons de recherche à venir en jouir avec lui; mais on ne pouvait s'arracher à un objet sans en perdre un autre, et nous finîmes par nous abandonner, chacun de son côté, au hasard de nos découvertes. Les ombres du soir, qui descendaient lentement des montagnes de Balbek et ensevelissaient une à une les colonnes et les ruines dans leur obscurité, ajoutaient un mystère de plus et des effets plus pittoresques à cette œuvre magique et mystérieuse de l'homme et du temps; nous sentions là ce que nous sommes, comparés à la masse et à l'éternité de ces monumens, des hirondelles qui nichent une saison dans les interstices de ces pierres, sans savoir pour qui et par qui elles ont été rassemblées. Les idées qui ont remué ces masses, qui ont accumulé ces blocs, nous sont inconnues;

la poussière de marbre que nous foulons en sait plus que nous, mais ne peut rien nous dire; et dans quelques siècles, les générations qui viendront visiter à leur tour les débris de nos monumens d'aujourd'hui se demanderont de même, sans pouvoir se répondre, pourquoi nous avons bâti et sculpté. Les œuvres de l'homme durent plus que sa pensée; le mouvement est la loi de l'esprit humain; le définitif est le rêve de son orgueil ou de son ignorance; Dieu est un but qui se pose sans cesse plus loin, à mesure que l'humanité s'en approche; nous avançons toujours, nous n'arrivons jamais; la grande figure divine, que l'homme cherche depuis son enfance à arrêter définitivement dans son imagination et à emprisonner dans ses temples, s'élargit, s'agrandit toujours, dépasse les pensées étroites et les temples limités, et laisse les temples vides et les autels s'écrouler, pour appeler l'homme à la chercher et à la voir où elle se manifeste de plus en plus, dans la pensée, dans l'intelligence, dans la vertu, dans la nature et dans l'infini!

Même date, le soir.

Heureux celui qui a des ailes pour planer sur les siècles écoulés, pour se poser sans vertiges sur ces monumens merveilleux des hommes, pour sonder de là les abîmes de la pensée, de la destinée humaine; pour mesurer de l'œil la route de l'esprit humain, marchant pas à pas dans ce demi-jour des philosophies, des religions, des législations successives; pour prendre hauteur, comme le navigateur, sur des mers sans rivages visibles, et pour deviner à quel point des temps il vit lui-même, et à quelle manifestation de vérité et de divinité Dieu appelle la génération dont il fait partie!

Balbek, 29 mars, à minuit.

Je suis allé hier seul sur la colline des temples, au clair de lune, penser, pleurer et prier. Dieu sait ce que je pleure et pleurerai tant qu'il me restera un souvenir, une larme. Après avoir prié pour moi et pour ceux qui sont partie de moi, j'ai prié pour tous les hommes. Cette grande tente renversée de l'humanité, sur les ruines de laquelle j'étais assis, m'a inspiré des sentimens si forts et si ardens, qu'ils se sont presque d'eux-mêmes échappés en vers, langage naturel de ma pensée, toutes les fois que ma pensée me domine.

Je les ai écrits ce matin, au lieu même et sur la pierre où je les ai sentis cette nuit :

VERS ÉCRITS A BALBEK.

Mystérieux déserts, dont les larges collines
Sont les os des cités dont le nom a péri ;
Vastes blocs qu'a roulés le torrent des ruines ;
Immense lit d'un peuple où la vague a tari ;
Temples qui, pour porter vos fondements de marbre,
Avez déraciné les grands monts comme un arbre ;
Gouffres où rouleraient des fleuves tout entiers ;
Colonnes où mon œil cherche en vain des sentiers ;
De piliers et d'arceaux profondes avenues,
Où la lune s'égare ainsi qu'au sein des nues ;
Chapiteaux que mon œil mêle en les regardant ;
Sur l'écorce du globe, immenses caractères,
Pour vous toucher du doigt, pour sonder vos mystères,
    Un homme est venu d'Occident !

EN ORIENT.

La route, sur les flots, que sa nef a suivie,
A déplié cent fois ses roulans horizons;
Aux gouffres de l'abîme il a jeté sa vie;
Ses pieds se sont usés sur les pointes des monts;
Les soleils ont brûlé la toile de sa tente;
Ses frères, ses amis ont séché dans l'attente;
Et s'il revient jamais, son chien même incertain
Ne reconnaîtra plus ni sa voix ni sa main :
Il a laissé tomber et perdu dans la route
L'étoile de son œil, l'enfant qui, sous la voûte,
Répandait la lumière et l'immortalité :
Il mourra sans mémoire et sans postérité !
Et maintenant, assis sur la vaste ruine,
Il n'entend que le vent qui rend un son moqueur;
Un poids courbe son front, écrase sa poitrine :
  Plus de pensée et plus de cœur !

. . . .

Le reste est trop intime.

Même date.

J'avais traversé les sommets du Sannin, couverts de neiges éternelles, et j'étais redescendu du Liban, couronné de son diadème de cèdres, dans le désert nu et stérile d'Héliopolis, à la fin d'une journée pénible et longue. A l'horizon encore éloigné devant nous, sur les derniers degrés des montagnes noires de l'Anti-Liban, un groupe immense de ruines jaunes, doré par le soleil couchant, se détachait de l'ombre des montagnes, et se répercutait des rayons du soir. Nos guides nous le montraient du doigt, et s'écriaient : *Balbek ! Balbek !* C'était en effet la merveille du désert, la fabuleuse Balbek qui sortait tout éclatante de son sépulcre inconnu, pour nous raconter des âges dont l'histoire a perdu la mémoire. Nous avancions lentement aux pas de nos chevaux fatigués, les yeux attachés sur les murs gigantesques, sur les colonnes éblouissantes et colossales, qui semblaient s'étendre, grandir, s'allonger à mesure que nous approchions : un profond silence régnait dans toute notre caravane ; chacun aurait craint de perdre une impression de cette heure en communiquant celle qu'il venait d'avoir. Les Arabes mêmes se taisaient, et semblaient recevoir aussi une forte et grave pensée de ce spectacle qui nivelle toutes les pensées. Enfin nous touchâmes aux premiers tronçons de colonnes, aux premiers blocs de marbre, que les tremblemens de terre ont secoués jusqu'à plus d'un mille des monumens mêmes, comme les feuilles sèches, jetées et roulées loin de l'arbre après l'ouragan ; les profondes et larges carrières qui fendent, comme des gorges de vallées, les flancs noirs de l'Anti-Liban, ouvraient déjà leurs abîmes sous les pas de nos chevaux : ces vastes bassins de pierre, dont les parois gardent les traces profondes du ciseau qui les a creusés pour en tirer d'autres collines de pierre, montraient encore quelques blocs gigantesques à demi détachés de leur base, et d'autres taillés sur leurs quatre faces, et qui semblent n'attendre que les chars ou les bras des générations de géans pour les mouvoir. Un seul de ces moellons de Balbek avait soixante-deux pieds de long sur vingt-quatre pieds de largeur et seize d'épaisseur. Un de nos Arabes, descendant de cheval, se laissa glisser dans la carrière, et grimpant sur cette pierre, en s'accrochant aux entaillures du ciseau et aux mousses qui y ont pris racine, il monta sur ce piédestal, et courut çà et là sur cette plate-forme, en poussant des cris sauvages ; mais le piédestal écrasait, par sa masse, l'homme de nos jours : l'homme disparaissait devant son œuvre ; il faudrait la force réunie de soixante mille hommes de notre temps, pour soulever seulement cette pierre, et les plates-formes de Balbek en portent de plus colossales encore, élevées à vingt-cinq ou trente pieds du sol, pour porter des colonnades proportionnées à ces bases.

Nous suivîmes notre route, entre le désert à gauche et les ondulations de l'Anti-Liban à droite, en longeant quelques petits champs cultivés par les Arabes pasteurs, et le lit d'un large torrent qui serpente entre les ruines, et au bord duquel s'élèvent quelques beaux noyers. L'Acropolis, ou la colline artificielle qui porte tous les grands monumens d'Héliopolis, nous apparaissait çà et là, entre les rameaux et au-dessus de la tête des grands arbres; enfin, nous la découvrîmes en entier, et toute la caravane s'arrêta, comme par un instinct électrique. Aucune plume, aucun pinceau ne pourraient décrire l'impression que ce seul regard donne à l'œil et à l'âme. Sous nos pas, dans le lit du torrent, au milieu des champs, autour de tous les troncs d'arbres, des blocs de granit rouge ou gris, de porphyre sanguin, de marbre blanc, de pierre jaune, aussi éclatante que le marbre de Paros; tronçons de colonnes, chapiteaux ciselés, architraves, volutes, corniches, entablemens, piédestaux; membres épars, et qui semblent palpitans, des statues tombées la face contre terre : tout cela confus, groupé en monceaux, disséminé et ruisselant de toutes parts, comme les laves d'un volcan qui vomirait les débris d'un grand empire : à peine un sentier pour se glisser à travers ces balayures des arts qui couvrent toute la terre. Le fer de nos chevaux glissait et se brisait à chaque pas dans les acanthes polies des corniches, ou sur le sein de neige d'un torse de femme : l'eau seule de la rivière de Balbek se faisait jour parmi ces lits de fragmens, et lavait de son écume murmurante les brisures de ces marbres qui font obstacle à son cours.

Au delà de ces écumes de débris qui forment de véritables dunes de marbre, la colline de Balbek, plate-forme de mille pas de long, de sept cents pieds de large, toute bâtie de main d'homme, en pierre de taille, dont quelques-unes ont cinquante à soixante pieds de longueur sur quinze à seize pieds d'élévation, mais la plupart de quinze à trente. Cette colline de granit taillé se présentait à nous par son extrémité orientale, avec ses bases profondes et ses revêtemens incommensurables, où trois morceaux de granit forment cent quatre-vingts pieds de développement, et près de quatre mille pieds de surface; avec les larges embouchures de ses voûtes souterraines, où l'eau de la rivière s'engouffrait, où le vent jetait, avec l'eau, des murmures semblables aux volées lointaines des grandes cloches de nos cathédrales. Sur cette immense plate-forme, l'extrémité des grands temples se montrait à nous, détachée de l'horizon bleu et rose, ou couleur d'or. Quelques-uns de ces monumens déserts semblaient intacts, et paraissaient sortir des mains de l'ouvrier; d'autres ne présentaient plus que des restes encore debout, des colonnes isolées, des pans de murailles inclinés et des frontons démantelés : l'œil se perdait dans les avenues étincelantes des colonnades de ces divers temples, et l'horizon trop élevé nous empêchait de voir où finissait ce peuple de pierre. Les six colonnes gigantesques du grand temple, portant encore majestueusement leur riche et colossal entablement, dominaient toute cette scène, et se perdaient dans le ciel bleu du désert, comme un autel aérien pour les sacrifices des géans.

Nous ne nous arrêtâmes que quelques minutes pour reconnaître seulement ce que nous venions visiter à travers tant de périls et tant de distance; et sûrs enfin de posséder, pour le lendemain, ce spectacle que les rêves mêmes ne pouvaient nous rendre, nous nous remîmes en marche. Le jour baissait; il fallait trouver un asile, ou sous la tente, ou sous quelques voûtes de ces ruines, pour passer la nuit, et nous reposer d'une marche de quatorze heures. Nous laissâmes à gauche la montagne de ruines et une vaste plage toute blanche de débris, et, traversant quelques champs de gazon, broutés par les chèvres et les chameaux, nous nous dirigeâmes vers une fumée qui s'élevait à quelques cents pas de nous, d'un groupe de ruines, entremêlées de masures arabes. Le sol était inégal et montueux, et retentissait sous les fers de nos chevaux, comme si les souterrains que nous foulions allaient s'entr'ouvrir sous leurs pas. Nous arrivâmes à la porte d'une cabane basse et à demi cachée par les pans de marbre dégradés, et dont la porte et les étroites fenêtres, sans vitres et sans volets, étaient construites de marbre et de porphyre, mal collés ensemble avec un peu de ciment. Une petite ogive de pierre s'élevait, d'un ou deux pieds, au-dessus de la plate-forme qui servait de toit à cette masure, et une petite cloche semblable à celle que l'on peint sur la grotte des ermites, s'y balançait aux bouffées du vent : c'était le palais épiscopal de l'évêque arabe de Balbek, qui surveillait, dans ce désert, un petit troupeau de douze ou quinze familles chrétiennes, de la communion grecque, perdues au milieu de ces déserts, et de la tribu féroce des Arabes indépendans de Bkà. Jusque-là nous n'avions vu aucun être vivant que les chacals qui couraient entre les colonnes du grand temple, et les petites hirondelles, au collier de soie rose, qui bordaient, comme un ornement d'architecture orientale, les corniches de la plate-forme. L'évêque, averti par le bruit de notre caravane, arriva bientôt, et s'inclinant sur la porte, m'offrit l'hospitalité. C'était un beau vieillard, aux cheveux et à la barbe d'argent, à la physionomie grave et douce, à la parole noble, suave et cadencée, tout à fait semblable à l'idée du prêtre, dans le poëme ou dans le roman, et digne en tout de montrer sa figure de paix, de résignation et de charité, dans cette scène solennelle de ruines et de méditations. Il nous fit entrer dans une petite cour intérieure, pavée aussi d'éclats de statues, de morceaux de mosaïque et de vases antiques, et, nous livrant sa maison, c'est-à-dire deux petites chambres basses, sans meubles et sans portes, il se retira et nous laissa, suivant la coutume orientale, maîtres absolus de sa demeure. Pendant que nos Arabes plantaient en terre, autour de la maison, des chevilles de fer, pour y attacher, par des anneaux, les jambes de nos chevaux, et que d'autres allumaient un feu dans la cour, pour nous préparer le pilau et cuire les galettes d'orge, nous sortîmes pour jeter un second regard sur les monumens qui nous environnaient. Les grands temples étaient devant nous, comme des statues sur leurs piédestaux : le soleil les frappait d'un dernier rayon vague, qui se retirait lentement d'une colonne à l'autre, comme les lueurs d'une lampe que le prêtre emporte au fond du sanctuaire : les mille ombres des portiques, des piliers, des colonnades, des autels, se répandaient mouvantes sous la vaste forêt de pierres, et remplaçaient peu à peu, sur l'Acropolis, les éclatantes lueurs du marbre et du travertin : plus loin, dans la plaine, c'était un océan de ruines qui ne se perdaient qu'à l'horizon ; on eût dit des vagues de pierres brisées contre un écueil, et couvrant une immense plage de leur blancheur et de leur écume. Rien ne s'élevait au-dessus de cette mer de débris, et la nuit qui tombait des hauteurs, déjà grises, d'une chaîne de montagnes, les ensevelissait successivement dans son ombre. Nous restâmes quelques momens assis silencieusement devant ce spectacle, et nous rentrâmes, à pas lents, dans la petite cour de l'évêque, éclairée par le foyer des Arabes.

Assis sur quelques fragmens de corniches et de chapiteaux, qui servaient de bancs dans la cour, nous mangeâmes rapidement le sobre repas du voyageur dans le désert, et nous restâmes quelque temps à nous entretenir, avant le sommeil, de ce qui remplissait nos pensées. Le foyer s'éteignait, mais la lune s'élevait pleine et éclatante dans le ciel limpide, et passant à travers les crénelures d'un grand mur de pierres blanches, et les dentelures d'une fenêtre en arabesques, qui bornaient la cour du côté du désert, elle éclairait l'enceinte d'une clarté qui rayonnait sur toutes les pierres. Le silence et la rêverie nous gagnèrent ; ce que nous pensions à cette heure, à cette place, si loin du monde vivant, dans ce monde mort, en présence de tant de témoins muets d'un passé inconnu, mais qui bouleverse toutes nos petites théories d'histoire et de philosophie de l'humanité ; ce qui se remuait dans nos esprits ou dans nos cœurs, de nos systèmes, de nos idées, hélas ! et peut-être aussi de nos souvenirs et de nos sentimens individuels, Dieu seul le sait, et nos langues n'essayaient pas de le dire ; elles auraient craint de profaner la solennité de cette heure, de cet astre, de ces pensées mêmes : nous nous taisions. Tout à coup, comme une plainte douce et amoureuse, un murmure grave et accentué par la passion, sortit des ruines, derrière ce grand mur percé d'ogives arabesques, et dont le toit nous avait paru écroulé sur lui-même ; ce murmure vague et confus s'enfla, se prolongea, s'éleva plus fort et plus haut, et nous distinguâmes un chant nourri de plusieurs voix en chœur, un chant monotone, mélancolique et tendre, qui montait, qui baissait, qui mourait, qui renaissait alternativement et qui se répondait à lui-même : c'était la prière du soir que l'évêque arabe faisait avec son petit troupeau, dans l'enceinte éboulée de ce qui avait été son église, monceaux de ruines entassés récemment par une tribu d'Arabes idolâtres. Rien ne nous avait préparés à cette musique de l'âme, dont chaque note est un sentiment ou un soupir du cœur humain, dans cette solitude, au fond des déserts, sortant ainsi des pierres muettes accumulées par les tremblemens de terre, par les barbares et par le temps. Nous fûmes frappés de saisissement, et nous accompagnâmes des élans de notre pensée, de notre prière et de toute notre poésie intérieure, les accens de cette poésie sainte, jusqu'à ce que les litanies chantées eussent accompli leur refrain monotone, et que les derniers soupirs de ces voix pieuses se fussent assoupis dans le silence accoutumé de ces vieux débris.

Même date.

Les temples nous ont fait oublier le dgérid que le prince de Balbek voulait nous donner ; nous avons passé la matinée tout entière à les parcourir de nouveau. A quatre heures, quelques Arabes sont venus nous avertir que les cavaliers étaient dans la plaine au-dessus des temples, mais qu'impatientés de nos délais ils allaient se retirer; que le prince pensait que ce spectacle ne nous était pas agréable puisque nous différions de nous y rendre, et qu'il nous priait de monter à son sérail lorsque nous aurions satisfait notre curiosité; qu'il nous préparait chez lui un autre divertissement. Cette tolérance de ce chef d'une tribu féroce des Arabes les plus redoutés de ce désert nous étonnait. En général, les Arabes et les Turcs eux-mêmes ne permettent pas aux étrangers de visiter seuls aucune ruine d'anciens monumens; ils croient que ces débris renferment d'immenses trésors gardés par les génies ou les démons, et que les Européens connaissent les paroles magiques qui les découvrent; comme ils ne veulent pas qu'on les emporte, ils sont d'une extrême vigilance autour des Francs dans ces contrées; ici, au contraire, nous étions absolument abandonnés à nous-mêmes; nous n'avions pas même un guide arabe avec nous, et les enfans de la tribu s'étaient éloignés par respect. Je ne sais à quoi tient cette respectueuse déférence de l'émir de Balbek dans cette circonstance; peut-être nous prend-il pour des émissaires d'Ibrahim-Pacha. Le fait est que nous sommes trop peu nombreux pour inspirer de la crainte à une tribu entière de cinq ou six cents hommes accoutumés au combat et vivant de rapines; et cependant ils n'osent ni s'approcher de nous, ni nous interroger, ni s'opposer à aucune de nos démarches; nous pourrions rester un mois dans les temples, y faire des fouilles, emporter les fragmens les plus précieux de ces sculptures, sans que qui que ce soit s'y opposât. Je regrette vivement ici, comme à la mer Morte, de n'avoir pas connu d'avance la disposition de ces tribus à notre égard : j'aurais amené des ouvriers et des chameaux de charge et enrichi la science et les musées.

Nous allâmes, en sortant des temples, au palais de l'émir. Un intervalle de ruines désertes, mais moins importantes, sépare la colline des grands temples, ou l'Acropolis de Balbek, de la nouvelle Balbek, habitée par les Arabes. Celle-ci n'est qu'un monceau de masures cent fois renversées dans des guerres incessantes; la population s'est nichée comme elle a pu dans les cavités formées par tant de débris; quelques branches d'arbre, quelques toits de chaume recouvrent ces demeures dont les portes et les fenêtres sont formées souvent avec des morceaux des plus admirables débris.

L'espace occupé par les ruines de la ville moderne est immense; il s'étend à perte de vue et blanchit deux collines basses qui ondulent au-dessus de la grande plaine : l'effet est triste et dur. Ces débris modernes rappellent ceux d'Athènes, que j'avais vus une année auparavant. Le blanc mat et cru de ces murailles couchées à terre et de ces pierres disséminées n'a rien de la majesté ni de la couleur dorée des ruines véritablement antiques; cela ressemble à une immense grève couverte de l'écume de la mer. Le palais de l'émir est une assez vaste cour, entourée de masures de diverses formes; le tout assez semblable à une cour de misérable ferme, dans nos provinces les plus pauvres; la porte était gardée par un certain nombre d'Arabes armés; la foule se pressait pour y entrer; les gardes nous firent place et nous introduisirent. La cour était déjà remplie de tous les chefs de la tribu et d'une grande multitude de peuple. L'émir et sa famille, ainsi que les principaux scheiks, revêtus de cafetans et de pelisses magnifiques, mais en lambeaux, étaient assis sur une estrade élevée au-dessus de la foule et adossée au principal bâtiment. Derrière eux était un certain nombre de serviteurs, d'hommes armés et d'esclaves noirs. L'émir et sa suite se levèrent à notre approche; on nous aida à escalader quelques marches énormes, formées de blocs irréguliers qui servaient d'escaliers à l'estrade, et après les complimens d'usage, l'émir nous fit asseoir sur le divan à côté de lui; on m'apporta la pipe, et le spectacle commença.

Une musique formée de tambours, de tambourins, de

fifres aigus et de triangles de fer, qu'on frappait avec une verge de fer, donna le signal : quatre ou cinq acteurs, vêtus de la manière la plus grotesque, les uns en hommes, les autres en femmes, s'avancèrent au milieu de la cour, et exécutèrent les danses les plus bizarres et les plus lascives que l'œil de ces barbares puisse supporter. Ces danses monotones durèrent plus d'une heure, entremêlées de temps en temps de quelques paroles et de quelques gestes et changemens de costume, qui semblaient dénoter une intention dramatique; mais une seule chose était intelligible, c'était l'horrible et dégoûtante dépravation des mœurs publiques, indiquée par les mouvemens des danseurs. Je détournai les yeux; l'émir lui-même semblait rougir de ces scandaleux plaisirs de son peuple, et faisait, comme moi, des gestes de mépris; mais les cris et les transports du reste des spectateurs s'élevaient toujours au moment où les plus sales obscénités se révélaient dans les figures de la danse, et récompensaient les acteurs.

Ceux-ci dansèrent ainsi jusqu'à ce que, accablés de fatigue et inondés de sueur, ils ne pussent plus supporter la rapidité toujours croissante de la mesure; ils roulèrent à terre, d'où on les emporta. Les femmes n'assistaient pas à ce spectacle; mais celles de l'émir, dont le harem donnait sur la cour, en jouissaient de leurs chambres, et nous les voyions, à travers des grillages de bois, se presser aux fenêtres pour regarder les danseurs. Les esclaves de l'émir nous apportèrent des sorbets et des confitures de toute espèce, ainsi que des boissons exquises, composées de jus de grenade et de fleur d'oranger à la glace, dans des coupes de cristal; d'autres esclaves nous présentaient, pour essuyer nos lèvres, des serviettes de mousseline brodée en or. Le café fut aussi servi plusieurs fois, et les pipes sans cesse renouvelées. Je causai une demi-heure avec l'émir; il me parut un homme de bon sens et d'esprit, fort au-dessus de l'idée que les grossiers plaisirs de son peuple auraient pu donner de lui : c'est un homme d'environ cinquante ans, d'une belle figure, ayant les manières les plus dignes et les plus nobles, la politesse la plus solennelle, toutes choses que le dernier des Arabes possède comme un don du climat, ou comme l'héritage d'une antique civilisation. Son costume et ses armes étaient de la plus grande magnificence. Ses chevaux admirables étaient répandus dans les cours et dans le chemin; il m'en offrit un des plus beaux; il m'interrogea avec la plus délicate discrétion sur l'Europe, sur Ibrahim, sur l'objet de mon voyage au milieu de ces déserts. Je répondis avec une réserve affectée qui put lui faire croire que j'avais en effet un tout autre but que celui de visiter des colonnes et des ruines. Il m'offrit toute sa tribu pour m'accompagner à Damas, à travers la chaîne inconnue de l'Anti-Liban, que je voulais traverser. J'acceptai seulement quelques cavaliers pour me servir de guides et de protection, et je me retirai, accompagné par tous les scheiks, qui nous suivirent à cheval jusqu'à la porte de l'évêque grec. Je donnai l'ordre du départ pour le lendemain, et nous passâmes la soirée à causer avec le vénérable hôte que nous allions quitter. Quelques centaines de piastres, que je lui laissai en aumône pour son troupeau, payèrent l'hospitalité que nous avions reçue de lui. Il voulut bien se charger de faire partir un chameau chargé de quelques fragmens de sculpture que je désirais emporter en Europe; il s'acquitta fidèlement de cette commission, et à mon retour en Syrie je trouvai ces précieux débris arrivés avant moi à Bayruth.

31 mars 1833.

Nous sommes partis de Balbek à quatre heures du matin; la caravane se compose de notre nombre ordinaire, de Moukres, d'Arabes, de serviteurs, d'escorte et de huit cavaliers de Balbek, qui marchent, à deux ou trois cents pas, en tête de la caravane; le jour a commencé à poindre au moment où nous franchissions la première colline qui monte vers la chaîne de l'Anti-Liban. Toute cette colline est creusée d'immenses et profondes carrières, d'où sont sortis les prodigieux monumens que nous venions de contempler. Le soleil commençait à dorer leurs faîtes, et ils brillaient sous nos pieds, dans la plaine, comme des blocs d'or; nous ne pouvions en détacher nos regards; nous nous arrêtâmes vingt fois avant d'en perdre tout à fait la vue; enfin ils disparaissent pour jamais sous la colline, et nous ne voyons au delà du désert que les cimes noires ou neigeuses des montagnes de Tripoli et de Latakié, qui se fondent dans le firmament.

Les montagnes peu élevées d'abord que nous traversons sont entièrement nues et presque désertes. Le sol en général est pauvre et stérile : la terre, là où elle est cultivée, est de couleur rouge. Il y a de jolies vallées à pentes douces et ondoyantes, où la charrue pourrait se promener sans obstacles. Nous ne rencontrons ni voyageurs, ni villages, ni habitans, jusque vers le milieu du jour. Nous faisons halte sous nos tentes, à l'entrée d'une gorge profonde, où coule un torrent, alors à sec. Nous trouvons une source sous un rocher : l'eau est abondante et délicieuse; nous en remplissons les jarres suspendues aux selles de nos chevaux. Après deux heures de repos, nous nous remettons en marche.

Nous côtoyons, par un sentier rapide et escarpé, le flanc d'une haute montagne de roche nue, pendant environ deux heures. La vallée, qui se creuse de plus en plus à notre droite, est sillonnée par un large lit de fleuve sans eau. Une montagne de roche grise, et complétement dépouillée, s'élève de l'autre côté, comme une muraille perpendiculaire. Nous recommençons à descendre vers l'autre embouchure de cette gorge. Deux de nos chevaux, chargés de bagages, roulent dans le précipice. Les matelas et tapis de divan, dont ils sont chargés, amortissent la chute; nous parvenons à les retirer. Nous campons à l'issue de la gorge, auprès d'une

LATAKIÉ.

source excellente. — Nuit passée au milieu de ce labyrinthe inconnu des montagnes de l'Anti-Liban. Les neiges ne sont qu'à cinquante pas au-dessus de nos têtes. Nos Arabes ont allumé un feu de broussailles, sous une grotte à dix pas du tertre où est plantée notre tente. La lueur du feu perce la toile et éclaire l'intérieur de la tente où nous nous abritons contre le froid. Les chevaux, quoique couverts de leurs *libets*, couvertures de feutre, hennissent de douleur. Toute la nuit nous entendons les cavaliers de Balbek et les soldats égyptiens qui gémissent sous leurs manteaux. Nous-mêmes, quoique couverts d'un manteau et d'une épaisse couverture de laine, nous ne pouvons supporter la morsure de cet air glacé des Alpes. Nous montons à cheval, à sept heures du matin, par un soleil resplendissant qui nous fait dépouiller successivement nos manteaux et nos cafetans. Nous passons à huit heures dans une plaine très-élevée, par un grand village arabe, dont les maisons sont vastes et les cours remplies de bétail et de volaille, comme en Europe. Nous ne nous y arrêtons pas. Ce peuple est ennemi de celui de Balbek et des Arabes de Syrie. Ce sont des peuplades presque indépendantes, qui ont plus de rapport avec les populations de Damas et de la Mésopotamie. Ils paraissent riches et laborieux. Toutes les plaines autour de ce village sont cultivées. Nous voyons des hommes, des femmes, des enfans, dans les champs. On laboure avec des bœufs. Nous rencontrons des scheiks, richement montés et équipés, qui vont à Damas ou qui en viennent : leur physionomie est rude et féroce ; ils nous regardent de mauvais œil, et passent sans nous saluer. Les enfans nous crient des paroles injurieuses. Dans un second village, à deux heures du premier, nous achetons avec peine quelques poules et un peu de riz pour le dîner de la caravane. Nous campons, à six heures du soir, dans un champ élevé au-dessus d'une gorge de montagne qui descend vers un fleuve que nous voyons briller de loin. Il y a un petit torrent qui coule en bondissant dans la gorge et où nous abreuvons nos chevaux. Le climat est rude encore. Devant nous, à l'embouchure de la gorge, s'élèvent des pics de rochers, groupés en pyramides, et qui se perdent dans le ciel. Aucune végétation sur ces pics. Couleur grise ou noire du rocher contrastant avec l'éclatante limpidité du firmament où ils plongent.

1er avril 1833.

Monté à cheval à six heures du matin. Journée superbe. — Voyagé tout le jour, sans halte, entre des montagnes escarpées, séparées seulement par des gorges étroites, où roulent des torrens de neige fondue. — Pas un arbre, pas une mousse sur les flancs de ces montagnes. Leurs formes bizarres, heurtées, concassées, figurent des monumens humains. L'une d'elles s'élève immense et à pic de tous les côtés, comme une pyramide; elle peut avoir une lieue de circonférence. On ne peut découvrir comment il a jamais pu être possible de la gravir. Aucune trace de sentiers ni de gradins visible : et cependant tous ses flancs sont creusés de cavernes, de toutes proportions, par la main des hommes. Il y a une multitude de cellules, grandes et petites, dont les portes sont sculptées de diverses formes, par le ciseau. Quelques-unes de ces grottes, dont les embouchures s'ouvrent au-dessus de nos têtes, ont de petites terrasses de rochers vifs devant leurs portes. On voit des restes de chapelles ou de temples, des colonnes encore debout, sur la roche : on dirait une ruche d'hommes abandonnée. Les Arabes disent que ce sont les chrétiens de Damas qui ont creusé ces antres. Je pense en effet que c'est là une de ces thébaïdes où les premiers chrétiens se réfugièrent dans les temps de cénobitisme ou de persécution. Saint Paul avait fondé une grande église à Damas, et cette église, longtemps florissante, subit les phases et les persécutions de toutes les autres églises de l'Orient.

Nous laissons cette montagne sur notre gauche, et bientôt derrière nous. Nous descendons rapidement, et par des précipices presque impraticables, vers une vallée plus ouverte et plus large. Un fleuve charmant la remplit. La végétation recommence sur ses bords : des saules, des peupliers, des arbres immenses, aux branches coudées d'une manière bizarre, aux feuillages noirs, croissent dans les interstices de rocher qui bordent le fleuve. Nous suivons ces bords enchantés pendant une heure, en descendant toujours, mais insensiblement. Le fleuve nous accompagne en murmurant et en écumant sous les pieds de nos chevaux. Les hautes montagnes, qui forment la gorge d'où descend le fleuve, s'éloignent et s'arrondissent en croupes larges et boisées, frappées des rayons du soleil couchant; c'est une première échappée sur la Mésopotamie; nous apercevons de plus en plus les larges vallées qui vont déboucher dans la grande plaine du désert de Damas à Bagdad. La vallée où nous sommes circule mollement et s'élargit elle-même. A droite et à gauche du fleuve, nous commençons à apercevoir des traces de culture, nous entendons des mugissemens lointains de troupeaux. Des vergers d'abricotiers, aussi grands que des noyers, bordent le chemin. Bientôt, à notre grande surprise, nous voyons des haies, comme en Europe, séparer les vergers et les jardins, semés de plantes potagères et d'arbres fruitiers en fleurs. Des barrières ou des portes de bois ouvrent çà et là sur ces beaux vergers. Le chemin est large, uni, bien entretenu, comme aux environs d'une grande ville de France. Nul d'entre nous ne savait l'existence de cette oasis ravissante, au sein de ces montagnes inaccessibles de l'Anti-Liban. Nous approchons évidemment d'une ville ou d'un village, dont nous ignorons le nom. Un cavalier arabe, que nous rencontrons, dit que nous sommes aux environs d'un grand village, dont le nom est *Zebdani* : nous en voyons déjà la fumée qui s'élève entre les cimes des grands arbres dont la vallée est semée ; nous entrons dans les rues du village ; elles sont larges, droites, avec un trottoir de pierres de chaque côté. Les maisons qui les bordent sont grandes et entourées de cours pleines de bestiaux, et de jardins parfaitement arrosés et cultivés. Les femmes et les enfans se présentent aux portes pour nous voir passer, et nous accueillent avec une physionomie ouverte et souriante. Nous nous informons s'il existe un karavansérail où nous puissions nous abriter pour une nuit ; on nous répond que non, parce que, Zebdani n'étant sur aucune route, il n'y passe jamais de caravane. Nous arrivons, après avoir longtemps circulé dans les rues du village, à une grande place, au bord du fleuve. Là, une maison plus grande que les autres, précédée d'une terrasse, et entourée d'arbres, nous annonce la demeure du scheik. Je me présente avec mon drogman, et je demande une maison pour passer la nuit. Les esclaves vont avertir le scheik ; il accourt lui-même : c'est un vieillard vénérable, à barbe blanche, à physionomie ouverte et gracieuse. Il m'offre sa maison tout entière, avec un empressement et une grâce d'hospitalité que je n'avais pas encore rencontrés ailleurs. A l'instant ses nombreux esclaves et les principaux habitans du village s'emparent de nos chevaux, les conduisent dans un vaste hangar, les déchargent, apportent des monceaux d'orge et de paille. Le scheik fait retirer ses femmes de leur appartement, et nous introduit d'abord dans son divan, où l'on nous sert le café et les sorbets, puis nous abandonne toutes les chambres de sa maison. Il me demande si je veux que ses esclaves nous préparent un repas. Je le prie de permettre que mon cuisinier leur épargne cette peine, et de me procurer seulement un veau et quelques moutons pour renouveler nos provisions épuisées depuis Balbek. En peu de minutes le veau et les moutons sont amenés et tués par le boucher du village, et tandis que nos gens nous préparent à souper, le scheik nous présente les principaux habitans du pays, ses parens et ses amis. Il me demande même la permission de faire introduire ses femmes auprès de madame de Lamartine. Elles désiraient passionnément, dit-il, de voir une femme d'Europe et de contempler ses vêtemens et ses bijoux. Les femmes du scheik passèrent en effet voilées par le divan où nous étions et entrèrent dans l'appartement de ma femme. Il y en avait trois : une déjà âgée qui semblait la mère des deux autres. Les deux jeunes étaient remarquablement belles, et semblaient pleines de respect, de déférence et d'attachement pour la plus âgée. Ma femme leur fit quelques petits présens, et elles lui en firent d'autres de leur côté. Pendant cette entrevue, le vénérable scheik de Zebdani nous avait conduits sur une terrasse qu'il a élevée tout près de sa maison, au bord du fleuve. Des piliers, plantés dans le lit même de la rivière, portent un plancher recouvert de tapis; un divan règne autour, et un arbre immense, pareil à ceux que j'avais déjà vus au bord du chemin, couvre de son ombre la terrasse et le fleuve tout entier. C'est là que le scheik, comme tous les Turcs, passe ses heures de loisir au murmure et à la fraîcheur des eaux du fleuve, écumantes sous ses yeux, à l'ombre de l'arbre, au chant de mille oiseaux qui le peuplent. Un pont de planches conduit de la maison sur cette terrasse suspendue. C'est un des plus beaux sites que j'aie contemplés dans mes voyages. La vue glisse sur les dernières croupes arrondies et sombres de l'Anti-Liban, qui dominent les pyramides de roche noire, ou les pics de neige; elle descend avec le fleuve et ses vagues d'écume entre les cimes inégales des forêts d'arbres variés qui tracent sa course, et va se perdre avec lui dans les plaines descendantes de la Mésopotamie qui entrent, comme un golfe de verdure, dans les sinuosités des montagnes.

Le souper étant prêt, je priai le scheik de vouloir bien le partager avec nous. Il accepta de bonne grâce, et parut fort amusé de la manière de manger des Européens. Il n'avait jamais vu aucun des ustensiles de nos tables. Il ne but point de vin et nous n'essayâmes pas de lui faire violence. La conscience du musulman est aussi respectable que la nôtre. Faire pécher un Turc contre la loi que la religion lui impose, m'a paru toujours aussi coupable, aussi absurde, que de tenter un chrétien. Nous parlâmes longtemps de l'Europe, de nos coutumes, dont il paraissait grand admirateur. Il nous entretint de sa manière d'administrer son village. Sa famille gouverne depuis des siècles ce canton privilégié de l'Anti-Liban, et les perfectionnemens de propriétés, d'agriculture, de police et de propreté que nous avions admirés en traversant le territoire de Zebdani, étaient dus à cette excellente race de scheiks. Il en est ainsi dans tout l'Orient. Tout est exception et anomalie. Le bien s'y perpétue sans terme comme le mal. Nous pûmes juger, par ce village enchanteur, de ce que seraient ces provinces rendues à leur fertilité naturelle.

Le scheik admira beaucoup mes armes, et surtout une paire de pistolets à piston, et déguisa mal le plaisir que lui ferait la possession de cette arme. Mais je ne pouvais pas la lui offrir. C'étaient mes pistolets de combat que je voulais conserver jusqu'à mon retour en Europe. Je lui fis présent d'une montre en or pour sa femme. Il reçut ce cadeau avec toute la résistance polie que nous mettrions en Europe à en accepter un semblable, et affecta même d'être complétement satisfait, bien que je ne pusse douter de sa prédilection pour la paire de pistolets. On nous apporta une quantité de coussins et de tapis pour nous coucher; nous les étendîmes dans le divan où il couchait lui-même, et nous nous endormîmes au bruit du fleuve qui murmurait sous nos lits.

Le lendemain, parti au jour naissant, — traversé la seconde moitié du village de Zebdani, ples belle encore que ce que nous avions vu la veille. Le scheik nous fait escorter jusqu'à Damas par quelques hommes à cheval de sa tribu. Nous congédions là les cavaliers de l'émir de Balbek qui ne seraient pas en sûreté sur le territoire de Damas. Nous marchons pendant une heure dans des chemins bordés de haies vives, aussi larges qu'en France et parfaitement soignés. Une voûte d'abricotiers et de poiriers couvre la route; à droite et à gauche s'étendent des vergers sans fin, puis des champs cultivés remplis de monde et de bétail. Tous ces vergers sont arrosés de ruisseaux qui descendent des montagnes à gauche. Les montagnes sont couvertes de neige à leurs sommets. La plaine est immense, et rien ne la limite à nos yeux que les forêts d'arbres en fleurs. Après avoir marché ainsi trois heures comme au milieu des plus délicieux paysages de l'Angleterre ou de la Lombardie, sans que rien nous rappelât le désert et la barbarie, nous rentrons dans un pays stérile et plus âpre. La végétation et la culture disparaissent presque entièrement. Des collines de roche, à peine couvertes d'une mousse jaunâtre, s'étendent devant nous, bornées par des montagnes grises plus élevées et également dépouillées. Nous faisons halte sous nos tentes, au pied de ces montagnes, loin de toute habitation. Nous y passons la nuit au bord d'un torrent profondément encaissé qui retentit comme un tonnerre sans fin dans une gorge de rochers, et roule des eaux bourbeuses et des flocons de neige.

A cheval à six heures. C'est notre dernière journée ; nous complétons nos costumes turcs pour n'être pas reconnus pour Francs dans les environs de Damas. Ma femme revêt le costume des femmes arabes, et un long voile de toile blanche l'entoure de la tête aux pieds. Nos Arabes font aussi une toilette plus soignée et nous montrent du doigt les montagnes qui nous restent à franchir en criant : Scham ! Scham ! C'est le nom arabe de Damas.

La population fanatique de Damas et des pays environnans exige ces précautions de la part des Francs qui se hasardent à visiter cette ville. Seuls parmi les Orientaux, les Damasquins nourrissent de plus en plus la haine religieuse et l'horreur du nom et du costume européens. Seuls ils se sont refusés à admettre les consuls ou même les agens consulaires des puissances chrétiennes. Damas est une ville sainte, fanatique et libre, rien ne doit la souiller.

Malgré les menaces de la Porte, malgré l'intervention plus redoutée d'Ibrahim-Pacha, et une garnison de douze mille soldats égyptiens ou étrangers, la population de Damas s'est obstinée à refuser au consul général d'Angleterre en Syrie l'accès de ses murs. Deux séditions terribles se sont élevées dans la ville sur le seul bruit de l'approche de ce consul. S'il n'eût rebroussé chemin, il eût été mis en pièces. Les choses sont toujours dans cet état; l'arrivée d'un Européen en costume franc serait le signal d'une émotion nouvelle, et nous ne sommes pas sans inquiétude que le bruit de notre marche ne soit parvenu à Damas et ne nous expose à de sérieux périls. Nous avons pris toutes les précautions possibles. Nous sommes tous vêtus du costume le plus sévèrement turc. Un seul Européen, qui a pris lui-même les mœurs et le costume arabe et qui passe pour un négociant arménien, s'est exposé depuis plusieurs années au danger d'habiter une pareille ville, pour être utile au commerce du littoral de la Syrie et aux voyageurs que leur destinée pousse dans ces contrées inhospitalières. C'est M. Baudin, agent consulaire de France et de toute l'Europe. Ancien agent de lady Stanhope, qu'il a accompagnée dans ses premiers voyages à Balbek et à Palmyre; employé ensuite par le gouvernement français pour l'acquisition de chevaux dans le désert, M. Baudin parle arabe comme un Arabe, et a lié des relations d'amitié et de commerce avec toutes les tribus errantes des déserts qui entourent Damas. Il a épousé une femme arabe, d'origine européenne. Il vit depuis dix ans à Damas, et, malgré les nombreuses relations qu'il a formées, sa vie a été plusieurs fois menacée par la fureur fanatique des habitans de la ville. Deux fois il a été obligé de fuir pour échapper à une mort certaine. Il s'est construit une maison à Zaklé, petite ville chrétienne sur les flancs du Liban, et c'est là qu'il se réfugie dans les temps d'émotion populaire. M. Baudin, dont la vie est sans cesse en péril à Damas, et qui est, dans cette grande capitale, le seul moyen de communication, le seul anneau de la politique et du commerce de l'Europe, reçoit du gouvernement français, pour tout salaire de ses immenses services, un modique traitement de 1,500 francs; tandis que des consuls, environnés de toutes les sécurités et de tout le luxe de la vie dans les autres échelles du Levant, reçoivent d'honorables et larges rétributions. Je ne puis comprendre par quelle indifférence et par quelle injustice les gouvernemens européens et le gouvernement français surtout, négligent et déshéritent ainsi un homme jeune, intelligent, probe, serviable, courageux et actif, qui rend et rendrait les plus grands services à sa patrie. Ils le perdront!

J'avais connu M. Baudin en Syrie, l'année précédente, et j'avais concerté avec lui mon voyage à Damas. Instruit de mon départ et de ma prochaine arrivée, je lui expédie ce matin un Arabe pour l'informer de l'heure où je serai aux environs de la ville, et le prier de m'envoyer un guide pour diriger mes pas et mes démarches.

A neuf heures du matin, nous côtoyons une montagne couverte de maisons de campagne et de jardins des habitans de Damas. Un beau pont traverse un torrent au pied de la montagne. Nous voyons de nombreuses files de chameaux qui portent des pierres pour des constructions nouvelles; tout indique l'approche d'une grande capitale; une heure plus loin, nous apercevons, au sommet d'une éminence, une petite mosquée isolée, demeure d'un solitaire mahométan; une fontaine coule auprès de la mosquée, et des tasses de cuivre, enchaînées au massif de la fontaine, permettent au voyageur de se désaltérer; nous faisons halte un moment dans cet endroit, à l'ombre d'un sycomore; déjà la route est couverte de voyageurs, de paysans et de soldats arabes; nous remontons à cheval, et après avoir gravi quelques centaines de pas, nous entrons dans un défilé profond, encaissé à gauche par une montagne de schiste, perpendiculaire sur nos têtes; à droite par un rebord de rocher de trente à quarante pieds d'élévation; la descente est rapide, et les pierres roulantes glissent sous les pieds de nos chevaux; je marchais à la tête de la caravane, à quelques pas derrière les Arabes de Zebdani; tout à coup ils s'arrêtent et poussent des cris de joie en me montrant une ouverture dans le rebord de la route; je m'approche, et mon regard plonge, à travers l'échancrure de la roche, sur le plus magnifique et le plus

étrange horizon qui ait jamais étonné un regard d'homme :
c'était Damas et son désert sans bornes à quelques centaines de pieds sous mes pas; le regard tombait d'abord sur la ville qui, entourée de ses remparts de marbre jaune et noir, flanquée de ses innombrables tours carrées, de distance en distance; couronnée de ses créneaux sculptés, dominée par sa forêt de minarets de toutes formes, sillonnée par les sept branches de son fleuve et ses ruisseaux sans nombre, s'étendait à perte de vue dans un labyrinthe de jardins en fleurs, jetait ses bras immenses çà et là dans la vaste plaine, partout ombragée, partout pressée par la forêt, de dix lieues de tour, de ses abricotiers, de ses sycomores, de ses arbres de toutes formes et de toute verdure; semblait se perdre de temps en temps sous la voûte de ces arbres, puis reparaissait plus loin en larges lacs de maisons, de faubourgs, de villages; labyrinthe de jardins, de vergers, de palais, de ruisseaux, où l'œil se perdait et ne quittait un enchantement que pour en retrouver un autre : nous ne marchions plus; tous pressés à l'étroite ouverture du rocher, percé comme une fenêtre, nous contemplions, tantôt avec des exclamations, tantôt en silence, le magique spectacle qui se déroulait ainsi subitement et tout entier sous nos yeux, au terme d'une route, à travers tant de rochers et de solitudes arides, au commencement d'un autre désert qui n'a pour bornes que Bagdad et Bassora, et qu'il faut quarante jours pour traverser. Enfin nous nous remîmes en marche; le parapet de rochers qui nous cachait la plaine et la ville s'abaissait insensiblement, et nous laissa bientôt jouir en plein de tout l'horizon; nous n'étions plus qu'à cinq cents pas des murs des faubourgs : ces murs, entourés de charmans kiosques et de maisons de campagne des formes et des architectures les plus orientales, brillent comme une enceinte d'or autour de Damas; les tours carrées qui les flanquent et en surmontent la ligne sont incrustées d'arabesques percées d'ogives à colonnettes minces comme des roseaux accouplés, et brodées de créneaux en turbans; les

murailles sont revêtues de pierres ou de marbres jaunes et noirs, alternés avec une élégante symétrie; les cimes des cyprès et des autres grands arbres qui s'élèvent des jardins et de l'intérieur de la ville s'élancent au-dessus des murailles et des tours et les couronnent d'une sombre verdure; les innombrables coupoles des mosquées et des palais d'une ville de quatre cent mille âmes répercutaient les rayons du soleil couchant, et les eaux bleues et brillantes des sept fleuves étincelaient et disparaissaient tour à tour à travers les rues et les jardins; l'horizon, derrière la ville, était sans bornes comme la mer; il se confondait avec les bords pourpres de ce ciel de feu, qu'enflammait encore la réverbération des sables du grand désert; sur la droite, les larges et hautes croupes de l'Anti-Liban fuyaient comme d'immenses vagues d'ombres, les unes derrière les autres, tantôt s'avançant comme des promontoires dans la plaine, tantôt s'ouvrant comme des golfes profonds, où la plaine s'engouffrait avec ses forêts et ses grands villages, dont quelques-uns comptent jusqu'à trente mille habitans; des branches de fleuves et deux grands lacs éclataient là, dans l'obscurité de la teinte générale de verdure où Damas semble comme engloutie; à notre gauche, la plaine était plus évasée, et ce n'était qu'à une distance de douze à quinze lieues qu'on retrouvait des cimes de montagnes, blanches de neige, qui brillaient dans le bleu du ciel, comme des nuages sur l'Océan; la ville est entièrement entourée d'une forêt de vergers d'arbres fruitiers, où les vignes s'enlacent comme à Naples, et courent en guirlandes parmi les figuiers, les abricotiers, les poiriers et les cerisiers; au-dessous de ces arbres, la terre, grasse, fertile et toujours arrosée, est tapissée d'orge, de blé, de maïs et de toutes les plantes légumineuses que ce sol produit; de petites maisons blanches percent çà et là la verdure de ces forêts, et servent de demeure au jardinier, ou de lieu de récréation à la famille du propriétaire; ces jardins sont peuplés de chevaux, de moutons, de chameaux, de tourterelles, de tout ce qui anime les scènes de la nature; ils sont, en général, de la grandeur d'un ou deux arpens, et séparés les uns des autres par des murs de terre séchée au soleil ou par de belles haies vives; une multitude de chemins, ombragés et bordés d'un ruisseau d'eau courante, circulent parmi ces jardins, passent d'un faubourg à l'autre, ou mènent à quelques portes de la ville; ils forment un rayon de vingt à trente lieues autour de Damas.

Nous marchions depuis quelques momens en silence, dans ces premiers labyrinthes de vergers, inquiets de ne pas voir venir le guide qui nous était annoncé; nous fîmes halte : il parut enfin; c'était un pauvre Arménien, mal vêtu et coiffé d'un turban noir, comme les chrétiens de Damas sont obligés d'en porter; il s'approcha sans affectation de la caravane, adressa un mot, fit un signe; et, au lieu d'entrer dans la ville par le faubourg et par la porte que nous avions devant nous, nous le suivîmes le long des murs, dont nous fîmes presque le tour, à travers ce dédale de jardins et de kiosques, et nous entrâmes par une porte presque déserte, voisine du quartier des Arméniens. La maison de M. Baudin, où il avait eu la bonté de nous préparer un logement, est dans ce quartier. On ne nous dit rien à la première porte de la ville; après l'avoir passée, nous longeâmes longtemps de hautes murailles à fenêtres grillées; l'autre côté de la rue était occupé par un profond canal d'eau courante qui faisait tourner les roues de plusieurs moulins. Au bout de cette rue, nous nous trouvâmes arrêtés, et j'entendis une dispute entre mes Arabes et des soldats qui gardaient une seconde porte intérieure; car tous les quartiers ont une porte distincte. Je désirais rester inconnu, et que notre caravane passât pour une caravane de marchands de Syrie; mais la dispute se prolongeant et devenant de plus en plus bruyante, et la foule commençant à s'attrouper autour de nous, je donnai de l'éperon à mon cheval, et je m'avançai à la tête de la caravane. C'était le corps-de-garde des troupes égyptiennes, qui, ayant remarqué deux fusils de chasse que mes domestiques arabes avaient mal cachés sous les couvertures de mes chevaux, refusait de nous laisser entrer; un ordre de Shérif-Bey, gouverneur actuel de Damas, défendait l'introduction des armes dans la ville, où l'on craignait toutes les nuits une insurrection et le massacre des troupes égyptiennes. J'avais heureusement dans mon sein une lettre récente d'Ibrahim-Pacha; je la retirai et la remis à l'officier qui commandait le poste; il la lut, la porta à son front et à ses lèvres, et nous fit entrer avec force excuses et complimens. Nous errâmes quelque temps dans un labyrinthe obscur de ruelles sales et étroites; de petites maisons basses, dont les murs de boue semblaient prêts à s'écrouler sur nous, formaient ces rues; nous voyions aux fenêtres, à travers les treillis, de ravissantes figures de jeunes filles arméniennes, qui, accourues au bruit de notre longue file de chevaux, nous regardaient passer, et nous adressaient des paroles de salut et d'amitié. Nous nous arrêtâmes enfin à une petite porte basse et étroite, dans une rue où l'on pouvait à peine passer; nous descendîmes de cheval, nous franchîmes un corridor sombre et surbaissé, et nous nous trouvâmes, comme par enchantement, dans une cour pavée de marbre, ombragée de sycomores, rafraîchie par deux fontaines moresques, et entourée de portiques de marbre et de salons richement décorés : nous étions chez M. Baudin. Cette maison est, comme toutes les maisons de chrétiens de Damas, une masure au dehors, un palais délicieux au dedans. La tyrannie de la populace fanatique force ces malheureux à cacher leur richesse et leur bien-être sous les apparences de la misère et de la ruine. On déchargea nos bagages à la porte, on remplit la cour de nos hardes, de nos tentes, de nos selles, et l'on conduisit nos chevaux au kan du bazar.

M. Baudin nous donna à chacun un joli appartement meublé à la manière des orientaux, et nous nous reposâmes, sur ses divans et à sa table hospitalière, des fatigues d'une si longue route. Un homme connu et aimé, rencontré au milieu d'une foule inconnue et d'un monde étranger, c'est une patrie tout entière; nous l'éprouvâmes en nous trouvant chez M. Baudin; et les douces heures passées à causer de l'Europe, de l'Asie, le soir à la lueur de sa lampe, au bruit du jet d'eau de sa cour, sont restées dans ma mémoire et dans mon cœur, comme un des plus délicieux repos de mes voyages.

M. Baudin est un de ces hommes rares que la nature a faits propres à tout : intelligence claire et rapide, cœur droit et ferme, infatigable activité; l'Europe ou l'Asie, Paris ou Damas, la terre ou la mer, il s'accommode de tout, et trouve du bonheur et de la sérénité partout, parce que son âme est résignée, comme celle de l'Arabe, à la grande loi qui fait le fond du christianisme et de l'islamisme, soumission à la volonté de Dieu, et aussi parce qu'il porte en lui cette ingénieuse activité d'esprit qui est la seconde âme de l'Européen. Sa langue, sa figure, ses manières, ont pris tous les plis que sa fortune a voulu lui donner. A le voir avec nous causant de la France et de notre politique mouvante, on l'eût pris pour un homme arrivé la veille de Paris et y retournant le lendemain; à le voir le soir couché sur son divan, entre un marchand de Bassora et un pèlerin turc de Bagdad, fumant la pipe ou le narguilé, défilant paresseusement entre ses doigts les grains d'ambre du chapelet oriental, le turban au front, les babouches aux pieds, disant un mot par quart d'heure sur le prix du café ou des fourrures, on le prendrait pour un marchand d'esclaves ou pour un pèlerin revenant de la Mecque. Il n'y a d'homme complet que celui qui a beaucoup voyagé, qui a changé vingt fois la forme de sa pensée et de sa vie. Les habitudes étroites et uniformes que l'homme prend dans sa vie régulière et dans la monotonie de sa patrie sont des moules qui rapetissent tout : pensée, philosophie, religion, caractère; tout est plus grand, tout est plus juste, tout est plus vrai chez celui qui a vu la nature et la société de plusieurs points de vue. Il y a une optique pour l'univers matériel et intellectuel. Voyager pour chercher la sagesse, était un grand mot des anciens; ce mot n'était pas compris de nous : ils ne voyageaient pas pour chercher seulement des dogmes inconnus et des leçons des philosophes, mais pour tout voir et tout juger. Pour moi, je suis constamment frappé de la façon étroite et mesquine dont nous envisageons les choses, les institutions et les peuples; et si mon esprit s'est agrandi, si mon coup d'œil s'est étendu, si j'ai appris à tout tolérer en comprenant tout, je le dois uniquement à ce que j'ai souvent changé de scène et de point de vue. Étudier les siècles dans l'histoire, les hommes dans les voyages et Dieu dans la nature, c'est la grande école; nous étudions tout dans nos misérables livres, et nous comparons tout à nos petites habitudes locales : et qui est-ce qui a fait nos habitudes et nos livres? des hommes aussi petits que nous. Ouvrons le livre des livres; vivons, voyons, voyageons : le monde est un livre dont chaque pas nous tourne une page; celui qui n'en a lu qu'une, que sait-il?

DAMAS.

2 avril 1833.

Revêtu du costume arabe le plus rigoureux, j'ai parcouru ce matin les principaux quartiers de Damas, accompagné seulement de M. Baudin, de peur qu'une réunion un peu nombreuse de visages inconnus n'attirât l'attention sur nous. Nous avons circulé d'abord pendant assez longtemps dans les rues sombres, sales et tortueuses du quartier arménien. On dirait un des plus misérables villages de nos provinces. Les maisons sont construites de boue; elles sont percées, sur la rue, de quelques petites et rares fenêtres grillées, dont les volets sont peints en rouge. Elles sont basses, et les portes surbaissées ressemblent à des portes d'étables. Un tas d'immondices et une mare d'eau et de fange règnent presque partout autour des portes. Nous sommes entrés cependant dans quelques-unes de ces maisons des principaux négocians arméniens, et j'ai été frappé de la richesse et de l'élégance de ces habitations à l'intérieur. Après avoir passé la porte et franchi un corridor obscur, on se trouve dans une cour ornée de superbes fontaines jaillissantes en marbre, et ombragées d'un ou de deux sycomores, ou de saules de Perse. Cette cour est pavée en larges dalles de pierre polie ou de marbre; des vignes tapissent les murs. Ces murs sont revêtus de marbre blanc et noir; cinq ou six portes, dont les montans sont de marbre aussi, et sculptées en arabesques, introduisent dans autant de salles ou de salons où se tiennent les hommes et les femmes de la famille. Ces salons sont vastes et voûtés. Ils sont percés d'un grand nombre de petites fenêtres très-élevées, pour laisser sans cesse jouer librement l'air extérieur. Presque tous sont composés de deux plans : un premier plan inférieur où se tiennent les serviteurs et les esclaves; un second plan élevé de quelques marches, et séparé du premier par une balustrade en marbre ou en bois de cèdre merveilleusement découpée. En général, une ou deux fontaines en jets d'eau murmurent dans le milieu ou dans les angles du salon. Les bords sont garnis de vases de fleurs; des hirondelles ou des colombes privées viennent librement y boire et se poser sur les bords des bassins. Les parois de la pièce sont en marbre jusqu'à une certaine hauteur. Plus haut elles sont revêtues de stuc et peintes en arabesques de mille couleurs, et souvent avec des moulures d'or extrêmement chargées. L'ameublement consiste en de magnifiques tapis de Perse ou de Bagdad qui couvrent partout le plancher de marbre ou de cèdre, et en une grande quantité de coussins ou de matelas de soie épars au milieu de l'appartement, et qui servent de siéges ou de dossiers aux personnes de la famille. Un divan recouvert d'étoffes précieuses et de tapis infiniment plus fins, règne au fond et sur les contours de la chambre. Les femmes et les enfans y sont ordinairement accroupis ou étendus, occupés des différens travaux du ménage. Les berceaux des petits enfans sont sur le plancher, parmi ces tapis et ces coussins; le maître de la maison a toujours un de ces salons pour lui seul; c'est là qu'il reçoit les étrangers : on le trouve ordinairement assis sur son divan, son écritoire à long manche posée à terre à côté de lui, une feuille de papier appuyée sur son genou ou sur sa main gauche, et écrivant ou calculant tout le jour, car le commerce est l'occupation et le génie unique des habitans de Damas. Partout où nous sommes allés rendre des visites qu'on nous avait faites la veille, le propriétaire de la maison nous a reçus avec grâce et cordialité; il nous a fait apporter les pipes, le café, les sorbets, et nous a conduits dans le salon où se tiennent les femmes. Quelque idée que j'eusse de la beauté des Syriennes, quelque image que m'ait laissée dans l'esprit la beauté des femmes de Rome et d'Athènes, la vue des femmes et des jeunes filles arméniennes de Damas a tout surpassé. Presque partout nous avons trouvé des figures que le pinceau européen n'a jamais tracées, des yeux où la lumière sereine de l'âme prend une couleur de sombre azur, et jette des rayons de velours humides que je n'avais jamais vu briller dans des yeux de femme; des traits d'une finesse et d'une pureté si exquises, que la main la plus légère et la plus suave ne pourrait les imiter, et une peau si transparente et en même temps si colorée de teintes vivantes, que les teintes les plus délicates de la feuille de rose ne peuvent en rendre la pâle fraîcheur; les dents, le sourire, le naturel moelleux des formes et des mouvemens, le timbre clair, sonore, argentin, de la voix; tout est en harmonie dans ces admirables apparitions; elles causent avec grâce et une modeste retenue, mais sans embarras et comme accoutumées à l'admiration qu'elles inspirent; elles paraissent conserver longtemps leur beauté dans ce climat qui conserve, et dans une vie d'intérieur et de loisir paisible, où les passions factices de la société n'usent ni l'âme ni le corps. Dans presque toutes les maisons où j'ai été admis, j'ai trouvé la mère aussi belle que ses filles, quoique les filles parussent avoir déjà quinze à seize ans; elles se marient à douze ou treize ans. Les costumes de ces femmes sont les plus élégans et les plus nobles que nous ayons encore admirés en Orient : la tête nue et chargée de cheveux dont les tresses, mêlées de fleurs, font plusieurs tours sur le front, et retombent en longues nattes des deux côtés du cou et sur les épaules nues; des festons de pièces d'or et des rangées de perles mêlées dans la chevelure; une petite calotte d'or ciselé au sommet des cheveux; le sein à peu près nu; une petite veste à manches larges et ouvertes, d'une étoffe de soie brochée d'argent ou d'or; un large pantalon blanc descendant à plis jusqu'à la cheville du pied; le pied nu chaussé d'une pantoufle de maroquin jaune; une longue robe de soie d'une couleur éclatante descendant des épaules, ouverte sur le sein et sur le devant du pantalon, et retenue seulement autour des hanches par une ceinture dont les bouts descendent jusqu'à terre. Je ne pouvais détacher mes yeux de ces ravissantes femmes; nos visites et nos conversations se sont prolongées partout, et je les ai trouvées aussi aimables que belles; les usages de l'Europe, les costumes et les habitudes des femmes d'Occident ont été en général le sujet des entretiens; elles ne semblent rien envier à la vie de nos femmes; et quand on cause avec ces charmantes créatures, quand on trouve dans leur conversation et dans leurs manières cette grâce, ce naturel parfait, cette bienveillance, cette sérénité, cette paix de l'esprit et du cœur qui se conservent si bien dans la vie de famille, on ne sait ce qu'elles auraient à envier à nos femmes du monde, qui savent tout, excepté ce qui rend heureux dans l'intérieur d'une famille, et qui dilapident en peu d'années, dans le mouvement tumultueux de nos sociétés, leur âme, leur beauté et leur vie. Ces femmes se voient quelquefois entre elles; elles ne sont pas même entièrement séparées de la société des hommes;

mais cette société se borne à quelques jeunes parens ou amis de la maison, parmi lesquels, en consultant leur inclination et les rapports de famille, on leur choisit de très-bonne heure un fiancé. Ce fiancé vient alors se mêler, comme un fils, aux plaisirs de la maison.

J'ai rencontré là un chef des Arméniens de Damas, homme très-distingué et très-instruit ; Ibrahim l'a mis à la tête de sa nation dans le conseil municipal qui gouverne la ville en ce moment. Cet homme, bien qu'il ne soit jamais sorti de Damas, a les notions les plus justes et les mieux raisonnées sur l'état politique de l'Europe, sur la France en particulier, sur le mouvement général de l'esprit humain à notre époque, sur la transformation des gouvernemens modernes, et sur l'avenir probable de la civilisation. Je n'ai pas rencontré en Europe un homme dont les vues à cet égard fussent plus exactes et plus intelligentes ; cela est d'autant plus étonnant, qu'il ne sait que le latin et le grec, et qu'il n'a jamais pu lire ces ouvrages ou ces journaux de l'Occident où ces questions sont mises à la portée de ceux mêmes qui les répètent sans les comprendre. Il n'a jamais eu non plus occasion de causer avec des hommes distingués de nos climats. Damas est un pays sans rapports avec l'Europe ; il a tout compris au moyen de cartes géographiques et de quelques grands faits historiques et politiques qui ont retenti jusque-là, et que son génie naturel et méditatif a interprétés avec une merveilleuse sagacité. J'ai été charmé de cet homme ; je suis resté une partie de la matinée à m'entretenir avec lui : il viendra ce soir et tous les jours ; il entrevoit, comme moi, ce que la Providence semble préparer pour l'Orient et pour l'Occident, et par l'inévitable rapprochement de ces deux parties du monde se donnant mutuellement de l'espace, du mouvement, de la vie et de la lumière. Il a une fille de quatorze ans, qui est la plus belle personne que nous ayons vue ; la mère, jeune encore, est charmante aussi. Il m'a présenté son fils, enfant âgé de douze ans, dont l'éducation l'occupe beaucoup. Vous devriez, lui ai-je dit, l'envoyer en

Europe, et lui faire donner une éducation comme celle que vous regrettez pour vous-même ; je la surveillerais. Hélas ! m'a-t-il répondu, j'y pense sans cesse, j'y ai pensé souvent : mais si l'état de l'Orient ne change pas encore, quel service aurai-je rendu à mon fils en l'élevant trop, par ses connaissances, au-dessus de son temps et du pays où il doit vivre ? que fera-t-il à Damas quand il y reviendra avec les lumières, les mœurs et le goût de liberté de l'Europe ? s'il faut être esclave, il vaut mieux n'avoir jamais été qu'esclave !

Après ces différentes visites nous avons quitté le quartier arménien, séparé d'un autre quartier par une porte qui se ferme tous les soirs. J'ai trouvé une rue plus large et plus belle ; elle est formée par les palais des principaux agas de Damas ; c'est la noblesse du pays ; les façades de ces palais sur la rue ressemblent à de longues murailles de prisons ou d'hospices, murs de boue grise ; peu ou point de fenêtres ; de temps en temps une grande porte ouverte sur une cour ; un grand nombre d'écuyers, de serviteurs, d'esclaves noirs, sont couchés à l'ombre de la porte. J'ai visité deux de ces agas, amis de M. Baudin ; l'intérieur de leur palais est admirable : une cour vaste, ornée de superbes jets d'eau, et plantée d'arbres qui les ombragent ; des salons plus beaux et plus richement décorés encore que ceux des Arméniens. Plusieurs de ces salons ont coûté jusqu'à cent mille piastres de décoration ; l'Europe n'a rien de plus magnifique : tout est dans le style arabe ; quelques-uns de ces palais ont huit ou dix salons de ce genre. Les agas de Damas sont en général des descendans ou des fils de pacha qui ont employé à la décoration de leurs demeures les trésors acquis par leurs pères ; c'est le népotisme de Rome sous une autre forme ; ils sont nombreux ; ils occupent les principaux emplois de la ville sous les pachas envoyés par le grand-seigneur. Ils ont de vastes possessions territoriales dans les villages qui environnent Damas. Leur luxe consiste en palais, en jardins, en chevaux et en femmes ; à un signe du pacha, leurs têtes tombent, et ces fortunes, ces palais, ces jardins, ces femmes, ces chevaux, passent à quelque nouveau favori du sort. Une législation pareille invite naturellement à jouir et à se résigner : volupté et fatalisme sont les deux résultats nécessaires du despotisme oriental.

Les deux agas chez lesquels je suis entré m'ont reçu avec la politesse la plus exquise. Le fanatisme brutal du bas peuple de Damas ne monte pas si haut. Ils savent que je suis un voyageur européen; ils me croient un ambassadeur secret ; venant chercher des renseignemens pour les rois de l'Europe, sur la querelle des Turcs et d'Ibrahim. J'ai témoigné à l'un d'eux le désir de voir ses plus beaux chevaux et d'en acheter s'il consentait à m'en vendre. Aussitôt il m'a fait conduire par son fils et par son écuyer dans une vaste écurie, où il nourrit trente ou quarante des plus admirables animaux du désert de Palmyre. Rien de si beau ne s'était jamais offert réuni à mes yeux : c'était en général des chevaux de très-haute taille, de poil gris sombre ou gris-blanc, à crinières comme de la soie noire, avec des yeux à fleur de tête, couleur marron foncé, d'une force et d'une sécheresse admirables : des épaules larges et plates, des encolures de cygne. Aussitôt que ces chevaux m'ont vu entrer et entendu parler une langue étrangère, ils ont tourné la tête de mon côté, ils ont frémi, ils ont henni, ils ont exprimé leur étonnement et leur effroi par les regards obliques et effarés de leurs yeux, et par un plissement de leurs naseaux, qui donnaient à leurs belles têtes la physionomie la plus intelligente et la plus extraordinaire. J'avais eu déjà occasion de remarquer combien l'esprit des animaux en Syrie est plus prompt et plus développé qu'en Europe. Une assemblée de croyans, surpris dans la mosquée par un chrétien, n'aurait pas mieux exprimé, dans ses attitudes et dans son visage, l'indignation et l'effroi, que ces chevaux ne le firent en voyant un visage étranger, en entendant parler une langue inconnue. J'en caressai quelques-uns, je les étudiai tous; je les fis sortir dans la cour; je ne savais sur lequel arrêter mon choix, tant ils étaient presque tous remarquables par leur perfection : enfin, je me décidai pour un jeune étalon blanc, de trois ans, qui me parut la perle de tous les chevaux du désert. Le prix fut débattu entre M. Baudin et l'aga, et fixé à six mille piastres, que je fis payer à l'aga. Le cheval était arrivé de Palmyre, il y avait peu de temps, et l'Arabe qui l'avait vendu à l'aga avait reçu cinq mille piastres et un magnifique manteau de soie et d'or. L'animal, comme tous les chevaux arabes, portait au cou sa généalogie, suspendue dans un sachet en poil, et plusieurs amulettes pour le préserver du mauvais œil.

Parcouru les bazars de Damas. Le grand bazar a environ une demi-lieue de long. Les bazars sont de longues rues, couvertes par des charpentes très-élevées, et bordées de boutiques, d'échoppes, de magasins, de cafés; ces boutiques sont étroites et peu profondes; le négociant est assis sur ses talons devant sa boutique, la pipe à la bouche, ou le narguilé à côté de lui. Les magasins sont remplis de marchandises de toutes sortes, et surtout d'étoffes des Indes, qui affluent à Damas par les caravanes de Bagdad. Des barbiers invitent les passans à se faire couper les cheveux. Leurs échoppes sont toujours pleines de monde. Une foule, aussi nombreuse que celle des galeries du Palais-Royal, circule tout le jour dans le bazar. Mais le coup d'œil de cette foule est infiniment plus pittoresque. Ce sont des agas, vêtus de longues plisses de soie cramoisie, fourrées de martre, avec des sabres et des poignards enrichis de diamans, suspendus à la ceinture. Ils sont suivis de cinq ou six courtisans, serviteurs ou esclaves, qui marchent silencieusement derrière eux, et portent leurs pipes ou leur narguilé : ils vont s'asseoir, une partie du jour, sur les divans extérieurs de cafés bâtis au bord des ruisseaux qui traversent la ville; de beaux platanes ombragent le divan : là, ils fument et causent avec leurs amis, et c'est le seul moyen de communication, excepté la mosquée, pour les habitans de Damas. Là se préparent, presque en silence, les fréquentes révolutions qui ensanglantent cette capitale. La fermentation muette couve longtemps, puis éclate au moment inattendu. Le peuple court aux armes sous la conduite d'un parti quelconque, commandé par un des agas, et le gouvernement passe, pour quelque temps, dans les mains du vainqueur. Les vaincus sont mis à mort, ou s'enfuient dans les déserts de Balbek et de Palmyre, où les tribus indépendantes leur donnent asile. Les officiers et les soldats du pacha d'Égypte, vêtus presque à l'européenne, traînent leurs sabres sur les trottoirs du bazar ; nous en rencontrons plusieurs qui nous accostent et parlent italien ; ils sont sur leurs gardes à Damas, le peuple les voit avec horreur, chaque nuit l'émeute peut éclater. Schérif-Bey, un des hommes les plus capables de l'armée de Méhémet-Ali, les commande, et gouverne momentanément la ville. Il a formé un camp de dix mille hommes hors des murs, aux bords du fleuve, et tient garnison dans le château ; il habite lui-même le sérail. La nouvelle du moindre échec survenu en Syrie à Ibrahim serait le signal d'un soulèvement général et d'une lutte acharnée à Damas. Les trente mille chrétiens arméniens qui habitent la ville sont dans la terreur, et seraient massacrés si les Turcs avaient le dessus. Les musulmans sont irrités de l'égalité qu'Ibrahim-Pacha a établie entre eux et les chrétiens. Quelques-uns de ceux-ci abusent de ce moment de tolérance, et insultent leurs ennemis, par une violation de leurs habitudes, qui aigrit leur fanatisme. M. Baudin est prêt, au premier avis, à se réfugier à Zarklé.

Les Arabes du grand désert et ceux de Palmyre sont en foule dans la ville, et circulent dans le bazar : ils n'ont pour vêtement qu'une large couverture de laine blanche, dont ils se drapent à la manière des statues antiques. Leur teint est hâlé, leur barbe noire, leurs yeux sont féroces. Ils forment des groupes devant les boutiques des marchands de tabac, et devant les selliers et les armuriers. Leurs chevaux, toujours sellés et bridés, sont entravés dans les rues et sur les places. Ils méprisent les Égyptiens et les Turcs ; mais en cas de soulèvement, ils marcheraient contre les troupes d'Ibrahim. Celui-ci n'a pu les repousser que jusqu'à une journée de

Damas ; il a marché lui-même avec de l'artillerie contre eux, à son passage dans cette ville. Ils sont maintenant ses ennemis. Je parlerai plus au long de ces populations inconnues, du grand désert et de l'Euphrate.

Chaque genre de commerce et d'industrie a son quartier à part dans les bazars. Là, sont les armuriers, dont les boutiques sont loin d'offrir les armes magnifiques et renommées que Damas livrait jadis au commerce du Levant. Ces fabriques de sabres admirables, si elles ont jamais existé à Damas, sont complétement tombées en oubli : on n'y fabrique que des sabres d'une trempe commune, et l'on ne voit chez les armuriers que de vieilles armes presque sans prix. J'y ai vainement cherché un sabre et un poignard de l'ancienne trempe. Ces sabres viennent maintenant du Khorassan, province de Perse, et même là on ne les fabrique plus. Il en existe un certain nombre qui passent de mains en mains, comme des reliques précieuses, et qui sont d'un prix inestimable. La lame de celui dont on m'a fait présent a coûté cinq mille piastres au pacha. Les Turcs et les Arabes, qui estiment ces lames plus que les diamans, sacrifieraient tout au monde pour une pareille arme ; leurs regards étincellent d'enthousiasme et de vénération quand ils voient la mienne, et ils la portent à leur front, comme s'ils adoraient un si parfait instrument de mort.

Les bijoutiers n'ont aucun art et aucun goût dans l'ajustement de leurs pierres précieuses ou de leurs perles ; mais ils possèdent, en ce genre, d'immenses collections. Toute la richesse des Orientaux est mobilière, pour être enfouissable ou portative. Il y a une grande quantité de ces orfévres; ils étalent peu : tout est renfermé dans de petites cassettes qu'ils ouvrent quand on leur demande un bijou.

Les selliers sont les plus nombreux et les plus ingénieux ouvriers de ces bazars : rien n'égale, en Europe, le goût, la grâce et la richesse des harnais de luxe qu'ils façonnent pour les chevaux des chefs arabes ou des agas du pays. Les selles sont revêtues de velours et de soie brochée d'or et de perles.

Les colliers de maroquin rouge, qui tombent en frange sur le poitrail, sont ornés également de glands d'argent et d'or et de touffes de perles. Les brides, infiniment plus élégantes que les nôtres, sont aussi toutes de maroquin de diverses couleurs et décorées de glands de soie et d'or. Tous ces objets sont, comparativement avec l'Europe, à très-bas prix. J'ai acheté deux de ces brides les plus magnifiques pour cent vingt piastres les deux (environ cinquante francs).

Les marchands de comestibles sont ceux dont les magasins offrent le plus d'ordre, d'élégance, de propreté et d'attrait à l'œil. Le devant de leurs boutiques est garni d'une multitude de corbeilles remplies de légumes, de fruits secs et de graines légumineuses dont je ne sais pas les noms, mais qui ont des formes et des couleurs vernissées admirables, et qui brillent comme de petits cailloux sortant de l'eau. Les galettes de pain, de toute épaisseur et de toute qualité, sont étalées sur le devant de la boutique; il y en a une innombrable variété pour les différentes heures et les différens repas du jour : elles sont toutes chaudes, comme des gaufres, et d'une saveur parfaite. Nulle part je n'ai vu une si grande perfection de pain qu'à Damas : il ne coûte presque rien. Quelques restaurateurs offrent aussi à dîner aux négocians ou aux promeneurs du bazar. Il n'y a chez eux ni tables ni couverts : ils vendent de petites brochettes de morceaux de mouton, gros comme une noix et rôtis au four. L'acheteur les emporte sur une des galettes dorées du pain dont j'ai parlé, et les mange sur le pouce. Les fontaines nombreuses du bazar lui offrent la seule boisson des Arabes. Un homme peut se nourrir parfaitement à Damas pour deux piastres ou environ dix sous par jour. Le peuple n'en emploie pas la moitié à sa nourriture. On aurait une jolie maison pour deux ou trois cents piastres par an. A trois ou quatre cents francs de revenus, on serait à son aise ici : c'est de même partout en Syrie. En parcourant le bazar, je suis arrivé au quartier des faiseurs de caisses et de coffres : c'est la grande industrie; car tout l'ameublement d'une famille arabe consiste en un ou deux coffres où l'on serre les hardes et les bijoux. La plupart de ces coffres sont en cèdre et peints en rouge, avec des ornemens dessinés en clous d'or. Quelques-uns sont admirablement sculptés en relief et couverts d'arabesques très-élégantes. J'en ai acheté trois, et je les ai expédiés par la caravane de Tarabourlous. L'odeur du bois de cèdre embaume partout le bazar; et cette atmosphère, composée de mille parfums divers qui s'exhalent des boutiques de menuisiers, des magasins d'épiceries et de droguistes, des caisses d'ambre ou de gommes parfumées, des cafés, des pipes sans cesse fumantes dans le bazar, me rappelle l'impression que j'éprouvai la première fois que je traversai Florence, où les charpentes de bois de cyprès remplissent les rues d'une odeur à peu près pareille.

Shérif-Bey, gouverneur de Syrie pour Méhémet-Ali, a quitté aujourd'hui Damas. La nouvelle de la victoire de Konia, remportée par Ibrahim sur le grand vizir, est arrivée cette nuit. Shérif-Bey profite de l'impression de terreur qui a frappé Damas pour aller à Alep. Il laisse le gouvernement de la ville à un général égyptien, assisté d'un conseil municipal formé des premiers négocians de toutes les différentes nations. Un camp de six mille Égyptiens et de trois mille Arabes reste aux portes de la ville. Le coup d'œil qu'offre ce camp est extrêmement pittoresque; des tentes de toutes formes et toutes couleurs sont dressées à l'ombre de grands arbres fruitiers, au bord du fleuve. Les chevaux, en général admirables, sont attachés en longues files à des cordes tendues d'un bout du camp à l'autre. Les Arabes non disciplinés sont là dans toute la bizarre diversité de leurs races, de leurs armures, de leurs costumes : les uns semblables à des assemblées de rois ou de patriarches, les autres à des brigands du désert. Les feux de bivouac jettent leurs fumées bleues, que le vent traîne sur le fleuve ou sur les jardins de Damas.

J'ai assisté au départ de Shérif-Bey. Tous les principaux agas de Damas et les officiers des corps qui y restent s'étaient réunis au sérail. Les vastes cours qu'entourent les murs délabrés du château et du sérail étaient remplies d'esclaves tenant en main les plus beaux chevaux de la ville, richement caparaçonnés. Shérif-Bey déjeunait dans les appartemens intérieurs. Je ne suis pas entré; je suis resté avec des officiers égyptiens et italiens dans la cour pavée. De là, nous voyions la foule du dehors, les agas arriver par groupes, et les esclaves noirs passer, portant sur leurs têtes d'immenses plateaux d'étain qui contenaient les différens pilaux du repas. Des chevaux de Shérif-Bey étaient là; ce sont les plus beaux animaux que j'aie encore vus à Damas; ils sont turcomans, d'une race infiniment plus grande et plus forte que les chevaux arabes; ils ressemblent à de grands chevaux normands, avec les membres plus fins et plus musclés, la tête plus légère, et l'œil large, ardent, fier et doux du cheval d'Orient. Ils sont tous bais bruns et à longues crinières : véritables chevaux homériques. A midi, il s'est mis en route, accompagné d'une immense cavalcade jusqu'à deux lieues de la ville.

Au milieu du bazar de Damas, je trouve le plus beau kan de l'Orient, le kan d'Hassad-Pacha. C'est une immense coupole dont la voûte hardie rappelle celle de Saint-Pierre de Rome; elle est également portée sur des piliers de granit. Derrière ces piliers sont des magasins et des escaliers conduisant aux étages supérieurs, où sont les chambres des négocians. Chaque négociant considérable loue une de ces chambres, et y tient ses marchandises précieuses et ses livres. Des gardiens veillent jour et nuit à la sûreté du kan; de grandes écuries sont à côté pour les chevaux des voyageurs et des caravanes; de belles fontaines jaillissantes rafraîchissent le kan : c'est une espèce de bourse du commerce de Damas. La porte du kan d'Hassad-Pacha, qui donne sur le bazar, est un des morceaux d'architecture moresque les plus riches de détails et les plus grandioses d'effet que l'on puisse voir au monde. L'architecture arabe s'y retrouve tout entière. Cependant ce kan n'est bâti que depuis quarante ans. Un peuple dont les architectes sont capables de dessiner, et les ouvriers d'exécuter un monument pareil au kan d'Hassad-Pacha n'est pas mort pour les arts. Ces kans sont bâtis, en général, par de riches pachas qui les laissent à leur famille ou à la ville qu'ils ont voulu enrichir. Ils rapportent de gros revenus.

Un peu plus loin, j'ai vu, d'une porte qui donne sur le bazar, la grande cour ou le parvis de la principale mosquée de Damas. Ce fut autrefois l'église consacrée à saint Jean Damascène. Le monument semble du temps du Saint-Sépulcre de Jérusalem : lourd, vaste, et de cette architecture byzantine qui imite le grec en le dégradant, et paraît construite avec des débris. Les grandes portes de la mosquée étaient fermées de lourds rideaux; je n'ai pas pu voir l'intérieur. Il y a péril de mort pour un chrétien qui profanerait les mosquées en y entrant. Nous nous sommes arrêtés un moment seulement dans le parvis, en feignant de nous désaltérer à la fontaine.

Même date.

La caravane de Bagdad est arrivée aujourd'hui; elle était composée de trois mille chameaux : elle campe aux portes de la ville. — Acheté des ballots de café de Moka, que l'on ne peut plus se procurer ailleurs, et des châles des Indes.

La caravane de la Mecque a été suspendue par suite de la guerre. Le pacha de Damas est chargé de la conduire. Les Wahabites l'ont dispersée plusieurs fois. Méhémet-Ali les a refoulés vers Médine. La dernière caravane, atteinte du choléra à la Mecque, épuisée de fatigue et manquant d'eau, a péri presque tout entière. Quarante mille pèlerins sont restés dans le désert. La poussière du désert qui mène à la Mecque est de la poussière d'hommes. On espère que cette année la caravane pourra partir sous les auspices de Méhémet-Ali; mais, avant peu d'années, les progrès des Wahabites interdiront à jamais le pieux pèlerinage. Les Wahabites sont la première grande réforme armée du mahométisme. Un sage des environs de la Mecque, nommé Aboul-Wahiab, a entrepris de ramener l'islamisme à sa pureté de dogme primitive, d'extirper, d'abord par la parole, puis par la force des Arabes convertis à sa foi, les superstitions populaires dont la crédulité ou l'imposture altèrent toutes les religions, et de refaire de la religion de l'Orient un déisme pratique et rationnel. Il y avait pour cela peu à faire ; car Mahomet ne s'est pas donné pour un dieu, mais pour un homme plein de l'esprit de Dieu, et n'a prêché qu'unité de Dieu et charité envers les hommes. Aboul-Wahiab lui-même ne s'est pas donné pour prophète, mais pour un homme éclairé par la seule raison. La raison, cette fois, a fanatisé les Arabes comme ont fait le mensonge et la superstition. Ils se sont armés en son nom, ils ont conquis la Mecque et Médine, ils ont dépouillé le culte de vénération rendu au prophète de toute l'adoration qu'on y avait substituée, et cent mille missionnaires armés ont menacé de changer la face de l'Orient. Méhémet-Ali a opposé une barrière momentanée à leurs invasions ; mais le wahabisme subsiste et se propage dans les trois Arabies, et à la première occasion, ces peuples purificateurs de l'islamisme se répandront jusqu'à Jérusalem, jusqu'à Damas, jusqu'en Égypte. Ainsi, les idées humaines périssent par les armes mêmes qui les ont propagées. Rien n'est impénétrable au jour progressif de la raison, cette révélation graduelle et incessante de l'humanité. Mahomet est parti des mêmes déserts que les Wahabites pour renverser les idoles et établir le culte, sans sacrifices, du Dieu unique et immatériel. Aboul-Wahiab vient à son tour, et, brisant les crédulités populaires, rappelle le mahométisme à la raison pure. Chaque siècle lève un coin du voile qui cache la grande image du Dieu des dieux, et le découvre derrière tous ses symboles qui s'évanouissent, seul, éternel, évident dans la nature, et rendant ses oracles dans la conscience.

Damas, 3 avril.

Passé la journée à parcourir la ville et les bazars. — Souvenirs de saint Paul présens aux chrétiens de Damas. Ruines de la maison d'où il s'échappa la nuit, dans un panier suspendu. — Damas fut une des premières terres où il sema la parole qui changea le monde. Cette parole y fructifia rapidement. L'Orient est la terre des cultes, des prodiges, des superstitions même. La grande idée qui y travaille les imaginations en tout temps, c'est l'idée religieuse. Tout ce peuple, mœurs et lois, est fondé sur des religions. L'Occident n'a jamais été de même. Pourquoi? Race moins noble, enfans de barbares qui se sentent encore de leur origine. Les choses ne sont pas à leur place en Occident. La première des idées humaines n'y vient qu'après les autres. Pays d'or et de fer, de mouvement et de bruit. L'Orient, pays de méditation profonde, d'intuition et d'adoration! Mais l'Occident marche à pas de géant, et quand la religion et la raison, que le moyen âge a séparées dans les ténèbres, s'y seront embrassées dans la vérité, dans la lumière et dans l'amour, l'esprit religieux, le souffle divin y redeviendra l'âme du monde et enfantera ses prodiges de vertu, de civilisation et de génie. — Ainsi soit-il! —

Damas, 4 avril.

Il y a trente mille chrétiens à Damas et quarante mille à Bagdad. Les chrétiens de Damas sont Arméniens ou Grecs.

Quelques prêtres catholiques desservent ceux de leur communion. Les habitans de Damas souffrent les moines catholiques. Ils ont l'habitude de leur costume et les considèrent comme des Orientaux. J'ai vu plusieurs fois ces jours-ci deux prêtres lazaristes français qui ont un petit couvent enfoui dans le pauvre quartier des Arméniens. L'un d'eux, le père Poussous, vient passer les soirées avec nous. C'est un homme excellent, pieux, instruit et aimable. Il m'a mené dans son couvent, où il instruit de pauvres enfans arabes chrétiens. Le seul amour du bien à faire le retient dans ce désert d'hommes où il a sans cesse à craindre pour sa sûreté. Il est néanmoins gai, serein, résigné. De temps en temps il reçoit, par les caravanes de Syrie, des nouvelles et des secours de ses supérieurs de France, et quelques journaux catholiques. Il m'en a prêté, et rien ne me semble plus étrange que de lire ces tracasseries pieuses ou politiques du quartier de Saint-Sulpice aux bords du désert de Bagdad, derrière le Liban et l'Anti-Liban, près Balbek, au centre d'une immense fourmilière d'autres hommes occupés de tout autres idées, et où le bruit que nous faisons et les noms de nos grands hommes de l'année n'ont jamais retenti! Vanité des vanités! excepté de servir Dieu et les hommes pour Dieu! Jamais on n'est plus pénétré de cette vérité qu'en voyageant et qu'en voyant combien est peu de chose le mouvement qu'une mer arrête! le bruit qu'une montagne intercepte! la renommée qu'une langue étrangère ne peut même prononcer! Notre immortalité est ailleurs que dans cette fausse et courte immortalité de nos noms d'ici-bas!

Nous avons dîné aujourd'hui avec un vieillard chrétien de Damas, âgé de plus de quatre-vingt-dix ans, et jouissant de la plénitude de ses facultés physiques et morales. Excellent et admirable vieillard portant dans ses traits cette sérénité de la bienveillance et de la vertu que donne le sentiment d'une vie pure et pieuse approchant de son terme! Il nous comble de services de tout genre. Il est sans cesse en course pour nous comme un jeune homme. Le père Poussous, son compagnon, deux négocians de Bagdad et un grand seigneur persan qui va à la Mecque, complétaient la réunion paisible du soir, sur les divans de M. Baudin, au milieu des vapeurs du tabac et du tombac, qui obscurcissaient et parfumaient l'air! A l'aide de M. Baudin et de M. Mazoyer, mon drogman, on causait avec assez de facilité. La cordialité et la simplicité la plus parfaite régnaient dans cette soirée d'hommes des quatre extrémités du monde. Les mœurs de l'Inde, de la Perse, les événemens récens de Bagdad, la révolte du pacha contre la Porte, étaient les sujets de nos entretiens. L'habitant de Bagdad avait été obligé de s'enfuir à travers le désert de quarante jours, sur ses dromadaires, avec ses trésors et deux jeunes Francs. Il attendait impatiemment des nouvelles de son frère, dont il craignait d'apprendre la mort. On lui apporta une lettre de ce frère pendant qu'il en causait avec nous. Il était sauvé et arrivait avec l'arrière-garde de la caravane qu'on attendait encore. Il versait des larmes de joie. Nous pleurions nous-mêmes, et à cause de lui et à cause des tristes retours que nous faisions sur nos propres malheurs. Ces larmes, versées ensemble par des yeux qui ne devaient jamais se rencontrer, au foyer commun d'un ami, au milieu d'une ville où nous ne faisions tous que passer, ces larmes unissaient nos cœurs, et nous aimions comme des amis ces hommes dont les noms même ne sont pas restés dans nos mémoires!

4 avril 1833.

Orage terrible pendant la nuit. Le pavillon élevé et percé de fenêtres nombreuses sans vitres, où nous couchions, tremblait comme un vaisseau sous la rafale. La pluie a fondu, en peu d'instans, le toit de boue qui recouvre la terrasse du pavillon, et a inondé le plancher. Heureusement nos matelas étaient sur des planches élevées par des caisses de Damas; les couvertures nous ont garantis; mais le matin nos habits flottaient dans la chambre. Des orages pareils sont fréquens à Damas, et entraînent souvent les maisons dont les fondations ne sont pas en marbre. Le climat est froid et humide pendant les mois d'hiver. Des neiges abondantes tombent des montagnes. Cet hiver, la moitié des bazars a été enfoncée par le poids des neiges, et les routes interceptées pendant deux mois. Les chaleurs de l'été sont, dit-on, insupportables. Jusqu'ici nous ne nous en apercevons pas. Nous allumons presque tous les soirs des brasiers, appelés *mangales* dans le pays.

J'achète un second étalon arabe d'un Bédouin que je rencontre à la porte de la ville. Je fais suivre le cavalier pour entrer en marché avec lui d'une manière convenable et naturelle. L'animal, de plus petite taille que celui que j'ai acheté de l'aga, est plus fort et d'un poil plus rare, fleur de pêcher. Il est d'une race dont le nom signifie : *roi du jarret*. On me le cède pour quatre mille piastres. Je le monte pour l'essayer. Il est moins doux que les autres chevaux arabes. Il a un caractère sauvage et indompté, mais paraît infatigable. Je ferai conduire *Tedmor* (c'est le nom arabe de Palmyre que j'ai donné au cheval de l'aga) par un de mes saïs à pied. Je monterai *Scham* pendant la route. *Scham* est le nom arabe de Damas.

Un chef de tribu de la route de Palmyre, mandé par M. Baudin, est arrivé ici; il se charge de me conduire à Palmyre et de me ramener sain et sauf, mais à condition que je serai seul et vêtu en Bédouin du désert; il laissera son fils en otage à Damas jusqu'à mon retour. Nous délibérons; je désirais vivement voir les ruines de Tedmor ; cependant, comme elles sont moins étonnantes que celles de Balbek, qu'il faut au moins dix jours pour aller et revenir, et que ma femme ne peut m'accompagner; comme le moment de rejoindre les bords de la mer, où notre vaisseau doit nous attendre, est arrivé, je renonce à regret à cette course dans le désert, et nous nous préparons à repartir le surlendemain.

6 avril 1833.

Parti de Damas à huit heures du matin; traversé la ville et les bazars encombrés par la foule; entendu quelques murmures et quelques apostrophes injurieuses : on nous prend pour des renforts d'Ibrahim. Sortis de la ville par une autre porte que celle par laquelle nous sommes arrivés; longé des jardins délicieux par une route au bord d'un torrent, ombragée d'arbres superbes; gravi la montagne où nous avions eu une si belle apparition de Damas; halte pour la contempler encore, et en emporter l'éternelle image. Je comprends que les traditions arabes placent à Damas le site du paradis perdu : aucun lieu de la terre ne rappelle mieux l'Éden. La vaste et féconde plaine, les sept rameaux du fleuve bleu qui l'arrosent, l'encadrement majestueux des montagnes, les lacs éblouissans qui réfléchissent le ciel sur la terre, la situation géographique entre les deux mers, la perfection du climat, tout indique au moins que Damas a été une des premières villes bâties par les enfans des hommes, une des haltes naturelles de l'humanité errante dans les premiers temps; c'est une de ces villes écrites par le doigt de Dieu sur la terre, une capitale prédestinée comme Constantinople. Ce sont les deux seules cités qui ne soient pas arbitrairement jetées sur la carte d'un empire, mais invinciblement indiquées par la configuration des lieux. Tant que la terre portera des empires, Damas sera une grande ville et Stamboul la capitale du monde; à l'issue du désert, à l'embouchure des plaines de la Cœlé-Syrie et des vallées de Galilée, d'Idumée et du littoral des mers de Syrie, il fallait un repos enchanté aux caravanes de l'Inde : c'est Damas. Le commerce y a appelé l'industrie : Damas est semblable à Lyon, une vaste manufacture; la population est de quatre cent mille âmes selon les uns, de deux cent mille selon les autres; je l'ignore, et il est impossible de le savoir : on ne peut que le conjecturer : en Orient, pas de recensement exact, il faut juger de l'œil. Au mouvement de la foule qui inonde les rues et les bazars, au nombre d'hommes armés qui s'élancent des maisons au signal des révolutions ou des émeutes, à l'étendue de terrain que les maisons occupent, je pencherais à croire que ce qui est renfermé dans ses murs peut s'élever de trois à quatre cent mille âmes. Mais si l'on ne limite pas arbitrairement la ville, si l'on compte au nombre des habitans tous ceux qui peuplent les immenses faubourgs et villages qui se confondent à l'œil avec les maisons et les jardins de cette grande agglomération d'hommes, je croirais que le territoire de Damas en nourrit un million. J'y jette un dernier regard avec des vœux intérieurs pour M. Baudin et les hommes excellens qui y ont protégé et charmé notre séjour, et quelques pas de nos chevaux nous font perdre pour jamais les cimes de ses arbres et de ses minarets.

L'Arabe qui marche à côté de mon cheval me montre à l'horizon un grand lac qui brille au pied des montagnes, et me raconte une histoire dont je comprends quelques mots et que mon drogman m'interprète.

Il y avait un berger qui gardait les chamelles d'un village aux bords de ce lac, dans un canton désert et inhabité de cette haute montagne. Un jour, en abreuvant son troupeau, il s'aperçut que l'eau du lac fuyait par une issue souterraine, et il la ferma avec une grosse pierre, mais il y laissa tomber son bâton de berger. Quelque temps après un fleuve tarit dans une des provinces de la Perse. Le sultan, voyant son pays menacé de la famine par le manque d'eau pour les irrigations, consulta les sages de son empire, et, sur leur avis, il envoya des émissaires dans tous les royaumes environnans pour découvrir comment la source de son fleuve avait été détournée ou tarie. Ces ambassadeurs portaient le bâton du berger que le fleuve avait apporté. Le berger se trouvait à Damas quand ces envoyés y parurent ; il se souvint de son bâton tombé dans le lac, il s'approcha et le reconnut entre leurs mains ; il comprit que son lac était la source du fleuve, et que la richesse et la vie d'un peuple étaient entre ses mains. — Que fera le sultan pour celui qui lui rendra son fleuve ? demanda-t-il aux envoyés. — Il lui donnera, répondirent-ils, sa fille et la moitié de son royaume. — Allez donc, répliqua-t-il, et avant que vous soyez de retour, le fleuve perdu arrosera la Perse et réjouira le cœur du sultan. — Le berger remonta dans les montagnes, ôta la grosse pierre ; et les eaux, reprenant leur cours par ce canal souterrain, allèrent remplir de nouveau le lit du fleuve. Le sultan envoya de nouveaux ambassadeurs avec sa fille à l'heureux berger, et lui donna la moitié de ses provinces.

Ces traditions merveilleuses se conservent avec une foi entière parmi les Arabes ; aucun d'eux ne doute, parce que l'imagination ne doute jamais.

7 avril.

Campé le soir sur le penchant d'une haute montagne, après huit heures de marche dans un pays montueux, nu, stérile et froid. Nous sommes atteints par une caravane moins nombreuse que la nôtre : c'est le cadi de Damas, envoyé tous les ans de Constantinople, qui retourne s'embarquer à Alexandrette. Ses femmes et ses enfans voyagent dans un coffre double, posé sur le dos d'un mulet ; il y a une femme et plusieurs petits enfans dans chaque moitié du coffre ; tout est voilé. Le cadi marche un quart d'heure derrière ses femmes, accompagné de quelques esclaves à cheval. Cette caravane nous dépasse et va camper plus loin. Rude journée de dix heures de marche, par un froid rigoureux et dans des vallées complétement désertes ; marché une heure dans le lit d'un torrent où les grosses pierres roulées des montagnes interceptent à chaque moment le sentier des chevaux ; je monte une heure ou deux mon beau cheval *Tedmor* pour reposer *Scham*. Malgré deux jours de route fatigante, ce magnifique animal vole comme une gazelle sur le terrain rocailleux du désert ; en un instant il a devancé les meilleurs coureurs de la caravane ; il est doux et intelligent comme le cygne, dont il a la blancheur et l'encolure. Je veux le ramener en Europe avec Scham et Saïde. Aussitôt que je suis descendu, il m'échappe, et va bondissant rejoindre l'Arabe *Mansours*, qui le soigne et le conduit ; il pose sa tête sur ses épaules comme un chien caressant ; il y a fraternité complète entre l'Arabe et le cheval comme entre nous et le chien ; Mansours et Daher, mes deux principaux saïs arabes, que j'ai pris aux environs de Bayruth et qui sont à mon service depuis près d'un an, sont les plus fidèles et les plus doux des hommes : sobres, infatigables, intelligens, attachés à leur maître et à leurs chevaux, toujours prêts à combattre avec nous si un péril s'annonce ! Que ne ferait pas un chef habile avec une pareille race d'hommes ! Si j'avais le quart des richesses de tel banquier de Paris ou de Londres, je renouvellerais en dix ans la face de la Syrie : tous les élémens d'une régénération sont là ; il ne manque qu'une main pour les réunir, un coup d'œil pour poser une base, une volonté pour y conduire un peuple.

Couchés dans une espèce d'hôtellerie isolée dans une plaine élevée, par un froid extrême, nous trouvons un peu de bois pour allumer un feu dans la chambre basse où nous étendons nos tapis ; nos provisions de Damas sont épuisées ; nous faisons pétrir un peu de farine d'orge destinée à nos chevaux, et nous mangeons ces galettes amères et noirâtres.

Partis au jour ; marché douze heures ; arrivés, toujours par un pays stérile et dépeuplé, à un petit village où nous trouvons un abri, des poules et du riz. La pluie nous a inondés tout le jour; nous ne sommes plus qu'à huit heures de route de la vallée de Bekâ; mais nous l'abordons par son extrémité orientale, et beaucoup plus bas que Balbek.

Même date.

Arrivés à trois heures après midi en vue du désert de Bekâ. Halte et hésitation dans la caravane. La plaine, depuis le point où nous sommes jusqu'au pied du Liban, qui se dresse comme un mur de l'autre côté, ressemble à un lac immense, du milieu duquel surgissent quelques îles noirâtres, des cimes d'arbres submergés et de vastes ruines antiques sur une colline à trois lieues de nous. Comment se lancer sans guides, au hasard, dans cette plaine inondée? Il le faut cependant, sous peine de ne plus passer demain, car la pluie continue, et les torrens versent de toutes parts leurs eaux dans le désert. Nous marchons pendant deux heures sur des parties plus élevées de la plaine, qui nous approchent de la colline, où les grandes ruines du temple nous apparaissent. Nous laissons à notre gauche ces débris inconnus de quelque ville, sans nom aujourd'hui, contemporaine de Balbek. Des tronçons de colonnes gigantesques ont roulé sur les flancs de la colline, et sont couchés dans la boue à nos pieds. Le jour baisse, la pluie augmente, et nous n'avons pas le temps de monter au temple. Cette colline passée, nous ne marchons plus que dans l'eau jusqu'aux genoux de nos chevaux. A chaque instant, un de nos mulets glisse et roule avec nos bagages dans les fossés, d'où nos moukres les retirent avec peine. Nous faisons marcher un Arabe à vingt pas en avant de la caravane, pour sonder le terrain; mais, arrivés au milieu de la plaine, à l'endroit où le ruisseau de Balbek a creusé son lit, le sol nous manque, et il faut traverser à la nage un intervalle de trente à quarante pieds. Mes Arabes, se jetant à l'eau, et soutenant la tête des chevaux, parviennent à passer ma femme et une femme de chambre anglaise qui l'accompagne; nous passons nous-mêmes à la nage, et nous touchons tous la rive opposée. La nuit est presque complète : nous nous hâtons de traverser le reste de la vallée, pendant que nous avons assez de crépuscule pour nous guider. Nous passons près d'une ou deux masures habitées par une tribu féroce d'Arabes de Balbek. S'ils nous attaquaient dans ce moment, nous serions à leur merci : toutes nos armes sont hors d'état de faire feu. Les Arabes nous regardent du haut de leurs terrasses et ne descendent pas dans le marais. Enfin, au moment où la nuit tombe sur nous, la plaine commence à se relever, et nous sommes à sec sur les bords qui touchent au Liban. Nous nous dirigeons sur la lumière lointaine qui scintille à trois lieues de nous, dans une gorge de montagne : ce doit être la ville de Zarklé. Accablés de lassitude, transis de froid et mouillés jusqu'aux os, nous atteignons enfin les premières collines qui portent la ville. Là, en nous appelant et en nous comptant, nous nous apercevons qu'un de nos amis, M. de Capmas, nous manque. On s'arrête, on appelle, on tire quelques coups de fusil : rien ne répond. Nous détachons deux cavaliers pour aller à la recherche, et nous entrons dans Zarklé. Il nous faut une heure pour remonter un fleuve qui traverse la ville, et pour trouver un pont unique, qui va d'un quartier à l'autre. Nos chevaux épuisés peuvent à peine se tenir sur le pavé glissant de ce pont à pic et sans parapet. Enfin, la maison de l'évêque grec nous reçoit. On allume des feux de broussailles dans les huttes qui entourent la cour. L'évêque nous prête quelques nattes et quelques tapis. Nous nous séchons. Les deux Arabes envoyés à la recherche de notre ami reviennent avec lui. On l'apporte, presque évanoui, à côté du foyer ; il revient à lui. Nous trouvons au fond de nos caisses, inondées d'eau, une bouteille de rhum ; l'évêque nous procure du sucre ; nous ranimons, avec quelques verres de punch, notre compagnon mourant, pendant que nos Arabes nous préparent le pilau. Le pauvre évêque n'a absolument que l'abri à nous offrir : encore la curiosité des femmes et des enfans de Zarklé est telle qu'à chaque instant ils encombrent la cour et enfoncent les portes de nos chambres pour voir les deux femmes franques. Je suis obligé de mettre deux Arabes armés à la porte de la cour pour en interdire l'entrée.

Le lendemain, repos à Zarklé pour sécher nos habits et renouveler nos provisions de route, gâtées par l'inondation de la veille. Zarklé est une ville toute chrétienne, fondée depuis peu d'années dans une gorge, sur les dernières racines du Liban ; elle doit son rapide et prodigieux accroissement aux familles persécutées des chrétiens arméniens et grecs de Damas et de Homs. Elle compte environ huit à dix mille habitans, fait un grand commerce de soie, et s'augmente tous les jours. Protégée par l'émir Beschir, souverain du Liban, elle n'est plus inquiétée par les excursions des tribus de Balbek et de l'Anti-Liban. Les habitans, industrieux, agricoles et actifs, cultivent admirablement les collines qui descendent de la ville dans la plaine, et se hasardent même à cultiver les parties du désert les plus rapprochées. L'aspect de la ville est très-extraordinaire : c'est une réunion confuse de maisons noires, bâties en terre, sans symétrie et sans régularité, sur deux pentes rapides de deux coteaux séparés par un fleuve. La gorge, d'où le fleuve descend avant de couler dans la ville et dans la plaine, est un large et profond encaissement de rochers perpendiculaires qui s'écartent pour laisser passer le torrent ; il roule de plateaux en plateaux et forme trois ou quatre cascades en larges nappes, qui occupent toute la largeur de ces plateaux, gradins successifs. L'écume du torrent couvre entièrement les rochers, et les bruits de ses chutes remplissent les rues de Zarklé d'un murmure sourd et continuel. Quelques maisons assez élégantes brillent entre la verdure des peupliers et des hautes vignes, au-dessus des chutes du fleuve. Là est la maison de refuge de notre ami M. Baudin ; une autre est un couvent de moines maronites. Le fleuve, après avoir traversé les maisons de la ville qui sont groupées et suspendues de la manière la plus bizarre sur ses hautes rives, et pendantes sur son lit, va arroser des terres et des prairies étroites, où l'industrie des habitans distribue ses eaux en mille ruisseaux. Des rideaux de hauts peupliers de Perse s'étendent à perte de vue sur son cours, et dirigent l'œil, comme une avenue verdoyante, jusque sur le désert de Balbek et sur les cimes neigeuses de l'Anti-Liban. Presque tous les habitans sont des Grecs syriaques ou des Grecs de Damas. Les maisons ressemblent à de misérables huttes de paysans de Savoie ou de Bresse ; mais dans chaque maison on voit une boutique, un atelier, où des selliers, des armuriers, des horlogers même, travaillent, avec des instrumens grossiers, à des ouvrages de leur état. Le peuple nous a paru bon et hospitalier. L'aspect d'étrangers comme nous, bien loin de les effrayer ou de les émouvoir, semblait leur être agréable. Ils nous ont offert tous les petits services que notre situation comportait, et paraissaient fiers de la prospérité croissante de leur ville. Zarklé semble le premier appendice d'une grande ville de commerce, destinée à faire face à Damas pour le commerce de la race chrétienne avec la race mahométane. Si la mort de l'émir Beschir ne détruit pas l'unité de domination qui fait la force du Liban, Zarklé, d'ici à vingt ans, sera la première ville de Syrie. Toutes dépérissent : elle seule croît ; toutes dorment : elle seule travaille. Le génie grec porte partout le principe d'activité qui est dans le sang de cette race européenne. Mais l'activité du Grec asiatique est utile et féconde ; celle du Grec de Morée et des îles n'est qu'une stérile agitation. L'air d'Asie adoucit le sang des Grecs : là, c'est un peuple admirablement doux ; mais ailleurs, il est fort souvent barbare. Il en est de même pour la beauté physique de la race. Les femmes grecques de l'Asie sont le chef-d'œuvre de la création, l'idéal de la grâce et de la volupté des yeux. Les femmes grecques de la Morée ont des formes pures, mais dures, et des yeux dont le feu, âpre et sombre, n'est pas assez tempéré par la douce mollesse de l'âme et la sensibilité du cœur : les yeux des unes sont un charbon ardent; les yeux des femmes de l'Asie sont une flamme voilée de vapeurs humides.

Même date.

Le pauvre évêque grec de Zarklé est d'une famille d'Alep, où il a passé sa vie dans l'élégance et la mollesse des mœurs de cette ville, l'Athènes de l'Asie : il se trouve comme exilé dans cette ville, sans société et sans ressources morales. Ses manières ont conservé la dignité des manières exquises des Aleppins; mais dans l'extrême dénuement où il est, il ne peut nous offrir que son humble gîte. Nous parlons italien avec lui. Je lui fais en partant une aumône de cinq cents piastres pour ses pauvres ou pour lui-même; car il semblait dans un état voisin de la misère. Quelques livres arabes et grecs, jetés confusément dans sa chambre, et un vieux coffre, contenant ses magnifiques pelisses et ses vêtemens épiscopaux, étaient toute sa richesse. Je pris des guides à Zarklé pour franchir le Liban, par des sentiers inconnus. La route ordinaire était interceptée par la prodigieuse quantité de neige tombée pendant cet hiver. Nous montâmes d'abord par des pentes assez douces, à travers des collines cultivées en vignes et en mûriers. Bientôt nous arrivâmes à la région des rochers et des torrens sans lits; nous en passâmes une trentaine au moins dans l'espace de six heures. Ils courent sur des pentes si rapides qu'ils n'ont pas le temps de se creuser un lit : c'est un rideau d'écume qui glisse sur le roc nu, et qui passe avec la rapidité des ailes de l'oiseau.

Le ciel se couvrait de nuages pâles qui interceptaient déjà

la lumière, quoique le jour fût peu avancé ; nous étions complétement noyés dans ces vagues roulantes de nuages, et souvent nous n'apercevions pas la tête de la caravane enfoncée dans ces avenues ténébreuses. La neige aussi commençait à tomber à larges flocons et couvrait la trace des sentiers que cherchaient vainement nos guides ; nous soutenions avec peine nos chevaux fatigués, et dont les fers glissaient sur les rebords escarpés que nous étions obligés de suivre. Le magnifique horizon inférieur de la vallée de Balbek et des cimes de l'Anti-Liban, avec les grandes ruines des temples de Beká, frappés de la lumière, ne nous apparaissaient que par momens, à travers des échappées de nuages fendus ; il semblait que nous naviguions dans le ciel et que le piédestal d'où nous voyions la terre ne lui appartenait plus. Cependant les vents sonores qui dormaient dans les profondes et hautes gorges des montagnes commençaient à rendre des sons lugubres et souterrains, semblables au mugissement d'une forte mer après la tempête ; ils passaient comme des foudres, tantôt sur nos têtes, tantôt dans des régions inférieures, sous nos pieds, roulant comme des feuilles mortes, des masses de neige et des volées de pierres, et même d'assez gros blocs de roche, de même que si la bouche d'un canon les avait lancés ; deux de nos chevaux en furent atteints et roulèrent avec nos bagages dans le précipice. Aucun de nous ne fut frappé ; mes jeunes étalons arabes qu'on menait en main semblaient pétrifiés de terreur ; ils s'arrêtaient court, levaient les naseaux et jetaient, non pas des hennissemens, mais des cris gutturaux semblables à des râlemens humains ; nous marchions serrés pour nous surveiller et nous assister en cas d'accident. La nuit devenait de plus en plus noire, et la neige qui battait nos yeux nous enlevait le peu de lumière qui pouvait nous guider encore. Les tourbillons de vent remplissaient toute la gorge où nous étions de neige tournoyante qui s'élevait en colonnes jusqu'au ciel, et retombait en nappes immenses comme l'écume des grandes vagues sur les écueils ; il y avait des momens où il était impossible de respirer ; nos guides s'arrêtaient à chaque instant, hésitaient et tiraient des coups de fusil pour nous diriger ; mais le vent furieux ne laissait rien retentir, et la détonation de nos armes ressemblait au léger claquement d'un fouet. Cependant, à mesure que nous nous enfoncions davantage dans cette haute gorge des dernières croupes du Liban, nous entendions avec effroi un mugissement grave, continu, sourd, qui croissait de momens en momens, et formait comme la basse de ce concert horrible des élémens déchaînés ; nous ne savions à quoi l'attribuer ; il semblait qu'une partie de la montagne s'écroulait et roulait en torrens de rochers. Les nuages épais et rasant le sol nous cachaient tout ; nous ne savions où nous étions, lorsque nous vîmes passer tout à coup, à côté de nous, des chevaux sans cavaliers et des mulets sans charges, avec plusieurs chameaux qui s'enfuyaient sur les flancs de neige de la montagne. Bientôt les Arabes, poussant des cris, les suivirent ; ils nous avertirent de nous arrêter, nous montrant de la main, à quarante ou cinquante pas au-dessous de nous, une masure adossée à un bloc de rocher, que les nuages nous avaient caché jusque-là : une colonne de fumée et la lueur d'un foyer sortaient de la porte de cette cabane dont le toit, en énormes branches de cèdre, venait d'être à moitié emporté par l'ouragan, et pendait sur le mur ; c'était le seul asile qu'il y eût pour nous sur cette partie du Liban : le kan de Murat-Bey ; un pauvre Arabe l'habite pendant l'été pour offrir de l'orge et un abri aux caravanes de Damas qui vont par cette route en Syrie. Nous y descendîmes avec peine par des degrés de roche cachés sous un pied de neige ; le torrent qui coule à cent pas au-dessous du kan, et qu'il faut traverser pour gravir la dernière région des montagnes, était devenu tout à coup un fleuve immense qui roulait avec ses eaux des blocs de pierre et des débris de la tempête. Surpris sur ses bords par les tourbillons de vent, et à demi ensevelis sous la neige, les Arabes que nous avions rencontrés avaient jeté les fardeaux de leurs chameaux et de leurs mulets, et les avaient laissés sur la place pour se sauver au kan de Murat.

Nous le trouvâmes rempli de ces hommes et de leurs montures; aucune place pour nous ni pour nos chevaux. Cependant, à l'abri du bloc de rocher plus grand qu'une maison, le vent se faisait moins sentir, et les nuées de neige, emportées de la cime du Liban, qui passaient sur nos têtes pour aller s'abattre dans la plaine, commençaient à devenir moins épaisses et nous laissaient, par intervalle, apercevoir un coin du ciel où brillaient déjà des étoiles. Le vent tomba bientôt tout à fait; nous descendîmes de cheval; nous cherchâmes à nous faire un abri pour passer, non-seulement la nuit, mais plusieurs jours peut-être, si le torrent, que nous entendions sans le voir, continuait à fermer le passage. Sous les murs du kan écroulé, à l'abri d'une partie des branches de cèdre qui formaient tout à l'heure le toit, il y avait un espace de dix pieds carrés, encombré de neige et de boue: nous balayâmes la neige; il restait un pied de fange molle où nous ne pouvions poser nos tapis; nous arrachâmes du toit quelques branches d'arbre que nous étendîmes comme une claie sur le sol délayé; ces bûches empêchaient nos nattes de tremper dans l'eau; nos matelas, nos tapis, nos manteaux, formaient un second plancher; nous allumâmes un feu dans un coin de cet abri, et nous passâmes ainsi la longue nuit du 7 au 8 avril 1833. De temps en temps l'ouragan assoupi se réveillait; il semblait que la montagne s'écroulait sur elle-même; l'énorme rocher auquel était adossé le kan tremblait comme un tronc d'arbre secoué par la rafale, et les mugissemens du torrent remplissaient la mer et le ciel de hurlemens lamentables. Nous finîmes cependant par nous endormir, et nous nous réveillâmes tard, aux rayons éclatans d'un soleil serein sur la neige. Les Arabes, nos compagnons, étaient partis; ils avaient heureusement tenté de traverser le torrent; nous les aperçûmes de loin, gravissant les collines où nous devions les suivre; nous partîmes aussi; nous marchâmes quatre heures dans une vallée supérieure où nous ne voyions, comme au sommet du mont Blanc, que la neige sous nos pas et le ciel sur nos têtes. L'éblouissement des yeux, le silence morne, le péril de chaque pas sur ces déserts de neige récente, sans aucun sentier tracé, font du passage de ces hauts piliers de la terre, épine dorsale d'un continent, un moment solennel et religieux. On observe involontairement chaque point de l'horizon et du ciel, chaque phénomène de la nature; j'en vis un qui me frappa comme une belle image et que je n'avais encore jamais observé. Tout à fait au sommet du Liban, sur les flancs d'un mamelon abrité à demi du soleil du matin, je vis un magnifique arc-en-ciel, non pas élancé en pont aérien et unissant le ciel à la cime de la montagne, mais couché sur la neige et roulé en cercles concentriques comme un serpent aux couleurs éclatantes; c'était comme le nid de l'arc-en-ciel surpris à la cime la plus inaccessible du Liban. A mesure que le soleil montait et rasait de ses rayons blancs le mamelon, les cercles de l'arc-en-ciel aux mille couleurs ondoyantes semblaient remuer et se soulever; l'extrémité de ces volutes lumineuses s'élevait en effet de la terre, montait vers le ciel de quelques toises comme si elle eût essayé de s'élancer vers le soleil, et fondait en vapeurs blanchâtres et en perles liquides qui retombaient autour de nous. Nous nous assîmes au delà de la région des neiges pour sécher au soleil nos souliers mouillés; nous commencions à apercevoir les profondes et noires vallées des Maronites; en deux heures nous fûmes descendus au village d'Hamana, assis au sommet de la magnifique vallée de ce nom, et où nous avions déjà couché en allant à Damas. Le scheik nous fit donner trois maisons du village. Le soleil du soir brillait sous les larges feuilles du mûrier et du figuier; des hommes rentraient avec leurs charrues du labourage; des femmes, des enfans, circulaient dans les chemins entre les maisons, et nous saluaient avec un sourire d'hospitalité; les bestiaux revenaient des champs avec leurs clochettes; les pigeons et les poules couvraient les toits des terrasses, et les cloches de deux églises maronites tintaient lentement à travers les cimes de cyprès, pour annoncer les cérémonies pieuses du lendemain qui était un dimanche; c'était l'aspect, le bruit et la paix d'un beau village de France ou d'Italie, que nous retrouvions tout à coup au sortir des précipices du Liban, des déserts de Balbek, des rues inhospitalières de Damas : jamais transition ne fut peut-être si rapide, si douce ; nous résolûmes de passer le dimanche parmi ce beau et excellent peuple, et de nous reposer un jour de nos longues fatigues.

Journée passée à Hamana ; le scheik et le marché du village nous fournissent des provisions abondantes ; les femmes d'Hamana viennent nous visiter tout le jour ; elles sont infiniment moins belles que les Syriennes des bords de la mer ; c'est la race maronite pure ; elles ont toutes l'apparence de la force et de la santé, mais les traits trop prononcés, l'œil un peu dur, le teint trop coloré ; leur costume est un pantalon blanc, et par-dessus une longue robe de drap bleu, ouverte sur le devant et laissant le sein nu ; des colliers de piastres innombrables pendent autour du cou, sur la gorge et derrière les épaules. Les femmes mariées complètent ce costume par une corne d'argent d'environ un pied, et quelquefois un pied et demi de longueur, qu'elles fixent sur leurs cheveux tressés et qui s'élèvent au-dessus du front un peu obliquement. Cette corne, sculptée et ciselée, est recouverte par l'extrémité d'un voile de mousseline qu'elles y suspendent, et dont elles se couvrent quelquefois le visage ; elles ne quittent jamais cette corne, même pour dormir. Ce bizarre usage, dont on ne peut chercher l'origine que dans les aberrations de l'esprit humain, les défigure et alourdit tous les mouvemens de la tête et du cou.

9 avril.

Partis de Hamana par une matinée voilée de brouillards, à cinq heures du matin. Marché deux heures sur des pentes escarpées et nues des hautes arêtes du Liban descendant vers les plaines de Syrie. La vallée, que nous laissons à droite, se creuse et s'élargit de plus en plus sous nos pieds. Elle peut avoir là environ deux lieues de largeur et une lieue au moins de profondeur. Les vagues transparentes des vapeurs du matin se promènent mollement comme des lames de mer sur son horizon, et ne laissent passer au-dessus d'elles que les hautes cimes de mamelons, les têtes de cyprès et quelques tours de villages et de monastères maronites; mais bientôt la brise de mer, qui se lève et monte insensiblement avec le soleil, déroule lentement toutes ces vagues de vapeurs, et les replie en voiles blancs qui vont se coller et se confondre aux cimes de neige sur lesquelles elles forment de légères taches grises. La vallée apparaît tout entière. Pourquoi l'œil n'a-t-il pas un langage qui peigne d'un seul mot, comme il voit d'un seul regard? Je voudrais garder éternellement dans ma mémoire les scènes et les impressions incomparables de la vallée de Hamana. Je suis au-dessus d'un des mille torrens qui sillonnent ses flancs de leur écume bondissante, et vont, à travers les blocs de rochers, de prairies suspendues, les troncs de cyprès, les rameaux de peupliers, les vignes sauvages et les noirs caroubiers, glisser jusqu'au fond de la vallée et se joindre au fleuve central, qui la suit dans toute sa longueur. La vallée est si profonde que je n'en vois pas le fond; j'entends seulement par intervalles les mille bruissemens de ses eaux et de ses feuillages, les mugissemens de ses troupeaux, les volées lointaines et argentines des cloches de ses monastères. L'ombre du matin est encore au fond du lit de la gorge où bondit le torrent principal. Çà et là, au détour de quelques mamelons, j'aperçois la blanche ligne d'écume qu'il trace dans cette ombre noirâtre. Du même côté de la vallée où nous sommes, je vois monter, à un quart de lieue de distance les uns des autres, trois ou quatre larges plateaux semblables à des piédestaux naturels ; leurs flancs paraissent à pic et sont de granit grisâtre. Ces plateaux, d'une demi-lieue de tour, sont entièrement couverts de forêts de cèdres, de sapins et de pins-parasols à larges têtes ; on distingue les grands troncs élancés de ces arbres, entre lesquels circule et joue la lumière du matin. Leurs feuillages noirs et immobiles sont interrompus de temps en temps par les légères colonnes de fumée bleue des cabanes des laboureurs maronites et par les petites ogives de pierre où est suspendue la cloche des villages. Deux vastes monastères, dont les murs brillent comme du bronze cuivré, s'étendent sur deux de ces plateaux de pins. Ils ressemblent à des forteresses du moyen âge. On aperçoit, au bas des couvens, des moines maronites, revêtus de leur capuchon noir, qui labourent entre les ceps de vigne et les grands châtaigniers. Deux ou trois villages, groupés autour de mamelons de rochers, pyramident plus bas encore, comme des ruches autour des troncs de vieux arbres. A côté de chaque chaumière s'élèvent quelques touffes de verdure plus pâle : ce sont des grenadiers, des figuiers ou des oliviers, qui commencent à fructifier à cet échelon de la vallée ; l'œil s'abîme au delà, dans l'ombre impénétrable du fond de la gorge. S'il franchit cette ombre et s'élève sur le flanc opposé des montagnes, il voit, dans quelques parties, des murailles perpendiculaires de roche granitique qui s'élancent jusqu'aux nuages. Au-dessus de ces murailles, qui semblent crénelées par la nature, il aperçoit des plateaux de la plus splendide végétation, des cimes de sapins pendant sur les rebords de ces abîmes, d'immenses têtes de sycomores, qui forment de larges taches sur le ciel, et derrière ces créneaux de végétation, encore des clochers de villages et des monastères dont on ne peut deviner l'accès. A d'autres endroits, les flancs de granit des montagnes sont brisés en larges échancrures où le regard se perd dans la nuit des forêts, et ne distingue çà et là que des points lumineux et mobiles, qui sont les lits des torrens et les petits lacs des sources. Ailleurs, les roches cessent tout à coup; d'immenses bastions arrondis les flanquent comme des fortifications éternelles, et terminent leurs angles en tours et en tourelles. Des vallées élevées et que l'œil sonde à peine, s'ouvrent et s'enfoncent entre les remparts de neige et de forêts; là descend le principal torrent de Hamana, que l'on voit ruisseler d'abord comme une gouttière du vaste toit de neige, puis se perdre dans le bassin retentissant des cascades, où il se divise en sept ou huit rameaux étincelans, puis disparaître derrière des blocs et des mamelons noirâtres, puis reparaître en un seul ruban d'écume qui se plie et se déplie au gré des mouvemens du sol sur les pentes lentes ou rapides de ses collines. Il s'enfonce enfin dans la vallée principale, et y tombe par une nappe de cent pas de large et de deux cents pieds d'élévation. Son écume, qui remonte et que le vent souffle çà et là, couvre d'arcs-en-ciel flottans les cimes des larges pins qui bordent cette chute. — A ma gauche, la vallée, en descendant vers les rives de la mer, s'élargit et présente au regard les flancs de ses collines, plus boisées et plus cultivées; son fleuve serpente entre des mamelons couronnés de monastères et de villages. Plus loin, les palmiers de la plaine élèvent, derrière des collines basses d'oliviers, leurs panaches de vert jaune, et entrecoupent la longue ligne de sable doré qui borde la mer. Le regard va se perdre enfin dans un lointain indécis, entre le ciel et les vagues. Les détails de ce magique ensemble ne sont pas moins attachans que le coup d'œil général. A chaque détour de rochers, à chaque sommet de collines où le sentier vous porte, vous trouvez un horizon nouveau, où les eaux, les arbres, le rocher, les ruines de ponts ou d'aqueducs, les neiges, la mer ou le sable de feu du désert, encadrés d'une manière inattendue, arrachent une acclamation de surprise et d'éblouissement. J'ai vu Naples et ses îles, les vallées des Apennins et celles des Alpes, de Savoie et de Suisse ; mais la vallée de Hamana et quelques autres vallées du Liban effacent tous ces souvenirs. L'énormité des masses de rochers, les chutes multipliées des eaux, la pureté et la profondeur du ciel, l'horizon des vastes mers qui les termine partout, le pittoresque des lignes de villages et de couvens maronites, suspendus, comme des nids d'hommes, à des hauteurs que le regard craint d'aborder ; enfin la nouveauté, l'étrangeté, la couleur tantôt noire, tantôt pâle, de la végétation ; la majesté des cimes des grands arbres, dont quelques troncs ressemblent à des colonnes de granit ; tout cela dessine, colore, solennise le paysage, et transporte l'âme d'émotions plus profondes et plus religieuses que les Alpes mêmes. — Tout paysage où la mer n'entre pas pour élément n'est pas complet. Ici la mer, le désert, le ciel, sont le cadre majestueux du tableau, et l'œil ravi se reporte sans cesse du fond des forêts séculaires, du bord des sources ombragées, du sommet des pics aériens, des scènes paisibles de la vie rurale ou cénobitique, sur l'espace bleu sillonné par les navires, sur les cimes de neiges noyées dans le ciel auprès des étoiles, ou sur les vagues jaunes et dorées du désert où les caravanes de chameaux décrivent au loin leurs lignes serpentales. C'est de ce contraste incessant que naissent le choc des pensées et les impressions solennelles qui font du Liban des montagnes de pierre, de poésie et de ravissemens !

Même date.

A midi, campé sous nos tentes, à mi-hauteur du Liban, pour laisser passer l'ardeur du jour. On m'amène un courrier arabe qui allait me chercher à Damas. Il me remet un paquet de lettres arrivées d'Europe, qui m'annoncent ma nomination à la chambre des députés. Affliction nouvelle ajoutée à tant d'autres. Malheureusement j'ai désiré cette mission à une autre époque, et sollicité moi-même une confiance que je ne puis, sans ingratitude, décliner aujourd'hui. J'irai ; mais combien je désirerais maintenant que ce calice passât loin de moi ! Je n'ai plus d'avenir personnel dans ce drame du monde politique et social, dont la scène principale est parmi nous. Je n'ai aucune de ces passions de gloire, d'ambition et de fortune, qui sont la force impulsive des hommes politiques. Le seul intérêt que je porterai à ces délibérations passionnées sera l'intérêt de la patrie et de l'humanité. La patrie et l'humanité sont des êtres abstraits pour des hommes qui veulent posséder l'heure présente et faire triompher, à tout prix, des intérêts de famille, de caste ou de parti. Qu'est-ce que la voix calme et impartiale de la philosophie dans le tumulte des faits qui se mêlent et se combattent? Qui est-ce qui voit l'avenir et son horizon sans bornes derrière la poussière de la lutte actuelle? N'importe : l'homme ne choisit ni son chemin ni son œuvre ; Dieu lui donne sa tâche par les circonstances et par ses convictions. Il faut l'accomplir ! Mais je ne prévois pour moi qu'un martyre moral dans la douloureuse tâche qu'il m'impose aujourd'hui. J'étais né pour l'action. La poésie n'a été en moi que de l'action refoulée ; j'ai senti, j'ai exprimé des idées et des sentimens, dans l'impuissance d'agir. Mais aujourd'hui l'action ne me sollicite plus. J'ai trop creusé les choses humaines pour n'en pas comprendre le sens. J'ai trop perdu, de tous les êtres auxquels ma vie active pouvait répondre, pour n'être pas dégoûté de toute personnalité dans l'action. Une vie de contemplation, de philosophie, de poésie et de solitude, serait la seule couche où mon cœur pourrait se reposer avant de se briser tout à fait.

RETOUR A BAYRUTH,

ET

DÉPART POUR LES CÈDRES DE SALOMON.

10 avril 1833.

Arrivé hier ici. Passé deux heures au couvent franciscain près du tombeau où j'ai enseveli tout mon avenir. Le brick *l'Alceste*, qui doit rapporter ces restes chéris en France, n'est pas encore en vue. J'ai affrêté aujourd'hui un autre brick pour nous rapporter nous-mêmes. Nous naviguerons de conserve; mais la mère au moins ne se trouvera pas dans la chambre où sera le corps de son enfant! Pendant qu'on prépare les emménagemens nécessaires pour le transport d'un si grand nombre de passagers dans le brick du capitaine Coulonne, nous irons visiter le Kesrouan, Tripoli de Syrie, Latakié, Antioche, et les cèdres du Liban sur les derniers sommets des montagnes, derrière Tripoli. Reçu ce matin les nombreuses visites de tous nos amis de Bayruth. Le gouverneur, prince maronite; Habib Barbara, notre voisin de campagne, qui nous a montré, depuis notre arrivée, et surtout depuis nos malheurs, le cœur d'un ami véritable; M. Bianco, le consul de Sardaigne, et M. Borda, jeune et aimable Piémontais, attaché au consulat, relégué, par un sort bizarre, dans les déserts de l'Orient, tandis que son instruction, ses goûts, son caractère, en feraient un diplomate distingué dans une cour policée de l'Europe; M. Laurella, consul d'Autriche; M. Farren, consul général, et M. Abbot, consul spécial d'Angleterre en Syrie; un jeune négociant français, M. Humann, dont la société nous a été aussi utile que douce depuis notre arrivée ici; M. Caillé, voyageur français; M. Jorelle, premier drogman du consulat, jeune homme élevé en France, transporté de bonne heure en Orient, qui possède les langues de la Turquie et de l'Arabie comme ses langues maternelles; probe, actif, intelligent, obligeant par instinct, et pour qui un service à rendre est un plaisir qu'on lui fait; enfin M. Guys, consul de France en Syrie, respectable représentant de la probité nationale dans ces contrées où son caractère est vénéré des Arabes, mais arrivé ici depuis peu de temps et que nous avons beaucoup moins vu que ses collègues.

Nous emportons tous ces noms d'hommes qui nous ont comblés de bonté et de pitié depuis un an de séjour parmi eux, pour leur conserver à jamais, dans des proportions diverses, souvenir, intérêt et reconnaissance. Sans la lettre que j'ai reçue hier, sans mon vieux père dont le souvenir me rappelle sans cesse en France, si j'avais un exil à choisir dans le monde pour y achever mes jours fatigués, dans le sein de la solitude et d'une nature enchantée, je resterais où je suis.

13 avril 1833.

Parti ce matin à quatre heures avec la même caravane que j'avais formée pour Damas; longé le rivage de la mer jusqu'au cap Batroun, — lieux déjà décrits ailleurs; — couché à Djebaïl dans un kan hors de la ville, sur une éminence dominant la mer. La ville n'est remarquable que par une mosquée d'architecture chrétienne, et qui fut autrefois une église bâtie vraisemblablement par les comtes de Tripoli. On croit que Djebaïl est l'ancienne contrée des Giblites, qui fournissaient au roi Hiram les blocs de pierre destinés à la construction du temple par Salomon. Le père d'Adonis avait là son palais, et le culte du fils était le culte de toute la Syrie environnante, A gauche de la ville est un château très-remarquable par l'élégance et l'élévation de ses différens plans de fortifications; nous descendîmes dans la ville pour voir le petit port, où se balançaient quelques barques arabes; elle est habitée presque exclusivement par les Maronites. Une très-belle Arabe, extrêmement parée, vint rendre visite à ma femme dans le karavansérail; nous lui fîmes quelques petits présens. Le lendemain nous continuâmes à longer la côte et le pied des montagnes du Castravan, qui baignait partout dans la mer; nous couchâmes sous nos tentes, dans un site admirable, à l'entrée du territoire de Tripoli; le chemin quitte la côte et tourne brusquement à droite; il s'enfonce dans une vallée étroite arrosée par un ruisseau; à environ une lieue de la mer, la vallée se rétrécit tout à fait; elle est entièrement fermée par un rocher de cent pieds d'élévation et de cinq à six cents pieds de circonférence; ce rocher, naturel ou taillé hors des flancs de la montagne qui le touche, porte à son sommet un château gothique parfaitement conservé, habitation des chacals et des aigles; des escaliers taillés dans le roc vif s'élèvent à des terrasses successives, couvertes de tours et de murs crénelés, jusqu'à la plate-forme supérieure, d'où s'élance un donjon percé de fenêtres en ogive; la végétation s'est emparée partout du château, des murs, des créneaux; d'immenses sycomores ont pris racine dans les salles et élancent leurs larges têtes au-dessus des toits éboulés, les lianes retombant en touffes énormes, les lierres cramponnés aux fenêtres et aux portes, les lichens, qui révèlent partout la pierre, donnent à ce beau monument du moyen âge l'apparence d'un château de mousse et de lierre; une belle fontaine coule au pied du rocher, ombragée par trois des plus beaux arbres que l'on puisse voir; ce sont des espèces d'ormes; l'ombre d'un seul couvrait nos tentes, nos trente chevaux et tous les groupes épars de nos Arabes.

Le lendemain, monté une côte rapide d'un terrain blanc et savonneux, où les chevaux pouvaient à peine se tenir; du sommet, on a une vue sans bornes de tout le littoral occidental de la Syrie jusqu'au golfe d'Alexandrette et au mont Taurus, et un peu sur la droite, des plaines d'Alep et des collines d'Antioche, avec le cours de l'Oronte; trois heures de marche nous mènent aux portes de Tripoli; nous y étions attendus; et à une lieue de la ville nous rencontrâmes une cavalcade de jeunes négocians francs, de différentes nations, et de quelques officiers de l'armée d'Ibrahim, qui venaient au-devant de nous. Le fils de M. Lombart, négociant français, établi à Tripoli, nous offrit l'hospitalité au nom de son père; — nous craignîmes de lui être à charge, et nous allâmes au couvent des pères franciscains; un seul religieux habitait cette immense demeure, et nous y reçut. Deux jours passés à Tripoli; dîné chez M. Lombart; — bonheur de rencontrer une famille française où tout compatriote retrouve une réception de famille; — le soir, passé une heure chez MM. Katchiflisse, négocians grecs et consuls de Russie, famille établie de temps immémorial à Tripoli de Syrie, où elle possède un magnifique palais. Madame et mesdemoiselles Katchiflisse sont les trois personnes les plus célèbres de Syrie pour leur beauté et pour le charme des manières, mélange piquant de la réserve asiatique avec le gracieux abandon des femmes grecques, et la politesse accomplie des femmes les plus élégantes de l'Europe; elles nous reçurent dans un vaste salon voûté, éclairé par une coupole, et rafraîchi par un bassin d'eau courante; elles étaient assises sur un divan semi-circulaire qui régnait au fond de la salle; tout était couvert de riches tapis, et les tapis couverts eux-mêmes de narguilés, de pipes, de vases de fleurs et de sorbets; ces trois femmes, vêtues du costume oriental, offraient chacune, dans leur caractère de beauté, l'ensemble le plus admirable qu'un œil d'homme puisse contempler; nous passâmes une soirée délicieuse dans leur conversation, et nous promîmes de les revoir au retour.

Le scheik d'Éden, dernier village habité au sommet du Liban, était oncle, par sa mère, de M. Mazoyer, mon interprète. Averti par son neveu de notre arrivée à Tripoli, le vénérable scheik descendit des montagnes avec son fils aîné et une partie de ses serviteurs; il vint me rendre visite au couvent des franciscains, et m'offrit l'hospitalité chez lui, à Éden. D'Éden aux cèdres de Salomon, il n'y avait plus que trois heures de marche, et si les neiges qui couvraient encore la montagne nous le permettaient, nous pourrions aller de là visiter ces arbres séculaires qui ont répandu leur gloire sur tout le Liban, et qui sont contemporains du grand roi; nous acceptâmes, et le départ fut fixé au lendemain.

A cinq heures du matin nous étions à cheval. La caravane, plus nombreuse encore qu'à l'ordinaire, était précédée du scheik d'Éden, admirable vieillard dont l'élégance de manières, la politesse noble et facile, et le magnifique costume, étaient bien loin de rappeler un chef arabe; on eût dit un patriarche marchant à la tête de sa tribu; il montait une jument du désert dont le poil bai doré et la crinière flottante auraient fait la digne monture d'un héros de la *Jérusalem*; son fils et ses principaux serviteurs caracolaient sur des étalons magnifiques, à quelques pas devant lui; nous venions ensuite, puis la longue file de nos moukres et de nos saïs. La sortie de Tripoli offre un admirable point de vue; on suit les bords d'un fleuve encaissé entre deux collines; les plus beaux arbres et des forêts de grands orangers ombragent les bords de l'eau; un kiosque public, bâti sous ces arbres, offre sa terrasse embaumée aux promeneurs; on y vient fumer et prendre le café pour respirer la fraîcheur du lit du fleuve; de là, par une échappée, on aperçoit la mer, qui est à une demi-lieue de la ville; les belles tours carrées, bâties par les Arabes, aux deux flancs du port, et les nombreux navires qui sont dans la rade. Nous traversâmes une large plaine cultivée et plantée d'oliviers; sur le premier coteau qui s'élève de cette plaine vers le Liban, au milieu d'une forêt d'oliviers et d'arbres fruitiers de toute espèce, nous rencontrâmes une immense foule d'hommes, de femmes et d'enfans qui bordaient la route; c'étaient les habitans d'un grand village répandu sous ces arbres et qui appartient au scheik d'Éden; il passe les étés à Éden et les hivers dans ce village de la plaine; ces Arabes saluèrent respectueusement leur prince, nous offrirent des rafraîchissemens, et un certain nombre d'entre eux se mit en route avec nous pour nous conduire des veaux et des moutons, et nous aider à franchir les précipices des montagnes; pendant quatre heures ensuite nous marchâmes, tantôt dans de profondes vallées, tantôt sur la crête de montagnes presque stériles; nous fîmes halte au bord d'un torrent qui descend des sommets d'Éden, et qui roulait des monceaux de neige à demi fondue; à l'abri d'un rocher, le scheik nous avait fait allumer un grand feu; nous déjeunâmes et nous reposâmes nos chevaux dans ce lieu; la montée devient ensuite si rapide, sur des rochers nus et glissans comme du marbre poli, qu'il est impossible de comprendre comment les chevaux arabes parviennent à les gravir et surtout à les descendre; quatre Arabes à pied entouraient chacun des nôtres et les soutenaient de la main et des épaules; malgré cette assistance plusieurs roulèrent sur le rocher, mais sans accident grave; cette route horrible, ou plutôt cette muraille presque perpendiculaire nous conduisit, après deux heures de fatigue, à un plateau de roche où notre vue plongea sur une large vallée intérieure et sur le village d'Éden, qui est bâti à son extrémité la plus élevée et dans la région des neiges; il n'y a au-dessus d'Éden qu'une immense pyramide de roche nue : c'est la dernière dent de cette partie du Liban; une petite chapelle ruinée couronne son sommet; les vents d'hiver rongent sans cesse ce rocher et en détachent des blocs énormes qui roulent jusque dans le village; tous les champs des environs en sont semés, et le château même du scheik en est pressé de toutes parts; ce château dont nous approchions est d'une architecture complétement arabe; les fenêtres sont des ogives accouplées et séparées par d'élégantes colonnettes; les terrasses, qui servent de toits et de salons, sont couronnées de créneaux ; la porte voûtée est flanquée de deux siéges élevés en pierre ciselée, et les jambages de la porte même sont revêtus d'arabesques : le scheik était descendu le premier et nous attendait à la tête de sa maison; son plus jeune fils, une cassolette d'argent à la main, brûlait des parfums devant nos chevaux, et ses frères nous jetaient des essences parfumées sur les cheveux et sur nos habits; un magnifique repas nous attendait dans la salle où des arbres tout entiers flambaient dans le large foyer; les vins les plus exquis du Liban et de Chypre et une immense quantité de gibier composaient ce festin; nos Arabes n'étaient pas moins bien traités dans la cour; nous parcourûmes le soir les environs du village; les neiges couvraient encore une partie des champs; nous vîmes partout les traces d'une riche culture; le moindre coin de terre végétale entre les rochers avait son cep ou son noyer; des fontaines innombrables coulaient partout sous nos pieds; des canaux artificiels en répandaient les eaux dans les terres : ces terres en pente étaient supportées par des terrasses bâties en blocs immenses; nous apercevions un monastère sous la dent de rocher à notre gauche, et de nombreux villages, très-rapprochés les uns des autres, sur tous les flancs des vallées.

Même date.

Le scheik a envoyé trois Arabes sur la route des Cèdres pour savoir si les neiges nous permettront d'arriver jusqu'à ces arbres; les Arabes, de retour, disent que l'accès est impraticable : il y a quatorze pieds de neige dans un vallon étroit qu'il faut traverser pour toucher aux arbres. Voulant approcher le plus possible, je prie le scheik de me donner son fils et quelques cavaliers; je laisse à Éden ma femme et ma caravane; je monte le plus vigoureux de mes chevaux, *Scham*, et nous sommes en route au lever du soleil; —marche de trois heures sur des crêtes de montagnes ou dans des champs détrempés de neige fondue; j'arrive sur les bords de la vallée des Saints, gorge profonde où l'œil plonge du haut des rochers, vallée plus encaissée, plus sombre, plus solennelle encore que celle de Hamana; au sommet de cette vallée, à l'endroit où, en montant toujours, elle touche aux neiges, superbe nappe d'eau qui tombe de cent pieds de haut sur deux ou trois cents toises de large; toute la vallée résonne de cette chute et des bonds du torrent qu'elle alimente; de toutes parts le rocher des flancs de la montagne ruisselle d'écume; nous voyons, à perte de vue, au fond de la vallée, deux grands villages dont les maisons se distinguaient à peine des rochers roulés par le torrent; les cimes des peupliers et des mûriers paraissent, de là, des touffes de joncs ou d'herbes; on descend dans le village de Beschieraï par des sentiers taillés dans le roc et tellement rapides, qu'on ne peut concevoir que des hommes s'y hasardent; il en périt souvent : une pierre lancée de la crête où nous sommes tomberait sur le toit de ces villages où nous n'arriverions pas dans une heure de descente; au-dessus de la cascade et des neiges, s'étendent d'immenses champs de glace, qui ondulent comme des vapeurs d'une teinte tour à tour verdâtre et bleue; à environ un quart d'heure sur la gauche, dans une espèce de vallon semi-circulaire, formé par les dernières croupes du Liban, nous voyons une large tache noire sur la neige : ce sont les groupes fameux des cèdres; ils couronnent, comme un diadème, le front de la montagne; ils voient l'embranchement des nombreuses et grandes vallées qui en descendent; la mer et le ciel sont leur horizon. Nous mettons nos chevaux au galop, dans la neige, pour approcher le plus près possible de la forêt; mais, arrivés à cinq ou six cents pas des arbres, nous enfonçons jusqu'aux épaules des chevaux; nous reconnaissons que le rapport de nos Arabes est exact, et qu'il faut renoncer à toucher de la main ces reliques des siècles et de la nature ; nous descendons de cheval, et nous nous asseyons sur un rocher pour les contempler.

Ces arbres sont les monumens naturels les plus célèbres de l'univers. La religion, la poésie et l'histoire les ont également consacrés. L'Écriture-Sainte les célèbre en plusieurs endroits. Ils sont une des images que les prophètes emploient de prédilection. Salomon voulut les consacrer à l'ornement du temple qu'il éleva le premier au Dieu unique, sans doute à cause de la renommée de magnificence et de sainteté que ces prodiges de végétation avaient dès cette époque. Ce sont bien ceux-là ; car Ézéchiel parle des cèdres d'Éden comme des plus beaux du Liban. Les Arabes de toutes les sectes ont une vénération traditionnelle pour ces arbres. Ils leur attribuent non-seulement une force végétative qui les fait vivre éternellement, mais encore une âme qui leur fait donner des signes de sagesse, de prévision, semblables à ceux de l'instinct chez les animaux, de l'intelligence chez les hommes. Ils connaissent d'avance les saisons, ils remuent leurs vastes rameaux comme des membres, ils étendent ou resserrent leurs coudes, ils élèvent vers le ciel ou inclinent vers la terre leurs branches, selon que la neige se prépare à tomber ou à fondre. Ce sont des êtres divins sous la forme d'arbres. Ils croissent dans ce seul site des groupes du Liban ; ils prennent racine bien au-dessus de la région où toute grande végétation expire. Tout cela frappe d'étonnement l'imagination des peuples d'Orient, et je ne sais si la science ne serait pas étonnée elle-même. — Hélas ! cependant, Basan languit, le Carmel et la fleur du Liban se fanent. Ces arbres diminuent chaque siècle. Les voyageurs en comptèrent jadis trente ou quarante, plus tard dix-sept ; plus tard encore, une douzaine. — Il n'y en a plus que sept, que leur masse peut faire présumer contemporains des temps bibliques. Autour de ces vieux témoins des âges écoulés, qui savent l'histoire de la terre mieux que l'histoire elle-même, qui nous raconteraient, s'ils pouvaient parler, tant d'empires, de religions, de races humaines évanouies! il reste encore une petite forêt de cèdres plus jaunes, qui me parurent former un groupe de quatre ou cinq cents arbres ou arbustes. Chaque année, au mois de juin, les populations de Beschieraï, d'Éden, de Kanobin et de tous les villages des vallées voisines, montent aux cèdres, et font célébrer une messe à leurs pieds. Que de prières n'ont pas résonné sous ces rameaux! Et quel plus beau temple, quel autel plus voisin du ciel, quel dais plus majestueux et plus saint que le dernier plateau du Liban, le tronc des cèdres et le dôme de ces rameaux sacrés qui ont ombragé et ombragent encore tant de générations humaines, prononçant le nom de Dieu différemment, mais le reconnaissant partout dans ses œuvres, et l'adorant dans des manifestations naturelles! Et moi aussi je priai en présence de ces arbres. Le vent harmonieux qui résonnait dans leurs rameaux sonores jouait dans mes cheveux, et glaçait sur ma paupière des larmes de douleur et d'adoration.

Remonté à cheval, marché trois heures sur les plateaux qui dominent les vallées de Kadisha, descendu à Kanobin, monastère maronite le plus célèbre de tous, dans la vallée des Saints. — Vue du monastère de Deir-Serkis, abandonné maintenant à un ou deux solitaires. Burchard, en 1810, y trouva un vieux ermite toscan qui achevait là ses jours après avoir été missionnaire dans les Indes, en Égypte et en Perse.

Vue du monastère de Kanobin du haut d'un pic qui s'avance sur la vallée comme un promontoire. Je remets mon cheval aux Arabes, et je me couche au soleil, sur une pointe de rocher d'où l'œil plonge à pic sur l'abîme de la vallée des Saints. Le fleuve Kadisha roule au pied de ce rocher; son lit n'est qu'une ligne d'écume; mais je suis si haut que le bruit ne monte pas jusqu'à moi. Kanobin fut fondé, disent les moines maronites, par Théodose le Grand. Toute la vallée des Saints ressemble à une vaste nef naturelle dont le ciel est le dôme, les crêtes du Liban les piliers, et les innombrables cellules des ermites creusées dans les flancs du rocher, les chapelles. Ces ermitages sont suspendus sur des précipices qui semblent inabordables. Il y en a, comme des nids d'hirondelles, à toutes les hauteurs des parois de la vallée. Les uns ne sont qu'une grotte creusée dans la pierre, les autres, de petites maisonnettes bâties entre les racines de quelques arbres sur les corniches avancées des montagnes. Le grand couvent est en bas, sur la rive du torrent. Il y a quarante ou cinquante religieux maronites occupés, les uns à labourer, les autres à imprimer des livres élémentaires pour l'instruction du peuple. Excellens religieux qui sont les fils et les pères du peuple, qui ne vivent point de sa sueur, mais qui travaillent nuit et jour pour l'avancement de leurs frères; hommes simples qui ne visent à aucune richesse, à aucune renommée dans ce monde. Travailler, prier, vivre en paix, mourir en grâce et inconnus des hommes : voilà toute l'ambition des religieux maronites.

Même date.

Hier je redescendais les dernières sommités de ces Alpes; j'étais l'hôte du scheik d'Éden, village arabe maronite suspendu sous la dent la plus aiguë de ces montagnes, aux limites de la végétation, et qui n'est habitable que l'été. Le noble et respectable vieillard était venu me chercher, avec son fils et quelques-uns de ses serviteurs, jusqu'aux environs de Tripoli de Syrie, et m'avait reçu dans son château d'Éden avec la dignité, la grâce de cœur et l'élégance de manières que l'on pourrait s'imaginer dans un des vieux seigneurs de la cour de Louis XIV. Les arbres entiers brûlaient dans le large foyer; les moutons, les chevreaux, les cerfs, étaient étalés par piles dans les vastes salles, et les outres séculaires des vins d'or du Liban, apportées de la cave par ses serviteurs, coulaient pour nous et pour notre escorte. Après avoir passé quelques jours à étudier ces belles mœurs homériques, poétiques comme les lieux mêmes où nous les retrouvions, le scheik me donna son fils aîné et un certain nombre de cavaliers arabes pour me conduire aux cèdres de Salomon, arbres fameux qui consacrent encore la plus haute haute cime du Liban, et que l'on vient vénérer depuis des siècles comme les derniers témoins de la gloire de Salomon. Je ne les décrirai point ici. Au retour de cette journée mémorable pour un voyageur, nous nous égarâmes dans les sinuosités de rochers et dans les nombreuses et hautes vallées dont ce groupe du Liban est déchiré de toutes parts, et nous nous trouvâmes tout à coup sur le bord à pic d'une immense muraille de rochers de quelques mille pieds de profondeur, que cerne la vallée des Saints. Les parois de ce rempart de granit étaient tellement perpendiculaires, que les chevreuils même de la montagne n'auraient pu y trouver un sentier, et que nos Arabes étaient obligés de se coucher le ventre contre terre et de se pencher sur l'abîme pour découvrir le fond de la vallée. Le soleil baissait, nous avions marché bien des heures; il nous en aurait fallu plusieurs encore pour retrouver notre sentier perdu et regagner Éden; nous descendîmes de cheval, et, nous confiant à un de nos guides, qui connaissait non loin de là un escalier de roc vif, taillé jadis par les moines maronites, habitans immémoriaux de cette vallée, nous suivîmes quelque temps les bords de la corniche, et nous descendîmes enfin, par ces marches glissantes, sur une plate-forme détachée du roc, et qui dominait tout cet horizon.

La vallée s'abaissait d'abord par des pentes larges et douces du pied des neiges et des cèdres qui formaient une tache noire sur ces neiges; là, elle se déroulait sur des pelouses d'un vert jaune et tendre comme celui des hautes croupes du Jura ou des Alpes; une multitude de filets d'eau écumante, sortie çà et là du pied des neiges fondantes, sillonnaient ces pentes gazonnées et venaient se réunir en une seule masse de flots et d'écume, au pied du premier gradin de rochers. Là, la vallée s'enfonçait tout à coup à quatre ou cinq cents pieds de profondeur ; le torrent se précipitait avec elle, et, s'étendant sur une large surface, tantôt couvrait le rocher comme d'un voile liquide et transparent, tantôt s'en détachait en voûtes élancées, et tombant enfin sur des blocs immenses et aigus de granit arrachés du sommet, s'y brisait en lambeaux flottans, et retentissait comme un tonnerre éternel ; le vent de sa chute arrivait jusqu'à nous, en emportant, comme de légers brouillards, la fumée de l'eau à mille couleurs, la promenait, çà et là, sur toute la vallée, ou la supendait en rosée aux branches des arbustes et aux aspérités du roc. En se prolongeant vers le nord, la vallée des Saints se creusait de plus en plus et s'élargissait davantage, puis à environ deux milles du point où nous étions placés, deux montagnes nues et couvertes d'ombre se rapprochaient en s'inclinant l'une vers l'autre, laissant à peine une ouverture de quelques toises entre les deux extrémités, où la vallée allait se terminer et se perdre avec ses pelouses, ses vignes hautes, ses peupliers, ses cyprès et son torrent de lait. Au-dessus des deux monticules qui l'étranglaient ainsi, on apercevait à l'horizon comme un lac d'un bleu plus sombre que le ciel : c'était un morceau de la mer de Syrie, encadré par un golfe fantastique d'autres montagnes du Liban ; ce golfe était à vingt lieues de nous, mais la transparence de l'air nous le montrait comme à nos pieds, et nous distinguions même deux navires à la voile qui, suspendus entre le bleu du ciel et celui de la mer, et diminués par la distance, ressemblaient à deux cygnes planant dans notre horizon. Ce spectacle nous saisit tellement d'abord, que nous n'arrêtâmes nos regards sur aucun détail de la vallée ; mais, quand le premier éblouissement fut passé, et que notre œil put percer à travers la vapeur flottante du soir et des eaux, une scène d'une autre nature se déroula peu à peu devant nous.

À chaque détour du torrent où l'écume laissait un peu de place à la terre, un couvent de moines maronites se dessinait, en pierres d'un brun sanguin, sur le gris du rocher, et sa fumée s'élevait dans les airs entre des cimes de peupliers et de cyprès. Autour des couvens, de petits champs, conquis sur le roc ou le torrent, semblaient cultivés comme les parterres les plus soignés de nos maisons de campagne, et, çà là, on apercevait ces Maronites, vêtus de leur capuchon noir, qui rentraient du travail des champs, les uns avec la bêche sur l'épaule, les autres conduisant de petits troupeaux de poulains arabes, quelques-uns tenant le manche de la charrue et piquant leurs bœufs, entre les mûriers. Plusieurs de ces demeures de prières et de travail étaient supendues, avec leurs chapelles et leurs ermitages, sur les caps avancés des deux immenses chaînes de montagnes; un certain nombre étaient creusées comme des grottes de bêtes fauves dans le rocher même : on n'apercevait que la porte surmontée d'une ogive vide où pendait la cloche, et quelques petites terrasses taillées sous la voûte même du roc, où les moines vieux et infirmes venaient respirer l'air et voir un peu de soleil, partout où le pied de l'homme pouvait atteindre. Sur certains rebords des précipices, l'œil ne pouvait reconnaître aucun accès, mais, là même, un couvent, une solitude, un oratoire, un ermitage et quelques figures de solitaires circulant parmi les roches et les arbustes, travaillant, lisant ou priant. Un de ces couvens était une imprimerie arabe pour l'instruction du peuple maronite, et l'on voyait sur la terrasse une foule de moines allant et venant, et étendant sur des claies de roseaux les feuilles blanches du papier humide. Rien ne peut peindre, si ce n'est le pinceau, la multitude et le pittoresque de ces retraites ; chaque pierre semblait avoir enfanté sa cellule, chaque grotte son ermite; chaque source avait son mouvement et sa vie; chaque arbre son solitaire sous son ombre; partout où l'œil tombait, il voyait la vallée, la montagne, les précipices, s'animer, pour ainsi dire, sous son regard, et une scène de vie, de prière, de contemplation, se détacher de ces masses éternelles ou s'y mêler pour les consacrer. Mais bientôt le soleil tomba, les travaux du jour cessèrent, et toutes les figures noires répandues dans la vallée rentrèrent dans les grottes ou dans les monastères. Les cloches sonnèrent de toutes parts l'heure du recueillement et des offices du soir; les unes avec la voix forte et vibrante des grands vents sur la mer, les autres avec les voix legères et argentines des oiseaux dans les champs de blé; celles-ci plaintives et lointaines comme des soupirs dans la nuit et dans le désert; toutes ces cloches se répondaient des deux bords opposés de la vallée, et les mille échos des grottes et des précipices se les renvoyaient en murmures confus et répercutés, mêlés avec le mugissement du torrent, des cèdres, et les milles chutes sonores des sources et des cascades dont les deux flancs des monts sont sillonnés. Puis il se fit un moment de silence, et un nouveau bruit plus doux, plus mélancolique et plus grave remplit la vallée; c'était le chant des psaumes qui, s'élevant à la fois de chaque monastère, de chaque église, de chaque oratoire, de chaque cellule de rochers, se mêlait, se confondait en montant jusqu'à nous comme un vaste murmure, et ressemblait à une seule plainte mélodieuse de la vallée tout entière qui venait de prendre une âme et une voix; puis un nuage parfuma cet air que les anges auraient pu respirer; nous restâmes muets et enchantés comme ces esprits célestes quand, planant pour la première fois sur le globe qu'ils croyaient désert, ils entendirent monter de ces mêmes bords la première prière des hommes; nous comprîmes ce que c'était que la voix de l'homme pour vivifier la nature la plus morte, et ce que ce serait que la poésie à la fin des temps, quand, tous les sentimens du cœur humain éteints et absorbés dans un seul, la poésie ne serait plus ici-bas qu'une adoration et un hymne!

12 avril 1833.

Descendu à Tripoli de Syrie avec le scheik et sa tribu ; je donne à son fils une pièce d'étoffe de soie pour faire un divan ; passé un jour à parcourir les délicieux environs de Tripoli ; reparti pour Bayruth par le bord de la mer ; passé cinq jours à embarquer nos bagages sur le brick que j'ai affrété, *la Sophie*, préparatifs faits pour une tournée en Égypte ; adieux à nos amis francs et arabes ; je donne plusieurs de mes chevaux ; j'en fais partir six des plus beaux sous la conduite d'un écuyer arabe et de trois de mes meilleurs saïs, pour qu'ils aillent, en traversant la Syrie et la Caramanie, m'attendre le 1er juillet au bord du golfe de Macri, vis-à-vis l'île de Rhodes dans l'Asie mineure. Au point du jour, le 15 avril 1833, nous sortons de la maison où Julia nous embrassa pour la dernière fois, et nous quitta pour le ciel ! Pavé de sa chambre baisé mille fois et trempé de tant de larmes ; cette maison était pour moi comme une relique consacrée ; je l'y voyais encore partout : oiseaux, colombes, son cheval, le jardin, les deux belles jeunes filles syriennes qui venaient jouer avec elle, et qui logent sous nos fenêtres dans le jardin. Elles se sont levées avant le jour, et vêtues de leurs plus riches parures, elles pleurent ; elles élèvent leurs mains vers nous, et arrachent les fleurs de leurs cheveux ; je leur donne à chacune, pour souvenirs des amis étrangers qu'elles ne reverront plus que dans leur pensée, un collier de pièces d'or pour leur mariage ; l'une d'elles, Anastasie, est la plus belle des femmes que j'aie vues en Orient. — La mer est comme un miroir ; les chaloupes, chargées de nos amis qui viennent nous accompagner jusqu'à bord, suivent la nôtre ; nous mettons à la voile par un léger vent d'est; les côtes de Syrie, bordées de leurs franges de sable, disparaissent avec les têtes de palmiers; les cimes blanches du Liban nous suivent longtemps sur la mer; nous doublons, pendant la nuit, le cap Carmel; au point du jour, nous sommes à la hauteur de Saint-Jean-d'Acre, en face du golfe de Kaïpha; la mer est belle et les vagues sont sillonnées par une foule de dauphins qui bondissent autour du navire; tout a une apparence de fête et de joie dans la nature et sur les flots, autour de ce navire qui porte des cœurs morts à toute joie et à toute sérénité; j'ai passé la nuit sur le pont, dans quelles pensées ? mon cœur le sait! Nous longeons les côtes abaissées de la Galilée; Jaffa brille comme un rocher de craie à l'horizon, sur une grève de sable blanc; nous nous y dirigeons; nous y relâchons quelques jours; ma femme et ceux de mes amis qui n'ont pu m'accompagner dans mon voyage à Jérusalem, ne veulent pas passer si près du tombeau sacré sans aller y porter quelques gémissemens de plus. Le soir le vent fraîchit, et nous jetons l'ancre à sept heures dans la rade orageuse de Jaffa; la mer est trop forte pour mettre un canot dehors; le lendemain nous débarquons tous; une caravane est préparée par les soins de MM. Damiani, mes anciens amis, agens de France à Jaffa; elle se met en marche à onze heures pour aller coucher à Ramla : je reste seul chez M. Damiani.

Cinq jours passés à errer seul dans les environs : les amis Arabes que j'avais connus à Jaffa dans mes deux premiers passages me conduisent dans les jardins qu'ils ont aux alentours de la ville; j'ai déjà décrit ces jardins : ce sont des forêts profondes d'orangers, de citronniers, de grenadiers, de figuiers, arbres aussi grands que des noyers en France; le désert de Gaza entoure de toutes parts ces jardins; une famille de paysans arabes vit dans une cabane attenante; il y a une citerne ou un puits, quelques chameaux, des chèvres, des moutons, des colombes et des poules. Le sol est couvert d'oranges et de limons tombés des arbres; on dresse une tente au bord d'un des canaux d'irrigation qui arrosent le terrain semé de melons et de concombres; on étend des tapis; la tente est ouverte du côté de la mer pour recevoir la brise qui règne depuis dix heures du matin jusqu'au soir; elle se parfume en passant sous les têtes d'orangers et apporte des nuages de fleurs d'oranger. On voit de là les sommets des minarets de Jaffa, et les vaisseaux qui vont et viennent de l'Asie mineure en Égypte. Je passe mes journées ainsi; j'écris quelques vers sur la seule pensée qui m'occupe; je voudrais rester ici : Jaffa isolé de l'univers entier, au bord du grand désert d'Égypte dont le sable forme des dunes blanches autour de ces bois d'orangers, sous un ciel toujours pur et tiède, serait un séjour parfait pour un homme las de la vie, et qui ne désire qu'une place au soleil. — La caravane revient.

Je demande à madame de Lamartine quelques détails sur Bethléem, sur les sites environnans que la peste m'a empêché de visiter à mon premier voyage. Elle me les donne et je les insère ici.

« Au sortir des jardins de Jaffa, nous mîmes nos chevaux au galop à travers une immense plaine, alors couverte de chardons jaunes et violets. De temps en temps de grands troupeaux que chassait devant lui un cavalier arabe, armé d'une longue lance, comme dans les Marais Pontins, cherchaient une rare nourriture parmi les herbes que le soleil n'avait pas encore entièrement calcinées. Plus loin, à notre droite, et comme à l'entrée du désert d'El-Arish, quelques tas de boue, recouverts d'herbe sèche, sortaient de terre comme des meules de foin jaunies par l'orage avant que le moissonneur ait pu les rentrer : c'était un village.

« En approchant nous vîmes des enfans nus sortir, comme des Lapons, de ces petits cônes renversés qui formaient leurs habitations; quelques femmes, les cheveux pendans, couvertes à peine par une chemise bleu foncé, quittaient le feu qu'elles allumaient sur deux pierres pour préparer leur repas, et montaient au sommet de leur hutte, afin de nous voir défiler plus longtemps.

« Après quatre heures de marche nous arrivâmes à Ramla, où nous étions attendus par l'agent du consulat sarde, qui avait la bonté de nous prêter sa maison, les femmes ne pouvant être logées au couvent latin. Dans la soirée nous visitâmes une ancienne tour, à un demi-quart de lieue de la ville, appelée la Tour des Quarante Martyrs, maintenant occupée par des derviches tourneurs. — C'était un vendredi, jour de cérémonie pour leur culte; nous y assistons. — Une vingtaine de derviches, vêtus d'une longue robe et d'un bonnet pointu de feutre blanc, étaient accroupis en cercle dans une enceinte entourée d'une petite balustrade; celui qui paraissait être le chef, figure vénérable à grande barbe blanche, était, par distinction, placé sur un coussin et dominait les autres. Un orchestre composé d'un *nâhi* ou basson, d'une *shoubabé*, sorte de clarinette, et de deux petits tambours réunis, appelés *nacariate*, jouait les airs les plus discordans à nos oreilles européennes. Les derviches se lèvent gravement un à un, passent devant le supérieur, le saluent, et commencent à tourner en cercle sur eux-mêmes, les bras étendus et les yeux élevés vers le ciel. Leur mouvement, d'abord lent, s'anime peu à peu, arrive à une rapidité extrême, et finit par former comme un tourbillon où tout est confusion et éblouissement; tant que l'œil peut les suivre, leurs regards paraissent exprimer une grande exaltation, mais bientôt on ne distingue plus rien. Le temps que dura cette valse étrange, je ne saurais le dire, mais il me parut incroyablement long. Peu à peu cependant le nombre des tourneurs diminuait; épuisés de fatigue, ils s'affaissaient l'un après l'autre et retombaient dans leur attitude première; les derniers semblaient mettre une grande persistance à tourner le plus longtemps possible, et j'éprouvais un sentiment pénible à voir les efforts que faisait un vieux derviche, haletant et chancelant à la fin de cette rude épreuve, pour ne céder qu'après tous les autres; pendant ce temps nos Arabes nous entretiennent de leurs superstitions; ils prétendent qu'un chrétien, récitant continuellement le *Credo*, forcerait le musulman à tourner sans fin, par une impulsion irrésistible, jusqu'à ce qu'il en mourût; qu'il y en avait beaucoup d'exemples, et qu'une fois les derviches ayant découvert celui qui employait ce sortilége, l'avaient forcé à réciter le *Credo* à rebours, et avaient ainsi détruit le charme au moment où le tourneur allait expirer; et nous, nous faisons de tristes réflexions sur la faiblesse de la raison humaine qui cherche à tâtons, comme l'aveugle, sa route vers le ciel, et se trompe si souvent de chemin. Ces bizarres extravagances qui dégradent en quelque sorte l'esprit humain, avaient cependant un but digne de respect et un noble principe. C'était l'homme voulant honorer Dieu; c'était l'imagination voulant s'exalter par le mouvement physique, et arriver, comme elle y arrive par l'opium, à cet étourdissement divin, à cet anéantissement complet du sentiment et du moi, qui lui permet de croire qu'elle s'est abîmée dans l'unité infinie, et qu'elle communique avec Dieu! — C'était peut-être une imitation, pieuse dans l'origine, des mouvemens des astres dansant devant le Créateur; c'était peut-être un effet de cette même inspiration enthousiaste et passionnée qui fit jadis danser David devant l'arche du Seigneur. Quelques-uns de nous faisaient comme la femme du roi-poëte, et étaient tentés de se moquer des derviches. Ils leur semblaient insensés, comme à des hommes qui ignoreraient le fond de notre culte, pourraient paraître quelques observances monacales, la mendicité de nos moines, les macérations de certains ordres ascétiques; mais, quelque absurde que soit au premier coup d'œil de la raison une pratique religieuse, une raison plus profonde et plus haute y trouve toujours quelque chose à respecter : le motif qui l'inspire. Rien de ce qui touche à l'idée de Dieu n'est ridicule. C'est quelquefois atroce, souvent insensé, mais toujours sérieux. La conscience du derviche est en paix quand il a accompli sa valse pieuse, et il croit que ses pirouettes ont honoré la Divinité. Mais si nous ne le regardons pas comme ridicule, nous sommes quelquefois tentés de le prendre en pitié, et je ne sais si nous avons plus le droit de l'un que de l'autre. Nous-mêmes, où en serions-nous sans les enseignemens du christianisme qui sont venus éclairer notre raison ; serait-elle plus lumineuse que la sienne ? L'histoire est là pour répondre. On trouve un Platon, pour des milliers d'idolâtres.

« En sortant de la tour nous entrons dans les galeries d'un cloître ruiné, qui conduisent à une église souterraine ; nous descendons par plusieurs marches sous une voûte surbaissée, que porte une belle colonnade. L'aspect d'une église souterraine m'a toujours paru d'un effet imposant et attendrissant à la fois. L'obscurité mystérieuse, la solitude de ces voûtes silencieuses reportent l'imagination aux premiers temps du culte, lorsque les chrétiens se retiraient dans des grottes profondes pour dérober leurs mystères aux yeux profanes, et se soustraire à la persécution. En Orient, la plupart de ces églises semblent bâties pour embellir ces asiles primitifs, et orner, de tout le luxe de l'architecture, ces humbles retraites où la foi s'était longtemps cachée, comme pour venger, par une éclatante réparation, les humiliations et les injures de la domination païenne ; mais le temps des persécutions devait renaître pour les malheureux chrétiens, et le nom de ce monument, les Quarante Martyrs, ferait croire qu'il a servi de refuge aux fidèles, sans pouvoir les protéger ; et maintenant tout est en ruine : les nefs et les colonnades bâties par les empereurs n'ont pas commandé plus de respect aux vainqueurs que les humbles grottes des premiers disciples de la croix ; les voûtes servent d'écuries, et les cloîtres de casernes.

« On voit encore quelques tombeaux du temps des croisés, mais la nuit nous empêcha de nous arrêter davantage : il fallait retourner à notre gîte et préparer notre caravane pour le lendemain. L'aga de Ramla nous donna une escorte, et recommanda au *Cawass* en chef de ne pas me quitter un instant dans les défilés des montagnes où nous allions entrer, et de prendre mes ordres en tout. Le respect des musulmans pour les femmes européennes contraste singulièrement avec la dépendance dans laquelle ils tiennent les leurs. En effet nous eûmes beaucoup à nous louer de l'extrême attention de ce janissaire et de sa politesse recherchée. Constamment occupé de la jument arabe que je montais, il semblait effrayé que je me hasardasse à la lancer, et ne comprenait pas que je pusse me tenir en équilibre dans les chemins escarpés que nous gravissions; il nous fut bien utile plus tard, lorsque nous rencontrâmes, précisément dans ces gorges, d'innombrables pèlerins revenant de Jérusalem, qui nous barraient le passage; il les força à nous céder le sentier le moins impraticable parmi les blocs de granit et les racines des arbustes qui bordaient le ravin et nous empêchaient de rouler dans le précipice; sans son autorité, la longue file de la procession marchant toujours, si la queue venait à pousser en avant la tête de la colonne, elle nous aurait infailliblement culbutés.

« En quittant Ramla, la route continue à travers la plaine pendant deux lieues; nous nous arrêtâmes au Puits de Jacob; mais n'ayant pas de cruche pour puiser, et l'eau étant très-basse, nous poursuivîmes notre chemin. Tout ce pays conserve des traces si vivantes des temps bibliques, que l'on n'éprouve aucune surprise, aucune difficulté à admettre les traditions qui donnent le nom de Jacob à un puits qui existe encore, et l'on s'attend à y voir le patriarche abreuver les troupeaux de Rachel, plutôt que de douter de son identité. Ce n'est que par la réflexion que l'on arrive à l'étonnement ou au doute, lorsque les quatre mille ans écoulés et les diverses phases que l'humanité a subies se présentent à l'imagination et viennent faire chanceler la foi; du reste, dans une plaine où l'on ne trouve de l'eau que toutes les trois ou quatre heures, un puits, une source, a dû être un objet aussi important dans les siècles passés qu'aujourd'hui, et son nom a pu se conserver aussi religieusement que celui des tours de David ou des citernes de Salomon. Nous entrons bientôt dans les montagnes de la Judée; le chemin devient difficile; tantôt le bord d'un précipice ne laisse aux chevaux

RAMLA.

que juste la place de leur pied; tantôt des quartiers de roc, roulés et entassés à travers le sentier, forment un rude escalier que des chevaux arabes sont seuls capables de franchir; cependant, quelque pénible que soit ce chemin, il ne présente aucun danger comparable à celui qu'offre la route de Hamana.

« Au sommet de la première cime, nous nous retournons un instant pour jouir d'une vue magnifique sur tout le pays que nous venons de parcourir jusqu'au rivage au delà de Jaffa; quoique tout fût calme autour de nous, l'horizon de la mer, rouge et chargé, annonçait à un œil expérimenté une tempête prochaine; déjà des vagues menaçantes agitaient les vaisseaux dans la rade; nous cherchons à distinguer le nôtre; nous songeons à ceux qui sont restés à bord. Mes tristes prévisions n'étaient pas chimériques : le lendemain plusieurs bâtimens furent jetés sur cette côte dangereuse, et le nôtre, après avoir longtemps chassé sur son ancre, cassa son câble au milieu d'une rafale épouvantable. Après ce moment de halte, nous descendons le revers de la montagne pour en remonter d'autres encore, tantôt à travers des avalanches de pierres qui roulent sous les pieds de nos chevaux, tantôt sur le bord d'une étroite corniche. Les côtes, à droite et à gauche, sont quelquefois très-boisées; le vert brillant des beaux buissons de l'arbuste à fraise et les *lauriers-thym* contraste avec le maigre feuillage des lentisques et des oliviers. Il ne manquait souvent que de l'eau pour rendre le paysage complet; mais un spectacle d'une autre nature nous attendait. Une procession d'innombrables pèlerins de toutes nations, revenant de Jérusalem, défilait, en face de nous, du sommet d'une montagne nue et aride, en serpentant jusque dans la gorge où nous nous trouvions. Rien ne pourra rendre l'effet pittoresque de cette scène, la diversité des couleurs, des costumes, des allures, depuis le riche Arménien jusqu'au plus pauvre caloyer, tout contribuait à l'embellir. Après avoir admiré l'effet général, nous eûmes tout le loisir d'en examiner les détails, pendant deux heures que nous passâmes à nous croiser mutuellement; tantôt c'était un patriarche grec, dans son beau costume, majestueusement assis sur une selle rouge et or, la bride de son cheval tenue par deux saïs, et suivi d'une foule à pied, cortége semblable à la marche triomphale d'un légat du pape au moyen âge; tantôt c'était une pauvre famille dont le père conduisait, avec le bâton de pèlerin, un mulet surchargé de petits enfans; l'aîné, assis sur le cou de l'animal, tenait une corde pour bride et un cierge pour étendard. D'autres enfans, entassés dans des paniers placés de chaque côté, mordillaient quelques restes de pain bénit; la mère, pâle et exténuée, suivait avec peine, allaitant le plus jeune attaché contre son sein par une large ceinture; ensuite venait une longue file de néophytes tenant chacun un énorme cierge pascal selon le rite grec, et psalmodiant d'un ton nasal et monotone; — plus loin des juifs à turbans rouges, à longues barbes noires, à l'œil pénétrant et sinistre, semblaient maudire intérieurement un culte qui les avait déshérités. Pourquoi se trouvaient-ils parmi cette foule de chrétiens? Les uns avaient profité de la caravane pour visiter le tombeau de David, ou la vallée de Tibériade; d'autres avaient spéculé sur les gains à faire en fournissant des vivres à la multitude. De temps en temps, la foule à pied était interrompue par quelques chameaux chargés d'immenses ballots, et accompagnés de leurs moukres dans le costume arabe; veste et large pantalon brun brodé de bleu, le *cafié* jaune sur la tête; puis venaient des familles arméniennes; les femmes, cachées sous le grand voile blanc, voyageaient dans un *tactrewan*, sorte de cage portée sur deux mulets; les hommes en longues robes de couleur foncée, la tête couverte du grand *calpack* carré des habitans de Smyrne, conduisaient par la main leurs fils, dont l'aspect grave, réfléchi, calculateur, ne laisse rien percer de la légèreté de l'enfance; — des matelots grecs et des patrons de vaisseaux pirates, qui étaient venus des ports de l'Asie-Mineure et de l'Archipel, chargés de pèlerins, comme un négrier d'esclaves, juraient dans leur langue énergique, et pressaient la marche pour rembarquer au plus vite leur cargaison d'hommes. Un enfant malade était porté sur une litière, entouré de ses parens qui pleuraient leur espérance déçue du miracle de la guérison subite qu'ils attendaient de leur pieux pèlerinage. — Hélas! moi aussi, je pleurais, j'avais espéré et prié comme eux; mais, plus malheureuse encore, je n'avais plus même l'incertitude sur l'étendue de mon malheur!..

« A la fin, venait une foule de malheureux Cophtes déguenillés, hommes, femmes et enfans, se traînant avec peine comme au sortir d'un hôpital. Toute cette troupe, brûlée par le soleil, haletant de soif, marchait, marchait toujours pour atteindre la caravane et ne pas rester délaissée dans les défilés des montagnes; je rougissais de me sentir à cheval, escortée de janissaires, accompagnée d'amis dévoués, qui m'épargnaient tout danger, toute peine, pendant qu'une foi si vive avait conduit des milliers d'individus à braver les fatigues, la maladie, les privations de tout genre. C'étaient là de vrais pèlerins. Je n'étais que voyageuse.

« Entre cette première chaîne de montagnes et les dernières hauteurs qui dominent Jérusalem, se trouvent une jolie vallée et le village de Jérémie. Nous venions de passer devant l'ancienne église grecque, qui, comme tant d'autres, est maintenant une étable, lorsque nous vîmes une cinquantaine d'Arabes, disposés en amphithéâtre sur le flanc de la colline, et accroupis sous de beaux oliviers. Au milieu du cercle, et sur une petite élévation dominant les autres, était le chef, le fameux Abougosh; debout à ses côtés, on voyait son frère et son fils couverts de leurs armes et tenant leurs pipes; leurs chevaux, attachés aux arbres derrière eux complétaient le tableau. A l'arrivée de notre caravane, il envoya son fils parlementer avec notre drogman, qui marchait en tête. Ayant appris que l'escorte conduisait à Jérusalem la femme de l'émir franc qu'il avait connu il y avait six mois, il nous fit prier de nous arrêter et d'accepter le café. Nous nous gardâmes bien de refuser, et, ayant distribué à nos cawass et à nos moukres les provisions pour la halte, nous nous laissâmes conduire à une petite distance du groupe des Arabes. Là, notre dignité exigeait que nous nous arrêtassions, jusqu'à ce que, à leur tour, ils s'avançassent au-devant de nous, Abougosh se leva alors, et vint accoster M. de Parseval. Après nous avoir fait beaucoup de politesses et nous avoir offert le café, il me demanda une audience particulière. Je fis retirer mes gens à quatre pas, et, par l'entremise de mon interprète, j'appris qu'un de ses frères était prisonnier des Égyptiens, et que, croyant à M. de Lamartine une immense influence dans les conseils d'Ibrahim-Pacha, il me priait de solliciter son intervention en sa faveur, afin de lui faire rendre la liberté. Nous étions bien loin assurément d'avoir le crédit qu'il nous supposait, mais le hasard a voulu que je fusse à même de lui rendre service en faisant plaider sa cause auprès du commandant de l'armée égyptienne.

« En arrivant près de Jérusalem, la vue des murailles était interceptée par un grand campement de troupes d'Ibrahim-Pacha. Les sentinelles s'avancent, nous examinent, parlent à notre drogman, et nous ouvrent le passage à travers le camp. Nous nous trouvons bientôt en face de la tente du général. Les rideaux relevés nous le découvrent lui-même, étendu sur un divan de cachemire, entouré de ses officiers, les uns debout, les autres assis sur des tapis de Perse ; leurs vêtemens de couleurs tranchantes, garnis de belles fourrures et brodés d'or, leurs armes étincelantes, les esclaves noirs qui leur présentaient le café dans les *finjeans* d'argent, formaient pour nous une scène brillante et nouvelle. Autour des tentes, des saïs promenaient en laisse les plus beaux étalons arabes, pour laisser sécher l'écume sur leur poil luisant. D'autres, fixés par des entraves, hennissaient d'impatience, frappaient la terre, et lançaient des regards de feu sur un peloton de cavalerie prêt à partir. Les troupes égyptiennes, formées de jeunes conscrits mesquinement vêtus d'un habillement rouge tout étriqué, moitié européen, moitié oriental, contrastaient avec les Arabes couverts de larges draperies. Et cependant c'étaient ces Égyptiens petits, laids, mal bâtis, qui marchaient de conquête en conquête, et faisaient trembler le sultan jusqu'aux portes de Constantinople !

« Nous entrons dans la ville sainte par la porte de Bethléem, tournant immédiatement à gauche pour gagner le quartier du couvent latin. Les femmes ne pouvant y être reçues, nous prenons possession d'une maison ordinairement inhabitée, mais qui sert aux étrangers lorsque le couvent des pères de Terre-Sainte est déjà plein. Nous étendons des matelas sur des banquettes disposées à cet effet, espérant nous reposer des émotions de la journée, et retrouver des forces pour en supporter de nouvelles et de plus palpitantes encore. Mais, assaillis par des milliers d'insectes, de mosquites, de puces, de punaises, qui depuis longtemps sans doute manquaient de pâture dans ces chambres désertes, ou, supposition plus fâcheuse encore, y avaient été laissés par quelques-uns de ces pèlerins en haillons que nous avions rencontrés, tout sommeil devint impossible, et la nuit se passa à tâcher de s'en défendre en changeant continuellement de place ; aussi un de nos compagnons de voyage, malgré nos exhortations à la patience, finit-il par aller chercher refuge dans le couvent même. Le procureur général vint nous voir, et nous dit que, s'il avait été prévenu, il aurait fait disposer un meilleur logement pour nous recevoir, et promit de tout arranger pour le lendemain. Je me confonds en excuses, je l'assure que nous ne manquons de rien, et j'ai encore à rougir de notre susceptibilité, devant cet humble apôtre de la pauvreté et de l'abnégation.

« Le procureur général était un Espagnol d'un esprit supérieur, doué d'une haute intelligence des hommes et des choses. Pendant notre séjour à Jérusalem, j'eus occasion d'apprécier particulièrement sa bonté indulgente, son mérite, et l'utilité de son influence dans le couvent de Terre-Sainte ; mais à peine âgé de cinquante ans, sa carrière d'épreuve devait bientôt finir ici-bas par le martyre, — au moment où peut-être il se flattait de jouir de quelque repos dans son pays natal. S'étant embarqué peu de temps après notre départ, pour retourner en Espagne, il fut massacré avec quinze autres religieux, par des matelots grecs, non loin des côtes de Chypre. Un enfant musulman, seul échappé au carnage, poursuivit et dénonça les assassins qui furent arrêtés en Caramanie.

« Le lendemain, à l'aube du jour, nous commençâmes à visiter les lieux saints. Mais je dois m'arrêter ici, et taire les émotions intimes que ces lieux m'inspirèrent, parce que toutes me sont personnelles. Je ne parlerai pas non plus de l'aspect des rues de Jérusalem déjà décrites par mes compagnons de voyage. Je renfermai en moi toutes les impressions de mon âme, je n'avais nul besoin de les écrire, elles sont trop profondes pour qu'elles s'effacent jamais de mon souvenir ; s'il est des lieux dans le monde qui ont la douloureuse puissance d'éveiller tout ce qu'il y a de tristesse et de deuil dans le cœur humain et de répondre à la douleur intérieure par une douleur pour ainsi dire matérielle, ce sont ceux où j'étais. Chaque pas qu'on y fait retentit jusqu'au fond de l'âme, comme la voix des lamentations, et chaque regard tombe sur un monument de sainte tristesse qui absorbe nos tristesses individuelles dans ces misères ineffables de l'humanité, qui furent souffertes, expiées et consacrées ici !

« Partis de Jérusalem à cinq heures du matin, afin d'arriver à Bethléem à l'heure à laquelle on dit la messe dans la grotte de la Nativité ; un vieux religieux espagnol, à grande barbe, couvert d'un machlah* rayé de larges bandes noires et blanches, et dont les pieds touchaient à terre, monté qu'il était sur un tout petit âne, marchait devant, et nous servait de guide. Quoique au mois d'avril, un vent glacial soufflait avec violence et menaçait de me renverser ainsi que mon cheval ; c'étaient les dernières raffales de la tempête sur la mer de Jaffa, qui arrivaient jusqu'à nous. La poussière qui

---

* Manteau bedouin.

tourbillonnait m'aveuglait; j'abandonnai les rênes de ma jument à mon saïs arabe, et rassemblant mon machlah autour de moi, je me concentrai dans les réflexions que faisaient naître la route que je parcourais et les objets consacrés par la tradition. Mais ces objets sont trop connus, je ne m'arrêterai pas à les décrire; l'olivier du prophète Élie, — la fontaine où l'étoile reparut aux mages, — le site de Ramla d'où sortait la voix déchirante qui retentissait dans mon propre sein, tout excitait en moi des sensations trop intimes pour être rendues.

« Le couvent latin de Bethléem avait été fermé pendant onze mois par la peste, mais depuis quelque temps il n'y avait pas eu de victimes nouvelles, et lorsque nous nous présentâmes à la petite porte basse qui sert d'entrée au monastère, elle s'ouvrit pour nous; après avoir passé un à un, en nous courbant sous l'étroite ouverture, notre premier mouvement fut celui de la surprise en nous trouvant dans une majestueuse église; quarante-huit colonnes de marbre, chacune d'un seul bloc, rangées sur deux files de chaque côté, formaient cinq nefs, couronnées par une charpente massive de bois de cèdre; mais on y cherchait en vain l'autel ou la chaire; tout était brisé, délabré, dépouillé, et une muraille grossièrement cimentée partageait ce beau vaisseau à la naissance de la croix, et cachait ainsi la partie réservée au culte, que les diverses communions chrétiennes se disputent encore. La nef appartient aux Latins, mais ne sert que de vestibule au couvent; on a muré la grande porte, et la poterne basse par laquelle nous avions pénétré a été construite pour soustraire ces restes vénérés à la profanation des hordes d'Arabes brigands qui entraient à cheval jusqu'au pied de l'autel pour rançonner les religieux. Le père supérieur nous reçoit avec cordialité; sa figure douce, calme et heureuse, est aussi éloignée de l'austérité de l'anachorète que de la joviale insouciance dont on accuse les moines; il nous questionne sur le pays que nous venons de parcourir, sur les troupes égyptiennes campées si près d'eux. Onze mois de réclusion l'avaient rendu avide de nouvelles, et il fut tout à fait rassuré en apprenant qu'Ibrahim-Pacha accordait protection aux populations chrétiennes de la Syrie.

« Après quelques instans de repos, nous nous préparons à entendre la messe à la chapelle de la Crèche; on allume une faible lanterne, et nous descendons, précédés des pères, jusqu'à un long labyrinthe de corridors souterrains qu'il faut parcourir pour arriver à la grotte sacrée. Ces souterrains sont peuplés de tombeaux et de souvenirs : ici le tombeau de saint Jérôme, là celui de sainte Paule, de sainte Eustochie, le Puits des Innocens; mais rien ne peut arrêter notre attention dans ce moment; la lumière éblouissante de trente à quarante lampes, sous une petite voûte, au fond du passage, nous montre l'autel construit sur l'emplacement de la nativité, et deux pas plus bas, à droite, celui de la Crèche : ces grottes naturelles sont en partie revêtues de marbre pour les soustraire à la piété indiscrète des pèlerins qui en déchiraient les parois pour emporter des fragmens; mais on peut encore toucher le roc nu, derrière les dalles de marbre dont on l'a recouvert, et le souterrain en général a conservé l'irrégularité de sa forme primitive; les ornemens n'ont point ici, comme dans quelques-uns des lieux saints, altéré la nature au point de faire naître des doutes sur l'identité des lieux; ici ils ne servent qu'à préserver l'enceinte naturelle : aussi en passant sous ces voûtes et ces enfoncemens dans le roc, l'on comprend sans peine qu'ils ont dû servir d'étables aux troupeaux que les bergers gardaient dans la plaine couverte encore aujourd'hui de vertes prairies, s'étendant au loin sous la plate-forme de rocher que couronnent l'église et le couvent, comme une citadelle; l'issue extérieure des souterrains qui communiquait avec la prairie a été fermée, mais quelques pas plus loin on peut visiter une autre caverne du même genre, et qui devait avoir la même destination. Nous assistons à la messe.

« La disposition d'âme dans laquelle je me trouvais malheureusement me rend inhabile à exprimer ce que ces lieux et ces cérémonies doivent inspirer ; tout pour moi se résumait dans un profond et douloureux attendrissement. Une femme arabe, qui vint faire baptiser son nouveau-né sur l'autel de la Crèche, ajouta encore à mon émotion. Après la messe nous rentrons dans le couvent, non plus par le souterrain, mais par un escalier large et commode qui aboutit à la croix de l'église, derrière le mur de séparation dont j'ai parlé ; cet escalier appartenait autrefois aux deux communions grecque et latine, maintenant les grecs seuls en jouissent, et nous entendîmes les plaintes énergiques des pères de Bethléem sur cette usurpation ; ils voulaient nous charger de faire valoir leurs réclamations en Europe, et nous eûmes de la peine à leur persuader que, quoique Français, nous n'avions point d'autorité pour leur faire rendre justice.

« Les deux nefs latérales qui formaient la croix de l'ancienne église sont constituées en chapelles particulières ; l'une appartient aux Arméniens, l'autre aux Latins. Au centre est le maître-autel placé immédiatement au-dessus de la grotte ; le chœur en est séparé par une grille et un pan de boiserie dorée qui cache le sanctuaire des grecs.

« L'église grecque en Orient est bien plus riche que l'église romaine : chez ceux-ci tout est humble et modeste, chez ceux-là tout est brillant et fastueux ; mais la rivalité qui naît de leur position respective produit une impression extrêmement pénible ; on gémit de voir la chicane et la discorde dans les lieux qui ne devraient inspirer que la charité et l'amour.

« La construction primitive de l'église est attribuée à sainte Hélène, ainsi que la plupart des édifices chrétiens de la Palestine. On objecte, il est vrai, que, parvenue déjà à un âge avancé lorsqu'elle visita la Syrie, elle n'a pu faire exécuter de si nombreux travaux ; mais la pensée ne demande ni temps ni espace ; il me semble que sa volonté créatrice et son zèle pieux ont pu présider à des monumens commencés par ses ordres, et terminés après sa mort. Nous rentrons dans le couvent ; un excellent repas nous est offert dans le réfectoire par le bon père supérieur, que nous quittons avec regret, voulant profiter des heures qui nous restent pour visiter les alentours. — En descendant vers la plaine, on nous montre une grotte où la tradition veut que la Sainte-Vierge se soit retirée au moment de son départ pour l'Égypte. Sur quelques hauteurs qui dominent Bethléem, on voit des restes de tours qui marquent différentes positions du camp des croisés, et qui portent les noms de ces héros. Nous les laissons à gauche, et nous descendons par des chemins rudes et pénibles.

« Après une heure de marche, nous arrivons à une petite vallée étroite et encaissée, arrosée par un limpide ruisseau. C'est le jardin de Salomon, l'*hortus conclusus*, chanté dans le Cantique des cantiques : effectivement, entre les cimes rocheuses des montagnes qui l'environnent de toutes parts, ce seul endroit offre des moyens de culture, et cette vallée est en tout temps un jardin délicieux, cultivé avec le plus grand soin, et présentant, dans sa belle et humide verdure, le contraste le plus frappant avec l'aridité pierreuse de tout ce qui l'entoure. Elle peut avoir une demi-lieue de long. Nous suivons le cours serpentant du ruisseau ombragé des saules, tantôt longeant ses bords gazonnés, tantôt baignant les pieds de nos chevaux dans ses eaux transparentes sur les cailloux polis du fond, quelquefois passant d'une rive à l'autre sur une planche de cèdre ; et nous arrivons sous des rochers qui ferment naturellement la vallée. Un paysan cultivateur s'offre à nous servir de guide pour les gravir, mais à condition que nous mettrons pied à terre, et donnerons nos montures à conduire à ses garçons, qui, par de longs détours, nous les ramèneront au sommet.

« Nous prenons à droite, et nous montons péniblement pendant une heure ; arrivés sur la hauteur, nous y trouvons les plus beaux restes d'antiquités que nous ayons encore vus : trois immenses citernes, creusées dans le roc vif et suivant la pente de la montagne, l'une au-dessus de l'autre, en terrasse ; les parois aussi nettes, les arêtes aussi vives que si elles venaient d'être terminées; leurs bords, couverts de dalles comme un quai, résonnaient sous les pieds des chevaux. Ces beaux bassins remplis d'une eau diaphane, sur le sommet d'une montagne aride, étonnent et inspirent une haute idée de la puissance qui a conçu et exécuté un si vaste projet; aussi sont-ils attribués à Salomon. Pendant que je les contemple, mes compagnons de voyage les mesurent et les trouvent chacun d'environ quatre cents pieds sur cent soixante-quinze; le premier est le plus long, le dernier le plus large; il a deux cents pieds au moins d'ouverture; ils vont en s'agrandissant jusqu'au sommet; au-dessus de la plus élevée de ces citernes gigantesques, une petite source, cachée sous quelques touffes de verdure, est le *fons signatus* de la Bible, et alimente seule ces réservoirs qui se déversaient anciennement dans des aqueducs conduisant l'eau jusqu'au temple à Jérusalem; les restes de ces aqueducs se retrouvaient continuellement sur notre route. Non loin de là, d'anciens murs crénelés, probablement du temps des croisades, entourent une enceinte où la tradition suppose un palais habité par les femmes de Salomon : il n'en reste guère de vestiges, et l'emplacement, couvert de fumier et d'ordures, sert aujourd'hui de cour où se retirent la nuit les bergers et le bétail qui viennent séjourner sur les montagnes, dans la saison des pâturages, comme sur les Alpes, en Suisse. Nous retournâmes à Jérusalem par une ancienne route large et pavée appelée la Voie de Salomon, qui est bien plus courte et plus directe que celle que nous avions prise le matin; elle ne passe point à Bethléem; la nuit était fort avancée lorsque nous rentrâmes sous la voûte de la porte des Pèlerins.

« Le 25 avril, après avoir visité une dernière fois le saint tombeau, nous demandâmes à l'ecclésiastique qui nous accompagnait de nous faire faire le tour extérieur de l'église, pour nous bien rendre compte des inégalités de terrain qui expliquent la réunion du tombeau et du Calvaire dans le même monument. Ce circuit est difficile parce que l'église est en-

tourée de bâtimens qui obstruent les communications; mais en traversant quelques cours et quelques maisons, nous parvînmes à nous satisfaire sur les points qui nous intéressaient.
— Nous montâmes ensuite à cheval pour suivre les murs de la ville et visiter les tombeaux des rois. — Au nord de Jérusalem, en sortant par la porte de Damas, à environ une demi-lieue, on trouve une excavation dans le roc, formant une cour d'à peu près vingt pieds de profondeur, fermée de trois côtés par les parois du rocher taillées au ciseau, offrant l'aspect de murailles ornées de sculptures ciselées dans la pierre même, représentant des portes, des pilastres, des frises d'un très-beau travail; on peut présumer que l'exhaussement graduel du terrain a comblé de plusieurs pieds cette excavation, car l'ouverture qui existe à gauche pour entrer dans le sanctuaire est si basse, qu'on ne peut y pénétrer qu'en rampant. Nous parvînmes avec une extrême difficulté à nous y introduire, et à y allumer des torches. Des nuées de chauves-souris, réveillées par notre invasion, nous assaillirent et combattirent, pour ainsi dire, afin de maintenir leur territoire; et si notre retraite avait été facile, nous aurions, je crois, reculé devant elles. Peu à peu le calme se rétablit, et nous pûmes examiner ces chambres sépulcrales. Elles sont excavées et taillées dans le roc vif. Les angles sont aussi nets et les parois aussi lisses que si l'ouvrier les avait polis dans la carrière. Nous en visitâmes cinq, communiquant entre elles par des ouvertures auxquelles s'appliquaient, sans nul doute, quelques blocs de pierres taillés en forme de porte, qui gisaient à terre, et faisaient présumer que chaque chambre avait été fermée et scellée lorsque les niches pratiquées dans les parois pour recevoir les sarcophages ou les urnes cinéraires étaient remplies. Quels étaient, ou devaient être les habitans de ces demeures préparées à si grands frais? c'est encore une question douteuse. Leur origine a été vivement contestée : l'intérieur, qui est simple et grandiose, peut remonter à la plus haute antiquité, rien n'y détermine une date. La sculpture extérieure semble d'un travail bien achevé et d'un goût bien

pur pour être des temps reculés des rois de Judée. Mais, depuis que j'ai vu Balbek, mes idées se sont bien modifiées sur la perfection où était arrivé l'art avant les époques connues.

« Nous continuâmes notre promenade à travers quelques champs d'oliviers, et, redescendant dans la vallée de Josaphat, nous remontâmes au midi par les murs de Sion. — Le tombeau de David, le saint cénacle, et l'église arménienne qui possède la pierre scellée à l'entrée du saint sépulcre, nous déterminèrent à rentrer par cette porte, *Bab el Daoud;* mais lorsque nous voulûmes visiter le souterrain où la tradition place les os du roi-prophète, les Turcs s'y opposèrent, et nous dirent que l'entrée en était absolument interdite; ils supposent que des richesses immenses ont été ensevelies dans ce caveau royal, que les étrangers en possèdent le secret, et viennent pour les découvrir et les dérober.

« Le saint cénacle est une grande salle voûtée, soutenue par des colonnes et noircie par le temps; si la vétusté est admise comme preuve, il porte les marques d'une antiquité reculée. Situé sur le mont Sion, hors des murs de la ville d'alors, il serait fort possible que les disciples s'y fussent retirés après la résurrection, et qu'ils s'y trouvassent rassemblés à l'époque de la Pentecôte, ainsi que l'affirment les traditions populaires. Cependant le sac de Jérusalem, sous Titus, ne laissa guère debout que les tours, et une partie des murailles; mais les sites restaient ainsi suffisamment indiqués; et les premiers chrétiens durent mettre une grande importance à en perpétuer le souvenir par des constructions successives, sur les mêmes lieux, et souvent avec les débris des anciens monumens. Mais des détails sur Jérusalem ne seraient que des répétitions, et je quitte à regret un sujet vers lequel mes souvenirs me reportent sans cesse; je ne dirai qu'un mot, tout à fait indépendant des souvenirs religieux, sur l'aspect de ce village des tombeaux (Siloa), qui m'est resté comme un tableau devant les yeux. Cette population entière d'Arabes sauvages, demeurant dans des caves et des grottes sépulcrales, offrirait à un peintre une scène des plus originales : qu'on se figure, dans la profonde vallée de Siloa, des cavernes présentant leurs ouvertures comme des bouches de fours les uns sur les autres, disséminés sur le flanc d'un rocher, ou comme des sections irrégulières d'une ruche brisée; et, de ces caves sépulcrales, des êtres vivans, des femmes, des enfans, sortant comme des fantômes de la demeure des morts. — Je ne sais si ce sujet a été traité, mais il me semble qu'il offre au pinceau, à la fois, tous les contrastes et toutes les harmonies.

« Le 26 avril nous jetons nos derniers regards sur Jérusalem, — et nous reprenons tristement le chemin de Jaffa. — En entrant dans la vallée de Jérémie, les sons d'une musique sauvage attirent notre attention : nous apercevons dans le lointain toute une tribu arabe défilant sur le flanc du coteau; — j'envoie le drogman en avant; il revient nous dire que tout ce monde est assemblé pour l'enterrement d'un chef, et que nous pouvons avancer sans crainte. — Il nous raconte ensuite que ce chef est mort soudainement la veille à la chasse, pour avoir respiré une plante vénéneuse; mais le caractère connu des Arabes de Naplouse, dont ceux-ci portent le costume, nous fit penser qu'il était plutôt tombé victime de la jalousie de quelque chef rival. — Malgré leurs habitudes guerrières et leur air imposant, la crédulité de ces peuples naïfs ressemble à la crédulité des enfans; le récit de tout ce qui est merveilleux les charme et n'excite aucune défiance dans leur esprit. — Un Arabe de nos amis, homme de beaucoup d'intelligence et de savoir, nous a souvent assuré, avec l'accent de la conviction, qu'un scheik du Liban possédait le secret des paroles magiques qui avaient été employées dans les temps primitifs pour remuer les blocs gigantesques de Balbek, mais qu'il était trop bon chrétien pour jamais s'en servir ou pour les divulguer. — Nous pressons le pas de nos chevaux et nous rejoignons bientôt la procession; au centre était la bière portée sur un brancard, cachée sous de riches draperies, et surmontée du turban des Osmanlis; des femmes arabes, nues jusqu'à la ceinture, leurs longs cheveux noirs flottant sur les épaules, le sein meurtri, les bras en l'air, précédaient le corps, jetant des cris, chantant des chants lugubres, se tordant les mains et s'arrachant les cheveux; des musiciens jouant du *tamble* et du *dahiéré** accompagnaient les voix d'un roulement continu et monotone. A la tête de la procession marchait le frère du défunt; son cheval, couvert de belles peaux d'angora, orné de glands rouge et or qui se balançaient sur la tête et sur le poitrail, se cabrait parfois aux sons de cette musique discordante; des prêtres en grand costume attendaient le cortége devant la porte d'un tombeau surmonté d'une coupole que soutenait une colonnade à jour; — vis-à-vis se trouvait l'église ruinée, dont le toit en terrasse était couvert de femmes drapées de longs voiles blancs, semblables aux prêtresses des sacrifices antiques, ou aux pleureuses des monumens de Memphis. — Lorsque le chef s'approcha du tombeau, il descendit de cheval et se jeta dans les bras du grand-prêtre avec de vives démonstrations de douleur; celui-ci l'exhorta à se soumettre à la volonté de Dieu, et à se montrer digne de succéder à son frère dans le commandement de la tribu. Pendant ce temps le cortége arrive, dépose le corps, se range autour du petit temple, et les chants de mort résonnent plus pénétrans encore; ces pantomimes lugubres, cette pompe funèbre, ces hymnes de désespoir exprimés dans une autre langue, avec d'autres rites, nous semblent un souvenir vivant de ces lamentations dont Jérémie avait rempli cette même vallée, et dont le monde biblique est encore l'écho. »

* Sorte de grosse caisse et de tambourin.

DÉPART DE JAFFA.

Même date.

Nous nous embarquons par une mer déjà forte dont les lames énormes arrivent comme des collines d'écume contre la passe des rochers; on attend un moment derrière ces rochers que la vague soit passée, et on se lance à force de rames en pleine mer; les lames reviennent et vous soulèvent comme un liége sur leur dos; vous redescendez comme dans un abîme, on ne voit plus ni le vaisseau ni le rivage; on remonte, on roule encore, l'écume vous couvre d'un voile de pluie; — nous arrivons enfin aux flancs du navire, mais ses mouvemens sont si forts qu'on n'ose s'approcher de peur d'être frappé par les vergues qui trempent dans les vagues; on attend un intervalle de lames; une corde est lancée; l'échelle est placée : nous sommes sur le pont. Le vent devient contraire; nous restons sur deux ancres, exposés à chaque instant au naufrage si le mouvement énorme des vagues vient à les briser; heures d'angoisses physiques et morales dans cet affreux roulis; le soir et la nuit le vent siffle; comme dans des tuyaux aigus d'orgue, parmi les mâts et les cordages; le navire bondit comme un bélier qui frapperait la terre de ses cornes; la proue plonge dans la mer et semble prête à s'y abîmer chaque fois que la vague arrive et soulève la poupe; on entend les cris des matelots arabes de quelques autres navires qui ont amené les pauvres pèlerins grecs à Jérusalem. Ces petits navires, chargés quelques-uns de deux ou trois cents femmes et enfans, essaient de mettre à la voile pour fuir la côte; quelques-uns passent près de nous; les femmes poussent des cris en nous tendant les mains; les grandes lames les engloutissent et les remontent à une forte distance; quelques-uns de ces navires réussissent à s'éloigner de la côte; deux sont jetés sur les brisans de la rade du côté de Gaza; nos ancres cèdent et nous sommes entraînés vers les rochers du port intérieur; le capitaine en fait jeter une autre. Le vent se modère, il tourne un peu pour nous; nous fuyons, par un temps gris et brumeux, vers le golfe de Damiette; nous perdons de vue toute terre; la journée nous faisons bonne route; la mer est douce, mais des signes précurseurs de tempête préoccupent le capitaine et le second; elle éclate au tomber du jour; le vent fraîchit d'heure en heure, les vagues deviennent de plus en plus montueuses; le navire crie et fatigue; tous les cordages sifflent et vibrent sous les coups de vent comme des fibres de métal; ces sons aigus et plaintifs ressemblent aux lamentations des femmes grecques aux convois de leurs morts; nous ne portons plus de voiles; le vaisseau roule d'un abîme à l'autre, et chaque fois qu'il tombe sur le flanc, ses mâts semblent s'écrouler dans la mer comme des arbres déracinés, et la vague écrasée sous le poids rejaillit et couvre le pont; tout le monde, excepté l'équipage et moi, est descendu dans l'entrepont; on entend les gémissemens des malades et le roulis des caisses et des meubles qui se heurtent dans les flancs du brick. Le brick lui-même, malgré ses fortes membrures et les pièces de bois énormes qui le traversent d'un bord à l'autre, craque et se froisse comme s'il allait s'entr'ouvrir. Les coups de mer sur la poupe retentissent de moment en moment comme des coups de canon; à deux heures du matin la tempête augmente encore; je m'attache avec des cordes au grand mât, pour n'être pas emporté par la vague et ne pas rouler dans la mer lorsque le pont incline presque perpendiculairement. Enveloppé dans mon manteau, je contemple ce spectacle sublime, je descends de temps en temps sous l'entrepont pour rassurer ma femme couchée dans son hamac. Le sécond capitaine, au milieu de cette tourmente affreuse, ne quitte la manœuvre que pour passer d'une chambre à l'autre, et porter à chacun les secours que son état exige : homme de fer pour le péril et cœur de femme pour la pitié. Toute la nuit se passe ainsi. Le lever du soleil, dont on ne s'aperçoit qu'au jour blafard qui se répand sur les vagues et dans les nuages confondus, loin de diminuer la force du vent semble l'accroître encore; nous voyons venir, d'aussi loin que porte le regard, des collines d'eau écumante derrière d'autres collines. Pendant qu'elles passent, le brick se torture dans tous les sens, écrasé par l'une, relevé par l'autre; lancé dans un sens par une lame, arrêté par une autre qui lui imprime de force une direction nouvelle, il se jette tantôt sur un flanc, tantôt sur l'autre; il plonge la proue en avant comme s'il allait s'engloutir; la mer qui court sur lui fond sur sa poupe et le traverse d'un bord à l'autre; de temps en temps il se relève; la mer écrasée par le vent semble n'avoir plus de vagues et n'être qu'un champ d'écumes tournoyantes; il y a comme des plaines, entre ces énormes collines d'eau, qui laissent reposer un instant les mâts; mais on rentre bientôt dans la région des hautes vagues; on roule de nouveau de précipices en précipices. Dans ces alternatives horribles, le jour s'écoule; le capitaine me consulte : les côtes d'Égypte sont basses, on peut y être jeté sans les avoir aperçues; les côtes de Syrie sont sans rade et sans port; il faut se résoudre à mettre en panne au milieu de cette mer, ou suivre le vent qui nous pousse vers Chypre. Là, nous aurions une rade et un asile, mais nous en sommes à plus de quatre-vingts lieues; je fais mettre la barre sur l'île de Chypre, le vent nous fait filer trois lieues à l'heure, mais la mer ne baisse pas. Quelques gouttes de bouillon froid soutiennent les forces de ma femme et de mes compagnons toujours couchés dans leurs hamacs. Je mange moi-même quelques morceaux de biscuit, et je fume avec le capitaine et le second, toujours dans la même attitude sur le pont, près de l'habitacle, les mains passées dans les cordages qui me soutiennent contre les coups de mer. La nuit vient plus horrible encore ; les nuages pèsent sur la mer ; tout l'horizon se déchire d'éclairs, tout est feu autour de nous ; la foudre semble jaillir de la crête des vagues confondues avec les nuées ; elle tombe trois fois autour de nous ; une fois, c'est au moment où le brick est jeté sur le flanc par une lame colossale ; les vergues plongent, les mâts frappent la vague, l'écume qu'ils font jaillir sous le coup s'élance comme un manteau de feu déchiré, dont le vent disperse les lambeaux semblables à des serpens de flamme ; tout l'équipage jette un cri ; nous semblons précipités dans un cratère de volcan : c'est l'effet de tempête le plus effrayant et le plus admirable que j'aie vu pendant cette longue nuit ; neuf heures de suite le tonnerre nous enveloppe ; à chaque minute nous croyons voir nos mâts enflammés tomber sur nous et embraser le navire ; le matin le ciel est moins chargé, mais la mer ressemble à une lave bouillante ; le vent, qui tombe un peu et qui ne soutient plus le navire, rend le roulis plus lourd ; nous devons être à trente lieues de l'île de Chypre. A onze heures nous commençons à apercevoir une terre ; d'heure en heure elle blanchit davantage : c'est Limasol, un des ports de cette île ; nous faisons force de voiles pour nous trouver plus tôt sous le vent ; en approchant, la mer diminue un peu ; nous longeons les côtes à deux lieues de distance : nous cherchons la rade de Larnaca où nous apercevons déjà les mâts d'un grand nombre de bâtimens qui y ont cherché comme nous un refuge ; le vent furieux se ravive et nous y pousse en peu d'instans ; l'impulsion du navire est si forte que nous craignons de briser nos câbles en jetant l'ancre ; enfin l'ancre est tombée ; elle chasse quelques brasses et mord le fond. Nous sommes sur une mer encore clapoteuse, mais dont les vagues ne font que nous bercer sans péril ; je revois les mâts de pavillon des consuls européens de Chypre qui nous saluent, et la terrasse du consulat de France, où notre ami M. Bottu nous fait des signaux de reconnaissance ; tout le monde reste à bord ; ma femme ne pourrait revoir sans déchiremens de cœur cette excellente et heureuse famille de M. Bottu, où elle avait, si heureuse alors elle-même, reçu l'hospitalité il y a quinze mois.

Je descends à terre avec le capitaine ; je reçois de M. et madame Bottu, de MM. Perthier et Guillois, jeunes Français attachés à ce consulat, les marques touchantes de bienveillance et d'amitié que j'attendais d'eux ; je visite M. Mathéi, banquier grec auquel je suis recommandé ; nous envoyons des provisions de tout genre au brick ; M. Mathéi y joint des présens de vins de Chypre et de moutons de Syrie. Pendant que je parcours les environs de la ville avec M. Bottu, la tempête, calmée, recommence ; on ne peut plus communiquer avec les vaisseaux en rade ; les vagues couvrent les quais et lancent leur écume jusqu'aux fenêtres des maisons ; soirée et nuit affreuse que je passe sur la terrasse ou à la fenêtre de ma chambre, au consulat de France, à regarder le brick, où est ma femme, ballotté dans la rade par des lames immenses, tremblant à chaque instant que les ancres ne chassent et ne jettent le navire sur les écueils avec tout ce qui me reste de mon bonheur en ce monde.

Le lendemain soir, la mer se calme enfin ; nous regagnons le brick, nous passons trois heures en rade, attendant des vents meilleurs, et visités sans cesse par M. Mathéi et par M. Bottu. Ce jeune et aimable consul est celui de tous les agens français dans l'Orient qui accueillait le plus cordialement ses compatriotes et honorait le plus le nom de sa nation ; j'emportais un poids de reconnaissance et une amitié véritable du souvenir de ses deux réceptions ; il était heureux, entouré d'une femme selon son cœur, et d'enfans qui faisaient toute sa joie ; j'apprends que la mort l'a frappé peu de jours après notre passage ; son emploi était la seule fortune de sa famille ; cette fortune, il la consacrait tout entière à ses devoirs de consul ; sa pauvre femme et ses beaux enfans sont maintenant à la merci de la France, qu'il servait et honorait de tous ses appointemens ; puisse la France penser à eux en se souvenant de lui !

30 avril 1833.

Mis à la voile ; vents variables, trois jours employés à doubler la pointe occidentale de l'île en courant des bordées sur la terre ; vu le mont Olympe et Paphos, et Amathonte ; ravissant aspect des côtes et des montagnes de Chypre de ce côté ; cette île serait la plus belle colonie de l'Asie-Mineure ; elle n'a plus que trente mille âmes ; elle nourrirait et enrichirait des millions d'hommes ; partout cultivable, partout féconde, boisée, arrosée, avec des rades et des ports naturels sur tous ses flancs ; placée entre la Syrie, la Caramanie, l'Archipel, l'Égypte et les côtes de l'Europe, ce serait le jardin du monde.

3 mai 1833.

Le matin, aperçu les premières cimes de la Caramanie ; mont Taurus dans le lointain ; cimes dentelées et couvertes de neige comme les Alpes vues de Lyon ; vents doux et variables ; nuits splendides d'étoiles ; entré de nuit dans le golfe de Satalie ; aspect de ce golfe semblable à une mer intérieure ; le vent tombe ; le navire dort comme sur un lac ; de quelque côté que le regard se porte, il tombe sur l'encadrement montagneux des baies ; des plans de montagnes de toutes formes et de toutes hauteurs fuient les uns derrière les autres, laissant quelquefois entre leurs cimes inégales de hautes vallées où nage la lumière argentée de la lune ; des vapeurs blanches se traînent sur leurs flancs, et leurs crêtes sont noyées dans des vagues d'un pourpre pâle; derrière s'élèvent les cimes anguleuses du Taurus avec ses dents de neige, quelques caps bas et boisés se prolongent de loin en loin dans la mer, et de petites îles, comme des vaisseaux à l'ancre, se détachent çà et là des rivages; un profond silence règne sur la mer et sur la terre; on n'entend que le bruit que font les dauphins en s'élançant de temps en temps du sein des flots pour bondir comme des chevreaux sur une pelouse; les vagues unies et marbrées d'argent et d'or semblaient cannelées comme des colonnes ioniennes couchées à terre; le brick n'éprouve pas la moindre oscillation; à minuit s'élève une brise de terre qui nous fait sortir lentement du golfe de Satalie et raser les côtes de l'Asie-Mineure jusqu'à la hauteur de Castelrozzo; nous entrons dans tous les golfes; nous touchons presque la terre; les ruines de cette terre qui formait plusieurs royaumes, le Pont, la Cappadoce, la Bithynie, terre vide et solitaire maintenant, se dessinent sur les promontoires; les vallées et les plaines sont couvertes de forêts; les Turcomans viennent y planter leurs tentes pendant l'hiver; l'été tout est désert, excepté quelques points de la côte, comme Tarsous, Satalie, Castelrozzo et Marmorizza, dans le golfe de Macri.

Mai 1833.

Le courant qui règne le long de la Caramanie nous pousse vers la pointe de ce continent et vers l'embouchure du golfe de Macri; pendant la nuit nous courons des bordées pour nous rapprocher de l'île de Rhodes; le capitaine, craignant le voisinage de la côte d'Asie par le vent d'ouest qui s'élève, nous relance en pleine mer; nous nous réveillons, à peine

RHODES.

en vue de Rhodes. Nous retrouvons non loin de nous notre brick de conserve, *l'Alceste;* le calme nous empêche de nous en approcher pendant toute la journée; le soir, vent frais qui nous pousse au fond du golfe de Marmorizza; à minuit le vent de terre reprend; nous entrons au jour dans le port de Rhodes.

Mai 1833.

Nous passons trois jours à parcourir les environs de Rhodes, sites ravissans, sur les flancs de la montagne qui regarde l'Archipel. Après deux heures de marche le long de la grève, j'entre dans une vallée ombragée de beaux arbres et arrosée d'un petit ruisseau; en suivant les bords du ruisseau, tracés par les lauriers-roses, j'arrive à un petit plateau qui forme le dernier gradin de la vallée. Il y a là une petite maison habitée par une pauvre famille grecque; la maison, presque entièrement couverte par les branches des figuiers et des orangers, a, dans son jardin, les ruines d'un petit temple des Nymphes, une grotte et quelques colonnes et chapiteaux épars, à demi cachés par le lierre et les racines des arbustes; au-dessus une pelouse de deux ou trois cents pas de large, avec une source; là croissent deux ou trois sycomores; un des sycomores ombrage à lui seul toute la pelouse : c'est l'arbre sacré de l'île; les Turcs le respectent, et un malheureux paysan grec ayant voulu un jour en couper une branche, le pacha de Rhodes lui fit donner la bastonnade. Il n'est pas vrai que les Turcs dégradent la nature ou les ouvrages de l'art : ils laissent toutes choses comme elles sont; leur seule manière de ruiner tout est de ne rien améliorer. Au-dessus de la pelouse et des sycomores, les collines, qui se dressent à pic, portent des bois de sapins et ruissellent de petits torrens qui creusent des ravins autour de leurs flancs; puis les hautes montagnes de l'île dominent et ombragent les collines, la pelouse et la source. Des bords de la fontaine, où je suis couché, je vois, à travers les rameaux des pins et des sycomores, la mer de l'archipel d'Asie, qui ressemble à un lac semé d'îles, et les golfes profonds qui s'enfoncent entre les hautes et sombres montagnes de Macri, toutes couronnées de créneaux de neige; je n'entends rien que le bruit de la source, du vent dans les feuilles, le vol d'un bulbul que ma présence alarme, et le chant plaintif de la paysanne grecque qui berce son enfant sur le toit de sa cabane. — Que ce lieu m'eût été beau il y a six mois !

Je rencontre, dans un sentier des hautes montagnes de Rhodes, un chef cypriote, vêtu à l'européenne, mais coiffé du bonnet grec et portant une longue barbe blanche. Je le reconnais : il se nomme Thésée, il est neveu du patriarche de Chypre; il s'est distingué dans la guerre de l'indépendance. Revenu à Chypre après la pacification de la Morée, son nom, son esprit, son activité, lui ont attaché la population grecque de Chypre. A l'époque du soulèvement qui vient d'avoir lieu dans l'île, les paysans des montagnes se sont rangés sous ses ordres ; il a employé son influence à les calmer, et après avoir, de concert avec M. Bottu, le consul de France, obtenu le redressement de quelques griefs, il a dispersé sa troupe, et s'est réfugié au consulat de France pour échapper à la vengeance des Turcs. Un bâtiment grec l'a jeté à Rhodes, où il n'est pas en sûreté ; je lui offre une place sur un de mes bricks; il s'y réfugie; je le transporterai à Constantinople, en Grèce ou en Europe, selon son désir. C'est un homme qui a joué constamment sa vie et sa fortune avec la destinée : homme étincelant d'esprit et d'audace, parlant toutes les langues, connaissant tous les pays, d'une conversation intéressante et intarissable, aussi prompt à l'action qu'à la pensée; un de ces hommes dont le mouvement est la nature, et qui s'élèvent comme les oiseaux de tempête, avec le tourbillon des révolutions, pour retomber avec elles. La nature jette peu d'âmes dans ce moule. Les hommes ainsi faits sont ordinairement malheureux : on les craint, on les persécute ; ils seraient des instrumens admirables si on savait les employer à leur œuvre.— J'envoie une barque à Marmorizza, porter un jeune Grec, qui attendra là mes chevaux et donnera ordre à mes saïs de venir me rejoindre à Constantinople. Nous nous décidons à aller par mer, en visitant les îles de la côte d'Asie et les bords du continent.

Mis à la voile à minuit, par un vent léger ; — doublé le cap Krio le soir du premier jour ; belle et douce navigation entre les îles de Piscopiat, de Nizyra et l'île enchantée de Cos, patrie d'Esculape. Après Rhodes, Cos me semble l'île la plus riante et la plus gracieuse de cet archipel ; des villages charmans ombragés de beaux platanes, bordent ses rives ; la ville est riante et élégamment bâtie. Le soir, nous nous trouvons comme égarés, avec nos deux bricks, au milieu d'un dédale de petites îles inhabitées ; elles sont couvertes, jusqu'aux flots, d'un tapis de hautes herbes ; il y a des canaux charmans entre elles, et presque toutes ont de petites anses où des navires pourraient jeter l'ancre. Que de séjours enchanteurs pour les hommes qui se plaignent de manquer de place en Europe ! c'est le climat et la fertilité de Rhodes et de Cos ; un immense continent est à deux lieues ; nous courons des bordées sans fin entre ce continent et ces îles ; nous voyons le soleil resplendir sur les grandes ruines des villes grecques et romaines de l'Asie-Mineure. Le lendemain, nous nous réveillons dans le Boghaz étroit de Samos, entre cette île et celle d'Ikaria ; la haute montagne qui forme presque à elle seule l'île de Samos est sur nos têtes, couverte de rochers et de bois de sapins ; nous apercevons des femmes et des enfans au milieu de ces rochers. La population de Samos, soulevée en ce moment contre les Turcs, s'est réfugiée sur la montagne ; les hommes sont armés dans la ville et sur les côtes. Samos est une montagne du lac de Lucerne, éclairée par le ciel d'Asie, elle touche presque, par sa base, au continent ; nous n'apercevons qu'un étroit canal qui l'en sépare. La tempête nous prend dans le golfe de Scala-Nova, non loin des ruines d'Éphèse ; nous entrons le matin dans le canal de Scio, et nous cherchons un asile dans la rade de Tschesmé, célèbre par la destruction de la flotte ottomane par Orloff. L'île ravissante de Scio s'étend, comme une verte colline, de l'autre côté d'un grand fleuve ; ses maisons blanches, ses villes, ses villages, groupés sur les croupes ombragées de ses coteaux, brillent entre les orangers et les pampres ; ce qui reste annonce une immense prospérité récente et une nombreuse population. Le régime turc, à la servitude près, n'avait pas pu étouffer le génie actif, industrieux, commerçant, cultivateur, des populations grecques de ces belles îles ; je ne connais rien en Europe qui présente l'aspect d'une plus grande richesse que Scio ; c'est un jardin de soixante lieues de tour.

Voyage d'un jour aux ruines et aux eaux minérales de Tschesmé.

La mer est calmée ; nous mettons à la voile pour Smyrne ; journée de vent variable, employée à suivre doucement la côte de Scio ; les bois descendent jusque dans la mer ; les golfes ont tous leurs villes fortifiées, avec leurs ports remplis de petits bâtimens ; la moindre anse a son village ; une foule innombrable de petites voiles rasent les rivages portant des femmes et des filles grecques qui vont à leurs églises ; sur toutes les croupes, dans toutes les gorges de collines, on voit blanchir une église ou un village ; nous doublons la pointe de l'île, et nous trouvons un contre-vent qui nous pousse dans le golfe de Smyrne ; jusqu'à la nuit nous jouissons de l'aspect des belles forêts et des grands villages alpestres qui touchent la côte occidendale du golfe ; la nuit nous sommes en calme, non loin des îles de Vourla, où nous voyons briller les feux de la flotte française, mouillée là depuis six mois ; le matin nous apercevons Smyrne adossée à une immense colline de cyprès, au fond du golfe ; de hautes murailles crénelées couronnent la partie supérieure de la ville ; de belles campagnes boisées s'étendent sur la gauche jusqu'aux montagnes. —Là coule le fleuve Mélès. Le souvenir d'Homère plane pour moi sur tous les rivages de Smyrne ; je cherche des yeux cet arbre au bord du fleuve, inconnu alors, où la pauvre esclave déposa son fruit entre les roseaux; cet enfant devait emporter un jour dans son éternelle gloire, et le nom du fleuve, et le continent, et les îles. Cette imagination que le ciel donnait à la terre devait réfléchir pour nous toute l'antiquité divine et humaine ; il naissait abandonné aux bords d'un fleuve, comme le Moïse de la poésie ; il vécut misérable et aveugle comme ces incarnations des Indes, qui traversaient le monde sous des habits de mendians, et qu'on ne reconnaissait pour dieux qu'après leur passage. L'érudition moderne affecte de ne pas voir un homme, mais un type, dans Homère ; c'est un des cent mille paradoxes savans avec lesquels les hommes essaient de combattre l'évidence de leur instinct intime ; pour moi, Homère est un seul homme, un homme qui a le même accent dans la voix, les mêmes larmes dans le cœur, les mêmes couleurs dans la parole ; admettre une race d'hommes homériques me paraît plus difficile que d'admettre une race de géans ; la nature ne jette pas ses prodiges par séries ; elle fait Homère, et défie les siècles de reproduire un si parfait ensemble de raison, de philosophie, de sensibilité et de génie.

Je descends à Smyrne pour parcourir la ville et les environs, avec M. Salzani, banquier et négociant de Smyrne, homme aussi bienveillant qu'aimable et instruit; pendant trois jours j'abuse de sa bonté ; nous revenons tous les jours coucher à bord de notre brick ; Smyrne ne répond en rien à ce que j'attends d'une ville d'Orient ; c'est Marseille sur la côte de l'Asie-Mineure ; vaste et élégant comptoir où les consuls et les négocians européens mènent la vie de Paris et de Londres ; la vue du golfe et de la ville est belle du haut des cyprès de la montagne ; en redescendant, nous trouvons au bord du fleuve, que j'aime à prendre pour le Mélès, un site charmant, non loin d'une porte de la ville ; c'est le pont des caravanes, le fleuve est un ruisseau limpide et dormant sous la voûte paisible des sycomores et des cyprès; on s'assied sur ses bords, et des Turcs nous apportent des pipes et du café. Si ces flots ont entendu les premiers vagissemens d'Homère, j'aime à les entendre doucement murmurer entre les racines des platanes; j'en porte à mes lèvres, j'en lave mon front brûlant : puisse renaître, pour le monde d'Occident, l'homme qui doit faire le poëme de son histoire, de ses rêves et de son ciel! un poëme pareil est le sépulcre des temps écoulés, où l'avenir vient vénérer les traditions mortes et éterniser par son culte les grands actes et les grandes pensées de l'humanité; celui qui le construit grave son nom au pied de la statue qu'il élève à l'homme, et il vit dans toutes les images dont il a rempli le monde des idées.

Ce soir on m'a mené chez un vieillard qui vit seul avec deux servantes grecques, dans une petite maison sur le quai de Smyrne; l'escalier, le vestibule et les chambres sont pleines de débris de sculpture, de plans d'Athènes en relief et de fragmens de marbre et de porphyre; c'est M. Fauvel, notre ancien consul en Grèce, chassé d'Athènes, qui était devenue sa patrie, et dont il avait, comme un fils, balayé toute sa vie la poussière pour rendre sa statue au monde. Il vit maintenant pauvre et inconnu à Smyrne; il a emporté là ses dieux et leur rend son culte de toutes les heures; M. de Chateaubriand l'a vu, dans sa jeunesse, heureux au milieu des admirables ruines du Parthénon; je le voyais vieux et exilé, et meurtri de l'ingratitude des hommes, mais ferme et gai dans le malheur, et plein de cette philosophie naturelle qui fait supporter patiemment l'infortune à ceux qui ont leur fortune dans leur cœur; je passai une heure d'oubli délicieuse à écouter ce charmant vieillard. — Retrouvé à Smyrne un jeune homme de talent que j'avais connu en Italie, M. Deschamps, rédacteur du *Journal de Smyrne;* il nous témoigna souvenir et sensibilité; les débris du saint-simonisme avaient été jetés par la tempête à Smyrne; réduits aux dernières extrémités, mais supportant leurs revers avec la résignation et la constance d'une conviction forte; j'en reçois à bord deux lettres remarquables. — Il ne faut pas juger des idées nouvelles par le dédain qu'elles inspirent au siècle ; toutes les grandes pensées sont reçues en étrangères dans ce monde ; le saint-simonisme a en lui quelque chose de vrai, de grand et de fécond : l'application du christianisme à la société politique, la législation de la fraternité humaine ; sous ce point de vue, je suis saint-simonien ; ce n'est pas l'idée qui a manqué à cette secte éclipsée, mais non morte ; ce ne sont pas les disciples qui lui ont failli non plus ; ce qui leur a manqué, selon moi, c'est un chef, c'est un maître, c'est un régulateur ; je ne doute pas que si un homme de génie et de vertu, un homme à la fois religieux et politique, confondant les deux horizons dans un regard à portée juste et longue, se fût trouvé placé à la direction de cette idée naissante, il ne l'eût métamorphosée en une puissante réalité ; les temps d'anarchie d'idées sont des saisons favorables à la germination des pensées fortes et neuves : la société, aux yeux du philosophe, est dans un moment de déroute ; elle n'a ni direction, ni but, ni chef ; elle en est réduite à l'instinct de conservation ; une secte religieuse, morale, sociale et politique, ayant un symbole, un mot d'ordre, un but, un chef, un esprit, et marchant compacte et droit devant elle au milieu de ces rangs en désordre, aurait inévitablement la victoire ; mais il fallait apporter à la société son salut et non sa ruine, n'attaquer en elle que ce qui lui nuit et non ce qui lui sert, rappeler la religion à la raison et à l'amour, la politique à la fraternité chrétienne, la propriété à la charité et à l'utilité universelles, son seul titre et sa seule base ; — un législateur a manqué à ces jeunes hommes, ardens de zèle, dévorés d'un besoin de foi, mais à qui l'on a jeté des dogmes insensés ; les organisateurs du saint-simonisme ont pris pour premier symbole : Guerre à mort entre la famille, la propriété, la religion et nous ! ils devaient périr ; on ne conquiert pas le monde par la force d'une parole, on le convertit, on le remue, on le travaille et on le change ; tant qu'une idée n'est pas pratique, elle n'est pas présentable au monde social ; l'humanité procède du connu à l'inconnu, mais elle ne procède pas du connu à l'absurde ; — cela sera repris en sous-œuvre avant les grandes révolutions ; on voit des signes sur la terre et dans le ciel ; les saint-simoniens ont été un de ces signes ; ils se dissoudront comme corps, et feront plus tard, comme individus, des chefs et des soldats de l'armée nouvelle.

15 mai.

Sorti à pleines voiles du golfe de Smyrne ; arrivé à la hauteur de Vourla ; en courant une bordée à l'embouchure du golfe, le brick touche sur un banc de sable par la maladresse du pilote grec ; le vaisseau reçoit une secousse qui fait trembler les mâts, et reste immobile à trois lieues des terres ; la vague grossissante vient se briser sur ses flancs ; nous montons tous sur le pont : c'est un moment d'anxiété calme et solennel que celui où tant de vies attendent leur arrêt du succès incertain des manœuvres qu'on tente ; un silence complet règne ; pas une marque de terreur ; l'homme est grand dans les grandes circonstances ! après quelques minutes d'efforts impuissans, le vent nous seconde et nous fait tourner sur notre quille ; le brick se dégage et aucune voie d'eau ne se déclare ; nous entrons en pleine mer, l'île de Mitylène à notre droite ; — belle journée ; nous approchons du canal qui sépare l'île du continent ; mais le vent faiblit ; les nuages s'accumulent sur la pleine mer ; à la tombée de la nuit le vent s'échappe de ces nuages avec la foudre ; tempête furieuse ; obscurité totale ; les deux bricks se font des signaux de reconnaissance, et cherchent la rade de Foglieri, l'antique Phocée, entre les rochers qui forment la pointe nord du golfe de Smyrne ; en deux heures la force du vent nous chasse de dix lieues le long de la côte ; à chaque instant le tonnerre tombe et siffle dans les flots ; le ciel, la mer et les rochers retentissans de la côte sont illuminés par des éclairs qui suppléent le jour, et nous montrent de temps en temps notre route ; les deux bricks se touchent presque, et nous tremblons de nous briser ; enfin une manœuvre, hardie en pleine nuit, nous fait prendre l'embouchure étroite de la rade de Phocée ; nous entendons mugir à droite et à gauche les vagues sur les rochers ; un faux coup de gouvernail nous y jetterait en lambeaux ; nous sommes tous muets sur le pont, attendant que notre sort s'éclaircisse ; nous ne voyons pas nos propres mâts, tant la nuit est sombre ; tout à coup nous sentons le brick qui glisse sur une surface immobile ; quelques lumières brillent autour de nous sur les contours du bassin où nous sommes heureusement entrés, et nous jetons l'ancre sans savoir où ; le vent rugit toute la nuit dans nos mâts et dans nos vergues comme s'il allait les emporter ; mais la mer est immobile.

Délicieux bassin de l'antique Phocée, d'une demi-lieue de tour, creusé comme un fort circulaire entre de gracieuses collines couvertes de maisons peintes en rouge, de chaumières sous les oliviers, de jardins, de vignes grimpantes et surtout de magnifiques champs de cyprès aux pieds desquels blanchissent les tombes des cimetières turcs ; — descendus à terre ; visité les ruines de la ville qui enfanta Marseille. Reçus avec accueil et grâce dans deux maisons turques, et passé la journée dans leurs jardins d'orangers. — La mer se calme le troisième jour, et nous sortons à minuit du port naturel de Phocée.

17 mai 1833.

Nous avons suivi tout le jour le canal de Mitylène, où fut Lesbos. Souvenir poétique de la seule femme de l'antiquité dont la voix ait eu la force de traverser les siècles. Il reste quelques vers de Sapho, mais ces vers suffisent pour constater un génie de premier ordre. Un fragment du bras ou du torse d'une statue de Phidias nous révèle la statue tout entière. Le cœur qui a laissé couler les stances de Sapho, devait être un abîme de passion et d'images. — L'île de Lesbos est plus belle encore à mes yeux que l'île de Scio. Les groupes de ses hautes et vertes montagnes crénelées de sapins sont plus élevés et plus pittoresquement accouplés. La mer s'insinue plus profondément dans son large golfe intérieur ; les groupes de ses collines qui pendent sur la mer et voient l'Asie de si près, sont plus solitaires, plus inaccessibles ; au lieu de ces nombreux villages répandus dans les jardins de Scio, on ne voit que rarement la fumée d'une cabane grecque rouler entre les têtes des châtaigniers et des cyprès, et quelques bergers sur la pointe d'un rocher, gardant de grands troupeaux de chèvres blanches. — Le soir nous doublons, par un vent toujours favorable, l'extrémité nord de Mitylène, et nous apercevons à l'horizon devant nous, dans la brume rose de la mer, deux taches sombres, Lemnos et Ténédos.

Même date.

Il est minuit : la mer est calme comme une glace ; le brick plane comme une ombre immobile sur sa surface resplendissante ; Ténédos sort des flots à notre gauche, et nous cache la pleine mer ; à notre droite, et tout près de nous, s'étend, comme une barre noirâtre, le rivage bas et dentelé de la plaine de Troie. La pleine lune qui se lève au sommet du mont Ida, taché de neige, répand une lumière sereine et douteuse sur les cimes des montagnes, sur les collines et sur la plaine; elle vient ensuite frapper la mer et la fait briller jusqu'à l'ombre de notre brick, comme une route splendide où les ombres n'osent glisser. Nous distinguons les tumulus ou petits monticules coniques que la tradition assigne comme les tombeaux de Patrocle et d'Hector. La lune large et rouge qui rase les ondulations des collines ressemble au bouclier sanglant d'Achille; aucune lumière sur toute cette côte qu'un feu lointain allumé par les bergers sur une croupe de l'Ida; aucun bruit que le battement de la voile qui n'a point de vent, et que le branle du mât fait retentir de temps en temps contre la grande vergue; tout semble mort comme le passé dans cette scène terne et muette. Penché sur les haubans du navire, je vois cette terre, ces montagnes, ces ruines, ces tombeaux, sortir comme l'ombre évoquée d'un monde fini, apparaître, du sein de la mer, avec ses formes vaporeuses et ses contours indécis, aux rayons dormans et silencieux de l'astre de la nuit, et s'évanouir à mesure que la lune s'enfonce derrière les sommets d'autres montagnes; c'est une belle page de plus du poëme homérique; c'est la fin de toute histoire et de tout poëme : des tombeaux inconnus, des ruines sans nom certain, une terre nue et sombre, éclairée confusément par des astres immortels; — et de nouveaux spectateurs passant indifférens devant ces rivages, et répétant pour la millième fois l'épitaphe de toute chose : Ci-gisent un empire, une ville, un peuple, des héros; Dieu seul est grand! et la pensée qui le cherche et qui l'adore est seule impérissable.

Je n'éprouve nul désir d'aller visiter de plus près et de jour les restes douteux des ruines de Troie : j'aime mieux cette apparition nocturne qui permet à la pensée de repeupler ces déserts et ne s'éclaire que du pâle flambeau de la lune et de la poésie d'Homère; d'ailleurs que m'importent Troie et ses dieux et ses héros? cette page du monde héroïque est tournée pour jamais.

Le vent de terre commence à se lever; nous en profitons pour nous approcher toujours de plus en plus des Dardanelles.

Déjà plusieurs grands navires, qui cherchent comme nous cette entrée difficile, s'approchent de nous; leurs grandes voiles, grises comme les ailes d'oiseaux de nuit, glissent en silence entre notre brick et Ténédos; je descends à l'entrepont et je m'endors.

18 mai 1833.

Réveillé au jour : j'entends le rapide sillage du vaisseau et les petites vagues du matin qui résonnent comme des chants d'oiseaux autour des flancs du brick; j'ouvre le sabord, et je vois, sur une chaîne de collines basses et arrondies, les châteaux des Dardanelles avec leurs murailles blanches, leurs tours et leurs immenses embouchures de canon; le canal n'a guère qu'une lieue de large dans cet endroit; il serpente comme un beau fleuve, entre la côte d'Asie et la côte d'Europe, parfaitement semblables. Les châteaux ferment cette mer, comme les deux battans d'une porte; mais dans l'état présent de la Turquie et de l'Europe, il est facile de forcer le passage par mer, ou de faire un débarquement et de prendre les forts à revers; le passage des Dardanelles n'est inexpugnable que gardé par les Russes.

Le courant rapide nous fait passer, comme la flèche, devant Gallipoli et les villages qui bordent le canal; nous voyons les îles de la mer de Marmara gronder devant nous; nous suivons la côte d'Europe pendant deux jours et deux nuits, contrariés par des vents du nord. Le matin nous apercevons les îles des Princes au fond de la mer de Marmara, dans le golfe de Nicée, et à notre gauche le château des Sept-Tours et les sommités aériennes des innombrables minarets de Stamboul, qui passent du front les sept collines de Constantinople. Chaque bordée en approche, et nous en découvre

CONSTANTINOPLE

de nouveaux. A cette première apparition de Constantinople, je n'éprouvai qu'une émotion pénible de surprise et de désenchantement. Quoi! ce sont là, dis-je en moi-même, ces mers, ces rivages, cette ville merveilleuse pour lesquels les maîtres du monde abandonnèrent Rome et les côtes de Naples? C'est là cette capitale de l'univers, assise sur l'Europe et sur l'Asie; que toutes les nations conquérantes se disputèrent tour à tour comme le signe de la royauté du monde? C'est là cette ville que les peintres et les poëtes imaginent comme la reine des cités, planant sur ses collines et sur sa double mer, enceinte de ses golfes, de ses tours, de ses montagnes, et renfermant tous les trésors de la nature et du luxe de l'Orient? C'est là ce que l'on compare au golfe de Naples, portant une ville blanchissante, dans son sein creusé en vaste amphithéâtre; avec le Vésuve perdant sa croupe dorée dans des nuages de fumée et de pourpre; les forêts de Castellamare plongeant leurs noirs feuillages dans une mer bleue, les îles de Procida et d'Ischia, avec leurs cimes volcaniques et leurs flancs jaunis de pampres et blanchis de villas, fermant la baie immense comme des môles gigantesques jetés par Dieu même à l'embouchure de ce port? Je ne vois rien là à comparer à ce spectacle dont mes yeux sont toujours empreints; je navigue, il est vrai, sur une belle et gracieuse mer, mais les bords sont plats ou s'élèvent en collines monotones et arrondies; les neiges de l'Olympe de Thrace qui blanchissent, il est vrai, à l'horizon, ne sont qu'un nuage blanc dans le ciel et ne solennisent pas d'assez près le paysage. Au fond du golfe je ne vois que les mêmes collines arrondies au même niveau, sans rochers, sans anses, sans échancrures, et Constantinople, que le pilote me montre du doigt, n'est qu'une ville blanche circonscrite sur un grand mamelon de la côte d'Europe. Était-ce la peine de venir chercher un désenchantement si loin? Je ne voulais plus regarder; cependant les bordées sans fin du navire nous rapprochaient sensiblement; nous rasâmes le château des Sept-Tours : immense bloc de construction, sévère et grise, du moyen âge, qui flanque sur la mer l'angle des murailles grecques de l'ancienne Byzance, et nous vînmes mouiller sous les maisons de Stamboul dans la mer de Marmara, au milieu d'une foule de navires et de barques retenues comme nous hors du port par la violence des vents du nord. Il était cinq heures du soir, le ciel était serein et le soleil éclatant; je commençais à revenir de mon dédain pour Constantinople : les murs d'enceinte de cette partie de la ville, pittoresquement bâtis de débris de murs antiques et surmontés de jardins, de kiosques et de maisonnettes de bois peintes en rouge, formaient le premier plan du tableau ; au-dessus, des terrasses de maisons sans nombre pyramidaient comme des gradins d'étages en étages, entrecoupées de têtes d'orangers et de flèches aiguës et noires de cyprès ; plus haut sept ou huit grandes mosquées couronnaient la colline, et flanquées de leurs minarets sculptés à jour, de leurs colonnades moresques, portaient dans le ciel leurs dômes dorés qu'enflammait la réverbération du soleil : les murs peints en azur tendre de ces mosquées, les couvertures de plomb des coupoles qui les entourent, leur donnaient l'apparence et le vernis transparent de monumens de porcelaine. Les cyprès séculaires accompagnaient ces dômes de leurs cimes immobiles et sombres, et les peintures de diverses teintes des maisons de la ville faisaient briller la vaste colline de toutes les couleurs d'un jardin de fleurs ; aucun bruit ne sortait des rues ; aucune grille des innombrables fenêtres ne s'ouvrait ; aucun mouvement ne trahissait l'habitation d'une si grande multitude d'hommes : tout semblait endormi sous le soleil brûlant du jour ; le golfe seul, sillonné en tout sens de voiles de toutes formes et de toutes grandeurs, donnait signe de vie. Nous voyions à chaque instant déboucher de la Corne-d'Or (ouverture du Bosphore), du vrai port de Constantinople, des vaisseaux à pleines voiles qui passaient à côté de nous en fuyant vers les Dardanelles; mais nous ne pouvions apercevoir l'entrée du Bosphore, ni comprendre même sa position. Nous dînons sur le pont, en face de ce magique spectacle ; des caïques turcs viennent nous interroger et nous apporter des provisions et des vivres ; les bateliers nous disent qu'il n'y a presque plus de peste ; j'envoie mes lettres à la ville ; à sept heures, M. Truqui, consul général de Sardaigne, accompagné des officiers de sa légation, vient nous rendre visite et nous offrir l'hospitalité dans sa maison à Péra ; il n'y aucune possibilité de trouver un logement dans la ville récemment incendiée ; la cordialité obligeante et l'attrait que nous inspire, dès le premier abord, M. Truqui, nous engagent à accepter. Le vent contraire régnant toujours, les bricks ne peuvent lever l'ancre ce soir : nous couchons à bord.

CONSTANTINOPLE.

20 mai 1833.

A cinq heures j'étais debout sur le pont ; le capitaine fait mettre un canot à la mer ; j'y descends avec lui, et nous faisons voile vers l'embouchure du Bosphore, en longeant les murs de Constantinople, que la mer vient laver ; après une demi-heure de navigation à travers une multitude de navires à l'ancre, nous touchons aux murs du sérail, qui font suite à ceux de la ville et forment, à l'extrémité de la colline qui porte Stamboul, l'angle qui sépare la mer de Marmara du canal du Bosphore et de la Corne-d'Or ou grande rade intérieure de Constantinople ; c'est là que Dieu et l'homme, la nature et l'art, ont placé ou créé de concert le point de vue le plus merveilleux que le regard humain puisse contempler sur la terre ; je jetai un cri involontaire, et j'oubliai pour jamais le golfe de Naples et tous ses enchantemens ; comparer quelque chose à ce magnifique et gracieux ensemble, c'est injurier la création.

Les murailles qui supportent les terrasses circulaires des immenses jardins du grand sérail, étaient à quelques pas de nous, à notre gauche, séparées de la mer par un étroit trottoir en dalles de pierres, que le flot lave sans cesse, et où le courant perpétuel du Bosphore forme de petites vagues murmurantes et bleues comme les eaux du Rhône à Genève ; ces terrasses, qui s'élèvent en pentes insensibles jusqu'aux palais du sultan, dont on aperçoit les dômes dorés à travers les cimes gigantesques des platanes et des cyprès, sont elles-mêmes plantées de cyprès et de platanes énormes, dont les troncs dominent les murs, et dont les rameaux, débordant des jardins, pendent sur la mer en nappes de feuillage et ombragent les caïques ; les rameurs s'arrêtaient de temps en temps à leur ombre ; de distance en distance, ces groupes d'arbres sont interrompus par des palais, des pavillons, des kiosques, des portes sculptées et dorées, ouvrant sur la mer, ou des batteries de canons de cuivre et de bronze, de formes bizarres et antiques ; les fenêtres grillées de ces palais maritimes, qui font partie du sérail, donnent sur les flots, et l'on voit, à travers les persiennes, étinceler les lustres et les dorures des plafonds des appartemens ; à chaque pas aussi, d'élégantes fontaines moresques, incrustées dans les murs du sérail, tombent du haut des jardins, et murmurent dans des conques de marbre, pour désaltérer les passans ; quelques soldats turcs sont couchés auprès de ces sources ; et des chiens sans maîtres errent le long du quai ; quelques-uns sont couchés dans les embouchures de canon à énormes calibres. A mesure que le canot avançait le long de ces murailles, l'horizon devant nous s'élargissait, la côte d'Asie se rapprochait, et l'embouchure du Bosphore commençait à se tracer à l'œil, entre des collines de verdure sombre et des collines opposées, qui semblent peintes de toutes les nuances de l'arc-en-ciel ; là, nous nous reposâmes encore; la côte riante d'Asie, éloignée de nous d'environ un mille, se dessinait à notre droite, toute découpée de larges et hautes collines dont les cimes étaient de noires forêts à têtes aiguës, les flancs des champs entourés de franges d'arbres, semés de maisons peintes en rouge, et les bords des ravins à pic tapissés de plantes vertes et de sycomores, dont les branches trempent dans l'eau ; plus loin, ces collines s'élevaient davantage, puis redescendaient en plages vertes, et formaient un large cap avancé, qui portait comme une grande ville; c'était Scutari avec ses grandes casernes blanches, semblables à un château royal ; ses mosquées entourées de leurs minarets resplendissans, ses quais et ses anses bordés de maisons, de bazars, de caïques, à l'ombre, sous des treilles ou sous des platanes, et la sombre et profonde forêt de cyprès qui couvre la ville; et, à travers leurs rameaux, brillaient, comme d'un éclat lugubre, les innombrables monumens blancs des cimetières turcs; au de là de la pointe de Scutari, terminée par un îlot qui porte une chapelle turque et qu'on appelle le *Tombeau de la Jeune Fille*, le Bosphore, comme un fleuve encaissé, s'entr'ouvrait et semblait fuir entre des montagnes sombres dont les flancs de rochers, les angles sortans et rentrans, les ravins, les forêts, se répondaient des deux bords, et au pied desquels on distinguait à perte de vue une suite non interrompue de villages, de flottes à l'ancre ou à la voile, de petits ports ombragés d'arbres, de maisons disséminées et de vastes palais avec leurs jardins de roses sur la mer.

Quelques coups de rames nous portèrent en avant et au point précis de la Corne-d'Or, où l'on jouit à la fois de la vue du Bosphore, de la mer de Marmara, et enfin de la vue entière du port ou plutôt de la mer intérieure de Constantinople; là nous oubliâmes Marmara, la côte d'Asie et le Bosphore, pour contempler d'un seul regard le bassin même de la Corne-d'Or et les sept villes suspendues sur les sept collines de Constantinople, convergeant toutes vers le bras de mer qui forme la ville unique et incomparable, à la fois ville, campagnes, mer, port, rive de fleuves, jardins, montagnes boisées, vallées profondes, océan de maisons, fourmilière de navires et de rues, lacs tranquilles et solitudes enchantées, vue qu'aucun pinceau ne peut rendre que par détails, et où chaque coup de rame porte l'œil et l'âme à un aspect, à une impression opposés.

Nous faisons voile vers les collines de Galata et de Péra ; le sérail s'éloignait de nous et grandissait en s'éloignant à mesure que l'œil embrassait davantage les vastes contours de ses murailles et la multitude de ses pentes, de ses arbres, de ses kiosques et de ses palais. Il aurait à lui seul de quoi asseoir une grande ville. Le port se creusait de plus en plus devant nous ; il circule comme un canal entre des flancs de montagnes recourbées, et se développe plus on avance. Ce port ne ressemble en rien à un port ; c'est plutôt un large fleuve comme la Tamise, enceint des deux côtés de collines chargées de villes, et couvert sur l'une et l'autre rive d'une flotte interminable de vaisseaux groupés à l'ancre le long des maisons. Nous passions à travers cette multitude innombrable de bâtimens, les uns à l'ancre, les autres déjà à la voile, cinglant vers le Bosphore, vers la mer Noire ou vers la mer de Marmara ; bâtimens de toutes formes, de toutes grandeurs, de tous les pavillons, depuis la barque arabe, dont la proue s'élance, et s'élève comme le bec des galères antiques, jusqu'au vaisseau à trois ponts avec ses murailles étincelantes de bronze. Des volées de caïques turcs conduits par un ou deux rameurs en manches de soie, petites barques qui servent de voitures dans les rues maritimes de cette ville amphibie, circulaient entre ces grandes masses, se croisant, se heurtant sans se renverser, se coudoyant comme la foule dans les places publiques ; et des nuées d'alabastros, pareils à de beaux pigeons blancs, se levaient de la mer à leur approche pour aller se poser plus loin et se faire bercer par la vague. Je n'essaierai pas de compter les vaisseaux, les navires, les bricks et les bâtimens et barques qui dorment ou voguent dans les eaux du port de Constantinople, depuis l'embouchure du Bosphore et la pointe du sérail jusqu'au faubourg d'Eyoub et aux délicieux vallons des eaux douces. La Tamise à Londres n'offre rien de comparable. Qu'il suffise de dire qu'indépendamment de la flotte turque et des bâtimens de guerre européens, à l'ancre dans le milieu du canal, les deux bords de la Corne-d'Or en sont couverts sur deux ou trois bâtimens de profondeur et sur une longueur d'une lieue environ des deux côtés. Nous ne fîmes qu'entrevoir ces files prolongées de proues regardant la mer, et notre regard alla se perdre, au fond du golfe qui se rétrécissait en s'enfonçant dans les terres, parmi une véritable forêt de mâts. Nous abordâmes au pied de la ville de Péra, non loin d'une superbe caserne de bombardiers dont les terrasses recouvertes étaient encombrées d'affûts et de canons. Une admirable fontaine moresque, construite en forme de pagode indienne et dont le marbre ciselé et peint d'éclatantes couleurs se découpait comme de la dentelle sur un fond de soie, verse ses eaux sur une petite place. La place était encombrée de ballots, de marchandises, de chevaux, de chiens sans maître, et de Turcs accroupis qui fumaient à l'ombre; les bateliers des caïques étaient assis en grand nombre sur les margelles du quai, attendant leurs maîtres ou sollicitant les passans; c'est une belle race d'hommes, dont le costume relève encore la beauté. Ils portent un caleçon blanc à plis aussi larges que ceux d'un jupon; une ceinture de soie cramoisie le retient au milieu du corps; ils ont la tête coiffée d'un petit bonnet grec en laine rouge surmonté d'un long gland de soie qui pend derrière la tête; le cou et la poitrine nus; une large chemise de soie écrue, à grandes manches pendantes, leur couvre les épaules et les bras. Leurs caïques sont d'étroits canots, de vingt à trente pieds de long sur deux ou trois de large, en bois de noyer vernissé et luisant comme de l'acajou. La proue de ces barques est aussi aiguë que le fer d'une lance et coupe la mer comme un couteau. La forme étroite de ces caïques les rend périlleux et incommodes pour les Francs qui n'en ont pas l'habitude; ils chavirent au moindre balancement qu'un pied maladroit leur imprime. Il faut être couché comme les Turcs au fond des caïques, et prendre garde que le poids du corps soit également partagé entre les deux côtés de la barque. Il y en a de différentes grandeurs, pouvant contenir depuis un jusqu'à quatre ou huit passagers; mais toutes ont la même forme. On en compte par milliers dans les ports de Constantinople, et indépendamment de celles qui, comme les fiacres, sont au service du public à toute heure, chaque particulier aisé de la ville en a une à son usage dont les rameurs sont ses domestiques. Tout homme qui circule dans la ville pour ses affaires est obligé de traverser plusieurs fois la mer dans sa journée.

En sortant de cette petite place, nous entrâmes dans les rues sales et populeuses d'un bazar de Péra. Au costume près, elles présentent à peu près le même aspect que les environs des marchés de nos villes : des échoppes de bois où l'on fait frire des pâtisseries ou des viandes pour le peuple; des boutiques de barbiers, de vendeurs de tabacs, de marchands de légumes et de fruits; une foule pressée et active dans les rues; tous les costumes et toutes les langues de l'Orient se heurtant à l'œil et à l'oreille; par-dessus tout cela, les aboiemens des chiens nombreux qui remplissent les places et les bazars, et se disputent les restes qu'on jette aux portes. Nous entrâmes de là dans une longue rue, solitaire et étroite, qui monte par une pente escarpée au-dessus de la colline de Péra; les fenêtres grillées ne laissent rien voir de l'intérieur des maisons turques, qui semblent pauvres et abandonnées; de temps en temps la verte flèche d'un cyprès sort d'une enceinte de murailles grises et ruinées, et s'élance immobile dans un ciel transparent. Des colombes blanches et bleues sont éparses sur les fenêtres et les toits des maisons et remplissent les rues silencieuses de leurs mélancoliques roucoulemens. Au sommet de ces rues s'étend le beau quartier de Péra, habité par les Européens, les ambassadeurs et les consuls : c'est un quartier tout à fait semblable à une pauvre petite ville de nos provinces; il y avait quelques beaux palais d'ambassadeurs jetés sur les terrasses en pente de Galata; on n'en voit plus que les colonnes couchées à terre, les pans de murs noircis et les jardins écroulés : la flamme de l'incendie a tout dévoré. Péra n'a ni caractère, ni originalité, ni beauté; on ne peut apercevoir de ses rues ni la mer, ni les collines, ni les jardins de Constantinople; il faut monter au sommet de ses toits pour jouir du magnifique coup d'œil dont la nature et l'homme l'ont environné.

M. Truqui nous reçut comme ses enfans; sa maison est vaste, élégante et admirablement située; il l'a mise tout entière à notre disposition. Les ameublemens les plus riches, la chère exquise de l'Europe, les soins les plus affectueux de l'amitié, la société la plus douce et la plus aimable trouvée en lui et autour de lui, remplacèrent pour nous le tapis ou la natte du désert, le pilau de l'Arabe, l'âpreté et la rudesse de la vie maritime. A peine installé chez lui, je reçois une lettre de M. l'amiral Roussin, ambassadeur de France à Constantinople, qui a la bonté de nous offrir l'hospitalité à Thérapia. Ces marques touchantes d'intérêt et d'obligeance, reçues de compatriotes inconnus, à mille lieues de la patrie et dans l'isolement et le malheur, laissent une trace profonde dans le souvenir du voyageur.

21, 22 et 23 mai 1833.

Débarquement des deux bricks. — Repos, visites reçues des principaux négocians de Péra. — Jours passés dans le charme et l'intimité de M. Truqui et de sa société. — Courses dans Constantinople. — Vue générale de la ville. — Visite à l'ambassadeur à Thérapia.

23 mai 1833.

Quand on a quitté tout à coup la scène changeante, orageuse, de la mer, la cabine obscure et mobile d'un brick, le roulis fatigant de la vague ; qu'on se sent le pied ferme sur une terre amie, entouré d'hommes, de livres, de toutes les aisances de la vie ; qu'on a devant soi des campagnes, des bois à parcourir, toute l'existence terrestre à reprendre après une longue déshabitude, on sent un plaisir instinctif et tout physique, dont on ne peut se lasser ; une terre quelconque, même la plus sauvage, même la plus éloignée, est comme une patrie qu'on a retrouvée. J'ai éprouvé cela vingt fois en débarquant, même pour quelques heures, sur une côte inconnue et déserte ; un rocher qui vous garantit du vent ; un arbuste qui vous abrite de son tronc ou de son ombre ; un rayon de soleil qui chauffe le sable où vous êtes assis ; quelques lézards qui courent entre les pierres ; des insectes qui volent autour de vous ; un oiseau inquiet qui s'approche, et qui jette un cri d'alarme ; tout ce peu de choses pour un homme qui habite la terre est un monde tout entier pour le navigateur fatigué qui descend du flot. Mais le brick est là, qui se balance dans le golfe sur une mer houleuse, où il faudra remonter bientôt. Les matelots sont sur les vergues, occupés à sécher ou à raccommoder les grandes voiles déchirées ; le canot, qui monte et disparaît dans les ravines écumantes formées par les lames, va et vient sans cesse du navire au rivage ; il apporte des provisions à terre, ou de l'eau fraîche de l'aiguade au bâtiment ; ses mousses lavent leurs chemises de toile peinte, et les suspendent aux lentisques du rivage ; le capitaine étudie le ciel, attend le vent qui va tourner, pour rappeler par un coup de canon les passagers à leur vie de misère, de ténèbres et de mouvement. Bien qu'on soit pressé d'arriver, on fait en secret des vœux pour que le vent contraire ne tombe pas si vite, pour que la nécessité vous laisse un jour encore savourer cette volupté intime qui attache l'homme à la terre. On fait amitié avec la côte, avec la petite lisière de gazon ou d'arbustes qui s'étend entre la mer et les rochers; avec la fontaine cachée sous les racines d'un vieux chêne vert; avec ces lichens, avec ces petites fleurs sauvages, que le vent secoue sans cesse entre les fentes des écueils, et qu'on ne reverra jamais. Quand le coup de canon du rappel part du navire; quand le pavillon de signal se hisse au mât, et que la chaloupe se détache pour venir vous prendre, on pleurerait presque ce coin sans nom du monde, où l'on n'a fait qu'étendre quelques heures ses membres harassés. J'ai bien souvent éprouvé cet amour inné de l'homme pour un abri quelconque, solitaire, inconnu, sur un rivage désert.

Mais ici j'éprouve deux choses contraires, l'une douce, l'autre pénible. D'abord, ce plaisir que je viens de peindre, d'avoir le pied ferme sur le sol, un lit qui ne tombe plus, un plancher qui ne vous jette plus sans cesse d'un mur à l'autre, des pas à faire librement devant vous, de grandes fenêtres fermées ou ouvertes à volonté, sans crainte que l'écume s'y engouffre; les délices d'entendre le vent jouer dans les rideaux, sans qu'il fasse pencher la maison, résonner les voiles, trembler les mâts, courir les matelots sur le pont, avec le bruit assourdissant de leurs pas. Bien plus, des communications amiables avec l'Europe, des voyageurs, des négocians, des journaux, des livres, tout ce qui remet l'homme en communion d'idées et de vie avec l'homme; cette participation au mouvement général des choses et de la pensée, dont nous sommes depuis si longtemps privés. Et plus que tout cela encore, l'hospitalité chaude, attentive, heureuse; je dis plus, l'amitié de notre excellent hôte, M. Truqui, qui semble aussi heureux de nous entourer de ses soins, de ses prévenances, de tous les soulagemens qu'il peut nous procurer, que nous sommes heureux de les recevoir nous-mêmes! Excellent homme! homme rare, dont je n'ai pas deux fois rencontré le pareil dans ma longue vie de voyageur! Sa mémoire me sera douce, tant que je me souviendrai de ces années de pèlerinage, et ma pensée le suivra toujours sur les côtes d'Asie ou d'Afrique, où sa fortune le condamne à finir ses jours.

Même date.

Mais quand on a savouré, à l'insu de soi-même, ces premières voluptés du retour à terre, on est tenté de regretter souvent l'incertitude et l'agitation perpétuelle de la vie d'un vaisseau. Au moins là, la pensée n'a pas le loisir de se replier sur elle-même et de sonder les abîmes de tristesse que la mort a creusés dans notre sein! La douleur est bien là toujours, mais elle est à chaque instant soulevée par quelque pensée qui empêche que son poids ne soit aussi écrasant; le bruit, le mouvement qui se font autour de vous; l'aspect sans cesse changeant du pont du navire et de la mer; les vagues qui se gonflent ou s'aplanissent; le vent qui tourne, monte ou baisse; les voiles du navire qu'il faut orienter vingt fois par jour; le spectacle des manœuvres auxquelles il faut quelquefois s'employer soi-même dans le gros temps; les mille accidens d'une journée ou d'une nuit de tempête; le roulis, les voiles emportées; les meubles brisés qui roulent sous l'entrepont; les coups sourds, irréguliers, de la mer contre les flancs fragiles de la cabine où vous essayez de dormir; les pas précipités des hommes de quart, qui courent d'un bord à l'autre sur votre tête; le cri plaintif des poulets, que l'écume inonde dans leurs cages attachées au pied du mât; les chants des coqs qui aperçoivent les premiers l'aurore, à la fin d'une nuit de ténèbres et de bourrasques; le sifflement de la corde du loch, qu'on jette pour mesurer la route; l'aspect étrange, inconnu, bizarre, sauvage ou gracieux, d'une côte qu'on ne soupçonnait pas la veille, et qu'on longe au lever du jour en mesurant les hauteurs de ses montagnes, ou en montrant du doigt ses villes et ses villages, brillans comme des monceaux de neige entre des groupes de sapins; tout cela emporte plus ou moins à notre âme, soulage un peu le cœur, laisse évaporer de la douleur, assoupit le chagrin pendant que le voyage dure; toute cette douleur retombe de tout son poids sur l'âme, aussitôt qu'on a touché le rivage, et que le sommeil, dans un lit tranquille, a rendu l'homme à l'intensité de ses impressions. Le cœur, qui n'est plus distrait par rien du dehors, se retrouve en face de ses sentimens mutilés, de ses pensées désespérées, de son avenir emporté! On ne sait comment on supportera la vie ancienne, la vie monotone, la vie vide des villes et de la société. C'est ce que j'éprouve, au point de désirer maintenant une éternelle navigation, un voyage sans fin, avec toutes ses chances et ses distractions même les plus pénibles. Hélas! c'est ce que je lis dans les yeux de ma femme, bien plus encore que dans mon cœur. La souffrance d'un homme n'est rien auprès de celle d'une femme, d'une mère; une femme vit et meurt d'une seule pensée, d'un seul sentiment; la vie, pour une femme, c'est une chose possédée; la mort, c'est une chose perdue! Un homme vit de tout bien ou mal; Dieu ne le tue pas d'un seul coup.

24 mai 1833.

Je me suis entouré de journaux et de brochures venus d'Europe récemment, et que l'obligeance des ambassadeurs de France et d'Autriche me prodigue. Après avoir lu tout le jour, je me confirme dans les idées que j'avais emportées d'Europe. Je vois que les faits marchent tout à fait dans le sens des prévisions politiques que l'analogie historique et philosophique permet d'assigner à la route des choses, dans ce beau siècle. La France émue s'apaise; l'Europe inquiète, mais timide, regarde avec jalousie et haine, mais n'ose empêcher; elle sent par instinct, et cet instinct est prophétique, qu'elle perdrait peut-être l'équilibre en faisant un mouvement. Je n'ai jamais cru à la guerre par suite de la révolution de juillet; il eût fallu que la France fût livrée à des conseils insensés pour attaquer; et, la France n'attaquant pas, l'Europe ne pouvait venir se jeter, de gaieté de cœur, dans un foyer révolutionnaire où l'on se brûle, même en voulant l'étouffer. Le gouvernement de juillet aura bien mérité de la France et de l'Europe par ce seul fait d'avoir contenu l'ardeur impatiente et aveugle de l'esprit belliqueux en France, après les trois journées. L'Europe et la France étaient également perdues. Nous n'avions point d'armées, point d'esprit public : car il n'y en a point sans unanimité, la guerre étrangère eût entraîné immédiatement la guerre civile au midi et à l'ouest de la France, la persécution et la spoliation partout. Nul gouvernement n'eût pu tenir à Paris sous l'élan révolutionnaire du centre; pendant que des lambeaux d'armées, improvisées par un patriotisme sans guide et sans frein, auraient été se faire dévorer sur nos frontières de l'est, le midi, jusqu'à Lyon, aurait arboré le drapeau blanc; l'ouest, jusqu'à la Loire, eût reconstitué les guérillas vendéennes ; les populations manufacturières de Lyon, Rouen, Paris, exaspérées par la misère où la cessation du travail les aurait plongées, auraient fait explosion au centre et débordé en masses indisciplinées sur Paris et les frontières, se choisissant des chefs d'un jour, et leur imposant leurs caprices pour plans de campagne. La propriété, le commerce, l'industrie, le crédit, tout eût péri à la fois ; il eût fallu de la violence pour des emprunts et des impôts. L'or caché, le crédit mort, le désespoir eût poussé à la résistance, et la résistance à la spoliation, au meurtre et aux supplices populaires : une fois entré dans la voie du sang, il n'y avait plus d'issue que l'anarchie, la dictature ou le démembrement. Mais tout cela aurait été compliqué encore des mouvemens inattendus et spontanés de quelques parties de l'Europe : Espagne, Italie, Pologne, lisières du Rhin, Belgique, tout eût pris feu ensemble ou tour à tour ; l'Europe tout entière eût été entraînée dans une fluctuation d'insurrections, de compressions, qui auraient changé à chaque instant la face des choses. Nous entrions, mal préparés, dans une autre guerre de Trente Ans. Le génie de la civilisation ne l'a pas voulu. Ce qui devait être a été. On ne combattra qu'après s'être préparé au combat, après qu'on se sera reconnu, compté, passé en revue, rangé en ordre de bataille ; la lutte sera régulière et aura un résultat prévu et certain : ce ne sera plus un combat de nuit.

De loin on voit mieux les choses, parce que les détails n'obstruent pas le regard, et que les objets se présentent par grandes masses principales. Voilà pourquoi les prophètes et les oracles vivaient seuls et éloignés du monde ; c'étaient des sages, étudiant les choses dans leur ensemble, et dont les petites passions du jour ne troublaient pas le jugement. Il faut qu'un homme politique s'éloigne souvent de la scène où se joue le drame de son temps, s'il veut le juger et en prévoir le dénoûment. Prédire est impossible : la prévision n'est qu'à Dieu ; mais prévoir est possible : la prévoyance est à l'homme.

Je me demande souvent où aboutira ce grand mouvement des esprits et des faits, qui, parti de France, remue le monde et entraîne, de gré ou de force, toutes choses dans son tourbillon. Je ne suis pas de ceux qui ne voient dans ce mouvement que le mouvement même, c'est-à-dire le tumulte et le désordre des idées ; qui croient le monde moral et politique dans ces convulsions finales qui précèdent la mort et la décomposition. Ceci est évidemment un mouvement double de décomposition et d'organisation à la fois ; l'esprit créateur travaille, à mesure que l'esprit destructeur détruit ; une foi en tout remplace l'autre ; une forme se substitue à une autre forme ; partout où le passé s'écroule, l'avenir, tout préparé, paraît derrière les ruines ; la transition est lente et rude, comme toute transition où les passions et les intérêts des hommes ont à combattre en marchant, où les classes sociales, où les nations diverses marchent d'un pas inégal ; où quelques-uns veulent reculer obstinément pendant que la masse avance. Il y a confusion, poussière, ruines, obscurité par momens ; mais, de temps en temps aussi, le vent soulève ce nuage de poudre qui cache la route et le but, et ceux qui sont sur la hauteur distinguent la marche des colonnes, reconnaissent le terrain de l'avenir, et voient le jour, à peine levé, éclairer de vastes horizons. J'entends dire sans cesse autour de moi, et même ici : « Les hommes n'ont plus de croyances ; tout est livré à la raison individuelle ; il n'y a plus de foi commune en rien, ni en religion, ni en politique, ni en sociabilité. Des croyances, une foi commune, c'est le ressort des nations ; ce ressort brisé, tout se décompose ; il n'y a qu'un moyen de sauver les peuples : c'est de leur rendre leurs croyances. » Rendre des croyances, ressusciter des dogmes populaires morts dans la conscience des peuples, refaire ce que le temps a défait, c'est un mot insensé ; c'est tenter de lutter contre la nature et contre l'esprit des choses ; c'est marcher en sens inverse de la Providence et des faits qui sont la trace de ses pas ; on ne peut arriver à un but qu'en marchant dans le sens où Dieu conduit les événemens et les idées; le cours du temps ne remonte jamais; on peut se diriger et diriger le monde sur son courant indomptable : on ne peut ni s'arrêter ni le faire rebrousser. Mais est-il donc vrai qu'il n'y ait plus ni lumière dans l'intelligence de l'homme, ni croyance commune dans l'esprit des peuples, ni foi intime et vivifiante dans la conscience du genre humain? C'est un mot qu'on respecte sans l'avoir sondé; il n'a aucun sens. Si le monde n'avait plus ni idée commune, ni foi, ni croyance, le monde ne s'agiterait pas tant : rien ne produit rien, *mens agitat molem*. Il y a, au contraire, une immense conviction, une foi fanatique, une espérance confuse, mais indéfinie, un ardent amour, un symbole commun, quoique non encore rédigé, qui pousse, presse, remue, attire, condense, fait graviter ensemble toutes les intelligences, toutes les consciences, toutes les forces morales de cette époque; ces révolutions, ces secousses, ces chutes d'empire, ces mouvemens répétés et gigantesques de tous ces membres de la vieille Europe, ces retentissemens en Amérique et en Asie, cette impulsion irréfléchie et irrésistible, qui imprime, en dépit des volontés individuelles, tant d'agitation et d'ensemble aux forces collectives : tout cela n'est pas un effet sans cause; tout cela a un sens, un sens profond et caché, mais un sens évident pour l'œil du philosophe. Ce sens, c'est précisément ce que vous vous plaignez d'avoir perdu, ce que vous niez dans le monde d'aujourd'hui; c'est une idée commune; c'est une conviction; c'est une loi sociale; c'est une vérité qui, entrée involontairement dans tous les esprits, et même, à leur insu, dans l'esprit des masses, travaille à se produire dans les faits avec la force d'une vérité divine, c'est-à-dire avec une force invincible. Cette foi, c'est la raison générale; la parole est son organe; a presse est son apôtre : elle se répand sur le monde avec l'infaillibilité et l'intensité d'une religion nouvelle; elle veut refaire à son image les religions, les civilisations, les sociétés, les législations imparfaites ou altérées par les erreurs et les ignorances des âges ténébreux qu'elles ont traversés; elle veut reposer en religion, — Dieu un et parfait pour dogme, la morale éternelle pour symbole, l'adoration et la charité pour culte; — en politique, l'humanité au-dessus des nationalités ; en législation, l'homme égal à l'homme, l'homme frère de l'homme ; la société comme un fraternel échange de services et de devoirs réciproques, régularisés et garantis par la loi ; le christianisme législaté !

Elle le veut et elle le fait. Dites encore qu'il n'y a pas de croyances, qu'il n'y a pas de foi commune dans les hommes de ce temps-ci. Depuis le christianisme, jamais si grande œuvre ne s'accomplit dans le monde avec de si faibles moyens. Une croix et une presse, voilà les deux instrumens des deux plus grands mouvemens civilisateurs du monde.

25 mai 1833.

Ce soir, par un clair de lune splendide, qui se réverbérait sur la mer de Marmara et jusque sur les lignes violettes des neiges éternelles du mont Olympe, je me suis assis seul sous les cyprès de l'échelle des morts ; ces cyprès qui ombragent les innombrables tombeaux des musulmans, et qui descendent des hauteurs de Péra jusqu'aux bords de la mer ; ils sont entrecoupés de quelques sentiers plus ou moins rapides, qui montent du port de Constantinople à la mosquée des derviches tourneurs. Personne n'y passait à cette heure, et l'on se serait cru à cent lieues d'une grande ville, si les mille bruits du soir, apportés par le vent, n'étaient venus mourir dans les rameaux frémissans des cyprès. Tous ces bruits, affaiblis déjà par l'heure avancée ; chants de matelots sur les navires, coups de rames des caïques dans les eaux, sons des instrumens sauvages des Bulgares, tambours des casernes et des arsenaux ; voix de femmes qui chantent, pour endormir leurs enfants, à leurs fenêtres grillées ; longs murmures des rues populeuses et des bazars de Galata ; de temps en temps le cri des muetzlins, du haut des minarets, ou un coup de canon, signal de la retraite, qui partait de la flotte mouillée à l'entrée du Bosphore, et venait, répercuté par les mosquées sonores et par les collines, s'engouffrer dans le bassin de la Corne-d'Or et retentir sous les saules paisibles des eaux douces d'Europe ; tous ces bruits, dis-je, se fondaient par instans dans un seul bourdonnement sourd et indécis, et formaient comme une harmonieuse musique où les bruits humains, la respiration étouffée d'une grande ville qui s'endort, se mêlaient, sans qu'on pût les distinguer, avec les bruits de la nature, le retentissement lointain des vagues et les bouffées du vent qui courbaient les cimes aiguës des cyprès. C'est une de ces impressions les plus infinies et les plus pesantes qu'une âme poétique puisse supporter. Tout s'y mêle, l'homme et Dieu, la nature et la société, l'agitation intérieure et le repos mélancolique de la pensée. On ne sait si l'on participe davantage de ce grand mouvement d'êtres animés qui jouissent ou qui souffrent dans ce tumulte de voix qui s'élèvent, ou de cette paix nocturne des élémens qui murmurent aussi, et enlèvent l'âme au-dessus des villes et des empires, dans la sympathie de la nature et de Dieu.

Le sérail, vaste presqu'île, noire de ses platanes et de ses cyprès, s'avançait comme un cap de forêts entre les deux mers, sous mes yeux. La lune blanchissait les nombreux kiosques, et les vieilles murailles du palais d'Amurath sortaient, comme un rocher, du vert obscur des platanes. J'avais sous les yeux et dans la pensée toute la scène où tant de drames sinistres ou glorieux s'étaient déroulés depuis des siècles. Tous ces drames apparaissaient devant moi avec leurs personnages et leurs traces de sang ou de gloire.

Je voyais une horde sortir du Caucase, chassée par cet instinct de pérégrination que Dieu donna aux peuples conquérans, comme il l'a donné aux abeilles, qui sortent du tronc d'arbre pour jeter de nouveaux essaims. La grande figure patriarcale d'Othman, au milieu de ses tentes et de ses troupeaux, répandant son peuple dans l'Asie-Mineure, s'avançant successivement jusqu'à Brousse, mourant entre les bras de ses fils, devenus ses lieutenans, et disant à Orchan :

« Je meurs sans regret, puisque je laisse un successeur
« tel que toi ; va propager la loi divine, la pensée de Dieu,
« qui est venu nous chercher de la Mecke au Caucase ; sois
« charitable et clément comme elle ; c'est ainsi que les princes
« attirent sur leur nation la bénédiction de Dieu ! Ne laisse
« pas mon corps dans cette terre, qui n'est pour nous
« qu'une route ; mais dépose ma dépouille mortelle dans
« Constantinople, à la place que je m'assigne moi-même en
« mourant. »

Quelques années plus tard, Orchan, fils d'Othman, était campé à Scutari, sur ces mêmes collines que tache de noir le bois de cyprès. L'empereur grec, Cantacuzène, vaincu par la nécessité, lui donnait la belle Théodora, sa fille, pour cinquième épouse dans son sérail. La jeune princesse traversait, au son des instrumens, ce bras de mer où je vois flotter aujourd'hui les vaisseaux russes, et allait, comme une victime, s'immoler inutilement pour prolonger de peu de jours la vie de l'empire. Bientôt les fils d'Orchan s'approchent du rivage, suivis de quelques vaillans soldats ; ils construisent, en une nuit, trois radeaux soutenus par des vessies de bœuf gonflées d'air ; ils passent le détroit, à la faveur des ténèbres ; les sentinelles grecques sont endormies. Un jeune paysan, sortant à la pointe du jour pour aller au travail, rencontre les Ottomans égarés, et leur indique l'entrée d'un souterrain qui conduit dans l'intérieur du château, et les Turcs ont le pied et une forteresse en Europe.

A quatre règnes de là, Mahomet II répondait aux ambassadeurs grecs : « Je ne forme pas d'entreprises contre vous ; « l'empire de Constantinople est borné par ses murailles. » Mais Constantinople même, ainsi bornée, empêche le sultan

de dormir; il envoie éveiller son vizir, et lui dit : « — Je te
« demande Constantinople; je ne puis plus trouver le som-
« meil sur cet oreiller; Dieu veut me donner les Romains. »
Dans son impatience brutale, il lance son cheval dans les
flots, qui menacent de l'engloutir. — « Allons, dit-il à ses
« soldats, le jour du dernier assaut, je ne me réserve que
« la ville; l'or et les femmes sont à vous. Le gouvernement
« de ma plus vaste province à celui qui arrivera le premier
« sur les remparts. » Toute la nuit, la terre et les eaux sont
éclairées de feux innombrables, qui remplacent le jour, tant
il tardait aux Ottomans, ce jour qui devait leur livrer leur
proie.

Pendant ce temps-là, sous cette coupole sombre de Sainte-
Sophie, le brave et infortuné Constantin venait, dans sa dernière nuit, prier le Dieu de l'empire et communier, les
larmes aux yeux; au lever de l'aurore, il en sortait à cheval,
accompagné des cris et des gémissemens de sa famille, et il
allait mourir en héros, sur la brèche de sa capitale : c'était
le 29 mai 1453.

Quelques heures plus tard, la hache enfonçait les portes
de Sainte-Sophie; les vieillards, les femmes, les jeunes filles,
les moines, les religieuses, encombraient cette vaste basilique, dont les parvis, les chapelles, les galeries, les souterrains, les tribunes immenses, les dômes et plates-formes,
peuvent contenir la population d'une ville entière; un dernier cri s'éleva vers le ciel, comme la voix du christianisme
agonisant; en peu d'instans soixante mille vieillards, femmes
ou enfans, sans distinction de rang, d'âge ni de sexe, furent
liés par couple, les hommes avec des cordes, les femmes avec
leurs voiles ou leurs ceintures. Ces couples d'esclaves furent
jetés sur les vaisseaux, emportés au camp des Ottomans, in-
sultés, échangés, vendus, troqués, comme un vil bétail.
Jamais lamentations pareilles ne furent entendues sur les
deux rives d'Europe et d'Asie; les femmes se séparaient pour
jamais de leurs époux, les enfans de leurs mères, et les Turcs
chassaient, par des routes différentes, ce butin vivant de

Constantinople vers l'intérieur de l'Asie. Constantinople fut saccagée pendant huit heures; puis Mahomet II entra par la porte Saint-Romain, entouré de ses vizirs, de ses pachas et de sa garde. Il mit pied à terre devant le portail de Sainte-Sophie, et frappa de son yatagan un soldat qui brisait les autels. Il ne voulut rien détruire. Il transforma l'église en mosquée, et un muetzlin monta pour la première fois sur cette même tour, d'où je l'entends chanter à cette heure pour appeler les musulmans à la prière et glorifier, sous une autre forme, le Dieu qu'on y adorait la veille. De là, Mahomet II se rendit au palais désert des empereurs grecs, et récita, en y entrant, ces vers persans :

« L'araignée file sa toile dans le palais des empereurs, et
« la chouette entonne son chant nocturne sur les tours d'É-
« rasiab! »

Le corps de Constantin fut retrouvé ce jour-là sous des monceaux de morts; des janissaires avaient entendu un Grec magnifiquement vêtu et luttant avec l'agonie, s'écrier : « Ne se trouvera-t-il pas un chrétien qui veuille m'ôter la « vie? » Ils lui avaient coupé la tête. Deux aigles brodés en or sur ses brodequins et les larmes de quelques Grecs fidèles ne permirent pas de douter que ce soldat inconnu ne fût le brave et malheureux Constantin. Sa tête fut exposée, pour que les vaincus ne conservassent ni doute sur sa mort ni espérance de le voir reparaître; puis il fut enseveli avec les honneurs dus au trône, à l'héroïsme et à la mort.

Mahomet n'abusa pas de la victoire. La tolérance religieuse des Turcs se révéla dans ses premiers actes. Il laissa aux chrétiens leurs églises et la liberté de leur culte public. Il maintint le patriarche grec dans ses fonctions. Lui-même, assis sur son trône, remit la crosse et le bâton pastoral au moine Gennadius, et lui donna un cheval richement caparaçonné. Les Grecs fugitifs se sauvèrent en Italie, et y portèrent le goût des disputes théologiques, de la philosophie et des lettres. Le flambeau éteint à Constantinople jeta ses étincelles au delà de la Méditerranée, et se ralluma à Florence et à Rome. Pendant trente ans d'un règne qui ne fut qu'une conquête, Mahomet II ajouta à l'empire deux cents villes et douze royaumes. Il meurt au milieu de ses triomphes, et reçoit le nom de Mahomet-le-Grand. Sa mémoire plane encore sur les dernières années du peuple qu'il a jeté en Europe, et qui bientôt remportera son tombeau en Asie. Ce prince avait le teint d'un Tartare, le visage poli, les yeux enfoncés, le regard profond et perçant. Il eut toujours toutes les vertus et tous les crimes que la politique lui commanda.

Bajazet II, ce Louis XI des Ottomans, fait jeter ses fils dans la mer; et lui-même, chassé du trône par Sélim, s'enfuit avec ses femmes et ses trésors, et meurt du poison préparé par son fils. Ce Sélim, pour toute réponse au vizir qui lui demandait où il fallait placer ses tentes, fait étrangler le vizir; le successeur du vizir fait la même question et éprouve le même sort; un troisième fait placer les tentes, sans rien demander, vers les quatre points de l'univers, et quand Sélim demande où est son camp : « Partout, lui répond le « vizir : tes soldats te suivront, de quelque côté que tu « tournes tes armes. — Voilà, dit le terrible sultan, com- « ment on doit me servir. » C'est lui qui conquiert l'Égypte, et qui, monté sur un trône magnifique élevé au bord du Nil, se fait amener la race entière des oppresseurs de ce beau pays, et fait massacrer vingt mille Mameluks sous ses yeux. Leurs corps sont jetés dans le fleuve. Tout cela sans cruauté personnelle, mais par ce sentiment de fatalisme qui croit à sa mission, et qui, pour accomplir la volonté de Dieu, dont il se sent l'instrument, regarde le monde comme sa conquête et les hommes comme la poussière de ses pieds. Cette même main, teinte du sang de tant de milliers d'hommes, écrivait des vers pleins de résignation, de douceur et de philosophie. Le morceau de marbre blanc subsiste encore où il écrivit ces sentences :

« Tout vient de Dieu; il nous donne à son gré ou nous « refuse ce que nous lui demandons. Si quelqu'un sur la « terre pouvait quelque chose par soi-même, il serait égal

« à Dieu. » On lit plus bas : « Sélim, le serviteur des pau-
« vres, a composé et écrit ces vers. » Conquérant de la Perse, il meurt en commandant à son vizir de pieuses restitutions aux familles persanes que la guerre a ruinées. Son tombeau est placé à côté de celui de Mahomet II, avec cette orgueilleuse épitaphe : « En ce jour, sultan Sélim a passé au royaume « éternel, laissant l'empire du monde à Soliman. »

J'aperçois d'ici briller entre les dômes des mosquées la resplendissante coupole de la mosquée de Soliman, une des plus magnifiques de Constantinople. Il venait de perdre son premier fils, Mahomet, qu'il avait eu de la célèbre Roxelane. Cette mosquée rappelle un touchant témoignage de la douleur de ce prince. Pour honorer la mémoire de son enfant, il délivra une foule d'esclaves des deux sexes, et voulut associer ainsi des sympathies à sa douleur.

Bientôt, hélas! les environs de cette même mosquée furent la scène d'un drame terrible. Soliman, excité contre un fils d'une autre femme, Mustapha, fait venir le muphti et lui demande : « Quelle peine mérite Zaïr, esclave d'un mar-
« chand de cette ville, qui lui a confié, pendant un voyage,
« son épouse, ses enfans, ses trésors? Zaïr a mis le trouble
« dans les affaires de son maître, il a tenté de séduire sa
« femme, il a dressé des embûches contre les enfans. Quelle
« peine mérite l'esclave Zaïr?

« — L'esclave Zaïr mérite la mort, écrit le muphti. Dieu « soit le meilleur! »

Soliman, armé de cette réponse, mande Mustapha dans son camp. Il arrive accompagné de Zéangir, un fils de Roxelane, mais qui, loin de partager la haine de sa mère, portait à Mustapha, son frère, la plus tendre amitié. Arrivé devant la tente de Soliman, Mustapha est désarmé. Il s'avance seul dans la première enceinte, où régnait une solitude complète et un morne silence. Quatre muets s'élancent sur lui et s'efforcent de l'étrangler; il les terrasse, et est prêt à s'échapper et à appeler à son secours l'armée qui l'adore, quand Soliman lui-même, qui suivait de l'œil la lutte des muets contre son fils, soulève un des coins du rideau de la tente, et leur lance un regard étincelant de fureur. A cet aspect les muets se relèvent et parviennent à étrangler le jeune prince. Son corps est exposé sur un tapis, devant la tente du sultan. Zéangir expire de désespoir sur le corps de son frère, et l'armée contemple d'un œil terrifié l'implacable vengeance d'une femme à qui l'amour a soumis l'infortuné Soliman. Mustapha avait un fils de dix ans; l'ordre de sa mort est surpris au sultan par Roxelane. Un envoyé secret est chargé de tromper la vigilance de la mère de cet enfant. On imagine un prétexte pour la conduire à une maison de plaisance peu éloignée de Brousse. Le jeune sultan était à cheval et précédait la litière de la princesse. La litière se brise; le jeune prince prend les devans, suivi de l'eunuque chargé de l'ordre secret de sa mort. A peine entré dans la maison, l'eunuque, l'arrêtant sur le seuil de la porte, lui présente le lacet : « Le « sultan veut que vous mouriez sur l'heure, » lui dit-il. — « Cet ordre m'est aussi sacré que celui de Dieu même, » répond l'enfant, et il présente sa tête au bourreau. La mère arrive et trouve le corps palpitant de son fils sur le seuil de la porte. La passion insensée de Soliman pour Roxelane remplit le sérail de plus de crimes que n'en vit le palais d'Argos.

Les Sept-Tours me rappellent la mort du premier sultan immolé par les janissaires. Othman, traîné par eux dans ce château, tombe deux jours après sous les coups de Daoud, vizir. Ce vizir, peu de temps après, est conduit lui-même aux Sept-Tours. On lui arrache son turban, on le fait boire à la même fontaine où s'était désaltéré l'infortuné Othman, on l'étrangle dans la même chambre où il avait étranglé son maître. L'ada des janissaires, dont un soldat avait porté la main sur Othman, est cassée; et jusqu'à l'abolition de ce corps, lorsqu'un officier appelait la soixante-cinquième ada, un autre officier répondait :

« Que la voix de cette ada périsse! Que la voix de cette « ada s'anéantisse à jamais! »

Les janissaires, repentans du meurtre d'Othman, déposent Mustapha, et vont demander à genoux au sérail un enfant de douze ans pour lui donner l'empire. Vêtu d'une robe de toile d'argent, le turban impérial sur la tête, assis sur un trône portatif, quatre officiers des janissaires l'enlèvent sur leurs épaules, et promènent le jeune empereur au milieu de son peuple. Ce fut Amurath IV, digne du trône où la révolte et le repentir l'avaient fait monter avant l'âge.

Là finissent les jours de gloire de l'empire ottoman. — La loi de Soliman, qui ordonnait que les enfans des sultans fussent prisonniers dans le sérail parmi des eunuques et des femmes, énerva le sang d'Othman, et jeta l'empire en proie aux intrigues des eunuques et aux révoltes des janissaires. De loin en loin brillent quelques beaux caractères ; mais ils sont sans puissance, parce qu'ils ont été habitués de bonne heure à être sans volonté. Quoi qu'on en dise en Europe, il est évident que l'empire est mort, et qu'un héros même ne pourrait lui rendre qu'une apparence de vie.

Le sérail, déjà abandonné par Mahmoud, n'est plus qu'un brillant tombeau. Mais que son histoire secrète serait dramatique et touchante, si les murs pouvaient la raconter !

Une des plus graves et des plus douces figures de ce drame mystérieux est celle de l'infortuné Sélim, qui, déposé et emprisonné dans le sérail pour n'avoir pas voulu verser le sang de ses neveux, y devint l'instituteur du sultan actuel, Mahmoud. Sélim était philosophe et poëte. Le précepteur avait été roi, l'élève devait l'être un jour. Pendant cette longue captivité des deux princes, Mahmoud, irrité par la négligence d'un esclave, s'emporta et le frappa au visage. « Ah ! Mahmoud, dit Sélim, lorsque vous aurez passé par « la fournaise du monde, vous ne vous emporterez pas « ainsi. Quand vous aurez souffert comme moi, vous « saurez compatir aux souffrances, même à celles d'un « esclave. »

Le sort de Sélim fut malheureux jusqu'au bout. Mustapha Baraictar, un de ses fidèles pachas, armé pour sa cause, arrive jusqu'à Constantinople, et se présente aux portes du sérail. Le sultan Mustapha s'endormait dans les voluptés, et était en ce moment même dans un de ses kiosques, sur le Bosphore. Les bostangis défendent les portes ; Mustapha rentre au sérail ; et tandis que Baraictar enfonçait les portes avec de l'artillerie, en demandant qu'on lui rendît son maître Sélim, ce malheureux prince tombe sous le poignard du kislar-aga et de ses eunuques. Le sultan Mustapha fait jeter son corps à Baraictar ; celui-ci se précipite sur le cadavre de Sélim, le couvre de baisers et de larmes. On cherche Mahmoud, caché dans le sérail ; on craint que Mustapha n'ait versé en lui la dernière goutte du sang d'Othman ; on le trouve enfin, caché sous des rouleaux de tapis, dans un coin obscur du sérail. Il croit qu'on le cherche pour l'immoler. On le place sur le trône ; Baraictar se prosterne devant lui. Les têtes des partisans de Mustapha sont exposées sur les murs ; ses femmes sont cousues dans des sacs de cuir et jetées à la mer. Mais peu de jours après, Constantinople devient un champ de bataille. Les janissaires se révoltent contre Baraictar, et redemandent pour sultan Mustapha, que la clémence de Mahmoud avait laissé vivre. Le sérail est assiégé ; l'incendie dévore la moitié de Stamboul. Les amis de Mahmoud lui demandent la mort de son père Mustapha, qui peut seule sauver la vie du sultan et la leur : la sentence expire sur ses lèvres ; il se couvre la tête d'un châle et se roule sur un sopha. On profite de son silence, et Mustapha est étranglé. Mahmoud, devenu ainsi le dernier et unique rejeton d'Othman, était un être inviolable et sacré pour tous les partis. Baraictar avait trouvé la mort dans les flammes en combattant autour du sérail ; et Mahmoud commença son règne.

La place de l'Atméidan, qui se dessine d'ici en noir derrière les murs blancs du sérail, témoigne du plus grand acte du règne de ce prince, l'extinction de la race des janissaires. Cette mesure, qui pouvait seule rajeunir et revivifier l'empire, n'a rien produit qu'une des scènes les plus sanglantes et les plus lugubres qu'aucun empire ait dans ses annales. Elle est encore écrite sur tous les monumens de l'Atméidan en ruines, et en traces de boulets et d'incendie. Mahmoud la prépara en profond politique et l'exécuta en héros. Un accident détermina la dernière révolte.

Un officier égyptien frappa un soldat turc; les janissaires renversent leurs marmites. Le sultan, instruit et prêt à tout, était avec ses principaux conseillers dans un de ses jardins, à Beschiktasch, sur le Bosphore. Il accourt au sérail, prend l'étendard sacré de Mahomet. Le muphti et les ulémas, réunis autour de l'étendard sacré, prononcent l'abolition des janissaires. Les troupes régulières et les fidèles musulmans s'arment et se rassemblent à la voix du sultan; lui-même s'avance à cheval à la tête des troupes du sérail. Les janissaires, réunis sur l'Atméidan, le respectent; il traverse plusieurs fois leur foule mutinée, seul, à cheval, risquant mille morts, mais animé de ce courage surnaturel qu'inspire une résolution décisive. Ce jour-là doit être le dernier de sa vie, ou le premier de son affranchissement et de sa puissance. Les janissaires, sourds à sa voix, se refusent à reprendre leurs agas; ils accourent de tous les points de la capitale, au nombre de quarante mille hommes. Les troupes fidèles du sultan, les canonniers et les bostangis occupent les débouchés des rues voisines de l'Hippodrome. Le sultan ordonne le feu: les canonniers hésitent; un officier déterminé, Kara-Djehennem, court à un des canons, tire son pistolet sur l'amorce de la pièce, et couche à terre sous la mitraille les premiers groupes des janissaires: les janissaires reculent; le canon laboure en tout sens la place; l'incendie dévore les casernes; prisonniers dans cet étroit espace, des milliers d'hommes périssent sous les pans des murs écroulés, sous la mitraille et dans les flammes: l'exécution commence et ne s'arrête qu'au dernier des janissaires. Cent vingt mille hommes dans la capitale seulement, enrôlés dans ce corps, sont la proie de la fureur du peuple et du sultan. Les eaux du Bosphore roulent leurs cadavres à la mer de Marmara. Le reste est relégué dans l'Asie-Mineure et périt en route: l'empire est délivré; le sultan, plus absolu qu'aucun prince ne le fut jamais, n'a plus que des esclaves obéissans ; il peut à son gré régénérer l'empire ; mais il est trop tard : son génie n'est pas à la hauteur de son courage ; l'heure de la décadence de l'empire ottoman a sonné; il ressemble à l'empire grec : Constantinople attend de nouveaux arrêts du destin. Je vois d'ici la flotte russe, comme le camp flottant de Mahomet II, presser de jour en jour davantage la ville et le port; j'aperçois le feu des bivouacs des Kalmouks sur les collines de l'Asie; les Grecs reviennent sous le nom et sous le costume des Russes, et la Providence sait le jour où un dernier assaut, donné par eux aux murs de Constantinople, qui est aujourd'hui tout l'empire, couvrira de feu, de fumée et de ruines cette ville resplendissante, qui dort sous mes yeux son dernier sommeil.

Le plus beau point de vue de Constantinople est au-dessus de notre appartement, du haut d'un belvédère bâti par M. Truqui, sur le toit en terrasse de sa maison. Ce belvédère domine le groupe entier des collines de Péra, de Galata et des coteaux qui environnent le port du côté des eaux douces. C'est le vol de l'aigle au-dessus de Constantinople et de la mer. L'Europe, l'Asie, l'entrée du Bosphore et la mer de Marmara sont sous le regard à la fois. La ville est à vos pieds. Si l'on n'avait qu'un coup d'œil à donner sur la terre, c'est de là qu'il faudrait la contempler. Je ne puis comprendre, chaque fois que j'y monte, et j'y monte plusieurs fois par jour, et j'y passe les soirées entières; je ne puis comprendre comment, de tant de voyageurs qui ont visité Constantinople, si peu ont senti l'éblouissement que cette scène donne à mes yeux et à mon âme; comment aucun ne l'a décrite. Serait-ce que la parole n'a ni espace, ni horizon, ni couleurs, et que le seul langage de l'œil c'est la peinture? Mais la peinture elle-même n'a rien rendu de tout ceci. Des lignes mortes, des scènes tronquées, des couleurs sans vie. Mais l'innombrable gradation et variété de ces teintes selon le ciel et l'heure, mais l'ensemble harmonieux et la colossale grandeur de ces lignes; mais les mouvemens, les fuites, les enlacemens de ces divers horizons; mais le mouvement de ces voiles sur les trois mers; mais le murmure de vie de ces populations entre ces rivages; mais ces coups de canon qui tonnent et montent des vaisseaux; ces pavillons qui glissent ou s'élèvent du haut des mâts; la foule des caïques; la réverbération vaporeuse des dômes, des mosquées, des flèches, des minarets dans la mer : tout cela où est-il? Essayons encore.

Les collines de Galata, de Péra et trois ou quatre autres collines, glissant de mes pieds à la mer, couvertes de villes de différentes couleurs; les unes ont leurs maisons peintes en rouge de sang, les autres en noir avec une foule de coupoles bleues qui entrecoupent ces sombres teintes; entre chaque coupole s'élancent des groupes de verdure formés par les platanes, les figuiers, les cyprès des petits jardins attenant à chaque maison. De grands espaces vides, entre les maisons, sont des champs cultivés et des jardins où l'on aperçoit les femmes turques, couvertes de leurs voiles noirs, et jouant avec leurs enfans et leurs esclaves à l'ombre des arbres. Des nuées de tourterelles et de pigeons blancs nagent dans l'air bleu au-dessus de ces jardins et de ces toits, et se détachent, comme des fleurs blanches balancées par le vent, du bleu de la mer qui fait le fond de l'horizon. — On distingue les rues qui serpentent en descendant vers la mer comme des ravines, et, plus bas, le mouvement de la population dans les bazars, qu'enveloppe un voile de fumée légère et transparente. Ces villes ou ces quartiers de ville sont séparés les uns des autres par des promontoires de verdure couronnés de palais de bois peints et de kiosques de toutes les nuances, ou par des gorges profondes où le regard se perd entre les racines des coteaux, et d'où l'on voit s'élever seulement les têtes de cyprès et les flèches aiguës et brillantes des minarets. Arrivé à la mer, l'œil s'égare sur sa surface bleue au milieu d'un dédale de bâtimens à l'ancre ou à la voile. Les caïques, comme des oiseaux d'eau qui nagent tantôt en groupe, tantôt isolément sur le canal, se croisent en tout sens, allant de l'Europe à l'Asie, ou de Péra à la pointe du sérail. Quelques grands vaisseaux de guerre passent à pleines voiles, débouchent du Bosphore, saluent le sérail de leurs bordées, dont la fumée les enveloppe un instant comme des ailes grises, puis en sortent resplendissant de la blancheur de leur toile, et doublent, en paraissant les toucher, les hauts cyprès et les larges platanes du jardin du grand-seigneur, pour entrer dans la mer de Marmara. D'autres bâtimens de guerre, c'est la flotte entière du sultan, sont mouillés, au nombre de trente ou quarante, à l'entrée du Bosphore; leurs masses immenses jettent une ombre sur les eaux du côté de terre; on n'en aperçoit en entier que cinq ou six; la colline et les arbres cachent une partie des autres, dont les flancs élevés, les mâts et les vergues, qui semblent entrelacés avec les cyprès, forment une avenue circulaire qui fuit vers le fond du Bosphore. Là, les montagnes de la côte opposée ou de la rive d'Asie forment le fond du tableau : elles s'élèvent plus hautes et plus vertes que celles de la rive d'Europe; des forêts épaisses les couronnent et glissent dans les gorges qui les échancrent; leurs croupes, cultivées en jardins, portent des kiosques solitaires, des galeries, des villages, de petites mosquées toutes cernées de rideaux de grands arbres; leurs anses sont pleines de bâtimens mouillés, de caïques à rames, de petites barques à voiles. La grande ville de Scutari s'étend à leurs pieds sur une large marge, dominée par leurs cimes ombragées et enceinte de sa noire forêt de cyprès. Une file non interrompue de caïques et de barques chargées de soldats asiatiques, de chevaux ou de Grecs cultivateurs apportant leurs légumes à Constantinople, règne entre Scutari et Galata, et s'ouvre sans cesse pour donner passage à une autre file de grands navires qui débouchent de la mer de Marmara.

En revenant à la côte d'Europe, mais de l'autre côté du canal de la Corne-d'Or, le premier objet que l'œil rencontre, après avoir franchi le bassin bleu du canal, c'est la pointe du sérail. C'est le site le plus majestueux, le plus varié, le plus magnifique et le plus sauvage à la fois que le regard d'un peintre puisse chercher. La pointe du sérail s'avance comme un promontoire ou comme un cap aplati entre ces trois mers, en face de l'Asie : ce promontoire, à partir de la porte du sérail, sur la mer de Marmara, en finissant au grand kiosque du sultan, vis-à-vis l'échelle de Péra, peut avoir trois quarts de lieue de circonférence ; — c'est un triangle dont la base est le palais ou le sérail lui-même, dont la pointe plonge dans la mer, dont le côté le plus étendu donne sur le port intérieur ou canal de Constantinople. Du point où je suis, on le domine en entier ; c'est une forêt d'arbres gigantesques dont les troncs sortent, comme des colonnes, des murs et des terrasses de l'enceinte, et étendent leurs rameaux sur les kiosques, sur les batteries et les vaisseaux de la mer. Ces forêts, d'un vert sombre et vernissé, sont entrecoupées de pelouses vertes, de parterres de fleurs, de balustrades, de gradins de marbre, de coupoles d'or ou de plomb ; de minarets aussi minces que les mâts de vaisseau ; et des larges dômes des palais, des mosquées et des kiosques qui entourent ces jardins : vue à peu près semblable à celle qu'offrent les terrasses, les pentes et le palais de Saint-Cloud, quand on les regarde des bords opposés de la Seine ou des collines de Meudon ; mais ces sites champêtres sont entourés de trois côtés par la mer, et dominés du quatrième côté par les coupoles des nombreuses mosquées et par un océan de maisons et de rues qui forment la véritable Constantinople ou la ville de Stamboul. La mosquée de Sainte-Sophie, le Saint-Pierre de la Rome d'Orient, élève son dôme massif et gigantesque au-dessus et tout près des murs d'enceinte du sérail. Sainte-Sophie est une colline informe de pierres accumulées et surmontées d'un dôme qui brille au soleil comme une mer de plomb. Plus loin, les mosquées plus modernes d'Achmet, de Bajazet, de Soliman, de Sultanié, s'élancent dans le ciel avec leurs minarets entrecoupés de galeries moresques ; des cyprès aussi gros que le fût des minarets les accompagnent, et contrastent partout, par leur noir feuillage, avec l'éclat resplendissant des édifices. Au sommet de la colline aplatie de Stamboul, on aperçoit, parmi les murs des maisons et les tiges des minarets, une ou deux collines antiques noircies par les incendies et bronzées par le temps : ce sont quelques débris de l'antique Byzance debout sur la place de l'Hippodrome ou de l'Atmeïdan. Là aussi s'étendent les vastes lignes de plusieurs palais du sultan ou de ses vizirs ; le Divan, avec sa porte qui a donné le nom à l'empire, est dans ce groupe d'édifices ; plus haut, et se détachant à cru sur l'horizon azuré du ciel, une splendide mosquée couronne la colline et regarde les deux mers : sa coupole d'or frappée des rayons du soleil, semble réverbérer l'incendie, et la transparence de son dôme et de ses murailles, surmontées de galeries aériennes, lui donne l'apparence d'un monument d'argent ou de porcelaine bleuâtre. L'horizon de ce côté finit là, et l'œil redescend sur deux autres larges collines, couvertes sans interruption de mosquées, de palais, de maisons peintes jusqu'au fond du port, où la mer diminue insensiblement de largeur et se perd à l'œil sous les arbres dans le vallon arcadien des eaux douces d'Europe. Si le regard remonte le canal, il flotte sur des mâts groupés au bord de l'échelle des Morts de l'arsenal et sous les forêts de cyprès qui couvrent les flancs de Constantinople ; il voit la tour de Galata, bâtie par les Génois, sortir, comme le mât d'un navire, d'un océan de toits de maisons, et blanchir entre Galata et Péra, semblable à une borne colossale entre deux villes, et il revient se reposer enfin sur le tranquille bassin du Bosphore, incertain entre l'Europe et l'Asie. Voilà le matériel du tableau. Mais si vous ajoutez à ces principaux traits dont il se compose le cadre immense qui l'enveloppe et le fait ressortir du ciel et de la mer, les lignes noires des montagnes d'Asie, les horizons bas et vaporeux du golfe de Nicomédie, les crêtes des montagnes de l'Olympe de Brousse qui apparaissent derrière le sérail, au delà de la mer de Marmara, et qui étendent leurs vastes neiges comme des nuées blanches dans le firmament ; si vous joignez à ce majestueux ensemble la grâce et la couleur infinie de ces innombrables détails ; si vous vous figurez par la pensée les effets variés du ciel, du vent, des heures du jour sur la mer et sur la ville ; si vous voyez les flottes de vaisseaux marchands se détacher, comme des volées d'oiseaux de mer, de la pointe des forêts noires du sérail, prendre le milieu du canal et s'enfoncer lentement dans le Bosphore en formant des groupes toujours nouveaux ; si les rayons du soleil couchant viennent à raser les cimes des arbres et des minarets, et à enflammer, comme des réverbérations d'incendie, les murs rouges de Scutari et de Stamboul ; si le vent qui fraîchit ou qui tombe aplatit la mer de Marmara comme un lac de plomb fondu, ou, ridant légèrement les eaux du Bosphore, semble étendre sur elles les mailles resplendissantes d'un vaste filet d'argent ; si la fumée des bateaux à vapeur s'élève et tournoie au milieu des grandes voiles frissonnantes des vaisseaux ou des frégates du sultan ; si le canon de la prière retentit, en échos prolongés, du pont des bâtimens de la flotte jusque sous les cyprès du champ des Morts ; si les innombrables bruits des sept villes et des milliers de bâtimens s'élèvent par bouffées de la ville et de la mer, et vous arrivent, portés par la brise, jusque sur la colonne d'où vous planez ; si vous pensez que ce ciel est presque toujours aussi profond et aussi pur, que ces mers et ces ports naturels sont toujours tranquilles et sûrs, que chaque maison de ces longs rivages est une anse où le navire peut mouiller en tout temps sous les fenêtres, où l'on construit et on lance à la mer des vaisseaux à trois ponts sous l'ombre même des platanes du rivage ; si vous vous souvenez que vous êtes à Constantinople, dans cette ville reine de l'Europe et de l'Asie, au point précis où ces deux parties du monde sont venues, de temps en temps, ou s'embrasser ou se combattre ; si la nuit vous surprend dans cette contemplation dont jamais l'œil ne se lasse ; si les phares de Galata, du sérail, de Scutari et les lumières des hautes poupes de vaisseaux s'allument ; si les étoiles se détachent peu à peu, une à une ou par groupes, du bleu firmament, et enveloppent les noires cimes de la côte d'Asie, les cimes de neige de l'Olympe, les îles des Princes, dans la mer de Marmara, le sombre plateau du sérail, les collines de Stamboul et les trois mers, comme d'un réseau bleu semé de perles, où toute cette nature semble nager; si la lueur plus douce du firmament où monte la lune naissante laisse assez de lumière pour voir les grandes masses de ce tableau, en effaçant ou en adoucissant les détails; — vous avez à toutes les heures du jour et de la nuit le plus magnifique et le plus délicieux spectacle dont puisse s'emparer un regard humain; c'est une ivresse des yeux qui se communique à la pensée, un éblouissement du regard et de l'âme. C'est le spectacle dont je jouis tous les jours et toutes les nuits depuis un mois.

L'ambassadeur de France m'ayant proposé de l'accompagner dans la visite que tous les ambassadeurs nouvellement arrivés ont le droit de faire à Sainte-Sophie, je me suis trouvé ce matin, à huit heures, à une porte de Stamboul, qui donne sur la mer, derrière les murs du sérail. Un des principaux officiers de Sa Hautesse nous attendait sur le rivage, et nous a conduits d'abord dans sa maison, où il avait fait préparer une collation. Les appartemens étaient nombreux et élégamment décorés, mais sans autres meubles que des divans et des pipes. Les divans sont adossés aux fenêtres qui donnent sur la mer de Marmara. Le déjeuner était servi à l'européenne; les mets seuls étaient nationaux; ils étaient nombreux et recherchés, mais tous nouveaux pour nous. Après le déjeuner, les dames sont allées voir les femmes du colonel turc, renfermées pour ce jour-là dans un appartement inférieur. Le harem ou appartement des femmes était celui même où nous avions été reçus. Nous étions munis tous de babouches de maroquin jaune pour nous chausser dans la mosquée; sans cela il aurait fallu ôter nos bottes et y marcher pieds nus. Nous sommes entrés dans l'avant-cour de la mosquée de Sainte-Sophie, au milieu d'un certain nombre de gardes qui écartaient la foule réunie pour nous voir. Les visages des osmanlis avaient l'air soucieux et mécontent. Les zélés musulmans regardent l'introduction des chrétiens comme une profanation de leurs sanctuaires. Après nous, on a fermé la porte de la mosquée.

La grande basilique de Sainte-Sophie, bâtie par Constantin, est un des plus vastes édifices que le génie de la religion chrétienne ait fait sortir de la terre ; mais on sent, à la barbarie de l'art qui a présidé à cette masse de pierre, qu'elle fut l'œuvre d'un temps de corruption et de décadence. C'est le souvenir confus et grossier d'un goût qui n'est plus ; c'est l'ébauche informe d'un art qui s'essaie. Le temple est précédé d'un long et large péristyle couvert et fermé comme celui de Saint-Pierre de Rome. Des colonnes de granit, d'une prodigieuse élévation, mais encaissées dans les murailles et faisant massif avec elles, séparent ce vestibule du parvis. Une grande porte ouvre sur l'intérieur. L'enceinte de l'église est décorée sur ses flancs de superbes colonnes de porphyre, de granit égyptien et de marbres précieux ; mais ces colonnes, de grosseur, de proportion et d'ordres divers, sont évidemment des débris empruntés à d'autres temples, et placés là sans symétrie et sans goût, comme des barbares font supporter une masure par les fragmens mutilés d'un palais. Des piliers gigantesques, en maçonnerie vulgaire, portent un dôme aérien comme celui de Saint-Pierre, et dont l'effet est au moins aussi majestueux. Ce dôme, revêtu jadis de mosaïques qui formaient des tableaux sur la voûte, a été badigeonné quand Mahomet II s'empara de Sainte-Sophie pour en faire une mosquée. Quelques parties de l'enduit sont tombées et laissent réapparaître l'ancienne décoration chrétienne. Des galeries circulaires, adossées à de vastes tribunes, règnent autour de la basilique à la hauteur de la naissance de la voûte. L'aspect de l'édifice est beau de là : vaste, sombre, sans ornement, avec ses voûtes déchirées et ses colonnes bronzées, il ressemble à l'intérieur d'un tombeau colossal dont les reliques ont été dispersées. Il inspire l'effroi, le silence, la méditation sur l'instabilité des œuvres de l'homme, qui bâtit pour des idées qu'il croit éternelles, et dont les idées successives, un livre ou un sabre à la main, viennent tour à tour habiter ou ruiner les monumens. Dans son état présent, Sainte-Sophie ressemble à un grand karavansérail de Dieu. Voilà les colonnes du temple d'Éphèse, voilà les images des apôtres avec leurs auréoles d'or sur la voûte qui regardent les lampes suspendues de l'iman. En sortant de Sainte-Sophie, nous allâmes visiter les sept mosquées principales de Constantinople ; elles sont moins vastes, mais infiniment plus belles. On sent que le mahométisme avait son art à lui, son art tout fait et conforme à la lumineuse simplicité de son idée, quand il éleva ces temples simples, réguliers, splendides, sans ombres pour ses mystères, sans autels pour ses victimes. Ces mosquées se ressemblent toutes, à la grandeur et à la couleur près ; elles sont précédées de grandes cours entourées de cloîtres, où sont les écoles et les logemens des imans. Des arbres superbes ombragent ces cours, et de nombreuses fontaines y répandent le bruit et la fraîcheur voluptueuse de leurs eaux. Des minarets d'un travail admirable s'élèvent, comme quatre bornes aériennes, aux quatre coins de la mosquée ; ils s'élancent au-dessus de leurs dômes ; de petites galeries circulaires, avec un parapet de pierre sculptée à jour comme de la dentelle, environnent à diverses hauteurs le fût léger du minaret : là se place, aux différentes heures du jour, le muetzlin qui crie l'heure et appelle la ville à la pensée constante du mahométan, la pensée de Dieu. Un portique à jour sur les jardins et les cours, et élevé de quelques marches, conduit à la porte du temple. Le temple est un parvis carré ou rond, surmonté d'une coupole portée par d'élégans piliers ou de belles colonnes cannelées. Une chaire est adossée à un des piliers. La frise est formée par des versets du Koran, écrits en caractères ornés sur le mur. Les murs sont peints en arabesques. Des fils de fer traversent la mosquée d'un pilier à l'autre, et portent une multitude de lampes, des œufs d'autruche suspendus, des bouquets d'épis ou de fleurs. Des nattes de jonc et de riches tapis couvrent les dalles du parvis. L'effet est simple et grandiose. Ce n'est point un temple où habite un Dieu ; c'est une maison de prière et de contemplation où les hommes se rassemblent pour adorer le Dieu unique et universel. Ce qu'on appelle culte n'existe pas dans la religion. Mahomet a prêché à des peuplades barbares chez qui les cultes cachaient le Dieu. Les rites sont simples : une fête annuelle, des ablutions et la prière aux cinq divisions du jour, voilà tout. Point de dogmes que la croyance en un Dieu créateur et rémunérateur ; les images supprimées, de peur qu'elles ne tentent la faible imagination humaine et ne convertissent le souvenir en coupable adoration. Point de prêtres, ou du moins tout fidèle pouvant faire les fonctions de prêtre. Le corps sacerdotal ne s'est formé que plus tard et par corruption. Toutes les fois que je suis entré dans les mosquées, ce jour-là ou d'autres jours, j'y ai trouvé un petit nombre de Turcs accroupis ou couchés sur les tapis, et priant avec tous les signes extérieurs de la ferveur et de la complète absorption d'esprit.

Dans la cour de la mosquée de Bajazet, je vois le tombeau vide de Constantin. C'est un vase de porphyre d'une prodigieuse grandeur ; il y tiendrait vingt héros. Le morceau de porphyre est évidemment de l'époque grecque. C'est quelque débris arraché aussi des temples de Diane à Éphèse. Les siècles se prêtent leurs temples comme leurs tombeaux, et se les rendent vides. Où sont les os de Constantin ? Les Turcs ont enfermé son sépulcre dans un kiosque, et ne le laissent point profaner. Les tombeaux des sultans et de leurs familles sont dans les jardins des mosquées qu'ils ont construites, sous des kiosques de marbre ombragés d'arbres et parfumés de fleurs ; des jets d'eau murmurent auprès ou dans le kiosque même ; et le culte du souvenir est si immortel parmi les musulmans, que je n'ai jamais passé devant un de ces tombeaux sans trouver des bouquets de fleurs fraîchement cueillies déposés sur la porte ou sur les fenêtres de ces nombreux monumens.

Je viens de descendre et de remonter le canal du Bosphore de Constantinople à l'embouchure de la mer Noire. Je veux esquisser pour moi quelques traits de cette nature enchantée. Je ne croyais pas que le ciel, la terre, la mer et l'homme pussent enfanter de concert d'aussi ravissans paysages. Le miroir transparent du ciel ou de la mer peut seul les voir et les réfléchir tout entiers : mon imagination les voit et les conserve ainsi ; mais mon souvenir ne peut les garder et les peindre que par quelques détails successifs. Écrivons donc vue par vue, cap par cap, anse par anse, coup de rame par coup de rame. Il faudrait des années à un peintre pour rendre une seule des rives du Bosphore. Le pays change à chaque regard, et toujours il se renouvelle aussi beau en se variant. Que puis-je dire en quelques paroles ?

Conduit, par quatre rameurs arnautes, dans un de ces longs caïques qui fendent la mer comme un poisson, je me suis embarqué seul à sept heures du matin par un ciel pur et par un soleil éclatant. Un interprète couché dans la barque, entre les rameurs et moi, me disait les noms et les choses. Nous avons longé d'abord les quais de Tophana, avec sa caserne d'artillerie. La ville de Tophana s'élevant en gradins de maisons peintes, comme des bouquets de fleurs groupés autour de la mosquée de marbre, allait mourir sous les hauts cyprès du grand champ des Morts de Péra. Ce rideau de bois sombre termine les collines de ce côté. Nous glissions à travers une foule de bâtimens à l'ancre et de caïques innombrables qui ramenaient à Constantinople les officiers du sérail, les ministres et leurs kiaias, et les familles des Arméniens que l'heure du travail rappelle à leurs comptoirs. Ces Arméniens sont une race d'hommes superbes, vêtus noblement et simplement d'un turban noir et d'une longue robe bleue nouée au corps par un châle de cachemire blanc ; leurs formes sont athlétiques ; leurs physionomies intelligentes, mais communes ; le teint coloré, l'œil bleu, la barbe blonde ; ce sont les Suisses de l'Orient : laborieux, paisibles, réguliers comme eux ; mais comme eux calculateurs et cupides : ils mettent leur génie traficant aux gages du sultan ou des Turcs ; rien d'héroïque ni de belliqueux dans cette race d'hommes : le commerce est leur génie ; ils le feront sous tous les maîtres. Ce sont les chrétiens qui sympathisent le mieux avec les Turcs. Ils prospèrent et accumulent les richesses que les Turcs négligent et qui échappent aux Grecs et aux Juifs : tout est ici entre leurs mains ; ils sont les drogmans de tous les pachas et de tous les vizirs. Leurs femmes, dont les traits aussi purs, mais plus délicats, rappellent la beauté calme des Anglaises ou des paysannes des montagnes de l'Helvétie, sont admirables ; les enfans de même. Les caïques en sont pleins. Ils rapportent de leurs maisons de campagne des corbeilles de fleurs étalées sur la proue.

Nous commençons à tourner la pointe de Tophana, et à glisser à l'ombre des grands vaisseaux de guerre de la flotte ottomane, mouillée sur la côte d'Europe. Ces énormes masses dorment là comme sur un lac. Les matelots, vêtus, comme les soldats turcs, de vestes rouges ou bleues, sont nonchalamment accoudés sur les haubans, ou se baignent autour de la quille. De grandes chaloupes chargées de troupes vont et viennent de la terre aux vaisseaux ; et les canaux élégans du capitan-pacha, conduits par vingt rameurs, passent comme la flèche à côté de nous. L'amiral Tahir-Pacha et ses officiers sont vêtus de redingotes brunes et coiffés du fez, grand bonnet de laine rouge qu'ils enfoncent sur leurs fronts et sur leurs yeux, comme honteux d'avoir dépouillé le noble et gracieux turban. Ces hommes ont l'air mélancolique et résigné ; ils fument leurs longues pipes à bout d'ambre. Il y a là une trentaine de bâtimens de guerre d'une belle construction, et qui semblent prêts à mettre à la voile ; mais il n'y a ni officiers ni matelots, et cette flotte magnifique n'est qu'une décoration du Bosphore. Pendant que le sultan la contemple de son kiosque de Beglierbeg, situé vis-à-vis, sur la côte d'Asie, les deux ou trois frégates d'Ibrahim-Pacha possèdent en paix la Méditerranée, et les barques de

Samos dominent l'Archipel. A quelques pas de ces vaisseaux, sur la rive d'Europe que je suis, je glisse sous les fenêtres d'un long et magnifique palais du sultan, inhabité maintenant. Il ressemble à un palais d'amphibies; les flots du Bosphore, pour peu qu'ils s'élèvent sous le vent, rasent les fenêtres et jettent leur écume dans les appartemens du rez-de-chaussée; les marches des perrons trempent dans l'eau; des portes grillées donnent entrée à la mer jusque dans les cours et les jardins. Là sont des remises pour les caïques et des bains pour les sultanes, qui peuvent nager dans la mer à l'abri des persiennes de leurs salons. Derrière ces cours maritimes, les jardins d'arbustes, de lilas et de roses, s'élèvent en gradins successifs, portant des terrasses et des kiosques grillés et dorés. Ces pelouses de fleurs vont se perdre dans de grands bois de chênes, de lauriers et de platanes, qui couvrent les pentes et s'élèvent avec les rochers jusqu'au sommet de la colline. Les appartemens du sultan sont ouverts, et je vois à travers les fenêtres les riches moulures dorées des plafonds, les lustres de cristal, les divans et les rideaux de soie. Ceux du harem sont fermés par d'épais grillages de bois élégamment sculptés. Immédiatement après ce palais commence une série non interrompue de palais, de maisons et de jardins des principaux favoris, ministres ou pachas du grand-seigneur. Tous dorment sur la mer, comme pour en aspirer la fraîcheur. Leurs fenêtres sont ouvertes; les maîtres sont assis sur des divans dans de vastes salles toutes brillantes d'or et de soie; ils fument, causent, boivent des sorbets en nous regardant passer. Leurs appartemens donnent aussi sur des terrasses en gradins chargées de treillis, d'arbustes et de fleurs. Les nombreux esclaves, en riches costumes, sont en général assis sur les marches d'escaliers que baigne la mer; et les caïques, armés de rameurs, sont au bords de ces escaliers, prêts à recevoir et à emporter les maîtres de ces demeures. Partout les harems forment une aile un peu séparée par des jardins ou des cours de l'appartement des hommes. Ils sont grillés. Je vois seulement de temps en temps la tête d'un joli enfant qui se colle aux ouvertures du treillis enlacé de fleurs grimpantes, pour regarder la mer, et le bras blanc d'une femme qui entr'ouvre ou referme une persienne.

Ces palais, ces maisons sont tout en bois, mais très-richement travaillés, avec des avant-toits, des galeries, des balustrades sans nombre, et tout noyés dans l'ombre des grands arbres, dans les plantes grimpantes, dans les bosquets de jasmins et de roses. Tous sont baignés par le courant du Bosphore, et ont des cours intérieures où l'eau de la mer pénètre et se renouvelle, et où les caïques sont à l'abri.

Le Bosphore est si profond partout que nous passons assez près du bord pour respirer l'air embaumé des fleurs, et reposer nos rameurs à l'ombre des arbres. Les plus grands bâtimens passent aussi près de nous, et souvent une vergue d'un brick ou d'un vaisseau s'engage dans les branches d'un arbre, dans les treillis d'une vigne, ou même dans les persiennes d'une croisée, et fuit en emportant des lambeaux du feuillage ou de la maison. Ces maisons ne sont séparées les unes des autres que par des groupes d'arbres sur quelques petits corps avancés, ou par quelques angles de rochers couverts de lierre et de mousse, qui descendent des arêtes des collines et se prolongent de quelques pieds dans les flots. De temps en temps seulement une anse plus profonde et plus creuse entre deux collines séparées et fendues par le lit creux d'un torrent ou d'un ruisseau. Un village s'étend alors sur les bords aplanis de ces golfes, avec ses belles fontaines moresques, sa mosquée à coupole d'or ou d'azur, et son léger minaret qui confond sa cime dans celle des grands platanes. Les maisonnettes peintes s'élèvent en amphithéâtre des deux côtés et au fond de ces petits golfes, avec leurs façades et leurs kiosques à mille couleurs; sur la cime des collines, de grandes villas s'étendent, flanquées de jardins suspendus et de groupes de sapins à larges têtes, et terminent les horizons. Au pied de ces villages est une grève ou un quai de granit de quelques pieds seulement de large; ces grèves sont plantées de sycomores, de vignes, de jasmins, et forment des berceaux jusque sur la mer, où les caïques s'abritent. Là sont à l'ancre des multitudes d'embarcations et de bricks de commerce de toutes les nations. Ils mouillent en face de la maison ou des magasins de l'armateur, et souvent un pont jeté du pont du brick à la fenêtre de la villa sert à transporter les marchandises. Une foule d'enfans, de marchands de légumes, de dattes, de fruits, circulent sur ces quais; c'est le bazar du village et du Bosphore. Des matelots de tous les costumes et de toutes les langues y sont groupés au milieu des osmanlis, qui fument accroupis sur leurs tapis, auprès de la fontaine, autour du tronc des platanes. Aucune vue des villages de Lucerne ou d'Interlaken ne peut donner une idée de la grâce et du pittoresque exquis de ces petites anses du Bosphore. Il est impossible de ne pas s'arrêter un moment sur ses rames pour les contempler. On trouve de ces villes, ports ou villages, à peu près toutes les cinq minutes, sur la première moitié de la côte d'Europe, c'est-à-dire pendant deux ou trois lieues. Elles deviennent ensuite un peu plus rares, et le paysage prend un caractère plus agreste par l'élévation croissante des collines et la profondeur des forêts. Je ne parle ici que de la côte d'Europe, parce que je décrirai au retour la côte d'Asie, bien plus belle encore; mais il ne faut pas oublier, pour se faire une image exacte, que cette côte d'Asie n'est qu'à quelques coups de rames de moi; que souvent on est aussi rapproché de l'une que de l'autre, en tenant le milieu du courant dans les endroits où le canal se rétrécit et se coude, et que les mêmes scènes que je peins en Europe ravissent le regard chaque fois qu'il tombe sur la côte d'Asie. Mais je reviens à la rive que je touche de plus près. Il y a un endroit, après le dernier de ces ports naturels, où le Bosphore s'encaisse, comme un large et rapide fleuve, entre deux caps de rochers qui descendent à pic du haut de ses doubles montagnes; le canal, qui serpente, semble à l'œil fermé là tout à fait; ce n'est qu'à mesure qu'on avance qu'on le voit se déplier et tourner derrière le cap de l'Europe, puis s'élargir et se creuser en lac, pour porter les deux villes de Thérapia et de Buyukdéré. Du pied au sommet de ces deux caps de rochers revêtus d'arbres et de touffes épaisses de végétation, montent des fortifications à demi ruinées et s'élancent d'énormes tours blanches, crénelées, avec des ponts-levis et des donjons, de la forme des belles constructions du moyen âge. Ce sont les fameux châteaux d'Europe et d'Asie, d'où Mahomet II assiégea et menaça si longtemps Constantinople avant d'y pénétrer. Ils s'élèvent, comme deux fantômes blancs, du sein noir des pins et des cyprès, comme pour fermer l'accès de ces deux mers. Leurs tours et leurs tourelles suspendues sur les vaisseaux à pleines voiles, les longs rameaux de lierre qui pendent, comme des manteaux de guerriers, sur leurs murs à demi ruinés, les rochers gris qui les portent, et dont les angles sortent de la forêt qui les enveloppe; les grandes ombres qu'ils jettent sur les eaux, en font un des points les plus caractérisés du Bosphore. C'est là qu'il perd de son aspect exclusivement gracieux pour prendre un aspect tour à tour gracieux et sublime. Des cimetières turcs s'étendent à leurs pieds, et les turbans sculptés en marbre blanc sortent çà et là des touffes de feuillages, baignés par le flot. Heureux les Turcs! ils reposent toujours dans le site de leur prédilection, à l'ombre de l'arbuste qu'ils ont aimé, au bord du courant dont le murmure les a charmés, visités par les colombes qu'ils nourrissaient de leur vivant, embaumés par les fleurs qu'ils ont plantées; s'ils ne possèdent pas la terre pendant leur vie, ils la possèdent après leur mort, et on ne relègue pas les restes de ceux qu'on a aimés dans ces voiries humaines d'où l'horreur repousse le culte et la piété des souvenirs.

Au delà des châteaux, le Bosphore s'élargit; les montagnes de l'Europe et de l'Asie s'élèvent plus âpres et plus désertes. Les bords seuls de la mer sont encore semés çà et là de maisonnettes blanches, et de petites mosquées rustiques assises sur un mamelon auprès d'une fontaine et sous le dôme d'un platane. Le village de Thérapia, séjour des ambassadeurs de France et d'Angleterre, borde la rive un peu plus loin; les hautes forêts qui le dominent jettent leurs ombres sur les terrasses et les pelouses des deux palais; de petites vallées serpentent, encaissées entre les rochers, et forment les limites des deux puissances. Deux frégates, anglaise et française, à l'ancre dans le canal en face de chaque palais, sont là pour attendre le signal des ambassadeurs, et porter aux flottes de la Méditerranée les messages de guerre ou de paix. Buyukdéré, charmante ville au fond du golfe que forme le Bosphore, au moment où il se coude pour aller se perdre dans la mer Noire, s'étend comme un rideau de palais et de villas sur les flancs de deux sombres montagnes. Un beau quai sépare les jardins et les maisons de la mer. La flotte russe, composée de cinq vaisseaux, de trois frégates et de deux bâtimens à vapeur, est mouillée devant les terrasses des palais de Russie, et forme une ville sur les eaux, en face de la ville et des délicieux ombrages de Buyukdéré. Les canots qui portent des ordres d'un vaisseau à l'autre, les embarcations qui vont chercher l'eau aux fontaines ou promener les malades sur le rivage, les yachts des jeunes officiers, qui luttent comme des chevaux de course, et dont les voiles, penchées sous le vent, trempent dans la vague, les coups de canon qui résonnent dans les profondeurs des vallées d'Asie, et qui annoncent de nouveaux vaisseaux débouchant de la mer Noire; un camp russe assis sur les flancs brûlés de la montagne du Géant, vis-à-vis la flotte; la belle prairie de Buyukdéré, sur la gauche, avec son groupe de merveilleux platanes, dont un seul ombrage un régiment tout entier; les magnifiques forêts des palais de Russie et d'Autriche, qui dentellent la cime des collines; une foule de maisons élégantes et décorées de balcons qui bordent les quais, et dont les roses et les lilas pendent en festons du bord des terrasses; des Arméniens avec leurs enfans, arrivant ou partant sans cesse dans leurs caïques pleins de branchages et de fleurs; le bras du Bosphore plus sombre et plus étroit que l'on commence à découvrir, étendu vers l'horizon brumeux de la mer Noire ; d'autres chaînes de montagnes, entièrement dégarnies de villages et de maisons, et s'élevant dans les nues avec leurs noires forêts, comme des limites redoutables, entre les orages de la mer, des tempêtes, et la magnifique sérénité des mers de Constantinople ; deux châteaux forts, en face l'un de l'autre, sur chaque rive, couronnant de leurs batteries, de leurs tours et de leurs créneaux les hauteurs avancées de deux sombres caps ; puis, enfin, une double ligne de rochers tachés de forêts, allant mourir dans les flots bleus de la mer Noire : voilà le coup d'œil de Buyukdéré. Ajoutez-y le passage perpétuel d'une file de navires venant à Constantinople ou sortant du canal, selon que le vent souffle du nord ou du midi ; ces navires sont si nombreux quelquefois, qu'un jour, en revenant dans mon caïque, j'en comptai près de deux cents en moins d'une heure. Ils voguent par groupes, comme des oiseaux qui changent de climats ; si le vent varie, ils courent des bordées d'un rivage à l'autre, allant virer de bord sous les fenêtres ou sous les arbres de l'Asie ou de l'Europe ; si la brise fraîchit, ils mouillent dans une des innombrables anses, ou à la pointe des petits caps du Bosphore ; ils se couvrent de nouveau de voiles un moment après. A chaque minute, le paysage, vivifié et modifié par ces groupes de bâtimens à la voile ou à l'ancre, et par les diverses positions qu'ils prennent le long des terres, change l'aspect du paysage, et fait du Bosphore un kaléidoscope merveilleux.

Arrivé à Buyukdéré, je pris possession de la charmante maison sur le quai, où M. Truqui avait bien voulu m'offrir sa double hospitalité ; nous y passerons l'été.

Même date.

Il semble, après la description de cette côte du Bosphore, que la nature ne pourra se surpasser elle-même, et qu'aucun paysage ne peut l'emporter sur celui dont mes yeux sont pleins. Je viens de longer la côte d'Asie en rentrant ce soir à Constantinople, et je la trouve mille fois plus belle encore que la côte d'Europe. La côte d'Asie ne doit presque rien à l'homme, la nature y a tout fait. Il n'y a plus là ni Buyukdéré, ni Thérapia, ni palais d'ambassadeurs, ni ville d'Arméniens ou de Francs; il n'y a que des montagnes, des gorges qui les séparent, des petits vallons tapissés de prairies qui se creusent entre les racines de rochers, des ruisseaux qui y serpentent, des torrens qui les blanchissent de leur écume, des forêts qui se suspendent à leurs flancs, qui se glissent dans leurs ravines, qui descendent jusqu'aux bords des golfes nombreux de la côte; une variété de formes, et de teintes, et de feuillage, et de verdure, que le pinceau du peintre de paysage ne pourrait même inventer; quelques maisons isolées de matelots ou de jardiniers turcs répandues de loin en loin sur la grève, ou jetées sur la plate-forme d'une colline boisée, ou groupées sur la pointe des rochers où le courant vous porte et se brise en vagues bleues comme le ciel de nuit; quelques voiles blanches de pêcheurs qui se traînent dans les anses profondes, et qu'on voit glisser d'un platane à l'autre, comme une toile sèche que les laveuses replient; d'innombrables volées d'oiseaux blancs qui s'essuient sur le bord des prés, des aigles qui planent du haut des montagnes sur la mer; les criques les plus mystérieuses, entièrement fermées de rochers et de troncs d'arbres gigantesques, dont les rameaux, chargés de nuages de feuilles, se courbent sur les flots et forment sur la mer des berceaux où les caïques s'enfoncent. Un ou deux villages cachés dans l'ombre de ces criques, avec leurs jardins jetés derrière eux sur des pentes vertes, et leurs groupes d'arbres au pied des rochers, avec leurs barques bercées par la douce vague à leur porte, leurs nuées de colombes sur leur toit, leurs femmes et leurs enfans aux fenêtres, leurs vieillards assis sous le platane au pied du minaret; des laboureurs qui rentrent des champs dans leurs caïques ; d'autres qui remplissent leurs barques de fagots verts, de myrte ou de bruyère en fleurs pour les sécher et les brûler l'hiver. Cachés derrière ces monceaux de verdure pendante, qui débordent et trempent dans l'eau, on n'aperçoit ni la barque ni le rameur, et l'on croit voir un morceau de la rive, détaché de terre par le courant, flotter au hasard sur la mer, avec ses feuillages verts et ses fleurs encore parfumées. Le rivage offre cet aspect jusqu'au château de Mahomet II, qui, de ce côté aussi, semble fermer le Bosphore comme un lac de Suisse. Là il change de caractère : les collines moins âpres affaissent leurs croupes et creusent plus mollement leurs étroites vallées; des villages asiatiques s'y étendent plus riches et plus pressés ; les eaux douces d'Asie, charmante petite plaine ombragée d'arbre et semée de kiosques et de fontaines moresques, s'ouvrent à l'œil; un grand nombre de voitures de Constantinople, espèces de cages de bois doré, portées sur quatre roues et traînées par deux bœufs, sont éparses sur les pelouses; des femmes turques en sortent voilées, et se groupent assises au pied des arbres ou sur le bord de la mer, avec leurs enfans et leurs esclaves noirs ; des groupes d'hommes sont assis plus loin, prennent le café ou fument la pipe. La variété des couleurs des vêtemens des hommes et des enfans, la couleur brune du voile monotone des femmes, forment sous tous ces arbres la mosaïque la plus bizarre de teintes qui enchantent l'œil. Les bœufs et les buffles d'étables ruminent dans les prairies; les chevaux arabes, couverts d'équipemens de velours, de soie et d'or, piaffent auprès des caïques qui abordent en foule, pleins d'Arméniennes ou de femmes juives : celles-ci s'asseyent dévoilées sur l'herbe, au bord du ruisseau ; elles forment une chaîne de femmes, de jeunes filles, dans des costumes et des attitudes diverses : il y en a d'une beauté ravissante, que l'étrange variété des coiffures et des costumes relève encore. J'ai vu là souvent une grande quantité de femmes turques des harems dévoilées ; elles sont presque toutes d'une petite taille, très-pâles, l'œil triste et l'aspect grêle et maladif. En général, le climat de Constantinople, malgré toutes ses conditions apparentes de salubrité, me paraît malsain ; les femmes du moins sont loin d'y mériter la réputation de beauté dont elles jouissent ; les Arméniennes et les Juives seules m'ont paru belles. Mais quelle différence encore avec la beauté des Juives et des Arméniennes de l'Arabie, et surtout avec l'indescriptible charme des femmes grecques de la Syrie et de l'Asie-Mineure ! Un peu au delà, tout à fait sur le bord des flots du Bosphore, s'élève le magnifique palais nouveau, habité maintenant par le grand-seigneur. Beglierbeg est un édifice dans le goût italien, mêlé de souvenirs indiens et moresques ; immenses corps de logis à plusieurs étages, avec des ailes et des jardins intérieurs ; de grands parterres plantés de roses et arrosés de jets d'eau s'étendent derrière les bâtimens, entre la montagne et le palais ; un quai étroit en granit sépare les fenêtres de la mer. Je passai lentement sous ce palais, où veillent sous le marbre et l'or tant de soucis et tant de terreurs ; j'aperçus le grand-seigneur, assis sur un divan, dans un des kiosques sur la mer ; Achmet-Pacha, un de ses jeunes favoris, était debout près de lui. Le sultan, frappé de l'habit européen, nous montra du doigt à Achmet-Pacha, comme pour lui demander qui nous étions. Je saluai le maître de l'Asie à la manière orientale ; il me rendit gracieusement mon salut. Toutes les persiennes du palais étaient ouvertes, et l'on voyait étinceler les riches décorations de cette magnifique et délicieuse demeure. L'aile habitée par les femmes, ou le harem, était fermée ; elle est immense, mais on ignore le nombre des femmes qui l'habitent. Deux caïques, entièrement dorés et montés de vingt-quatre rameurs chacun, étaient à la porte du palais, sur la mer. Ces caïques sont dignes du goût le plus exquis du dessin de l'Europe et de la magnificence de l'Orient : la proue de l'un d'eux, qui s'avançait d'au moins vingt-cinq pieds, était formée par un cygne d'or, les ailes étendues, qui semblait emporter la barque d'or sur les flots ; un pavillon de soie monté sur des colonnes d'or formait la poupe, et de riches châles de cachemire servaient de siége pour le sultan ; la proue du second caïque était une flèche d'or empennée qui semblait voler détachée de l'arc sur la mer. Je m'arrêtai longtemps, hors de la vue du sultan, à admirer ce palais et ces jardins : tout y semble disposé avec un goût parfait ; je ne connais rien en Europe qui présente à l'œil plus de magnificence et de féerie dans des demeures royales : tout semblait sortir des mains de l'artiste, pur, rayonnant d'éclat et de peinture ; les toits du palais sont masqués par des balustrades dorées, et les cheminées mêmes, qni défigurent en Europe les lignes de tous nos édifices publics, étaient des colonnes dorées et cannelées, dont les élégans chapiteaux ajoutaient à la décoration de ce séjour. J'aime ce prince, qui a passé son enfance dans l'ombre des cachots du sérail : menacé tous les jours de la mort ; instruit dans l'infortune par le sage et malheureux Sélim ; jeté sur le trône par la mort de son frère ; couvant pendant quinze ans, dans le silence de sa pensée, l'affranchissement de l'empire et la restauration de l'islamisme par la destruction des janissaires ; l'exécutant avec l'héroïsme et le calme de la fatalité ; bravant sans cesse son peuple pour le régénérer ; hardi et impassible dans le péril ; doux et miséricordieux quand il peut consulter son cœur, mais manquant d'appui autour de lui ; sans instrumens pour exécuter le bien qu'il médite ; méconnu de son peuple ; trahi par ses pachas ; ruiné par ses voisins, abandonné par la fortune, sans laquelle l'homme ne peut rien ; assistant debout à la ruine de son trône et de son empire ; s'abandonnant à la fin lui-même ; se hâtant d'user dans les voluptés du Bosphore sa part d'existence et son ombre de souveraineté. Homme de bon désir et de volonté droite, mais homme de génie insuffisant et de volonté trop faible : semblable à ce dernier des empereurs grecs dont il occupe la place et dont il semble représenter le destin ; digne d'un autre peuple et d'un meilleur temps, et capable de mourir au moins en héros. Il fut un jour grand homme. L'histoire n'a pas de pages comparables à celle de la destruction des janissaires ; c'est la révolution la plus fortement méditée et la plus héroïquement accomplie dont je connaisse un exemple. Mahmoud emportera cette page ; mais pourquoi est-elle la seule ? Le plus difficile était fait ; les tyrans de l'empire abattus, il ne fallait que de la volonté et de la suite pour vivifier cet empire en le civilisant. Mahmoud s'est arrêté. Serait-ce que le génie est plus rare encore que l'héroïsme ?

Après le palais de Beglierbeg, la côte d'Asie redevient boisée et solitaire jusqu'à Scutari, qui brille, comme un jardin de roses à l'extrémité d'un cap, à l'entrée de la mer de Marmara. Vis-à-vis, la pointe verdoyante du sérail se présente à l'œil, et entre la côte d'Europe, couronnée de ses trois villes peintes, et la côte du Stamboul, tout éclatante de ses coupoles et de ses minarets, s'ouvre l'immense port de Constantinople, où les navires, mouillés sur les deux rives, ne laissent qu'une large rue aux caïques. Je glisse, à travers ce dédale de bâtimens, comme la gondole vénitienne sous l'ombre des palais, et je débarque à l'échelle des Morts, sous une avenue de cyprès.

29 mai.

J'ai été conduit ce matin, par un jeune homme de Constantinople, au marché des esclaves.

Après avoir traversé les longues rues de Stamboul qui longent les murs du vieux sérail, et passé par plusieurs magnifiques bazars encombrés d'une foule innombrable de marchands et d'acheteurs, nous sommes montés, par de petites rues étroites, jusqu'à une place fangeuse sur laquelle s'ouvre la porte d'un autre bazar. Grâce au costume turc dont nous étions revêtus, et à la perfection d'idiome de mon guide, on nous a laissés entrer dans ce marché d'hommes. Combien il a fallu de temps et de révélations successives à la raison de l'homme, pour que la force ait cessé d'être un droit à ses yeux, et pour que l'esclavage soit devenu un crime et un blasphème à son intelligence! Quel progrès! et combien n'en promet-il pas! Qu'il y a de choses dont nous ne sommes pas choqués, et qui seront des crimes incompréhensibles aux yeux de nos descendans! Je pensais à cela en entrant dans ce bazar où l'on vend la vie, l'âme, le corps, la liberté d'autrui, comme nous vendons le bœuf ou le cheval, et où l'on se croit légitime possesseur de ce qu'on a acheté ainsi! Que de légitimités de ce genre dont nous ne nous rendons pas compte! Elles le sont cependant, car on ne peut pas demander à l'homme plus qu'il ne sait. Ses convictions sont ses vérités; il n'en possède pas d'autres. Dieu seul les a toutes à lui, et nous les distribue à proportion et à mesure de nos intelligences progressives.

Le marché d'esclaves est une vaste cour découverte, et entourée d'un portique surmonté d'un toit. Sous ce portique, environné du côté de la cour d'un mur à hauteur d'appui, s'ouvrent des portes qui donnent dans les chambres où les marchands tiennent les esclaves. Ces portes restent ouvertes pour que les acheteurs, en se promenant, puissent voir les esclaves. Les hommes et les femmes sont tenus dans des chambres séparées; les femmes ne sont pas voilées. Outre les esclaves renfermés dans ces chambres basses, il y en a un grand nombre groupés dans la galerie sous le portique et dans la cour. Nous commençâmes par parcourir ces différens groupes. Le plus remarquable était une troupe de jeunes filles d'Abyssinie au nombre de douze ou quinze ; adossées les unes aux autres comme ces figures antiques de cariatides qui soutiennent un vase sur leurs têtes, elles formaient un cercle dont tous les visages étaient tournés vers les spectateurs. Ces visages étaient en général d'une grande beauté. Les yeux en amande, le nez aquilin, les lèvres minces, le contour ovale et délicat des joues, les longs cheveux noirs luisans comme des ailes de corbeaux. L'expression pensive, triste et languissante de la physionomie fait, des Abyssiniennes, malgré la couleur cuivrée de leur teint, une race de femmes des plus admirables ; elles sont grandes, minces de taille, élancées comme les tiges de palmier de leur beau pays. Leurs bras ont des attitudes ravissantes. Ces jeunes filles n'avaient pour vêtemens qu'une longue chemise de toile grossière et jaunâtre. Elles avaient aux jambes des bracelets de perles et de verre bleu. Assises sur leurs talons, immobiles, la tête appuyée sur le revers de leur main ou sur le genou, elles nous regardaient d'un œil aussi doux et aussi triste que l'œil de la chèvre ou de l'agneau que la paysanne tient par la corde et marchande à la foire de nos villages ; quelquefois l'une disait un mot à l'autre et elles souriaient. Il y en avait une qui tenait un petit enfant dans ses bras et qui pleurait parce que le marchand voulait le vendre sans elle à un revendeur d'enfans. Il y avait, non loin de ce groupe, sept ou huit petits nègres de l'âge de huit à douze ans assez bien vêtus, avec l'apparence de la santé et du bien-être ; ils jouaient ensemble à un jeu de l'Orient dont les instrumens sont de petits cailloux que l'on combine de différentes manières dans de petits trous qu'on fait dans le sable ; pendant ce temps-là, les marchands et revendeurs circulaient autour d'eux, prenaient tantôt l'un, tantôt l'autre, par le bras, l'examinaient avec attention de la tête aux pieds, le palpaient, lui faisaient montrer ses dents, pour juger de son âge et de sa santé, puis l'enfant, un moment distrait de ses jeux, y retournait avec empressement. Je passai ensuite sous les portiques couverts, remplis d'une foule d'esclaves et d'acheteurs. Les Turcs qui font ce commerce se promenaient, superbement vêtus de pelisses fourrées, une longue pipe à la main, parmi les groupes, le visage inquiet et préoccupé, et épiant d'un œil jaloux le moindre regard jeté dans l'intérieur de leurs magasins d'hommes et de femmes; mais, nous prenant pour des Arabes ou des Égyptiens, ils n'osèrent cependant nous interdire l'accès d'aucune chambre. Des marchands ambulans de petits gâteaux et de fruits secs parcouraient la galerie, vendant aux esclaves quelque nourriture. Je glissai plusieurs piastres dans la main de l'un d'eux pour qu'il distribuât sa corbeille à un groupe de petits enfans nègres qui dévorèrent ces pâtisseries.

Je remarquai là une pauvre négresse de dix-huit ou vingt ans, remarquablement belle, mais d'une beauté dure et chagrine. Elle était assise sur un banc de la galerie, le visage découvert et richement vêtue, au milieu d'une douzaine d'autres négresses en haillons exposées en vente à très-bas prix ; elle tenait sur ses genoux un superbe petit garçon de trois ou quatre ans, magnifiquement habillé aussi. Cet enfant, qui était mulâtre, avait les traits les plus nobles, la bouche la plus gracieuse et les yeux les plus intelligens et les plus fiers qu'il soit possible de se figurer. Je jouai avec lui et je lui donnai des gâteaux et des dragées que j'achetai d'une échoppe voisine ; mais sa mère lui arrachant des mains ce que je lui avais donné, le rejeta avec colère et fierté sur le pavé. Elle tenait le visage baissé et pleurait ; je crus que c'était par crainte d'être vendue séparément de son fils, et, touché de son infortune, je priai M. Morlach, mon obligeant conducteur, de l'acheter avec l'enfant pour mon compte. Je les aurais emmenés ensemble, et j'aurais élevé le bel enfant en le laissant auprès de la mère. Nous nous adressâmes à un courtier de la connaissance de M. Morlach, qui entra en pourparler avec le propriétaire de la belle esclave et de l'enfant. Le propriétaire fit d'abord semblant de vouloir effectivement la vendre, et la pauvre femme se mit à sangloter plus fort, et le petit garçon se prit à pleurer aussi en passant ses bras autour du cou de sa mère. Mais ce marché n'était qu'un jeu de la part du marchand, et quand il vit que nous donnions tout de suite le prix élevé qu'il avait mis à ce couple, il prit le courtier à l'écart et lui avoua que l'esclave n'était pas à vendre, qu'elle était l'esclave d'un riche Turc dont cet enfant était fils ; qu'elle était d'une humeur trop fière et trop indomptable dans le harem, et que, pour la corriger et l'humilier, son maître l'avait envoyée au bazar comme pour s'en défaire, mais avec l'ordre secret de ne pas la vendre. Cette correction a souvent lieu, et quand un Turc est mécontent, sa menace la plus ordinaire est d'envoyer au bazar. Nous passâmes donc. Nous suivîmes un grand nombre de chambres contenant chacune quatre ou cinq femmes presque toutes noires et laides, mais avec les apparences de la santé. La plupart semblaient indifférentes à leur situation et même sollicitaient les acheteurs ; elles causaient, riaient entre elles, et faisaient elles-mêmes des observations critiques sur la figure de ceux qui les marchandaient. Une ou deux pleuraient et se cachaient dans le fond de la chambre, et ne revenaient qu'en résistant se placer en évidence sur l'estrade où elles étaient assises. Nous en vîmes emmener plusieurs qui s'en allaient gaiement avec le Turc qui venait de les acheter, prenant leur petit paquet plié dans un mouchoir et recouvrant leurs visages de leurs voiles blancs. Nous fûmes témoins de deux ou trois actes de miséricorde que la charité chrétienne envierait à celle des bons musulmans. Des Turcs vinrent acheter de vieilles esclaves rejetées de la maison de leurs maîtres pour leur vieillesse et leurs infirmités, et les emmenèrent. Nous demandâmes à quoi ces pauvres femmes pouvaient leur être utiles ? A plaire à Dieu, nous répondit le courtier ; et M. Morlach m'apprit que plusieurs musulmans envoyaient ainsi dans les marchés acheter de pauvres esclaves infirmes des deux sexes pour les nourrir par charité dans leurs maisons. L'esprit de Dieu n'abandonne jamais tout à fait les hommes.

Les dernières chambres que nous visitâmes étaient à demi

fermées, et l'on nous disputa quelque temps l'entrée ; il n'y avait qu'une seule esclave dans chacune, sous la garde d'une femme. C'étaient de jeunes et belles Circassiennes nouvellement arrivées de leur pays. Elles étaient vêtues de blanc et avec une élégance et une coquetterie remarquables. Leurs beaux traits ne témoignaient ni chagrin ni étonnement, mais une dédaigneuse indifférence. Ces belles esclaves blanches de Géorgie ou de Circassie sont devenues extrêmement rares, depuis que les Grecques ne peuplent plus les sérails, et que la Russie a interdit le commerce des femmes. Cependant les familles géorgiennes élèvent toujours leurs filles pour ce honteux commerce, et des courtiers de contrebande parviennent à en emmener de temps en temps des cargaisons. Le prix de ces belles créatures va jusqu'à douze ou vingt mille piastres (de trois à cinq mille francs), tandis que les esclaves noires d'une beauté ordinaire ne se vendent que cinq ou six cents francs, et les plus belles mille à douze cents. En Arabie et en Syrie, on en aurait pour cinq à six cents piastres (de cent cinquante à deux cents francs). Une de ces Géorgiennes était d'une beauté accomplie : les traits délicats et sensibles, l'œil doux et pensif, la peau d'une blancheur et d'un éclat admirables. Mais la physionomie des femmes de ce pays est loin du charme et de la pureté de celles des Arabes : on sent le Nord dans ces figures. Elle fut vendue sous nos yeux pour le harem du jeune pacha de Constantinople. Nous sortîmes le cœur flétri et les yeux humides de cette scène qui se renouvelle tous les jours et à toutes les heures dans les villes de l'Orient, et nous revînmes pensifs au bazar de Stamboul. Voilà ce que c'est que les législations immobiles ! Elles consacrent les barbaries séculaires et donnent le droit d'antiquité et de légitimité à tous les crimes. Les fanatiques du passé sont aussi coupables et aussi funestes à l'humanité que les fanatiques de l'avenir. Les uns immolent l'homme à leurs ignorances et à leurs souvenirs ; les autres à leurs espérances et à leur précipitation. Si l'homme faisait, pensait, croyait ce que faisaient et croyaient ses pères, le genre humain tout entier en serait au fétichisme et à l'esclavage. La raison est le soleil de l'humanité : c'est l'infaillible et perpétuelle révélation des lois divines, applicable aux sociétés. Il faut marcher pour la suivre, sous peine de demeurer dans le mal et dans les ténèbres; mais il ne faut pas la devancer, sous peine de tomber dans les précipices. Comprendre le passé sans le regretter; tolérer le présent en l'améliorant; espérer l'avenir en le préparant; voilà la loi des hommes sages et des institutions bienfaisantes. Le péché contre l'Esprit-Saint, c'est ce combat de certains hommes contre l'amélioration des choses; c'est cet effort égoïste et stupide pour rappeler toujours en arrière le monde moral et social que Dieu et la nature poussent toujours en avant : le passé est le sépulcre de l'humanité écroulée; il faut le respecter, mais il ne faut pas s'y enfermer et vouloir y vivre.

Les grands bazars de différentes marchandises, et celui des épiceries surtout, sont de longues et larges galeries voûtées, bordées de trottoirs, et de boutiques pleines de toutes sortes d'objets de commerce. Armures, harnachement de chevaux, bijouterie, comestibles, maroquinerie, châles des Indes et de Perse ; étoffes de l'Europe, tapis de Damas et de Caramanie, essences et parfums de Constantinople, narguilés et pipes de toutes formes et de toute magnificence; ambre et corail taillés à l'usage des Orientaux pour fumer le toumbach; étalage de tabac haché ou plié comme des rames de papier jaune; boutiques de pâtisseries appétissantes par leur forme et leur variété, beaux magasins de confiseurs, avec l'innombrable variété de leurs dragées, de leurs fruits confits, de leurs sucreries de tout genre; drogueries d'où s'exhale un parfum qui embaume tous les bazars, manteaux arabes tissés d'or et de poil de chèvre; voiles de femmes brodés de paillettes d'argent et d'or : au milieu de tout cela une foule immense et sans cesse renouvelée de Turcs à pied, la pipe à la bouche ou à la main, suivis d'esclaves, de femmes voilées, accompagnées de négresses portant de beaux enfans;

de pachas à cheval, traversant au petit pas cette foule pressée et silencieuse, et de voitures turques, fermées de leur treillis doré, conduites au pas par des cochers à longues barbes blanches, et pleines de femmes qui s'arrêtent de temps en temps pour marchander aux portes des bijoutiers : voilà le coup d'œil de tous ces bazars. Il y en aurait plusieurs lieues de longueur, s'ils étaient réunis en une seule galerie. Ces bazars, où l'on est obligé de se coudoyer sans cesse, et où les juifs étalent et vendent les vêtemens des pestiférés, sont les véhicules les plus actifs de la contagion. La peste vient d'éclater ces jours-ci à Péra, par cinq ou six accidens mortels, et nous passâmes avec inquiétude dans cette foule qu'elle peut décimer demain.

18 juin.

Jours passés dans notre solitude de Buyukdéré avec le Bosphore et la mer Noire sous nos yeux; étude, lecture. Le soir courses en caïques à Constantinople, à Belgrade et dans ses forêts incomparables; à la côte d'Asie, à l'embouchure de l'Euxin, à la vallée des Roses, située derrière les montagnes de Buyukdéré. J'y vais souvent. Cette délicieuse vallée est arrosée d'une source où les Turcs viennent s'enivrer d'eau, de fraîcheur, de l'odeur des roses et des chants du bulbul ou rossignol; sur la fontaine cinq arbres immenses; un café en feuillage sous leur ombre : au delà, la vallée rétrécie conduit à une pente de la montagne où deux petits lacs artificiels, recueillis de l'eau qui tombe d'une source, dorment sous les vastes voûtes des platanes. Les Arméniennes viennent le soir avec leurs familles s'asseoir sur leurs bords et prendre leur souper. Groupes ravissans autour des troncs d'arbres ; jeunes filles qui dansent ensemble; plaisirs décens et silencieux des Orientaux. On voit que la pensée intime jouit en elle-même. Ils sentent la nature mieux que nous. Nulle part l'arbre et la source n'ont de plus sincères adorateurs. Il y a sympathie profonde entre leurs âmes et les beautés de la terre, de la mer et du ciel. Quand je reviens le soir de Constantinople en caïque, et que je longe les bords de la côte d'Europe, au clair de lune, il y a une chaîne, d'une lieue, de femmes et de jeunes filles et d'enfans, assises en silence, par groupes, sur les bords du quai de granit, ou sur les parapets des terrasses des jardins : elles passent là des heures délicieuses à contempler la mer, les bois, la lune, à respirer le calme de la nuit. Notre peuple ne sent plus rien de ces voluptés naturelles : il a usé ses sensations ; il lui faut des plaisirs factices, et il n'y a que des vices pour l'émouvoir. Ceux chez qui la nature parle encore assez haut pour être comprise et adorée sont les rêveurs et les poëtes : misérables à qui la voix de Dieu dans ses œuvres, la nature, l'amour, et la contemplation silencieuse, suffisent.

Je retrouve à Buyukdéré et à Thérapia plusieurs personnes de ma connaissance ; parmi les Russes et les diplomates, le comte Orloff, M. de Boutenieff, ambassadeur de Russie à Constantinople, homme charmant et moral, philosophe et homme d'état. Le baron de Sturmer, internonce d'Autriche, me comble de bontés. Nouvelles politiques de l'Europe. C'est ici le point important maintenant. Les Russes, campés en Asie et à l'ancre sous nos fenêtres, se retireront-ils ? Pour moi, je n'en doute pas. On n'est pas pressé de saisir une proie qui ne peut échapper. Le comte Orloff me faisait lire hier une lettre admirable que l'empereur Nicolas lui écrit. Voici le sens : « Mon cher Orloff, quand la Providence a placé un homme à la tête de quarante millions d'hommes, c'est pour qu'il donne de plus haut au monde l'exemple de la probité et de la fidélité à sa parole. Je suis cet homme. Je veux être digne de la mission que j'ai reçue de Dieu. Aussitôt les difficultés aplanies entre Ibrahim et le grand-seigneur, n'attendez pas un jour, ramenez ma flotte et mon armée. »

Voilà un noble langage, une situation bien saisie, une générosité féconde. Constantinople ne s'envolera pas, et la nécessité y ramènera les Russes, que leur probité politique en éloigne un moment.

20 juin.

J'ai connu ici un homme aimable et distingué, un de ces hommes plus forts que leur mauvaise fortune, et qui se servent du flot qui devait les noyer pour aborder au rivage. M. Calosso, officier piémontais, compromis, comme beaucoup de ses camarades, dans la velléité de révolution militaire du Piémont en 1820, proscrit comme les autres, sans asile et sans sympathie nulle part, est venu en Turquie. Il s'est présenté au sultan pour former sa cavalerie ; il est devenu son favori et son inspirateur militaire. Probe, habile et réservé, il a modéré lui-même une faveur périlleuse qui pouvait le mettre trop en vue de l'envie. Sa modestie et sa cordialité ont plu aux pachas de sa cour et aux ministres du divan. Il s'est fait des amis partout, et a su les conserver par le mérite qui les lui avait acquis. Le sultan l'a élevé en dignité sans lui demander d'abjurer sa nationalité ni son culte. Il est maintenant pour tous les Turcs Rustem-Bey, et pour les Francs, un Franc obligeant et aimable. Il m'a recherché ici et offert tout ce que sa familiarité au divan et au sérail pouvait lui procurer pour moi : accès partout, amitié de quelques principaux officiers de la cour, facilités pour tout voir et tout connaître, qu'aucun voyageur chrétien n'a jamais pu obtenir, pas même les ambassadeurs. J'ai préparé avec son assistance une visite complète du sérail, où personne n'a pénétré depuis lady Worthley Montagu. Nous essaierons demain de parcourir ensemble ce mystérieux séjour, qu'il ne connaît pas lui-même, mais où il a des intelligences dans les premiers officiers du palais.

Nous commençâmes par rendre visite à Namuk-Pacha, un des jeunes favoris du grand-seigneur, qui m'avait invité à un déjeuner à sa caserne de Scutari et qui avait mis ses chevaux à ma disposition pour visiter les montagnes d'Asie. Namuk-Pacha était ce jour-là de service au palais du sultan, à Beglierbeg, sur les rives du Bosphore. Nous allâmes y débarquer. Grâce au grade et à la faveur de Rustem-Bey, on nous laissa franchir les portes et examiner les alentours de la demeure du grand-seigneur. Le sultan se disposait à se rendre à une petite mosquée d'un village d'Europe, de l'autre côté du Bosphore, en face de Beglierbeg. Ses caïques, superbement équipés, étaient amarrés le long du quai qui borde le palais, et ses chevaux arabes de toute beauté étaient tenus prêts dans les cours par des saïs, pour que le sultan les montât en traversant ses jardins. Nous entrâmes dans une aile du palais, séparée du corps de logis principal, et où se tiennent les pachas, les officiers de service et l'état-major du palais. Nous traversâmes de vastes salles où circulaient une foule de militaires, d'employés et d'esclaves. Tout était en mouvement, comme dans un ministère ou dans un palais d'Europe un jour de cérémonie. L'intérieur de ce palais n'était pas magnifiquement meublé : des divans et des tapis, des murs peints à fresque et des lustres de cristal étaient toute sa décoration. Les costumes orientaux, le turban, la pelisse, le pantalon large, la ceinture, le cafetan d'or, abandonnés par les Turcs pour un misérable costume européen, mal coupé et ridiculement porté, a changé l'aspect grave et solennel de ce peuple en une pauvre parodie des Francs. L'étoile de diamans qui brille sur la poitrine des pachas et des vizirs est la seule décoration qui les distingue et qui rappelle leur ancienne magnificence. On nous conduisit, à travers plusieurs salons encombrés de monde, jusqu'à un petit salon qui donne sur les jardins extérieurs du palais du grand-seigneur. Là Namuk-Pacha vint nous joindre, s'assit avec nous, nous fit apporter la pipe et les sorbets, et nous présenta plusieurs des jeunes pachas qui possèdent avec lui la faveur du maître. Des colonels du nisam, ou des troupes régulières de la garde, vinrent se joindre à nous et prendre part à la conversation. Namuk-Pacha, récemment de retour de son ambassade à Pétersbourg, parlait français avec goût et facilité; ses manières, étudiées des Russes, étaient celles d'un élégant diplomate européen; il me parut spirituel et fin. Kalil-Pacha, alors capitan-pacha, et qui depuis a épousé la fille du sultan, parle également très-bien français. Achmet-Pacha est aussi un jeune élégant osmanli, qui a toutes les formes d'un Européen. Rien dans ce palais ne rappelait une cour asiatique, excepté les esclaves noirs, les eunuques, les fenêtres grillées des harems, les beaux ombrages et les eaux bleues du Bosphore, sur lesquels tombaient nos regards quand ils s'égaraient sur les jardins. Nous parlâmes avec discrétion, mais avec franchise, de l'état des négociations entre l'Égypte, l'Europe et la Turquie; des progrès faits et à faire par les Turcs dans la tactique, dans la législation et dans la politique des diverses puissances relativement à la Turquie. Rien n'eût annoncé dans nos entretiens que nous causions de ce qu'on appelle des barbares avec des barbares, et que l'oreille du grand-seigneur lui-même, de cette ombre d'Allah, pouvait être frappée par le murmure de notre conversation. Elle n'eût été ni moins intime, ni moins profonde, ni moins élégamment soutenue dans un salon de Londres ou de Vienne. Ces jeunes hommes, avides de lumières et de progrès, parlaient de leur situation et d'eux-mêmes avec une noble et touchante modestie. L'heure de la prière approchant, nous prîmes congé de nos hôtes; nous ajournâmes à un autre moment la demande de notre présentation directe au sultan. Namuk-Pacha nous confia à un colonel de la garde impériale, qu'il chargea de nous diriger et de nous introduire dans l'avant-cour de la mosquée où le sultan allait se rendre. Nous franchîmes le Bosphore; nous fûmes placés à la porte même de la petite mosquée, sur les degrés qui y conduisent. Peu de minutes après, nous entendîmes retentir les coups de canon de la flotte et des forts qui annoncent tous les vendredis à la capitale que le sultan se rend à la mosquée, et nous vîmes les deux caïques impériaux se détacher de la côte d'Asie, et traverser le Bosphore comme une flèche. Aucun luxe de chevaux et de voitures ne peut approcher du luxe oriental de ces caïques dorés, dont les proues s'élancent, comme des aigles d'or, à vingt pieds en avant du corps du caïque, dont les vingt-quatre rameurs, relevant et abaissant simultanément leurs longs avirons, imitent le battement de deux vastes ailes, et soulèvent chaque fois un voile d'écume qui enveloppe les flancs du caïque; et enfin de ce pavillon de soie, d'or et de plumes, dont les rideaux repliés laissent voir le grand-seigneur assis sur un trône de cachemire, avec ses pachas et ses amiraux à ses pieds. En touchant au bord, il s'élança légèrement, appuyant ses mains sur l'épaule d'Achmet et de Namuk-Pacha. La musique de sa garde, rangée vis-à-vis de nous, sur la place de la mosquée, éclata en fanfares; et il s'avança rapidement entre deux lignes d'officiers et de spectateurs. Le sultan Mahmoud est un homme de quarante-cinq ans, d'une taille moyenne, d'une tournure élégante et noble; son œil est bleu et doux, son teint coloré et brun, sa bouche gracieuse et intelligente; sa barbe, noire et brillante comme le jais, descend à flots épais sur sa poitrine; c'est le seul reste du costume national qu'il ait conservé; on le prendrait, du reste, au chapeau près, pour un Européen. Il portait un pantalon et des bottes, une redingote brune avec un collet brodé de diamans, un petit bonnet de laine rouge, surmonté d'un gland de pierres précieuses; sa démarche était saccadée, et son regard inquiet; quelque chose l'avait choqué ou le préoccupait fortement : il parlait avec énergie et trouble aux pachas qui l'accompagnaient; il ralentit son pas quand il fut près de nous, sur les degrés de la porte, nous jeta un coup d'œil bienveillant, inclina légèrement la tête, commanda du geste à Namuk-Pacha de prendre le placet qu'une femme turque voilée lui tendait, et entra dans la mosquée. Il n'y resta que vingt minutes. La musique militaire joua pendant tout ce temps des morceaux d'opéra de Mozart et de Rossini. Il ressortit ensuite avec le visage plus ouvert et plus serein, salua à droite et à gauche, marcha lentement vers la mer, et s'élança, en riant, dans sa barque. En un clin d'œil, nous le vîmes toucher à la côte d'Asie, et rentrer dans ses jardins de Beglierbeg. Il est impossible de n'être pas frappé de la physionomie de Mahmoud, et de ne pas faire des vœux secrets pour un prince dont les traits révèlent une mâle énergie et une profonde sensibilité. Mais, hélas! ces vœux retombent sur le cœur quand on pense au sombre avenir qui l'attend. S'il était un véritable grand homme, il changerait sa destinée et vaincrait la fatalité qui l'enveloppe. Il est temps encore : tant qu'un peuple n'est pas mort, il y a en lui, il y a dans sa religion et dans sa nationalité un principe d'énergie et de résurrection qu'un génie habile et fort peut féconder, remuer, régénérer et conduire à une glorieuse transformation; mais Mahmoud n'est un grand homme que par le cœur. — Intrépide pour combattre et mourir, le ressort de sa volonté faiblit quand il faut agir et régner. Quel que soit son sort, l'histoire le plaindra et l'honorera. Il a tenté de grandes choses ; il a compris que son peuple était mort s'il ne le transformait pas ; il a porté la cognée aux branches mortes de l'arbre : il ne sait pas donner la séve et la vie à ce qui reste debout de ce tronc sain et vigoureux. Est-ce sa faute ? Je le pense. Ce qui restait à faire n'était rien, comparé à la destruction des janissaires : rien ne résistait en Turquie ; l'Europe timide et aveugle le favorisait de sa lâcheté et de son inertie. De belles circonstances sont perdues. Les années ont passé. L'audacieux Ibrahim a tourné en sa faveur l'impopularité du sultan. La Russie a été acceptée comme protectrice: cette protection honteuse d'un ennemi naturel contre un esclave révolté a indigné l'islamisme. Mahmoud n'a plus rien pour lui que son courage personnel. Environné de courtisans et de traîtres, une émeute peut le renverser du trône et jeter l'empire dans une anarchie finale. La Turquie tient à la vie de Mahmoud ; l'empire et lui périront le même jour. Grande et fatale destinée d'un prince qui emportera avec lui les deux plus belles moitiés de l'Europe et de l'Asie !

21 juin 1833.

A onze heures nous abordâmes à l'échelle du vieux sérail, et nous entrâmes dans les rues qui l'enveloppent. Je visitai en passant le divan de la Porte, vaste palais où se tient le grand vizir et où se discute la politique de l'empire : cela n'a rien de remarquable que l'impression des scènes dont ce lieu fut le théâtre ; rien dans le caractère de l'édifice ne rappelle tant de drames sanglans. C'est un grand palais de bois peint, avec un escalier extérieur, couvert d'un avant-toit découpé en festons à la manière des Indes ou de la Chine. Les salles sont nues et recouvertes de nattes ; nous descendîmes de là dans la place où la redoutable porte du sérail s'ouvrit si souvent pour vomir les têtes sanglantes des vizirs ou même des sultans. Nous franchîmes cette porte sans obstacle. Le public entre dans la première cour du sérail. Cette vaste cour, plantée de groupes de beaux arbres, descend sur la gauche vers un magnifique hôtel des monnaies, bâtiment moderne, sans aucun caractère oriental. Les Arméniens, directeurs de la monnaie, nous reçurent et nous ouvrirent les cassettes où les bijoux qu'ils font fabriquer pour le sérail étaient renfermés. Pluie de perles et de diamans, richesses pauvres qui ruinent un empire ! Dès qu'un état se civilise, ces représentations idéales de la richesse s'échangent contre la richesse réelle et productive, la terre et le crédit. J'y reste peu : nous entrons dans la dernière cour du sérail inaccessible à tout le monde, excepté aux employés du sérail et aux ambassadeurs, les jours de leur réception : elle est bordée de plusieurs ailes de palais, de kiosques, séparés les uns des autres ; logemens des eunuques, des gardes, des esclaves ; les fontaines et les arbres y répandent la fraîcheur et l'ombre. Arrivés à la troisième porte, les soldats de garde sous la voûte refusèrent obstinément de nous laisser entrer. En vain Rustem-Bey se fit reconnaître de l'officier turc qui commandait ; il lui opposa sa consigne, et lui dit qu'il compromettrait sa tête, s'il me laissait pénétrer. Nous rebroussions chemin tristement, lorsque nous fûmes abordés par le kesnedar, ou grand trésorier, qui revenait de la monnaie, et rentrait dans l'intérieur du sérail où il est logé. Ami de Rustem-Bey, il l'aborda, et, s'étant informé de la cause de notre embarras, il nous dit de le suivre, et nous introduisit sans aucune difficulté dans la cour des Icoglans. Cette cour, moins vaste que les premières, est formée par plusieurs petits palais, en forme de kiosques, avec des toits très-bas, qui débordent de sept ou huit pieds au delà des murs, et sont supportés par de petites colonnes, ou de petits piliers moresques, de bois peint. Les colonnes, les piliers, les murs et les toits sont aussi de bois sculpté et peint de couleurs variées. Les cours et jardins, formés par les vides que laissent entre eux les kiosques, irrégulièrement disséminés dans l'espace, sont plantés irrégulièrement aussi d'arbres de toute beauté et de toute vieillesse : leurs branches retombent sur les édifices et enveloppent les toits et les terrasses. L'aile droite de ces bâtimens est formée par les cuisines, immenses corps de logis, dont les nombreuses cheminées et les murs extérieurs, noircis par la fumée, annoncent la destination. On aura une idée de la grandeur de cet édifice, quand on saura que le sultan nourrit toutes les personnes attachées à la cour et au palais, et que ce nombre de commensaux s'élève au moins à dix mille par jour. Un peu en avant du corps de logis des cuisines, est un charmant petit palais, entouré d'une galerie ou portique au rez-de-chaussée : c'est celui des pages ou icoglans du sérail : c'est là que le grand-seigneur fait élever et instruire les fils des familles de sa cour, ou de jeunes esclaves destinés aux emplois du sérail ou de l'empire. Ce palais, qui a servi jadis de demeure aux sultans eux-mêmes, est décoré au dehors et au dedans avec une profusion de ciselures, de sculptures et de moulures dorées qui n'en exclut pas le bon goût. Ces plafonds sont aussi riches que ceux des plus beaux palais de France ou d'Italie ; les planchers sont en mosaïques. Il est divisé en plusieurs salles, à peu près d'égale grandeur : ces salles sont obstruées à droite et à gauche par des niches et des stalles en bois sculpté, à peu près semblables aux stalles du plus beau travail, dans les chœurs de nos anciennes cathédrales. Chacune d'elles forme la chambre d'un icoglan : il y a au fond une estrade, où il replie ses coussins et ses tapis, et où ses vêtemens sont suspendus ou serrés dans son coffre de bois doré : au-dessus de ces stalles règne une espèce de tribune, également avancée, divisée, ornée et décorée, qui renferme autant de stalles que la salle inférieure. Le tout est éclairé par des coupoles ou par de petites fenêtres au sommet de l'édifice. Les jeunes icoglans, qui étaient tous d'anciens élèves de Rustem-Bey, le reçurent avec une joie et des démonstrations d'attachement touchantes. Un père, longtemps attendu, ne serait pas plus tendrement accueilli. L'excellent cœur de ces enfans le toucha jusqu'aux larmes ; j'étais ému moi-même de ces marques si spontanées et si franches d'affection et de reconnaissance : ils lui prenaient les mains, ils baisaient les pans de sa redingote.

Rustem-Bey ! Rustem-Bey ! s'écriaient-ils les uns aux autres ; et tous accouraient au-devant de leur ami, palpitant et rougissant d'émotion et de plaisir. Il ne pouvait se débarrasser de leurs caresses : ils lui disaient des paroles charmantes : Rustem-Bey, pourquoi nous abandonnez-vous depuis si longtemps ? Vous étiez notre père, nous languissons sans vous. Tout ce que nous savons, c'est à vous que nous le devons. Allah et le sultan vous ont envoyé pour faire de nous des hommes; nous n'étions que des esclaves, des fils d'esclaves. Le nom des osmanlis était une injure, une moquerie, en Europe; maintenant nous saurons le défendre et l'honorer : mais dites au sultan qu'il vous renvoie vers nous; nous n'étudions plus, nous séchons d'ennui et de tristesse.

— Cinq ou six de ces jeunes gens, de figure douce, franche, intelligente, admirable, nous prirent par la main, et nous conduisirent partout. Ils nous ramenèrent ensuite dans leur salon de récréation : c'est un kiosque entouré de fontaines ruisselantes qui s'échappent des murs dans des coupes de marbre : des divans règnent tout autour; un escalier, caché dans l'épaisseur des murs, conduit aux offices, où de nombreux esclaves, aux ordres des icoglans, tiennent sans cesse le feu pour les pipes, le café, les sorbets, l'eau et la glace, prêts pour eux. Il y a toutes sortes de jeux dans ce salon; plusieurs jouaient aux échecs. Ils nous firent servir des sorbets et des glaces; et, couchés sur le divan, nous causâmes longtemps de leurs études et de leurs progrès, de la politique de l'Europe, de la destinée de l'empire : ils en parlaient à merveille; ils frémissaient d'indignation de leur état actuel, et faisaient des vœux pour le succès du sultan dans ses entreprises d'innovations. Je n'ai jamais vu une ardeur plus vive pour la régénération d'un pays que celle qui enflammait les yeux et les paroles de ces jeunes gens. Les jeunes Italiens à qui on parle d'indépendance et de lumières ne palpitent pas de plus d'élan. Leurs figures rayonnaient pendant que nous leur parlions. Les plus âgés pouvaient avoir de vingt à vingt-deux ans; les plus jeunes de douze à treize. Excepté à l'hospice militaire des orphelins de la marine à Greenwich, je n'ai jamais vu de plus admirables figures que celles de quelques-uns de ces enfans. Ils ne voulaient plus nous laisser partir, et nous accompagnèrent jusqu'où il leur est permis d'aller, dans tous les jardins, cours et kiosques d'alentour. Un ou deux avaient les yeux mouillés en quittant Rustem-Bey. Le kesnedar était allé pendant ce temps-là donner ordre aux eunuques et gardiens des jardins et des palais de nous laisser circuler, et de nous introduire partout où nous le désirerions. Au fond de la cour, un peu plus loin que le palais des icoglans, un large palais nous fermait la vue et le passage, c'est celui qu'habitent les sultans eux-mêmes : il est entouré, comme les kiosques et les palais que nous venions de visiter, d'une galerie formée par une prolongation des toits. Sur cette galerie ouvrent les portes et les fenêtres sans nombre des appartemens. Le palais n'a qu'un rez-de-chaussée. Nous entrâmes dans les grandes salles qui servent de vestibule et donnent accès aux différentes pièces. Ce vestibule est régulier; c'est un labyrinthe formé par les piliers qui supportent les toits et les plafonds, et donnent naissance à de vastes corridors circulaires pour le service des appartemens. Les piliers, les plafonds, les murs, tout est de bois peint et sculpté en ornemens moresques. Les portes des chambres impériales étaient ouvertes; nous en vîmes un grand nombre, toutes à peu près semblables pour la disposition et la décoration des plafonds moulés et dorés. Des coupoles de bois ou de marbre, percées de découpures arabesques, d'où le jour glisse doux et voilé sur les murs; des divans larges et bas autour de ces murs; aucuns meubles, aucuns siéges, que les tapis, les nattes et les coussins; des fenêtres qui prennent naissance à un demi-pied du plancher et qui donnent sur les cours, les galeries, les terrasses et les jardins, voilà tout. Du côté du palais opposé à celui par lequel nous étions entrés, règne une plate-forme en terrasse, bâtie en pierre et pavée en dalles de marbre. Un beau kiosque, où le sultan s'assied quand il reçoit les ambassadeurs, est séparé du palais de quelques toises, et élevé de quelques pieds sur cette plate-forme; il ressemble à une petite chapelle moresque. Un divan le remplit; des fenêtres circulaires l'entourent : la vue de Constantinople, du port, de la mer de Marmara et du Bosphore y est libre et admirable. Des fontaines de marbre coulent et jaillissent en jets d'eau sur la galerie ouverte entre ce kiosque et le palais. C'est une promenade délicieuse. Les branches des arbustes et des rosiers des petits jardins qui couvrent les petites terrasses inférieures viennent ramper sur les balustrades et les taillis et embaumer le palais. Quelques tableaux en marbre et en bois sont suspendus aux murailles : ce sont des vues de la Mecque et de Médine. Je les examinai curieusement. Ces vues sont comme des plans sans perspective : elles sont parfaitement conformes à ce qu'Aly-Bey rapporte de la Mecque, de la Kaaba et de la disposition de ces divers monumens sacrés de la ville sainte. Elles prouvent que ce voyageur est allé réellement les visiter. Ce qu'il dit de la galerie circulaire qui entoure l'aire des différentes mosquées est attesté par ces peintures. On y voit ce portique qui rappelle celui de Saint-Pierre de Rome.

En suivant la plate-forme du palais, à gauche, on arrive, par un étroit balcon supporté par de hautes terrasses, au harem ou palais des sultanes. Il était fermé ; il n'y restait qu'un petit nombre d'odalisques. Nous n'approchâmes pas plus près de ce séjour interdit à l'œil. Nous vîmes seulement les fenêtres grillées et les délicieux balcons entourés aussi de treillis et de persiennes entrelacées de fleurs, où les femmes passent leurs jours à contempler les jardins, la ville et la mer. Nous plongions de l'œil sur une multitude de parterres, entourés de murs de marbre, arrosés de jets d'eau, et plantés avec soin et symétrie, de toutes sortes de fleurs et d'arbustes embaumés. Ces jardins, auxquels on descend par des escaliers, et qui communiquent de l'un à l'autre, ont quelquefois aussi d'élégans kiosques ; c'est là que les femmes et les enfans du harem se promènent et jouissent de la nature.

Nous étions arrivés à la pente du sérail, qui commence à redescendre de là vers le port et vers la mer de Marmara. C'est le sol le plus élevé de ce site unique dans le monde, et d'où le regard possède toutes les collines et toutes les mers de Constantinople. Nous nous arrêtâmes longtemps pour en jouir. C'est l'inverse de la vue que j'ai décrite du haut du belvédère de Péra. Pendant que nous étions sur cette terrasse du palais, l'heure du repas sonna, et nous vîmes passer un grand nombre d'esclaves, portant sur leurs têtes de grands plateaux d'étain qui contenaient les dîners des officiers, des employés, des eunuques et des femmes du sérail. Nous assistâmes à plusieurs de ces dîners. Ils se composaient de pilaus, de volailles, de koubés, petites boulettes de riz et de viandes hachées, rôties dans une feuille de vigne, de galettes de pain semblables à des oublies, et d'un vase d'eau. Partout où l'esclave rencontrait son maître, là se déposait le dîner, tantôt dans le coin d'une salle du palais, tantôt sur la terrasse, à l'ombre du toit; tantôt dans les jardins, sous un arbre, auprès d'un jet d'eau.

Le kesnedar vint nous chercher, et nous conduisit dans le kiosque où il loge, en face du trésor du sérail. Ce trésor, où sont enfouies tant de richesses incalculables, depuis la création de l'empire, est un grand bâtiment en pierre, précédé d'un portique couvert. Le bâtiment est très-peu élevé au-dessus de terre; les portes sont basses et les chambres souterraines. De grands coffres de bois peints en rouge contiennent les monnaies d'or et d'argent. On en tire un certain nombre chaque semaine pour le service de l'empire. Il y en avait plusieurs sous le portique. Nous ne demandâmes point à y entrer; mais on dit qu'indépendamment des espèces d'or ou d'argent, ce kesné renferme des monceaux de perles et de diamans. Cela est vraisemblable, d'après l'usage des sultans d'y déposer toujours et de n'en tirer qu'aux dernières extrémités de l'état. Mais comme ces valeurs en pierres précieuses ne sont que conventionnelles, si le grand-seigneur voulait en faire usage en les vendant, il en diminuerait le prix par la profusion qu'il répandrait dans le commerce, et cette ressource qui semble immense pour ses finances n'en est peut-être pas une.

Le kesnedar, homme ouvert, gai et spirituel, m'introduisit dans l'appartement qu'il occupe. J'y trouvai, pour la première fois en Turquie, un peu de luxe d'ameublement et des commodités de l'Europe : les divans étaient hauts et couverts de coussins de soie ; il y avait des tables, des rayons de bois autour de la chambre ; sur ces rayons, des registres, des livres, des cartes de géographie et un globe terrestre. On nous apporta des confitures et des sorbets. Nous causâmes des arts, des sciences de l'Europe comparés à l'état des connaissances humaines dans l'empire ottoman. Le kesnedar me parut aussi instruit et aussi libre de préjugés qu'un Européen. Il comprenait tout ; il désirait le succès de Mahmoud dans ses tentatives d'améliorations ; mais vieux, et ayant passé sa vie dans les emplois de confiance du sérail sous quatre sultans, il semblait espérer peu et se résigner philosophiquement à l'avenir. Il menait une vie paisible et solitaire dans le fond de ce sérail abandonné. Il m'interrogea longuement sur toutes choses : philosophie, religion, poésie, croyances populaires de l'Europe, régime des divers états, soit monarchies, soit républiques ; politique, tactique ; tout fut passé en revue par lui avec une rectitude d'esprit, un à-propos et un bon sens de réflexions qui me montrèrent assez que j'avais affaire à un des hommes les plus distingués de l'empire. — Il m'apporta une sphère et son globe terrestre, et voulut que je lui expliquasse les mouvemens des astres et les divisions de la terre. Il prit note de tout et parut enchanté. Il me supplia d'accepter à souper chez lui et d'y passer la nuit. Nous eûmes beaucoup de peine à résister à ses instances, et nous ne pûmes les vaincre qu'en lui disant que ma femme et mes amis, qui me savaient au sérail, seraient dans une mortelle inquiétude s'ils ne me voyaient pas reparaître. « Vous êtes en effet, me dit-il, le premier Franc qui y soit jamais entré, et c'est une raison pour que vous y soyez traité en ami. Le sultan est grand et Allah est pour tous ! » Il nous accompagna jusqu'aux escaliers intérieurs qui descendent, de la plateforme du palais du sultan, dans le dédale de petits jardins du harem, dont j'ai parlé, et nous confia aux soins d'un chef de bostangis, qui nous fit passer, de kiosques en kiosques, de parterres en parterres, tous plantés de fleurs, tous arrosés de fontaines jaillissantes, jusqu'à la porte d'une haute muraille qui sépare les palais intérieurs du sérail des grandes pelouses extérieures. Là nous nous trouvâmes au pied des platanes énormes qui s'élèvent à plus de cent pieds de haut contre les murailles et les balcons élevés du harem. Ces arbres forment là une forêt et des groupes entrecoupés de pelouses vertes; plus loin sont des arbres fruitiers, et de grands jardins potagers cultivés par des esclaves nègres qui ont leurs cabanes sous les arbres. Des ruisseaux arrosent ces plantations irrégulières. Non loin du harem est un vieux et magnifique palais de Bajazet, abandonné aux lierres et aux oiseaux de nuit. Il est en pierre et d'une admirable architecture arabe. On le restaurerait aisément, et il vaudrait à lui seul le sérail tout entier; mais la tradition porte qu'il est peuplé par les mauvais esprits, et jamais aucun osmanli n'y pénètre. Comme nous étions seuls, j'entrai dans une ou deux arches souterraines de ce beau palais, encombrées de débris et de pierres; les murs et les escaliers que j'eus le temps d'entrevoir, me parurent du plus élégant travail. Arrivés là, près d'une des portes des murs du sérail, nous rétrogradâmes, toujours sous une forêt de platanes, de sycomores, et de cyprès les plus grands que j'aie jamais vus, et nous fîmes le tour des jardins extérieurs. Ils nous ramenèrent jusque sur les bords de la mer de Marmara, où sont deux ou trois palais magnifiques que les sultans habitent pendant l'été. Les appartemens ouvrent sur le courant du canal, et sont sans cesse rafraîchis par la brise. Plus loin, des collines de gazon portent de petites mosquées, des kiosques, et des pièces d'eau entourées de parapets de marbre, et ombragées d'arbres gigantesques. Nous nous assîmes là, parmi les fleurs et les jets d'eau murmurante. Les hautes murailles du sérail derrière nous, et devant une pente de gazon finissant à la mer; entre la mer et nous un rideau de cyprès et de platanes qui bordent le mur d'enceinte; à travers ce rideau de cimes d'arbres, les flots de la mer de Marmara, les îles des Princes, les vaisseaux à la voile, dont les mâts glissaient d'un arbre à l'autre, Scutari rougi des rayons du soleil couchant : les cimes dorées du mont des Géans, et les cimes de neige des monts de Phrygie encadrant ce divin tableau.

Voilà donc l'intérieur de ce séjour mystérieux, le plus beau des séjours de la terre; scène de tant de drames sanglans, où l'empire ottoman est né et a grandi, mais où il ne veut pas mourir; car depuis le massacre des janissaires le sultan Mahmoud ne l'habite plus. Homme de mœurs douces et de volupté, ces taches de sang de son règne lui répugnent. Peut-être aussi ne s'y trouve-t-il pas en sûreté au milieu de la population fanatique de Stamboul, et préfère-t-il avoir un pied sur l'Asie et un pied sur sa flotte, dans ses trente palais des bords du Bosphore. Le caractère général de cette admirable demeure n'est ni la grandeur, ni la commodité, ni la magnificence ; ce sont des tentes de bois doré et percées à jour. Le caractère de ces palais, c'est le caractère du peuple turc : l'intelligence et l'amour de la nature. Cet instinct des beaux sites, des mers éclatantes, des ombrages, des sources, des horizons immenses encadrés par les cimes de neige des montagnes, est l'instinct prédominant de ce peuple. On y sent le souvenir d'un peuple pasteur et cultivateur qui aime à se rappeler son origine, et dont tous les goûts sont simples et instinctifs. Ce peuple a placé le palais de ses maîtres, la capitale de sa ville impériale, sur le penchant de la plus belle colline qu'il y ait dans son empire et peut-être dans le monde entier. Ce palais n'a ni le luxe intérieur ni les mystérieuses voluptés d'un palais d'Europe ; il n'a que de vastes jardins, où les arbres croissent libres et éternels comme dans une forêt vierge, où les eaux murmurent, où les colombes roucoulent; des chambres percées de fenêtres nombreuses toujours ouvertes ; des terrasses planant sur les jardins et sur la mer, et des kiosques grillés où les sultans, assis derrière leurs persiennes, peuvent jouir à la fois de la solitude et de l'aspect enchanté du Bosphore. C'est partout de même en Turquie; maître et peuple, grands et petits, n'ont qu'un besoin, qu'un sentiment dans le choix et l'arrangement de leurs demeures : jouir de l'œil, de la vue d'un bel horizon ; ou, si la situation et la pauvreté de leur maison s'y refusent, avoir au moins un arbre, des oiseaux, un mouton, des colombes, dans un coin de terre autour de leur masure. Aussi, partout où il y a un site élevé, sublime, gracieux, dans le paysage, une mosquée, un santon, une cabane turque s'y place. Il n'y a pas un site du Bosphore, un mamelon, un golfe riant de la côte d'Asie et d'Europe, où un pacha ou un vizir n'ait bâti une villa et un jardin. S'asseoir à l'ombre, en face d'un magnifique horizon, avec de belles branches de feuillage sur la tête, une fontaine auprès, la campagne ou la mer sous les yeux, et là, passer les heures et les jours à s'ennuyer de contemplation vague et inarticulée, voilà la vie du musulman ; elle explique le choix et l'arrangement de ses demeures ; elle explique aussi pourquoi ce peuple reste inactif et silencieux, jusqu'à ce que des passions le soulèvent et lui rendent son énergie native, qu'il laisse dormir en lui, mais qu'il ne perd jamais. Il n'est pas loquace comme l'Arabe ; il fait peu de cas des plaisirs de l'amour-propre et de la société ; ceux de la nature lui suffisent : il rêve, il médite et il prie. C'est un peuple de philosophes ; il tire tout de la nature, il rapporte tout à Dieu. *Dieu* est sans cesse dans sa pensée et dans sa bouche ; il n'y est pas comme une idée stérile, mais comme une réalité palpable, évidente, pratique. Sa vertu est l'adoration perpétuelle de la volonté divine ; son dogme, la fatalité. Avec cette foi, on conquiert le monde, et on le perd avec la même facilité ; avec le même calme. — Nous sortons par la porte qui donne sur le port, et j'entre dans le beau kiosque, sur le quai, où le sultan vient s'asseoir quand ses flottes partent ou rentrent d'une expédition, et saluent leur maître.

22 juin.

Deux de mes amis me quittent, et partent pour l'Europe ; je reste seul à Buyukdéré avec ma femme et M. de Capmas.

25 juin.

Passé deux jours à Belgrade, village au milieu de la forêt de ce nom, à quatre lieues de Constantinople : forêt immense de chênes, qui couvre des collines situées entre le Bosphore et la mer de Marmara, à égale distance des deux, et qui se prolonge presque sans interruption jusqu'aux Balkans. Site aussi sauvage et aussi gracieux qu'aucune des forêts d'Angleterre, avec un beau village grec construit dans un large vallon au milieu de la forêt ; des prairies arcadiennes ; une rivière qui coule sous les troncs des chênes ; magnifiques lacs artificiels formés dans le bassin des collines élevées pour retenir les eaux et alimenter les fontaines de Constantinople. Hospitalité reçue là chez monsieur et madame Aléon, banquiers français établis de père en fils à Constantinople, qui possèdent une délicieuse villa à Buyukdéré et une maison de chasse dans le village de Belgrade ; famille charmante, où l'élégance des mœurs, l'élévation des sentimens, la culture de l'esprit, sont associés à la grâce et à la simplicité affectueuse de l'Orient. Je trouve à Constantinople une autre société tout à fait française dans M. Salzani, frère de mon banquier à Smyrne, homme de bien, homme de cœur et d'esprit, qui nous traite en compatriotes et en amis. En général, la société franque de Constantinople, composée des officiers des ambassades, des consulats, des familles des drogmans et des négocians des diverses nations européennes, est très-au-dessus de sa réputation. Constituée en petite ville, elle a les défauts des petites villes, le commérage et les jalousies tracassières; mais il y a de la probité, de l'instruction, de l'élégance, une hospitalité gracieuse et cordiale pour les étrangers. On y est au courant de l'Europe comme à Vienne ou à Paris; on y participe fortement au mouvement de vie qui remue l'Occident. Il y a des hommes de mérite, et des femmes de grâce et de hautes vertus. J'ai vu tel salon de Péra, de Thérapia et de Buyukdéré, où l'on se serait cru dans un des salons les plus distingués de nos grandes villes d'Europe, si l'on n'avait jeté les yeux sur le Bosphore, ou sur la Corne-d'Or qui étincelait, au pied des jardins, entre les feuilles des arbres.

29 juin 1833.

Courses aux eaux douces d'Europe. Au fond du port de Constantinople, les collines d'Eyoub et celles qui portent Péra et Galata se rapprochent insensiblement, et ne laissent qu'un bras de mer étroit entre leurs rives; à gauche s'étend le faubourg d'Eyoub avec sa mosquée, où les sultans à leur avénement au trône vont ceindre le sabre de Mahomet, sacre de sang, consécration de la force, religion du despotisme musulman. Cette mosquée pyramide gracieusement au-dessus des maisons peintes du faubourg, et la cime de ses minarets va se confondre à l'horizon avec les hautes murailles grecques ruinées de Constantinople. Au bord du canal, un beau palais des sultanes s'étend le long des flots. Les fenêtres sont au niveau de l'eau ; les cimes larges et touffues des arbres du jardin dominent le toit et se réfléchissent dans la mer. Au delà la mer n'est plus qu'un fleuve qui passe entre deux pelouses. Des collines, des jardins et des bois couvrent ces belles croupes. Quelques pasteurs bulgares y jouent de la musette, assis sur les rochers, en gardant des troupeaux de chevaux et de chèvres. Enfin le fleuve n'est plus qu'un ruisseau dont les rames des caïques touchent les deux bords, et où les racines d'ormes superbes, croissant sur les bords, embarrassent la navigation. Une vaste prairie, ombragée de groupes de platanes, s'étend à droite ; à gauche, montent les croupes boisées et verdoyantes ; au fond, le regard se perd entre les colonnades vertes et irrégulières des arbres qui ombragent le ruisseau et serpentent avec lui. Ainsi finit le beau port de Constantinople ; ainsi finit la vaste, belle et orageuse Méditerranée. Vous échouez dans une anse ombragée, au fond d'un golfe de verdure, sur un banc de gazon et de fleurs, loin du bruit et du mouvement de la mer et de la ville. Oh! qu'une vie d'homme qui finirait ainsi finirait bien! Dieu donne une telle fin à la vie de mes amis, qui s'agitent et brillent aujourd'hui dans la mêlée humaine! Du silence après le bruit, de l'obscurité douce après le grand jour, du repos après l'agitation. Un nid d'ombre et de solitude pour réfléchir à la vie passée, et mourir en paix et en amitié avec la nature et les hommes. Pour moi-même, je ne fais plus de vœu, je ne demande même pas cela : ma solitude ne sera ni si belle ni si douce.

Descendu du caïque, je suis les bords du ruisseau jusqu'à un kiosque que je vois blanchir entre les arbres. A chaque tronc, j'aperçois un groupe de femmes turques et arméniennes qui, entourées de beaux enfans jouant sur la pelouse, prennent leur repas à l'ombre. Des chevaux de selle superbement enharnachés, et des arabas, voitures de Constantinople, attelés de bœufs, sont épars sur la prairie. Le kiosque est précédé et entouré d'un canal et de pièces d'eau, où nagent des cygnes. Les jardins sont petits, mais la prairie entière est un jardin. Là venait souvent jadis le sultan actuel passer les saisons de chaleur. Il aimait ce délicieux séjour, parce que ce séjour plaisait à une odalisque favorite. L'amour avait trouvé place dans ce cœur après les massacres de l'Atméidan; et au milieu des sensualités du harem, la belle odalisque mourut ici. Depuis ce temps, Mahmoud a abandonné ce beau lieu. Le tombeau de l'odalisque est souvent, dit-on, visité par lui, et consacre seul les jardins de ce palais abandonné. Journée passée au fond de la vallée, à l'ombre des arbres. Vers écrits à V…

3 juillet.

Je me suis embarqué ce matin pour Constantinople. J'ai remonté le Bosphore; je suis entré dans la mer de Marmara; et, après avoir suivi environ deux heures les murs extérieurs qui séparent Stamboul de cette mer, je suis descendu au pied du château des Sept-Tours. Nous n'avions ni teskéré ni guide. Les soldats turcs, après beaucoup de difficultés, nous ont laissés entrer dans la première cour de ce château de sang, où les sultans détrônés étaient traînés par la populace, et allaient attendre la mort, qui ne tarde jamais quand le peuple est à la fois juge et bourreau. Six ou sept têtes d'empereurs décapités ont roulé sur les marches de cet escalier. Des milliers de têtes plus vulgaires ont couvert les créneaux de cette tour. Le gardien refuse de nous laisser entrer plus avant. Pendant qu'il va demander des ordres au commandant du château, s'entr'ouvre la porte d'une salle basse et voûtée dans la tour orientale. Je fais quelques pas, j'entends un rugissement qui fait vibrer la voûte, et je me trouve face à face avec un superbe lion enchaîné. Le lion s'élance sur un beau lévrier qui me suivait

Le lévrier s'échappe et se réfugie entre mes jambes. Le lion se dressait sur ses pattes de derrière ; mais sa chaîne le retenait contre la muraille. Je sortis et fermai la porte. Le gardien vint me dire qu'il risquerait sa tête s'il m'introduisait plus avant. Je me retirai, et je sortis de l'enceinte de la ville par une porte des anciens murs qui descend dans la campagne. Les murs de Constantinople prennent naissance au château des Sept-Tours, sur la mer de Marmara, et s'étendent jusqu'aux sommités des collines qui couvrent le faubourg d'Eyoub, vers l'extrémité du port, aux eaux douces d'Europe, — enceignant ainsi toute la ville ancienne des empereurs grecs, et la ville de Stamboul des empereurs turcs, par le seul côté du triangle qui ne soit pas protégé par la mer. De ce côté, rien ne défendrait Constantinople que les pentes insensibles de ses collines, qui vont mourir dans une belle plaine cultivée. Là, on construisit ce triple rang de murs où tant d'assauts échouèrent, et derrière lesquels le misérable empire grec se crut si longtemps impérissable. Ces murs admirables existent toujours ; et ce sont, après le Parthénon et Balbek, les plus majestueuses ruines qui attestent la place d'un empire. J'en ai suivi le pied du côté extérieur, ce matin. Ce sont des terrasses de pierre, de cinquante à soixante pieds d'élévation, et quelquefois de quinze à vingt pieds de large, revêtues de pierre de taille, d'une belle couleur gris-blanc, souvent même entièrement blanches, et comme sortant du ciseau de l'ouvrier. On en est séparé par d'anciens fossés, comblés de débris et de terre végétale luxuriante, où les arbres et les plantes pariétaires ont pris racine depuis des siècles, et forment un impénétrable glacis. C'est une forêt vierge de trente ou quarante pas de large, remplie de nids d'oiseaux et peuplée de reptiles. Quelquefois cette forêt cache entièrement les flancs des murs et des tours carrées dont elle est flanquée, ou n'en laisse apercevoir que les créneaux élevés. Souvent la muraille reparaît dans toute sa hauteur, et réverbère, avec un éclat doré, les rayons du soleil. Elle est échancrée du haut par des brèches de toutes les formes, d'où la verdure descend comme dans des ravines de montagnes, et vient se confondre avec celle des fossés. Presque partout son sommet est couronné de végétation qui déborde, et forme un bourrelet de plantes, des chapiteaux et des volutes de lianes et de lierres. Çà et là, du sein des tours comblées par les pierres et la poussière, s'élance un platane ou un cyprès qui entrelace ses racines à travers les fentes de ce piédestal. Le poids des branches et des feuilles, et les coups de vent dont ces arbres aériens sont sans cesse battus, font incliner leurs troncs vers le midi, et ils pendent comme des arbres déracinés avec leurs vastes branchages chargés de nids d'une multitude d'oiseaux. Tous les trois ou quatre cents pas on rencontre une des tours accouplées, d'une magnifique construction, avec les énormes voûtes d'une porte ou d'un arc antique entre ces tours. La plupart de ces portes sont murées aujourd'hui, et la végétation, qui a tout envahi, murs, portes, créneaux, tourelles, forme dans ces endroits ses plus bizarres et ses plus beaux accouplemens avec les ruines et les œuvres de l'homme. Il y a des pans de lierre qui descendent du sommet des tours, comme des plis d'immenses manteaux; il y a des lianes formant des ponts de verdure de cinquante pieds d'arche d'une brèche à l'autre; il y a des parterres de giroflée, semés sur des murs perpendiculaires, que le vent balance sans cesse comme des vagues de fleurs; des milliers d'arbustes forment des créneaux dentelés de feuillages et de couleurs diverses. Il sort de tout cela des nuées d'oiseaux, quand on jette une pierre contre les flancs des murs tapissés, ou dans les abîmes des fourrés qu'on a à ses pieds. Nous vîmes surtout un grand nombre d'aigles qui habitent les tours et qui planent tout le jour au soleil, au-dessus des aires où ils nourrissent leurs petits, etc., etc.

Juillet.

Même vie solitaire à Buyukdéré. Le soir sur la mer ou dans la vallée des Roses. Visite de M. Truqui toutes les semaines. Les bons cœurs ont seuls en eux une vertu qui console. Dieu leur a donné l'unique dictame qu'il y ait pour les blessures incurables du cœur, la sympathie. —

Hier le comte Orloff, commandant de la flotte et de l'armée russes, et ambassadeur extraordinaire de l'empereur de Russie auprès de la Porte, a célébré son succès et son départ par une fête militaire donnée au sultan sur le Bosphore. Les jardins de l'ambassade de Russie à Buyukdéré couvrent les flancs boisés d'une montagne qui ferme le golfe et dont la mer baigne le pied. On a, des terrasses des palais, la vue du Bosphore dans son double cours vers Constantinople et vers la mer Noire. Tout le jour, le canon de la flotte russe, mouillée au pied des jardins devant nos fenêtres, a retenti de minute en minute, et ses mâts pavoisés se sont confondus avec la verdure des grands arbres des deux rives. La mer a été couverte dès le matin de petits navires et de caïques apportant de Constantinople quinze ou vingt mille spectateurs qui se sont répandus dans les kiosques, dans les prairies, sur les rochers des environs. Un grand nombre est resté dans les caïques qui, remplis de femmes juives, turques, arméniennes, vêtues de couleurs éclatantes, flottent comme des bouquets de fleurs çà et là sur la mer. Le camp des Russes sur les flancs de la montagne du Géant, à une demi-lieue de la flotte, se détache avec ses tentes blanches et bleues, de la sombre verdure et des pentes brûlées de la montagne. Le soir, les jardins de l'ambassade russe étaient illuminés par des milliers de lampions suspendus à toutes les branches de ses forêts. Les vaisseaux, illuminés aussi sur tous les mâts, sur toutes les vergues, sur tous les cordages, ressemblaient à des navires de feu dont l'incendie fait partir les batteries. Leurs flancs vomissaient des torrens d'éclairs, et le camp des troupes de débarquement, éclairé par de grands feux sur les caps et sur les mamelons des montagnes d'Asie, se réfléchissait en traînées lumineuses dans la mer, et jetait les lueurs d'un incendie dans tout l'immense lit du Bosphore. Le grand-seigneur arrivait, au milieu de cette nuit étincelante, sur un bâtiment à vapeur qui venait se ranger sous les terrasses du palais de Russie, pour jouir du spectacle qui lui était offert. On le voyait sur le pont du bâtiment, entouré de son vizir et de ses pachas favoris. Il est resté à bord et a envoyé le grand vizir assister au souper du comte Orloff. Des tables immenses dressées sous les longues avenues des platanes, et d'autres tables cachées dans tous les bosquets des jardins, étaient couvertes d'or et d'argent qui répercutaient les clartés des arbres illuminés. A l'heure la plus sombre de la nuit, un peu avant le lever de la lune, un feu d'artifice, porté sur les flots dans des radeaux, au milieu du Bosphore, à égale distance des trois rivages, s'est élancé dans les airs, a couru sur les flots, et répandu une clarté sanglante sur les montagnes, sur la flotte et sur cette foule innombrable de spectateurs, dont les caïques couvraient la mer. Jamais plus beau spectacle ne peut frapper un regard d'homme : on eût dit que la voûte des nuits se déchirait et laissait voir un coin d'un monde enchanté, avec des élémens, des montagnes, des mers et des cieux, d'une forme et d'une couleur inconnues, et des milliers d'ombres vaporeuses et fugitives flottant sur des flots de lumière et de feu. Puis tout est rentré dans le silence et dans la nuit. Les lampions, éteints comme au souffle du vent, ont disparu de toutes les vergues, de tous les sabords des vaisseaux, et la lune, sortant d'un vallon élevé entre les crêtes de deux montagnes, est venue répandre sa lumière plus douce sur la mer, et détacher sur un fond de perles les énormes masses noires et les spectres disséqués des mâts, des vergues et des haubans des navires. Le sultan est reparti sur son léger brick à vapeur, dont la colonne de fumée traînait sur la mer, et s'est évanoui en silence comme une ombre qui serait venue assister à la ruine d'un empire.

Ce n'était pas Sardanapale éclairant des lueurs de son bûcher les débris de son trône écroulé. C'était le meurtre d'un empire chancelant, obligé de demander à ses ennemis appui et protection contre un esclave révolté, et assistant à leur gloire et à sa propre humiliation. Que pouvaient penser les vieux osmanlis qui voyaient les lueurs du camp des barbares chrétiens et les étoiles de leurs feux de joie éclater sur les montagnes sacrées de l'Asie, retomber sur le dôme des mosquées, et aller se réverbérer jusque sur les murailles des vieux sérails? Que pensait Mahmoud lui-même sous le sourire affecté de ses lèvres? — Quel serpent lui dévorait le cœur? Ah! il y avait là-dedans quelque chose de profondément triste, quelque chose qui brisait le cœur pour lui, et qui aurait dû suffire, selon moi, pour lui rendre l'héroïsme par le remords. — Et il y avait aussi quelque chose de profondément consolant pour la pensée du philosophe qui reconnaît la Providence et qui aime les hommes. C'était cette marche du temps et des choses qui faisait tomber en débris un empire immense, obstacle à la civilisation de la moitié de l'Orient, et qui ramenait pas à pas, vers ces beaux pays, des races d'hommes moins usées, des dominations plus humaines, et des religions plus progressives.

Juillet.

J'ai dîné aujourd'hui chez le baron de Sturmer avec le prince royal de Bavière, qui revient de Grèce et s'arrête quelques jours à Constantinople. Ce jeune prince, avide d'instruction, et ayant le bon esprit d'oublier en apparence le trône qui l'attend, recherche l'entretien des hommes qui n'ont pas intérêt à le flatter, et se forme en les écoutant. Il cause à merveille lui-même. « Le roi mon frère, m'a-t-il dit, hésite encore sur le choix de sa capitale. Je désire avoir votre avis. — La capitale de la Grèce, lui ai-je répondu, est donnée par la nature même de l'événement qui a reconstitué la Grèce. La Grèce est une résurrection. Quand on ressuscite, il faut renaître avec sa forme et son nom, avec son individualité complète. Athènes avec ses ruines et ses souvenirs est le signe de reconnaissance de la Grèce. Il faut qu'elle renaisse à Athènes, ou elle ne sera plus que ce qu'elle est aujourd'hui, une pauvre peuplade disséminée sur les rochers du Péloponèse et des îles. »

Juillet.

Départ de la flotte et de l'armée russes. Ils savent maintenant le chemin; ils ont accoutumé les yeux des Turcs à les voir. Le Bosphore reste désert et inanimé.

Mes chevaux arabes arrivent par l'Asie-Mineure. Tedmor, le plus beau et le plus animé de tous, a péri à Magnésie, presque au terme de la route. Les saïs l'ont pleuré et pleurent encore en me racontant sa fin. Il avait fait l'admiration de toutes les villes de la Caramanie où il avait passé. Les autres sont si maigres et si fatigués qu'il leur faudrait un mois de repos pour être en état de faire le voyage de la Turquie d'Europe et de l'Allemagne. Je vends les deux plus beaux à M. de Boutenieff pour les haras de l'empereur de Russie, et les trois autres à différentes personnes de Constantinople. Je regretterai toujours Tedmor et Saïde.

Je viens de faire un marché avec des Turcs de Stamboul

et du faubourg d'Eyoub, possesseurs de ces voitures qui portent les femmes dans les rues de Constantinople ; ils me louent cinq arabas, attelés chacun de quatre chevaux, pour conduire en vingt-cinq jours de marche à Belgrade ma femme et moi, M. de Capmas, mes domestiques et nos bagages. Je loue deux Tartares pour diriger la caravane, des moukres, conducteurs de mulets, pour porter les lits, la cuisine, les caisses de livres, etc., et enfin six chevaux de selle pour nous, si les chemins ne permettent pas de se servir des arabas. — Le prix de tous ces chevaux et voitures est d'environ quatre mille francs. Un excellent interprète à cheval nous accompagne. Le départ est fixé au 23 juillet.

Juillet.

Parti cette nuit à deux heures de Constantinople ; les chevaux et les équipages nous attendaient dans le faubourg d'Eyoub, sur une petite place non loin d'une fontaine ombragée de platanes. Un café turc est auprès. La foule s'assemble pour nous voir partir ; mais nous n'éprouvons ni insulte ni perte d'aucun objet. La probité est la vertu des rues, en Turquie ; elle est moins commune aux palais. Les Turcs qui sont assis sous les arbres devant le café, les enfans qui passent, nous aident à charger nos arabas et nos chevaux, ramassent et nous rapportent eux-mêmes les objets qui tombent ou que nous oublions.

Nous nous mettons en marche au soleil levé, tous à cheval, et gravissant les longues rues solitaires et montueuses qui vont du faubourg d'Eyoub aux murailles grecques de Stamboul. Nous sortons des murs sur un coteau nu et désert dominé par une superbe caserne. Deux bataillons du nisam Djédid, troupes régulières, font l'exercice devant la caserne.

M. Truqui et les jeunes Grecs de son consulat ont voulu nous accompagner. Nous nous séparons là. Nous embrassons cet excellent homme, qui a été pour nous une providence dans ces jours d'isolement. Dans le désespoir, une amitié de deux mois est pour nous une amitié de longues années. Que Dieu récompense et console les dernières années de cet homme de consolation! Qui sait si nous nous reverrons ici-bas? Nous partons pour une longue et chanceuse pérégrination. Il reste triste et malade, loin de sa femme et de sa patrie. Il veut en vain nous cacher ses larmes, et les nôtres mouillent sa main tremblante. — Nous faisons halte à trois lieues de Constantinople pour laisser passer la chaleur du jour. Nous avons traversé un pays onduleux de coteaux qui dominent la mer de Marmara. Peu de maisons, disséminées dans les champs; point de villages. Nous nous remettons en route à quatre heures; et, suivant toujours les collines basses, larges et nues, nous arrivons à une petite ville, où nos Tartares, qui nous devancent, nous ont fait préparer une maison. Cette maison appartient à une famille grecque, famille charmante : trois femmes gracieuses; enfans d'une beauté admirable. Ils étendent des tapis et des coussins sur le plancher de bois de sapin pour la nuit. Mon cuisinier trouve à se procurer du riz, des poules et des légumes en abondance. — Notre caravane est sur pied à trois heures du matin. Un de mes Tartares marche pendant quelques heures à la tête de la troupe. Après le repos du milieu du jour, que nous prenons au bord d'une fontaine, ou sous quelque masure de karavansérail, il prend mes ordres et va au galop dans la ville ou dans le village où nous devons coucher. Il porte mes lettres du grand vizir au pacha, à l'aga, à l'ayam ou seigneur du village. Ceux-ci choisissent la meilleure maison grecque, arménienne ou juive du pays, avertissent le propriétaire de la préparer pour des étrangers. Ils y font porter des fourrages pour les trente-deux chevaux dont se compose notre suite, et souvent un souper pour nous. L'ayam, accompagné des principaux habitans et de quelques cavaliers, s'il y a des troupes dans la ville, vient au devant de nous à une certaine distance sur la route, et nous accompagne à notre logement. Ils descendent de cheval avec nous, nous introduisent, font apporter la pipe et le café, et, après quelques instans, se retirent chez eux, où je vais bientôt après leur rendre leur visite.

De Constantinople à Andrinople, rien de remarquable, rien de pittoresque que l'immense étendue des plaines sans habitations et sans arbres, traversées de loin en loin par un fleuve encaissé et à demi tari qui passe sous des arches de pont ruiné. Le soir, on trouve à peine un mauvais village au fond d'un vallon entouré de vergers. Les habitans sont tous Grecs, Arméniens ou Bulgares. Les kans de ces villages sont des masures presque sans toits, où l'on entasse les hommes et les chevaux. La route continue ainsi pendant cinq jours. Nous ne rencontrons personne ; cela ressemble au désert de Syrie. Une fois seulement nous nous trouvons au milieu de trente ou quarante paysans bulgares, vêtus comme des Européens, coiffés d'un bonnet de poil de mouton noir. Ils marchent vers Constantinople aux sons de deux cornemuses. Ils poussent de grands cris en nous voyant, et s'élancent vers nous en nous demandant quelques piastres. Ce sont les Savoyards de la Turquie d'Europe. Ils vont garder les chevaux du grand-seigneur et des pachas dans les prairies des eaux douces d'Asie et de Buyukdéré. Ils sont les jardiniers de Stamboul.

Le sixième jour au matin, nous apercevons Andrinople à l'issue de ces plaines, dans un beau bassin, entre des montagnes. La ville paraît immense, et sa belle mosquée la domine. C'est le plus beau monument religieux de la Turquie après Sainte-Sophie, construit par Bajazet dans le temps où la capitale de l'empire était Andrinople. Les champs, deux lieues avant la ville, sont cultivés en blé, en vignes, en arbres fruitiers de toute espèce. L'aspect du pays rappelle les environs de Dijon ou de Lyon. De nombreux ruisseaux serpentent dans la plaine. Nous entrons dans un long faubourg ; nous traversons la ville au milieu d'une foule de Turcs, de femmes et d'enfans qui se pressent pour nous voir; mais qui, loin de nous importuner, nous donnent toutes sortes de marques de politesse et de respect. Les personnes qui sont venues au-devant de nous nous conduisent à la porte d'une belle maison, appartenant à M. Vernazza, consul de Sardaigne à Andrinople.

Deux jours passés à Andrinople dans la délicieuse maison de ce consul. Sa famille est à quelques lieues de là, aux bords de la rivière Maritza (l'Èbre des anciens); vue ravissante d'Andrinople, le soir, du haut de la terrasse de M. Vernazza. La ville, grande à peu près comme Lyon, est arrosée par trois fleuves : l'Èbre, l'Arda et le Tundicha; elle est enveloppée de toutes parts par les bois et les eaux; les belles chaînes de montagnes encadrent ce bassin fertile. — Visite à la mosquée, édifice semblable à toutes les mosquées, mais plus élevé et plus vaste. Nos arts n'ont rien produit de plus hardi, de plus original et de plus d'effet que ce monument et son minaret, colonne percée à jour de plus de cent pieds de tronc.

Reparti d'Andrinople pour Philippopoli; la route traverse des défilés et des bassins boisés et rians, quoique déserts, entre les hautes chaînes des montagnes de Rhodope et de l'Hémus. Trois jours de marche. Beaux villages. Le soir, à trois lieues de Philippopoli, j'aperçois dans la plaine une nuée de cavaliers turcs, arméniens et grecs, qui accourent sur nous au galop. Un beau jeune homme, monté sur un cheval superbe, arrive le premier et touche mon habit du doigt; il se range ensuite à côté de moi; il parle italien, et m'explique qu'ayant été le premier qui m'ait touché, je dois accepter sa maison, quelles que soient les instances des autres cavaliers pour me conduire ailleurs. Le kiaia du gouverneur de Philippopoli arrive ensuite, me complimente au nom de son maître, et me dit que le gouverneur m'a fait préparer une maison vaste et commode et un souper, et qu'il veut me retenir quelques jours dans la ville; mais je persiste à accepter la maison du jeune Grec, M. Mauridès.

Nous entrons dans Philippopoli au nombre de soixante ou quatre-vingts cavaliers; la foule est aux fenêtres et dans les rues pour voir ce cortége; nous sommes reçus par la sœur et les tantes de M. Mauridès : — maison vaste et élégante; — beau divan percé de vingt-quatre fenêtres et meublé à l'européenne, où le gouverneur et le chef des différentes nations de la ville viennent nous complimenter et prendre le café. Trois jours passés à Philippopoli, à jouir de l'admirable hospitalité de M. Mauridès, à parcourir les environs et à recevoir et rendre les visites des Turcs, des Grecs et des Arméniens.

Philippopoli est une ville de trente mille âmes; à quatre journées d'Andrinople, à huit journées de Sophia, située au bord d'un fleuve, sur un monticule de rochers isolés au milieu d'une large et fertile vallée; c'est un des plus beaux sites naturels de ville que l'on puisse se représenter; la montagne forme une corne à deux sommets, tous les deux également couronnés de maisons et de jardins, et les rues descendent en serpentant circulairement, pour en adoucir les pentes, jusqu'aux rives du fleuve, qui circule lui-même au pied de la ville et l'enveloppe d'un fossé d'eau courante; l'aspect des ponts, des jardins, des maisons, des grands arbres qui s'élèvent des rives du fleuve, de la plaine boisée qui sépare le fleuve des montagnes de la Macédoine, de ces montagnes elles-mêmes dont les flancs sont coupés de torrens dont on voit blanchir l'écume, et semés de villages ou de grands monastères grecs, fait du jardin de M. Mauridès un des plus admirables points de vue du monde; la ville est peuplée par moitié de Grecs, d'Arméniens et de Turcs. Les Grecs sont en général instruits et commerçants; les principaux d'entre eux font élever leurs enfans en Hongrie; l'oppression des Turcs ne leur semble que plus pesante ensuite; ils soupirent après l'indépendance de leurs frères de la Morée. J'ai connu là trois jeunes Grecs charmans, et dignes, par leurs sentimens et leur énergie d'esprit, d'un autre sort et d'une autre patrie.

Quitté Philippopoli, et arrivé en deux jours à une jolie

ville dans une plaine cultivée, appelée *Tatar Bazargik*; elle appartient, ainsi que la province environnante, à une de ces grandes familles féodales turques, dont il existait cinq ou six races en Asie et en Europe, respectées par les sultans. Le jeune prince qui possède et gouverne *Tatar Bazargik* est le fils de l'ancien vizir Husseim-Pacha. Il nous reçoit avec une hospitalité chevaleresque, nous donne une maison construite à neuf au bord d'une rivière qui entoure la ville, maison vaste, élégante, commode, appartenant à un riche Arménien; à peine y sommes-nous installés, que nous voyons arriver quinze ou vingt esclaves, portant chacun un plateau d'étain sur la tête; ils déposent à nos pieds sur le plancher une multitude de pilaus, de pâtisseries, de plats de gibier et de sucreries de toute espèce, des cuisines du prince; on m'amène deux beaux chevaux en présent, que je refuse; des veaux et des moutons pour nourrir ma suite. — Le lendemain nous commençons à voir les Balkans devant nous; ces belles montagnes, boisées et entrecoupées de grands villages et de riches cultures, sont peuplées par les Bulgares. Nous suivons tout le jour les bords d'un torrent qui forme des marais dans la plaine; arrivés au pied du Balkan, je trouve tous les principaux habitans du village bulgare d'*Yenikeui* qui nous attendent, prennent les rênes de nos chevaux; se placent à droite et à gauche de nos voitures, les soutiennent de la main et des épaules, les soulèvent quelquefois pour empêcher la roue de couler dans les précipices, et nous conduisent ainsi dans le misérable village où mes Tartares nous ont devancés; les maisons, éparses sur les flancs ou les croupes de deux collines séparées par un profond ravin, sont entourées de jolis vergers et de prairies; toutes les montagnes sont cultivées à leur base, et couvertes de belles forêts sur leurs croupes; les cimes sont de rochers; ces maisonnettes bulgares sont bâties en claie et couvertes de branches d'arbres avec leurs feuilles; nous en occupons sept à huit, et nos moukres, Tartares et cavaliers, bivouaquent dans les vergers; chaque maison n'a qu'une chambre, et la terre nue sert de plancher. Je prends la fièvre et une inflammation du sang, suite de chagrin et de fatigue; je passe vingt jours couché sur une natte dans cette misérable chaumière sans fenêtre, entre la vie et la mort. Admirable dévouement de ma femme qui passe quinze jours et quinze nuits sans fermer les yeux, à côté de mon lit de paille; elle envoie dans les marais de la plaine chercher des sangsues; les Bulgares finissent par en découvrir; soixante sangsues sur la poitrine et sur les tempes diminuent le danger; je sens mon état, je pense nuit et jour à ma femme abandonnée, si je venais à mourir, à quatre cents lieues de toute consolation, dans les montagnes de la Macédoine; heures affreuses! Je fais appeler M. de Capmas et lui donne mes dernières instructions en cas de ma mort; je le prie de me faire ensevelir sous un arbre que j'ai vu en arrivant au bord de la route, avec un seul mot, écrit sur la pierre, ce mot au-dessus de toutes les consolations : — Dieu. — Le sixième jour de la fièvre, le péril déjà passé, nous entendons un bruit de chevaux et d'armes dans la cour; plusieurs cavaliers descendent de cheval; c'est le jeune et aimable Grec de Philippopoli, M. Mauridès, avec un jeune médecin macédonien, et plusieurs serviteurs, déchargeant des chevaux chargés de provisions, de meubles, de médicamens. Un Tartare, qui traversait le Balkan pour aller à Andrinople, s'était arrêté au kan de Philippopoli et avait répandu le bruit qu'un voyageur franc était tombé malade et se mourait à Yenikeui; ce bruit parvint à M. Mauridès à dix heures du soir; il présume que ce Franc c'est son hôte; il envoie chercher son ami le médecin, rassemble ses domestiques, fait charger sur ses chevaux tout ce que sa prévoyance charitable lui fait juger nécessaire à un malade, part au milieu de la nuit, marche sans s'arrêter, et vient, à deux journées de route, apporter des secours, des remèdes et des consolations à un inconnu qu'il ne reverra jamais. Voilà de ces traits qui rafraîchissent l'âme, et montrent la généreuse nature de l'homme dans tous les lieux et dans tous les climats. M. Mauridès me trouva presque convalescent; ses affaires le rappelaient à Philippopoli; il repart le même jour et me laisse le jeune médecin macédonien; c'était un homme de talent et d'instruction; il avait fait ses études médicales à Semlin, en Hongrie, et parlait latin; son talent nous fut inutile; la tendresse, la présence d'esprit et l'énergie de résolution de ma femme avaient suppléé à tout; mais sa société nous fut douce pendant les vingt mortelles journées de séjour à Yenikeui, nécessaires pour que la maladie se dissipât, et que je reprisse des forces pour remonter à cheval.

Le prince Tatar-Bazargik, informé dès le premier moment de ma maladie, ne me donna pas des marques moins touchantes d'intérêt et d'hospitalité. Il m'envoya chaque jour des moutons, des veaux pour mes gens, et pendant tout le temps de mon séjour à Yenikeui, cinq ou six cavaliers de sa garde restèrent constamment dans ma cour avec leurs chevaux tout bridés et prêts à exécuter mes moindres désirs. Pendant les derniers jours de ma convalescence, ils m'accompagnèrent dans des courses à cheval dans la magnifique vallée et sur les montagnes des environs d'Yenikeui; le prince me fit offrir jusqu'à des esclaves; un détachement de ses cavaliers m'accompagna au départ jusqu'aux limites de son gouvernement. J'ai pu étudier là, dans l'intérieur même des familles, les mœurs des Bulgares; ce sont les mœurs de nos paysans suisses ou savoyards : ces hommes sont simples, doux, laborieux, pleins de respect pour leurs prêtres et de zèle pour leur religion; c'est la religion grecque. Les prêtres sont de simples paysans laboureurs, comme eux. Les Bulgares forment une population de plusieurs millions d'hommes qui s'accroît sans cesse; ils vivent dans de grands villages et de petites villes séparés des Turcs : un Turc ou deux, délégués par le pacha ou l'ayam, parcourent toute l'année ces villages pour recueillir les impôts; hors de là et de quelques corvées, ils vivent en paix et selon leurs propres mœurs. Leur costume est celui des paysans d'Allemagne; les femmes et les filles ont un costume à peu près semblable à celui des montagnes de Suisse; elles sont jolies, vives, gracieuses. Les mœurs m'ont paru pures, quoique les femmes cessent d'être voilées comme en Turquie et fréquentent librement les hommes; j'ai vu des danses champêtres parmi les Bulgares comme dans nos villages de France; ils méprisent et haïssent les Turcs; ils sont complétement mûrs pour l'indépendance, et formeront avec les Serviens, leurs voisins, la base des états futurs de la Turquie d'Europe. Le pays qu'ils habitent serait bientôt un jardin délicieux, si l'oppression aveugle et stupide, non pas du gouvernement, mais de l'administration turque, les laissait cultiver avec un peu plus de sécurité; ils ont la passion de la terre.

Je quittai Yenikeui et ses aimables et bons paysans avec regret : c'est un ravissant séjour d'été ; tout le village nous accompagna à une lieue dans le Balkan, et nous combla de vœux et de bénédictions ; nous franchîmes le premier Balkan en un jour : ce sont des montagnes à peu près semblables à celles d'Auvergne, accessibles et cultivables presque partout; cinq cents ouvriers pendant une saison y feraient la plus belle route carrossable. En trois jours j'arrivai à Sophia, grande ville dans une plaine intérieure, arrosée d'une rivière ; un pacha turc y résidait ; il envoya son kiaïa au-devant de moi et me fit donner la maison d'un négociant grec. J'y passai un jour; le pacha m'envoya des veaux, des moutons, et ne voulut accepter aucun présent. La ville n'a rien de remarquable. En quatre petites journées de marche, tantôt dans des montagnes d'un abord facile, tantôt dans des vallées et des plaines admirablement fertiles, mais dépeuplées, j'arrivai dans la plaine de Nissa, dernière ville turque presque aux frontières de la Servie ; je précédais, à cheval, d'une demi-heure, la caravane; le soleil était brûlant ; à environ une lieue de la ville, je voyais une large tour blanche s'élever au milieu de la plaine brillante comme du marbre de Paros; le sentier m'y conduisait; je m'en approchai et, donnant mon cheval à tenir à un enfant turc qui m'accompagnait, je m'assis à l'ombre de la tour pour dormir un moment; à peine étais-je assis que, levant les yeux sur le monument qui me prêtait son ombre, je vis que ses murs, qui m'avaient paru bâtis de marbre ou de pierre blanche, étaient formés par des assises régulières de crânes humains. Ces crânes et ces faces d'hommes, décharnés et blanchis par la pluie et le soleil, cimentés par un peu de sable et de chaux, formaient entièrement l'arc triomphal qui m'abritait; il peut y en avoir quinze à vingt mille; à quelques-uns les cheveux tenaient encore et flottaient comme des lichens et des mousses au souffle du vent; la brise des montagnes soufflait vive et fraîche, et s'engouffrant dans les innombrables cavités des têtes, des faces et des crânes, leur faisait rendre des sifflemens plaintifs et lamentables. Je n'avais là personne pour m'expliquer ce monument barbare; l'enfant qui tenait les deux chevaux par la bride jouait avec les petits morceaux de crânes tombés en poussière au pied de la tour; j'étais si accablé de fatigue, de chaleur et de sommeil, que je m'endormis la tête appuyée contre ces murs de têtes coupées; en me réveillant, je me trouvai entouré de la caravane et d'un grand nombre de cavaliers turcs, venus de Nissa pour nous escorter à notre entrée dans la ville; ils me dirent que c'étaient les têtes des quinze mille Serviens tués par le pacha dans la dernière révolte de la Servie. Cette plaine avait été le champ de mort de ces généreux insurgés, et ce monument était leur sépulcre; je saluai de l'œil et du cœur les restes de ces hommes héroïques dont les têtes coupées sont devenues la borne de l'indépendance de leur patrie.

La Servie, où nous allions entrer, est maintenant libre, et c'est un chant de liberté et de gloire que le vent des montagnes faisait rendre à la tour des Serviens morts pour leur pays! Bientôt ils posséderont Nissa même; qu'ils laissent subsister ce monument! Il apprendra à leurs enfans ce que vaut l'indépendance d'un peuple, en leur montrant à quel prix leurs pères l'ont payée.

Nissa ressemble à Sophia et n'a aucun caractère. — Nous y passons un jour. — Après Nissa, on entre dans les belles montagnes et dans l'océan des forêts de la Servie. Ces forêts vierges s'étendent partout autant que l'horizon, laissant serpenter seulement une large route, récemment tracée par le prince Milosch, chef indépendant de la Servie. Pendant six jours nous nous enfonçons dans ces magnifiques et perpétuels ombrages, n'ayant d'autre spectacle que les colonnades sans fin des troncs énormes et élevés des hêtres, les vagues de feuillages balancées par les vents, les avenues de collines et de montagnes uniformément vêtues de leurs chênes séculaires.

Seulement de distance en distance, environ toutes les cinq à six lieues, en descendant dans un vallon un peu plus large et où serpente une rivière, de grands villages en bois avec quelques jolies maisons blanches et neuves qui commencent à sortir des forêts, une petite église et un presbytère s'étendent le long d'une jolie rivière, au milieu de prairies et de champs de melons. Les habitans, assis sur des divans de bois devant leurs boutiques, travaillent à différens métiers; leur physionomie, quoique douce et bienveillante, a quelque chose de septentrional, d'énergique, de fier, qui rappelle tout de suite à l'œil un peuple déjà libre, digne de l'être tout à fait. Partout on nous accueille avec hospitalité et respect; on nous prépare la maison la plus apparente du village; le curé vient s'entretenir avec nous. On commence à trouver dans les maisons quelques meubles d'Europe; les femmes ne sont plus voilées; on trouve dans les prairies et dans les bois des bandes de jeunes hommes et de jeunes filles, allant ensemble aux travaux des champs, et chantant des airs nationaux qui rappellent le ranz des vaches. Ces jeunes filles sont vêtues d'une chemise, plissée à mille plis, qui couvre les épaules et le sein, et d'un jupon court de laine brune ou rouge; leur fraîcheur, leur gaîté, la limpidité de leurs fronts et de leurs yeux les font ressembler aux belles femmes de Berne ou des montagnes de Lucerne.

Là nos fidèles compagnes de tous les konaks de Turquie nous abandonnent; nous ne voyons plus les cigognes dont les larges nids, semblables à des berceaux de jonc, couronnent le sommet de tous les dômes des mosquées dans la Turquie d'Europe, et servent de toit aux minarets écroulés. Tous les soirs, en arrivant dans les villages ou dans les kans déserts, nous les voyions deux à deux errer autour de notre tente ou de nos masures; les petits, élevant leurs longs cous hors du nid comme une nichée de serpens, tendent le bec à la mère, qui, supendue à demi sur ses larges ailes, leur partage la nourriture qu'elle rapporte des marais voisins; et le père, planant immobile à une grande hauteur au-dessus du nid, semble jouir de ce touchant spectacle. Ces beaux oiseaux ne sont nullement sauvages : ils sont les gardiens du toit comme les chiens sont les gardiens du foyer ; ils vivent en paix avec les nuées de tourterelles qui blanchissent partout le dôme des kans et des mosquées, et n'effarouchent pas les hirondelles. Les Turcs vivent en paix eux-mêmes avec toute la création animée et inanimée : arbres, oiseaux ou chiens, ils respectent tout ce que Dieu a fait; ils étendent leur charité à ces pauvres espèces, abandonnées ou persécutées chez nous. Dans toutes les rues, il y a, de distance en distance, des vases pleins d'eau pour les chiens du quartier, et ils font quelquefois en mourant des fondations pieuses pour qu'on jette du grain aux tourterelles qu'ils nourrissent pendant leur vie.

2 septembre 1833.

Nous sommes sortis ce matin des éternelles forêts de la Servie, qui descendent jusqu'aux bords du Danube. Le point où l'on commence à apercevoir ce roi des fleuves est un mamelon couvert de chênes superbes; après l'avoir franchi, on découvre à ses pieds comme un vaste lac d'une eau bleue et transparente, encaissé dans des bois et des roseaux et semé d'îles vertes; en avançant, on voit le fleuve s'étendre à droite et à gauche, en côtoyant d'abord les hautes falaises boisées de la Servie, et en se perdant, à droite, dans les plaines de la Hongrie. Les dernières pentes de forêts qui glissent vers le fleuve sont un des plus beaux sites de l'univers. Nous couchons au bord du Danube, dans un petit village servien.

Le lendemain, nous quittons de nouveau le fleuve pendant quatre heures de marche. Le pays, comme tous les pays de frontières, devient aride, inculte et désert. Nous gravissons vers midi des coteaux stériles, d'où nous découvrons enfin Belgrade à nos pieds. Belgrade, tant de fois renversée par les bombes, est assise sur une rive élevée du Danube. Les toits de ses mosquées sont percés; les murailles sont déchirées; les faubourgs, abandonnés, sont jonchés de masures et de monceaux de ruines; la ville, semblable à toutes les villes turques, descend en rues étroites et tortueuses vers le fleuve. Semlin, première ville de la Hongrie, brille de l'autre côté du Danube avec toute la magnificence d'une ville d'Europe: les clochers s'élèvent en face des minarets. Arrivés à Belgrade, pendant que nous nous reposons dans une petite auberge, la première que nous ayons trouvée en Turquie, le prince Milosch m'envoie quelques-uns de ses principaux officiers pour m'inviter à aller passer quelques jours dans la forteresse où il réside, à quelques lieues de Belgrade; je résiste à leurs instances, et je commande les bateaux pour le passage du Danube. A quatre heures, nous descendons vers le fleuve. Au moment où nous allions nous embarquer, je vois un groupe de cavaliers, vêtus presque à l'européenne, accourir sur la plage : c'est le frère du prince Milosch, chef des Serviens, qui vient de la part de son frère me renouveler ses instances pour m'arrêter quelques jours chez lui. Je regrette vivement de ne pouvoir accepter une hospitalité si obligeamment offerte; mais mon compagnon de voyage, M. de Capmas, est gravement malade depuis plusieurs jours; on le soutient avec peine sur son cheval : il est urgent pour lui de trouver le repos et les ressources qu'offrira une ville européenne et les secours des médecins d'un lazaret. Je cause une demi-heure avec le prince, qui me paraît un homme aussi instruit qu'affable et bon; je salue en lui et dans sa noble nation l'espoir prochain d'une civilisation indépendante, et je pose enfin le pied dans la barque, qui nous transporte à Semlin. — Le trajet est d'une heure ; le fleuve, large et profond, a des vagues comme la mer. On longe ensuite les prairies et les vergers qui entourent Semlin. Le 3 au soir, entré au lazaret, où nous devons rester dix jours. Chacun de nous a une cellule et une petite cour plantée d'arbres. Je congédie mes Tartares, mes moukres, mes drogmans, qui retournent à Constantinople : tous nous baisent la main avec tristesse, et je ne puis quitter moi-même sans attendrissement et sans reconnaissance ces hommes simples et droits, ces fidèles et généreux serviteurs qui m'ont guidé, servi, gardé, soigné comme des frères feraient pour un frère, et qui m'ont prouvé, pendant les innombrables vicissitudes de dix-huit mois de voyages dans la terre étrangère, que toutes les religions avaient leur divine morale, toutes les civilisations leur vertu, et tous les hommes le sentiment du juste, du bien et du beau, gravé en différens caractères dans leur cœur par la main de Dieu.

NOTES SUR LA SERVIE.

Semlin, 12 septembre, au lazaret.

A peine sorti de ces forêts où germe un peuple neuf et libre, on regrette de ne pas le connaître plus à fond; on aimerait à vivre et à combattre avec lui pour son indépendance naissante; on recherche avec amour d'où il est éclos, et quelle destinée ses vertus et la Providence lui préparent. Je me souviens toujours de la scène de Iagodina : nous admirions dans une cabane de Serviens une jeune mère qui allaitait deux jumeaux, et dont le troisième enfant jouait à terre à ses pieds avec le yatagan de son père. Le pope du village et quelques-uns des principaux habitans étaient en cercle autour de nous, et nous parlaient avec simplicité et enthousiasme du bien-être croissant de la nation, sous ce gouvernement de liberté, des forêts que l'on défrichait, des maisons de bois qui se multipliaient dans les vallées, des écoles nombreuses et pleines d'enfans qui s'ouvraient dans tous les villages : chacun de ces hommes, avançant la tête entre les épaules de ceux qui le précédaient, avait l'air fier et heureux de l'admiration que nous témoignions nous-mêmes; leur œil était animé, leur front rougissait d'émotion pour leur patrie, comme si la gloire et la liberté de tous avait été l'orgueil de chacun. A ce moment, le mari de la belle Servienne chez qui nous étions logés rentra des champs, s'approcha de nous, nous salua avec ce respect et en même temps avec cette noblesse de manières naturelle aux peuples sauvages; puis il se confondit dans le cercle des villageois et écouta, comme les autres, le récit que le pope nous faisait des combats de l'indépendance. Quand le pope en fut à la bataille de Nissa et aux trente drapeaux enlevés à quarante mille Turcs par trois mille montagnards, le père s'élança hors du cercle, et, prenant des bras de sa femme ses deux beaux enfans qu'il éleva vers le ciel : — Voilà des soldats de Milosch! s'écria-t-il. Tant que les femmes seront fécondes, il y aura des Serviens libres dans les forêts de la Schumadia!

L'histoire de ce peuple n'est écrite qu'en vers populaires, comme toutes les premières histoires des peuples héroïques. Ces chants de l'enthousiasme national, éclos sur le champ de bataille, répétés de rang en rang par les soldats, apportés dans les villages à la fin de la campagne, y sont conservés par la tradition. Le curé ou le maître d'école les écrivent; des airs simples, mais vibrans comme le cœur des combattans, ou comme la voix du père de famille qui salue de loin la fumée du toit de ses enfans, les accompagnent; ils deviennent l'histoire populaire de la nation; le prince Milosch en a fait imprimer deux recueils répandus dans les campagnes. L'enfant slave apprend à lire dans ces récits touchans des exploits de ses pères, et le nom du libérateur de la Servie se trouve imprimé dans ses premiers souvenirs. Un peuple, nourri de ce lait, ne peut plus jamais redevenir esclave.

J'ai rencontré souvent au milieu de ces forêts vierges, dans des gorges profondes où l'on ne soupçonnait d'autres habitans que des bêtes féroces, des groupes de jeunes garçons et de jeunes filles qui cheminaient en chantant ensemble ces airs nationaux dont nos interprètes nous traduisaient quelques mots. Ils interrompaient un moment leurs chants pour nous saluer et nous regarder défiler ; puis, quand nous avions disparu, ils reprenaient leur route et leurs airs, et les sombres voûtes de ces chênes séculaires, les rochers qui bordaient le torrent, frémissaient et résonnaient longtemps de ces chants à larges notes et à refrains monotones, qui promettent une longue félicité à cette terre. « Que disent-ils? demandai-je un jour au drogman qui comprenait leur langue. — Hospodar, me répondit-il, ils disent des choses si niaises que cela ne vaut pas la peine d'être répété à des Francs. — Mais enfin, voyons, traduisez-moi les paroles mêmes qu'ils chantent en ce moment. — Eh bien, ils disent : « Que Dieu bénisse les eaux de la Morawa, car elles ont noyé les ennemis des Serviens! que Dieu multiplie le gland des chênes de la Schumadia, car chacun de ces arbres est un Servien! » — Et que veulent-ils dire par là? — Hospodar, ils veulent dire que, pendant la guerre, les Serviens trouvaient un rempart derrière le tronc de ces chênes; leurs forêts étaient et sont encore leurs forteresses, chacun de ces arbres est pour eux un compagnon de combat; ils les aiment comme des frères; aussi, quand le prince Milosch, qui les gouverne actuellement, a fait couper tant d'arbres pour tracer, à travers ces forêts, la longue route que nous suivons, les vieux Serviens l'ont bien souvent maudit. Abattre des chênes, disaient-ils, c'est tuer des hommes. En Servie les arbres et les hommes sont amis. »

En traversant ces magnifiques solitudes, où, pendant tant de jours de marche, l'œil n'aperçoit, quelque part qu'il se porte, que l'uniforme et sombre ondulation des feuilles des chênes qui couvrent les vallées et les montagnes, véritable océan de feuillages, que ne perce pas même la pointe aiguë d'un minaret ou d'un clocher; en descendant de temps en temps dans des gorges profondes où mugissait une rivière, où la forêt s'écartait un peu pour laisser place à quelques champs bien cultivés, à quelques jolies maisons de bois neuves, à des scieries, à des moulins qu'on bâtissait sur le bord des eaux; en voyant d'immenses troupeaux, conduits par de jeunes et belles filles élégamment vêtues, sortir des colonnades de grands arbres, et revenir le soir aux habitations : les enfans sortir de l'école, le pope assis sur un banc de bois à la porte de sa jolie maison, les vieillards entrer dans la maison commune ou dans l'église pour délibérer, je me croyais au milieu des forêts de l'Amérique du Nord, au moment de la naissance d'un peuple ou de l'établissement d'une colonie nouvelle. Les figures des hommes témoignaient de la douceur des mœurs, de la politesse d'une civilisation antique, de la santé et de l'aisance de ce peuple ; la liberté est écrite sur leurs physionomies et dans leurs regards. Le Bulgare est bon et simple, mais on sent que, prêt à s'affranchir, il porte encore un reste du joug ; il y a dans la pose de sa tête, et dans l'accent de sa langue, et dans l'humble résignation de son regard, un souvenir et une appréhension sensible du Turc ; il rappelle le Savoyard, ce bon et excellent peuple des Alpes, à qui rien ne manque que la dignité de physionomie et de parole qui ennoblit toutes les autres vertus. Le Servien, au contraire, rappelle le Suisse des petits cantons où les mœurs pures et patriarcales sont en harmonie parfaite, sur la figure du pasteur, avec la liberté qui fait l'homme et le courage calme qui fait le héros. — Les jeunes filles ressemblent aux belles femmes des cantons de Lucerne et de Berne ; leur costume est à peu près le même : des jupons très-courts de couleur éclatante, et leurs cheveux tressés en longues cordes, traînant jusque sur leurs talons. Les mœurs sont pures comme celles des peuples pasteurs et religieux. Leur langue comme toutes celles qui dérivent du slave, est harmonieuse, musicale et cadencée ; il y a entre eux peu d'inégalité de fortune, mais une aisance générale ; le seul luxe est celui des armes ; leur gouvernement actuel est une sorte de dictature représentative. Le prince Milosch, libérateur de la Servie, a conservé le pouvoir discrétionnaire qui s'était résumé en lui, par nécessité, pendant la guerre. Proclamé prince des Serviens (1829), le peuple lui a juré fidélité à lui et à ses successeurs. Les Turcs qui ont encore une part dans l'administration et dans les garnisons des forteresses, ont reconnu aussi le prince Milosch, et traitent directement avec lui ; il a constitué un sénat et des assemblées délibérantes de district qui concourent à la discussion et à la décision des affaires générales ; le sénat est convoqué tous les ans ; les députés des villages se rassemblent aux environs de la demeure du prince; ils tiennent, comme les hommes des temps héroïques, leurs assemblées délibérantes sous de grands arbres. Le prince descend du siége où il est placé, s'avance vers chacun des députés, l'interroge, écoute ses réponses, prend note de ses griefs ou de ses conseils, lui parle des affaires, lui explique avec bonté sa politique, se justifie des mesures qui ont pu paraître sévères ou abusives : tout se passe avec la familiarité noble et grave d'hommes des champs, conversant avec leur seigneur. Ce sont des patriarches laboureurs et armés. L'idée de Dieu préside à leurs conseils comme à leurs combats : ils combattent, ils gouvernent pour leurs autels comme pour leurs forêts ; mais les prêtres bornent ici leur influence aux choses de la religion. L'influence principale est aux chefs militaires, à cette noblesse de sang qu'ils appellent les weyvodes. La domination sacerdotale ne commence jamais que lorsque l'état de guerre a cessé, et que le sol de la patrie appartient sans contestation au peuple. Jusque-là, la patrie honore avant tout ceux qui la défendaient, elle n'honore qu'après ceux qui la civilisent.

La population servienne s'élève maintenant à environ un million d'hommes, et elle s'accroît rapidement : la douceur du climat, pareil à celui de la France entre Lyon et Avignon ; la fertilité de la terre vierge et profonde qui se couvre partout de la végétation des prairies de la Suisse ; l'abondance des rivières et des ruisseaux qui descendent des montagnes, circulent dans les vallées et forment çà et là des lacs au milieu des bois ; des défrichemens de forêts qui fourniront, comme en Amérique, de l'espace à la charrue et des matériaux inépuisables aux constructions ; les mœurs douces et pures du peuple ; des lois protectrices, éclairées déjà d'un vif reflet de nos meilleures lois européennes ; les droits des citoyens garantis par des représentations locales et par des assemblées délibératives ; enfin le pouvoir suprême, concentré, dans une proportion suffisante, entre les mains d'un homme digne de sa mission, le prince Milosch, se transmettant à ses descendans : tous ces élémens de paix, de civilisation et de prospérité promettent de porter la population servienne à plusieurs millions d'hommes avant un demi-siècle. Si ce peuple, comme il le désire et l'espère, devient le noyau d'un nouvel empire slave par sa réunion avec la Bosnie, une partie de la Bulgarie et les hordes belliqueuses des Monténégrins, l'Europe verra un nouvel état surgir des ruines de la Turquie, et couvrir ces vastes et belles régions qui règnent entre le Danube, l'Adriatique et les hauts Balkans. Si les différences de mœurs et de nationalité résistent trop à cette fusion, on verra, du moins dans la Servie, un des élémens de cette fédération d'états libres ou de protectorats européens, destinés à combler le vide que la disparition de l'empire ottoman va laisser en Europe comme en Asie. La politique européenne n'a pas d'autre vœu à former.

23 septembre 1833.

L'histoire de ce peuple devrait se chanter et non s'écrire. C'est un poëme qui s'accomplit encore. J'ai recueilli les principaux faits, sur les lieux, de la bouche de nos amis de Belgrade, qui viennent nous visiter à la grille du lazaret. Assis sous un tilleul, sur l'herbe où flotte le beau et doux soleil de ces contrées, au murmure voisin des flots rapides du Danube, à l'aspect des beaux rivages et des vertes forêts qui servent de remparts à la Servie du côté de la Hongrie, ces hommes, au costume semi-oriental, au visage mâle et doux des peuples guerriers, me racontent simplement les faits auxquels ils ont pris tant de part*. Quoique jeunes encore

---

* J'ai eu depuis des détails plus circonstanciés et plus authentiques sur l'histoire moderne de la Servie, et je dois à l'obligeance d'un voyageur qui m'a

et couverts de blessures, ils semblent avoir oublié entièrement la guerre, et ne s'occupent que d'instruction publique, d'écoles pour le peuple, d'améliorations rurales et administratives, de progrès à faire dans la législation; modestes et zélés, ils profitent de toutes les occasions qui se présentent pour perfectionner leurs institutions naissantes; ils interrogent les voyageurs, les retiennent le plus longtemps possible parmi eux, et recueillent tout ce que disent ces hommes venus de loin, comme les envoyés de la Providence. Voici ce que j'ai recueilli sur leurs dernières années. Ce fut vers 1804, qu'à la suite de longs troubles, suscités d'abord par Passwanoglou, pacha de Widni, et qui s'étaient terminés par la domination des janissaires; ce fut déjà vers 1804 que les Serviens se révoltèrent contre leurs tyrans. Trois chefs se réunirent dans cette partie centrale de la Servie qu'on nomme la Schumadia, région immense et couverte d'impénétrables forêts. Le premier de ces chefs était Kara-George; les deux autres, Tanko-Kalisch et Wasso-Tcharapitsch. Kara-George avait été heiduk. Les heiduks étaient pour la Servie ce que les klephtes étaient en Grèce, une race d'hommes indépendans et aventuriers, vivant dans des montagnes inaccessibles et descendant au moindre signal de guerre pour se mêler aux luttes des factions et s'entretenir dans l'habitude du sang et du pillage. Tout le pays s'insurgea à l'exemple de la Schumadia; chaque canton se choisit pour chef le plus brave et le plus considéré de ses weyvodes : ceux-ci, réunis en conseils de guerre, donnèrent à Kara-George le titre de généralissime. Ce titre lui conférait peu d'attributions; mais le génie, dans les temps de troubles, donne bien vite à un homme audacieux la souveraineté de fait. Le danger ne marchande

---

précédé et que j'avais rencontré à Jaffa, en Palestine, M. Adolphe de Caraman, la communication de ces notes sur la Servie, notes recueillies par lui pendant un séjour chez le prince Milosch. Ces notes, bien plus dignes que les miennes de fixer l'attention du public par le talent et la conscience avec lesquels elles sont rédigées, étaient accompagnées d'une traduction de l'*Histoire des Serviens,* par un Servien.

jamais avec le courage. L'obéissance est l'instinct des peuples envers l'audace et le talent.

George Petrowistsch, surnommé Kara ou Zrin, c'est-à-dire George-le-Noir, était né, vers 1765, dans un village du district de Kragusewats ; son père était un simple paysan laboureur et pasteur, nommé Pétroni. Une autre tradition fait naître Kara-George en France, mais elle n'a rien de vraisemblable. Pétroni emmena son fils, encore enfant, dans les montagnes de Topoli. L'insurrection de 1787, que l'Autriche devait appuyer, ayant eu un succès funeste, les insurgés, poursuivis par les Turcs et les Bosniaques, furent obligés de prendre la fuite. Pétroni et George, son fils, qui avaient déjà vaillamment combattu, rassemblèrent leurs troupeaux, leur seule richesse, et se dirigèrent vers la Save ; ils touchaient déjà à cette rivière, et allaient trouver leur salut sur le territoire autrichien, quand le père de Kara-George, vieillard affaibli par les années, et plus enraciné que son fils dans le sol de la patrie, se retourna, regarda les montagnes où il laissait toutes les traces de sa vie, sentit son cœur se fendre à l'idée de les quitter à jamais pour passer chez un peuple inconnu, et, s'asseyant sur la terre, conjura son fils de se soumettre plutôt que de passer en Allemagne. Je regrette de ne pouvoir rendre de mémoire les touchantes et pittoresques supplications du vieillard, telles qu'elles sont chantées dans les strophes populaires de la Servie. C'est une de ces scènes où les sentimens de la nature, si vivement éprouvés et si naïvement exprimés par le génie d'un peuple enfant, surpassent tout ce que l'invention des peuples lettrés peut emprunter à l'art. La Bible et Homère ont seuls de ces pages.

Cependant Kara-George, attendri d'abord par les regrets et les prières de son père, avait fait rebrousser chemin à ses serviteurs et à ses troupeaux. Dévoué à ce devoir rigoureux d'obéissance filiale, seconde religion des Orientaux, il courbait la tête sous la voix de son père, et allait reprendre tristement la route de l'esclavage, pour que les os de Pétroni ne fussent pas privés de la terre servienne, quand la voix et les coups de fusil des Bosniaques lui annoncèrent l'approche de leurs ennemis et le supplice inévitable que leur vengeance allait savourer. « Mon père, dit-il, décidez-vous, nous n'avons plus qu'un instant. Levez-vous, jetez-vous dans le fleuve : mon bras vous soutiendra, mon corps vous couvrira contre les balles des osmanlis ; vous vivrez, vous attendrez de meilleurs jours sur le territoire d'un peuple ami. » Mais l'inflexible vieillard, que son fils s'efforçait en vain d'emporter, résistait à tous ses efforts et voulait mourir sur le sol de la patrie. Kara-George, désespéré, et ne voulant pas que le corps de son père tombât entre les mains des Turcs, se mit à genoux, demanda la bénédiction du vieillard, le tua d'un coup de pistolet, le précipita dans la Save, et, se jetant dans le fleuve, passa lui-même à la nage sur le territoire autrichien.

Peu de temps après, il rentra en Servie comme sergent-major d'un corps franc. Mécontent de n'avoir pas été compris dans une distribution de médailles d'honneur, il quitta ce corps et se jeta, comme heiduk, dans les montagnes. S'étant réconcilié avec son chef, il l'accompagna en Autriche quand la paix fut conclue, et obtint une place de garde-forestier dans le monastère de Krushedal. Bientôt, las de ce genre d'existence, il rentra en Servie, sous le gouvernement de Hadgi-Mustapha. Il redevint pasteur ; mais il reprit les armes toutes les fois qu'une émotion nouvelle souleva une partie du pays.

Kara-George était d'une haute stature, d'une constitution robuste, d'une figure noble et ouverte. Silencieux et pensif quand il n'était animé ni par le vin, ni par le bruit des coups de fusil, ni par la contradiction dans les conseils, on le voyait souvent rester une journée entière sans proférer une parole.

Presque tous les hommes qui ont fait ou qui sont destinés à faire de grandes choses, sont avares de paroles. Leur entretien est avec eux-mêmes plus qu'avec les autres ; ils se nourrissent avec leurs propres pensées, et c'est dans ces entretiens intimes qu'ils puisent cette énergie d'intelligence et d'action qui constitue les hommes forts. Napoléon ne devint causeur que quand son sort fut accompli, et que sa fortune fut à son déclin. Inflexible défenseur de la justice et de l'ordre, Kara-George fit pendre son propre frère qui avait attenté à l'honneur d'une jeune fille.

Ce fut en janvier 1806 que plusieurs armées pénétrèrent à la fois en Servie. Békir, pacha de Bosnie, et Ibrahim, pacha de Scutari, reçurent de la Porte l'ordre d'y porter toutes leurs forces. Békir y envoya deux corps d'environ quarante mille hommes. Ibrahim s'avança du côté de Nissa à la tête d'une armée formidable. Kara-George, avec des forces très-inférieures en nombre, mais animées d'un invincible patriotisme, pleines de confiance dans leurs chefs, et protégées par les forêts qui couvraient leurs mouvemens, repoussa toutes les attaques partielles de Békir et d'Ibrahim. Après avoir culbuté Hadji-Bey près de Petzka, il marcha sur l'armée principale qui se retirait sur Schabaz, l'atteignit et la défit complétement à Schabaz, le 8 août 1806. Kulmi et le vieux Méhémet furent tués. Les débris de leur armée se sauvèrent à Schabaz. Les Bosniaques qui voulurent repasser la Drina furent faits prisonniers. Kara-George, qui n'avait avec lui que sept mille hommes d'infanterie et deux mille hommes de cavalerie, se porte rapidement sur Ibrahim-Pacha qui assiégeait Doligrad, ville servienne, défendue par un autre chef nommé Pierre Dobrinyas. A son approche, Ibrahim demanda à entrer en pourparler. Des conférences eurent lieu à Smaderewo ; il s'ensuivit une pacification momentanée de la Servie, à des conditions favorables au pays. Ce ne fut qu'un de ces entr'actes qui laissent respirer l'insurrection, et accoutument insensiblement les nations à cette demi-indépendance qui se change bientôt en impatience de liberté. Peu de temps après, Kara-George, qui n'avait pas licencié ses troupes parce que les décisions du muphti n'avaient pas ratifié les conditions de Smaderewo, marcha sur Belgrade, capitale de la Servie, ville forte sur le Danube, avec une citadelle et une garnison turque ; il s'en empara. Guscharez-Ali, qui commandait la ville, obtint de Kara-George la permission de se rendre à Widin, en descendant le Danube. Soliman-Pacha resta dans la citadelle; mais, au commencement de 1807, s'étant mis en marche avec deux cents janissaires qui lui restaient pour rejoindre les Turcs, il fut massacré avec eux par l'escorte même que Kara-George lui avait donnée pour protéger sa retraite. On n'accusa pas Kara-George de cette barbarie. Elle fut l'effet de la vengeance des Serviens contre la race des janissaires, dont la domination féroce les avait accoutumés à de pareilles exécutions.

Ces succès de la guerre de l'indépendance valurent à la Servie sa constitution toute municipale. Les chefs militaires, nommés weyvodes, s'étaient substitués partout au pouvoir civil. Ces weyvodes étaient soutenus par une cavalerie formée de jeunes gens des plus riches familles, qui ne recevaient pas de solde, mais vivaient aux frais des weyvodes, et partageaient avec eux le butin. Quelques-uns des weyvodes avaient autour d'eux jusqu'à cinquante de ces jeunes cavaliers. Les plus marquans de ces chefs étaient alors Jacob Nenadowitsch, Milenko, Dobrinyas, Ressava, et, au-dessus de tous, Kara-George.

Un sénat, composé de douze membres élus par chacun des douze districts, devait présider aux intérêts généraux de cette espèce de fédération armée, et servir de contre-poids à ces pouvoirs usurpés. Ce sénat se montra digne de ses fonctions. Il régularisa les finances, régla l'impôt, consacra la dîme à la solde des troupes, et s'occupa de l'enseignement du peuple avec un zèle et une intelligence qui indiquaient dès lors un profond instinct de civilisation. Ils substituèrent à l'enseignement routinier des cloîtres et des couvens, des écoles populaires dans chaque ville chef-lieu des districts. Malheureusement ces sénateurs, au lieu de tenir leur mandat du pays tout entier, ne représentaient que les weyvodes, et étaient par conséquent soumis à leur seule influence.

Un autre corps politique délibérant, composé de weyvodes

et des hospodars eux-mêmes, retenait les affaires les plus importantes, et la souveraineté disputée se partageait entre ce corps et Kara-George. Tous les ans, vers Noël, les weyvodes qui le composaient se réunissaient à Belgrade, et y traitaient sous les yeux de ce chef, et au milieu des intrigues qui les enveloppaient, de la paix, de la guerre, de la forme du gouvernement, de la quotité de l'impôt. Ils y rendaient leurs comptes, et faisaient des règlemens pour l'administration et la justice. L'existence et les prétentions de ce corps aristocratique furent un obstacle à l'affranchissement complet et au développement plus rapide des destinées de la Servie. L'unité est la condition vitale d'un peuple armé en présence de ses ennemis; l'indépendance veut un despote pour s'établir; la liberté civile veut des corps délibérans. Si les Serviens eussent été mieux inspirés alors, ils auraient élevé Kara-George au-dessus de tous ses rivaux, et concentré les pouvoirs dans la même main. Les hospodars sentaient bien qu'un chef unique était nécessaire; mais chacun d'eux désirait que ce chef fût faible pour avoir l'espérance de le dominer. Les choix des sénateurs se ressentirent de cette pensée secrète. Ils espérèrent que ce corps leur servirait contre George. George espérait qu'il lui servirait contre les hospodars. Les guerres sourdes commencèrent entre les libérateurs de la Servie.

Le plus éloquent des sénateurs, Mladen Milowanowitsch, avait conquis, par l'influence de sa parole, la discussion principale des affaires dans le sénat. Enrichi par le pillage de Belgrade, et maître du commerce extérieur par les douanes du Danube, dont il avait pris la ferme, il faisait ombrage à Kara-George et à ses partisans. Le sénat, remué par eux, se souleva contre Milowanowitsch, qui se retira plein de pensées de vengeance à Doligrad. Il dénonça secrètement à George les sourdes intrigues de la Russie et des Grecs contre lui. Kara-George le crut, le rappela à Belgrade, résolut la guerre contre les Bosniaques, et ouvrit la campagne de 1809 en entrant en Bosnie.

Le même chant national slave, qui célèbre le commencement de l'insurrection, prédit des malheurs pour le jour où l'on tentera de passer la Drina et d'envahir la Bosnie. La prédiction du poëte fut l'oracle de la Providence. Cette campagne fut une série de fautes, de désastres et de ruines. Kara-George, assisté d'un corps russe, combattit en vain avec son héroïsme habituel. Ses soldats, découragés, faiblirent. Battu par les Turcs à Komenitza, il vint protéger Tagodina et la rive gauche de la Morawa, et ne dut même qu'à une importante diversion des Russes la conservation de cette partie du territoire.

Les revers accrurent la jalouse inimitié des weyvodes contre lui. On osa attenter à son pouvoir, le jour où ce pouvoir ne fut plus défendu par le prestige de la victoire. Jacob Nenadowitsch fut le premier qui ébranla sa fortune. Il parut au sénat le 1ᵉʳ janvier 1810, à la tête de six cents jeunes gens à cheval, sous ses ordres, et fut nommé président du sénat. L'influence de la Russie maintint seule pendant quelque temps l'autorité ébranlée de Kara-George. Il s'avança contre Curchid, pacha de Nissa, qui n'avait pas moins de trente mille hommes. La plaine de Wawarin fut le théâtre d'une bataille sanglante, où trois mille Serviens, animés par la voix et par l'exemple de leur général, refoulèrent cette masse de Turcs, les forcèrent à se retrancher, et bientôt à rentrer dans Nissa. Kara-George se porta aussitôt vers Lonitza, dont quarante mille Ottomans faisaient le siége. La ville, qui résistait depuis douze jours à une formidable artillerie, allait tomber au pouvoir des assiégeans, quand l'apparition de Kara-George et la bravoure de ses Serviens força l'armée turque à repasser la Drina. Ce fut l'apogée de la gloire de Kara-George. Grâce à lui, la Servie, entièrement délivrée, étendait ses frontières depuis l'île de Poretsch, sur le Danube, jusqu'au confluent de ce fleuve et de la rivière de Timok. Mais la paix, toujours plus funeste aux libérateurs de leur patrie que la guerre, vit fermenter de nouvelles intrigues et de nouvelles dissensions entre des chefs que le péril commun réunissait. Les hospodars voulurent diminuer l'autorité de Kara-George, pour le déposséder entièrement plus tard. Ce complot lui fut révélé à temps. Il profita de cette tentative, réprimée avec énergie, pour opérer en sa faveur une réaction définitive à la diète de 1811. Il porta une atteinte mortelle à l'influence des hospodars et des weyvodes, en subdivisant les districts et en multipliant les chefs qui, trop faibles pour agir seuls, devinrent dès lors des instrumens faciles à manier, et qui, jaloux d'ailleurs de l'ancienne supériorité des weyvodes, s'appuyèrent contre eux sur l'autorité du chef suprême, et attachèrent leur fortune à la sienne. Les attributions du sénat furent altérées. Ce corps, au lieu de concentrer tous les pouvoirs, fut partagé en deux assemblées, dont l'une, composée des membres les moins influens, devint une espèce de magistrature judiciaire, et dont l'autre eut les fonctions administratives et devint une sorte de ministère de Kara-George. On ne peut s'empêcher d'admirer dans ce grand homme un instinct politique aussi habile que son coup d'œil guerrier était sûr et vaste. En appelant et en retenant ainsi auprès de lui, par des fonctions lucratives et honorables, ses amis et ses ennemis même, il les séparait des populations trop accoutumées à leur obéir, et ruinait leur oligarchie séditieuse. Une loi prononça le bannissement contre tout Servien qui résisterait à cette constitution des pouvoirs. Dobrinyas et Milenko la subirent, et se réfugièrent en Russie. Nenadowitsch se rallia au parti de George, par suite du mariage de sa fille avec un des partisans les plus puissans du dictateur, Mladen.

Le sultan proposa à Kara-George de le reconnaître comme hospodar de Servie, sous la garantie de la Russie. Les Turcs devaient conserver les forteresses et les armes des Serviens. Des négociations compliquées traînèrent sans résultat jusqu'en 1813, où Kara-George, n'ayant pu s'entendre avec la Porte, rappela aux armes ses compatriotes. Vous avez, leur dit-il, vaincu vos ennemis pendant neuf ans avec moi; vous avez combattu sans armes et sans place de guerre; vous avez maintenant des villes, des remparts, des fleuves entre les Turcs et vous ; cent cinquante pièces de canon, sept forteresses, quarante portes fortifiées, et vos forêts, inexpugnable asile de votre liberté ; les Russes vont marcher à votre aide : pouvez-vous hésiter ?

Cependant les Turcs, commandés par le capitan, pacha de Widin, se mettaient en mouvement. Le grand vizir, profitant de la victoire des Français à Lutzen, pressait les pachas de terminer d'un coup cette longue lutte si humiliante pour la Porte. Dix-huit mille Turcs s'avançaient contre Weliko, qu'ils assiégeaient dans Negotin. Weliko, atteint d'un boulet de canon, restait sur la place. Son armée débandée se sauvait par les marais jusqu'à l'île de Poretsch. Au sud Curchid-Pacha, à la tête d'une nombreuse armée, chassait devant lui Mladen et Sima, deux généraux serviens, et venait camper jusque sous les murs de Schabaz. Jamais la Servie n'avait été réduite à de pareilles extrémités. L'enthousiasme de l'indépendance semblait étouffé sous tant de revers, et peut-être aussi sous trois années de paix et de dissensions intestines. Sa nationalité et sa gloire s'éclipsèrent à la fois ; et Kara-George lui-même, manquant à sa fortune et à sa patrie, soit qu'il prévît une catastrophe inévitable et voulût se conserver pour de meilleurs jours, soit qu'il fût au bout de son héroïsme et désirât sauver sa vie et ses trésors, passa sur le territoire autrichien avec son secrétaire Jainki et trois de ses confidens. Ainsi s'éclipsa à jamais ce héros de la Servie pour aller mourir dans une citadelle autrichienne, au lieu de trouver, parmi les siens et sur le sol de cette patrie qu'il avait réveillée le premier, une mort qui l'eût immortalisé ! En apprenant sa fuite, l'armée se débanda, et Smaderewo et Belgrade retombèrent au pouvoir des Turcs. La Servie devint un pachalik, et Soliman, son vainqueur, devint son maître et son pacha. Les sénateurs s'étaient enfuis ; un seul homme, presque enfant, le weyvode Milosch Obrenowisch, resta fidèle à la cause désespérée de l'indépendance. Il souleva les districts du sud, et voulut occuper Osehiza. Mais, abandonné pas ses troupes, il fut contraint d'accepter les propositions des Turcs. Soliman, à qui il fut présenté, l'accueillit avec distinction. Les Serviens, désarmés, furent employés à élever de leurs propres mains les fortifications qui devaient surveiller le pays. La tyrannie des spahis dépossédés se vengea, par une oppression plus insolente, de neuf ans d'exil, où la bravoure des Serviens les avait relégués. Cependant le caractère national se retrempait dans cette dure et honteuse servitude. Le feu de l'insurrection couvait. Milosch, qui observait d'un œil attentif le moment favorable, et qui ne le croyait pas venu, réprimait énergiquement lui-même les tentatives prématurées de ses amis. La barbare déloyauté du kiaïa de Soliman-Pacha fut plus puissante enfin sur lui que les conseils de la prudence. Milosch avait obtenu une amnistie pour les insurgés de Iagodina; au lieu de tenir leur parole, les Turcs firent venir les chefs de cette insurrection à Belgrade, en firent fusiller cent cinquante, et en empalèrent trente-six. Milosch, qui était lui-même à Belgrade, eut la douleur de voir le supplice de ses compatriotes. Leur sang se leva contre lui, et cria dans son cœur. Les Turcs s'aperçurent de sa rage; ils craignirent sa vengeance, et le firent prisonnier; mais il s'échappa à peine arrêté, franchit les remparts, se réfugia dans les montagnes de Ruduik, y rallia ses partisans, et l'insurrection se répandit comme le feu dans toutes les forêts de la Servie.

Milosch était né en 1780; sa mère, Wischnia, s'était mariée deux fois. Son premier mari se nommait Obren; elle en eut un fils nommé Milan. Son second mari s'appelait Tescho; elle en eut plusieurs enfans. L'un de ces enfans fut Milosch. Ses parens n'ayant aucune fortune, il fut obligé d'abord de conduire les troupeaux de bœufs que les riches marchands du pays envoyaient aux marchés de la Dalmatie. Il entra ensuite au service de Milan, son frère maternel, qui faisait le commerce de bétail. Les deux frères s'aimaient si tendrement que Milosch prit aussi le nom d'Obrenowitsch, qui était celui du père de Milan. Le commerce des deux frères prospéra. Riches et influens déjà à l'époque de la première insurrection, ils y prirent part, chacun selon la nature de son caractère. Milan, paisible et doux, restait à la maison et pourvoyait à l'administration du district; Milosch, remuant et intrépide, combattait sous Kara-George.

Lorsque Kara-George changea la constitution du pays, Milan, ayant pris parti contre lui dans le sénat, fut fusillé par ses ordres. Milosch dut en partie sa fortune et sa gloire actuelle à cette mort de son frère. La vengeance le jeta dans les rangs des mécontens. Il ne suivit pas les chefs qui s'enfuirent en 1813. Les regards se portèrent alors naturellement sur le seul qui fût resté dans le pays.

Le dimanche des Rameaux 1815, Milosch, fugitif de Belgrade, entra dans l'église de Takowo, où un peuple nombreux était assemblé. Il harangue ce peuple avec cette éloquence naturelle que possède le Slave, et avec cette toute-puissance d'un sentiment désespéré, partagé d'avance par ceux qui l'écoutent.

Les hostilités commencèrent. Milosch, à la tête de quelques jeunes cavaliers de son district et de mille hommes des montagnes, enlève une porte aux spahis et leur prend deux pièces de canon. Au bruit de ce succès, les émigrés rentrent, les fugitifs sortent des forêts, les heiduks descendent des montagnes. On attaque le kiaïa du pacha qui, à la tête de dix mille Turcs, était venu imprudemment camper dans les plaines de la Morawa. Le kiaïa est tué dans le combat; sa mort porte la terreur dans son camp : les Turcs fuient vers Sienitza. Là, une nouvelle bataille est livrée; Milosch remporte la victoire : le butin, les femmes, l'artillerie du kiaïa tombent au pouvoir des Serviens. Ali-Pacha sort de Belgrade avec ce qui lui reste de troupes, et marche au-devant de Milosch; il est défait, et se retire à Kiupra, à la faveur d'une escorte donnée par le vainqueur. Adem-Pacha capitule aussi honteusement, se renferme dans Novibazar et reçoit les présens de Milosch. Le pacha de Bosnie descend de ses mon-

ALI-PACHA.

tagnes avec une armée fraîche et nombreuse; il envoie Ali-Pacha, un de ses lieutenans, combattre Milosch dans le Matschwai; Ali-Pacha est fait prisonnier, et renvoyé comblé de présens au grand vizir. Les Serviens se montraient dignes déjà par leur générosité de cette civilisation au nom de laquelle ils combattaient, et Milosch traitait d'avance ses ennemis comme des amis futurs : il sentait que l'indépendance complète n'était pas encore venue pour sa patrie, et lui ménageait des traités, au lieu de la déshonorer par des massacres. Sur la frontière de la Morawa, Maraschli Ali-Pacha s'avançait à son tour. La division régnait heureusement entre ce général et Curchid-Pacha, l'ancien grand vizir et pacha de Bosnie; ils ne concertaient pas leurs plans, et chacun d'eux désirait secrètement les revers de l'autre pour se ménager à lui seul l'honneur de la victoire; tous deux voulaient négocier, et briguaient l'honneur de terminer la guerre. Milosch, informé de ces intrigues, sut en profiter : il osa se rendre de sa personne auprès du grand vizir, au milieu du camp des Turcs; il eut une entrevue avec Curchid. On ne put s'entendre : Milosch voulait que la Servie conservât ses armes; le pacha acceptait toutes les conditions, excepté celle-là, qui rendait toutes les autres incertaines. Milosch, irrité, se lève pour remonter à cheval; Curchid ordonne qu'on l'arrête : les janissaires se jettent sur lui; mais Ali-Pacha, ce lieutenant de Curchid que Milosch avait vaincu et renvoyé avec des présens au vizir, s'interpose courageusement entre les spahis et Milosch : il représente à Curchid que Milosch est venu au camp sur la foi de sa parole ; qu'il s'est engagé par serment à l'en faire sortir sain et sauf; qu'il mourra plutôt que de souffrir qu'on porte atteinte à la liberté de l'homme auquel il a dû la vie. La fermeté d'Ali-Pacha impose au vizir et à ses soldats; il reconduit Milosch hors du camp. « Milosch, lui dit-il en le quittant, puissiez-vous désormais ne vous fier à personne, pas même à vous! Nous avons été amis; nous nous séparons aujourd'hui, et pour toujours. » Milosch s'éloigna. Des négociations ouvertes avec Maraschli Ali-Pacha furent plus heureuses : les armes furent accordées. Des députés serviens allèrent à Constantinople, et revinrent au bout d'un mois, porteurs d'un firman de paix conçu en ces termes : « De même que Dieu a confié ses sujets au sultan, de même « le sultan les confie à son pacha. » Le pacha rentra dans Belgrade, et les chefs serviens vinrent faire leur soumission par l'entremise de Milosch. Les forteresses restaient entre les mains des Turcs ; les Serviens s'imposaient eux-mêmes ; l'administration était partagée entre les deux partis ; un sénat national se rendait à Belgrade auprès du pacha ; Ali, aimé des Serviens, remplaçait à Belgrade Soliman-Pacha, leur ennemi, qui fut rappelé par le grand-seigneur. Un tel état de choses ne pouvait durer ; les collisions étaient inévitables. Milosch, toujours chef de sa nation, demeurait à Belgrade auprès d'Ali-Pacha, comme une sentinelle vigilante, toujours prêt à donner à son peuple le signal de la résistance ou de l'attaque.

Ali chercha à obtenir par l'adresse le désarmement qu'il n'avait pu obtenir par la force : il s'adressa à Milosch en le conjurant d'obtenir les armes du peuple. Il répondit que lui et ses amis étaient prêts à déposer leurs armes, mais qu'il lui était impossible de les arracher aux paysans. Le pacha, indigné, suscita contre lui le président de la chancellerie servienne, Moler, et le métropolitain Nikschwitz ; mais les gardes de Milosch s'emparèrent de ces deux conspirateurs en plein conseil, et forcèrent le pacha lui-même, en vertu de son pouvoir exécutif, à les mettre à mort. L'audace des Serviens s'accrut par cette faiblesse du pacha. Milosch sortit de Belgrade, et, pour échapper aux piéges de tout genre dont les Turcs et ses rivaux parmi les Serviens l'environnaient, se referma dans le village fortifié de Topschidor, à une demi-lieue de Belgrade. En 1821, une tentative nouvelle eut lieu contre l'autorité et la vie de Milosch. Les deux weyvodes qui l'avaient dirigée furent exécutés. On soupçonna le pacha d'en avoir été l'instigateur, et l'animosité s'accrut entre les deux nations. Cependant les révoltes de l'Albanie et la guerre de l'indépendance de la Grèce occupaient et énervaient les Turcs. Les circonstances étaient favorables à la concentration du pouvoir national en Servie. Les peuples ne conquièrent jamais leur liberté qu'en se personnifiant dans un chef militaire. L'intérêt et la reconnaissance leur font naturellement consacrer l'hérédité du pouvoir dans celui qui a su le créer et le défendre. La monarchie est l'instinct des nations qui naissent : c'est un tuteur qu'elles donnent à leur indépendance encore attaquée. Cet instinct était plus fort en Servie, où les formes républicaines étaient inconnues. Milosch le partageait et devait en profiter. Il étendit son autorité, et rétablit à peu près la constitution de Kara-George. Il jeta entre le peuple et lui l'aristocratie des knevens, chargés de l'administration du pays. Chaque kneven a son knev ou province ; et la plupart des districts ont leur obar-kneven. Milosch les nomme, fixe à son gré leur territoire et leurs attributions. Pour éviter tout prétexte aux exactions de ces knevens, ils reçoivent une solde du trésor public. Des tribunaux de première instance sont établis dans les villes et dans les villages. Un tribunal supérieur siége à Kraguzewatz. Milosch les nomme. La coutume sert de loi jusqu'à la rédaction du code que l'on prépare. Le droit de prononcer la peine de mort est réservé au chef suprême du gouvernement. Le léger subside payé par la Servie à la Porte, reste de rançon qui n'est plus qu'un souvenir de leur ancienne dépendance, passe par les mains du chef suprême, qui le délivre au pacha. Le pacha, vaine ombre d'une autorité qui n'existe plus, n'est qu'une sentinelle perdue de la Porte pour observer le Danube et donner des ordres aux Turcs qui y occupent des forteresses. En cas de guerre de la Turquie contre l'Autriche, les Serviens doivent fournir un contingent de quarante mille hommes. Le clergé, dont l'influence pouvait balancer celle de Milosch, a perdu toute prépondérance en perdant l'administration de la justice, remise à des tribunaux civils. Les popes et les moines sont soumis, comme le reste du peuple, à des châtimens corporels ; ils paient les taxes communes. Les biens des évêques sont remplacés par un traitement fixe de l'État. Tout pouvoir est ainsi concentré entre les mains du chef suprême. La civilisation de la Servie ressemble à la discipline régulière d'un vaste camp, où une seule volonté est l'âme d'une multitude d'hommes, quels que soient leurs fonctions et leurs grades. En présence des Turcs cette attitude est nécessaire. Le peuple est toujours debout et armé. Le chef doit être un soldat absolu. Cet état de demi-indépendance de la Servie est encore contesté par les Turcs. Le traité d'Akerman n'a rien résolu en 1827. Une diète eut lieu à Kraguzewatz; on devait y prendre connaissance du traité d'Akerman. Milosch se leva et dit :

« Je sais qu'il s'est trouvé des gens mécontens du châti-
« ment infligé par mes ordres à quelques perturbateurs. On
« m'a accusé d'être trop sévère et trop avide de pouvoir,
« tandis que je n'ai d'autre but que de maintenir la paix et
« l'obéissance qui sont exigées avant tout par les deux cours
« impériales. On m'impute aussi à crime les impôts que le
« peuple paie, sans songer combien coûte la liberté que
« nous avons conquise, et combien l'esclavage coûte plus
« cher encore! Un homme faible succomberait aux diffi-
« cultés de ma situation. Ce n'est qu'en m'armant pour votre
« salut d'une infaillible justice que je puis remplir les de-
« voirs que j'ai contractés vis-à-vis du peuple, des empe-
« reurs, de ma conscience et de Dieu lui-même.»

Après ce discours, la diète rédigea un acte qui fut présenté à Milosch, et envoyé à la Porte, acte par lequel les Serviens, par l'organe de leurs chefs, juraient obéissance éternelle à Son Altesse le prince Milosch Obrenowitsch et à ses descendans. La Servie avait payé sa dette à Milosch. Il paie maintenant la sienne à la Servie; il donne à sa patrie des lois simples comme les mœurs, mais des lois imprégnées des lumières de l'Europe. Il envoie, comme autrefois les législateurs des peuples nouveaux, de jeunes Serviens voyager dans les grandes capitales de l'Europe, et recueillir des renseignemens sur la législation et l'administration, pour les approprier à la Servie. Quelques étrangers font partie de sa cour, et lui servent d'intermédiaires avec les langues et les arts des nations voisines. La population, pacifiée et rendue aux travaux de l'agriculture et du commerce, comprend le prix de la liberté qu'elle a conquise, et grandit en nombre, en activité, en vertus publiques. La religion, seule civilisation des peuples qui n'en ont pas dans leurs bois, a perdu de ses abus sans rien perdre de son heureuse influence; l'éducation populaire est le principal objet des soins du gouvernement. Le peuple se prête, avec un instinct fanatique, à cet effort de Milosch pour le rendre digne d'une forme de gouvernement plus avancée : on dirait qu'il comprend que les peuples éclairés ont seuls la faculté de devenir des peuples libres, et qu'il a hâte d'arriver à ce terme. Les pouvoirs municipaux, jetés dans les districts comme un germe de liberté, l'y préparent. Quelques exilés, bannis par les Turcs après la fuite de Kara-George, ou bannis par Milosch pour avoir conspiré avec les Turcs contre lui, sont encore privés de leur patrie; mais chaque jour, en consolidant l'ordre et en confondant les opinions dans un patriotisme unanime, amène le moment où ils pourront rentrer, et reconnaître l'heureuse influence du héros qu'ils ont combattu.

Dix mille Turcs occupent encore aujourd'hui les forteresses. Le prince les en chasserait aisément; tout le pays se lèverait à sa voix. Mais la présence des Turcs dans ces forteresses et leur souveraineté nominale n'ayant plus aucune influence fâcheuse sur la Servie, et pouvant au contraire la préserver des agitations intérieures et des intrigues du dehors, qui surgiraient inévitablement si elle était complétement détachée de l'empire ottoman, le prince, par une politique habile, préfère cet état de choses à une guerre nouvelle et prématurée. Le peuple lui sait gré de cette paix qui lui permet tous les développemens de la civilisation intérieure. Il ne craint rien pour son indépendance réelle. Tous les habitans sont armés et occupent l'intérieur du pays, les villes et les villages. Le pacha réside à Belgrade; Milosch, quelquefois à Belgrade, quelquefois dans son château à un mille de cette ville, plus souvent à Kraguzewatz. Là, il est isolé des Turcs, et occupe le point le plus central de la Servie. La nature du pays et son attitude guerrière le mettent d'ailleurs à l'abri de toute surprise.

Le prince Milosch est âgé de quarante-neuf ans. Il a deux fils, dont l'aîné a douze ans.

Les destinées futures de l'empire ottoman décideront de l'avenir de cette famille et de ce peuple; mais la nature semble l'appeler à une puissante participation aux grands événemens qui se préparent dans la Turquie d'Europe, comme dans l'empire d'Asie. Les chants populaires, que le prince fait répandre parmi le peuple, lui font entrevoir, dans un prochain avenir, la gloire et la force de la Servie, et de son ancien roi héroïque Étienne Duschan. Les exploits aventureux de ses heiduks passent de bouche en bouche, et font rêver au Servien la résurrection d'une nation slave dont il a conservé le germe, la langue, les mœurs et les vertus primitives, dans les forêts de la Schumadia.

Le voyageur ne peut, comme moi, s'empêcher de saluer ce rêve d'un vœu et d'une espérance; il ne peut quitter, sans regrets et sans bénédictions, ces immenses forêts vierges, ces montagnes, ces plaines, ces fleuves qui semblent sortir des mains du Créateur, et mêler la luxuriante jeunesse de la terre à la jeunesse d'un peuple, quand il voit ces maisons neuves des Serviens sortir des bois, s'élever au bord des torrens, s'étendre en longues lisières jaunes au fond des vallées; quand il entend au loin le bruit des scieries et des moulins, le son des cloches, nouvellement baptisées dans le sang des défenseurs de la patrie, et le chant paisible ou martial des jeunes hommes et des jeunes filles, rentrant au travail des champs; quand il voit ces longues files d'enfans sortir des écoles ou des églises de bois, dont les toits ne sont pas encore achevés, l'accent de la liberté, de la joie, de l'espérance, dans toutes les bouches, la jeunesse et l'élan sur toutes les physionomies; quand il réfléchit aux immenses avantages physiques que cette terre assure à ses habitans ; au soleil tempéré qui l'éclaire, à ses montagnes qui l'ombragent et la protégent comme des forteresses de la nature ; à ce beau fleuve du Danube qui se recourbe pour l'enceindre, pour porter ses produits au nord et à l'orient ; enfin à cette mer Adriatique qui lui donnerait bientôt des ports et une marine, et la rapprocherait ainsi de l'Italie ; quand le voyageur se souvient de plus qu'il n'a reçu, en traversant ce peuple, que des marques de bienveillance et des saluts d'amitié ; qu'aucune cabane ne lui a demandé le prix de son hospitalité ; qu'il a été accueilli partout comme un frère, consulté comme un sage, interrogé comme un oracle, et que ses paroles, recueillies par l'avide curiosité des popes ou des knevens, resteront, comme un germe de civilisation, dans les villages où il a passé ; il ne peut s'empêcher de regarder pour la dernière fois avec amour les falaises boisées et les mosquées en ruines, aux dômes percés à jour, dont le large Danube le sépare, et de se dire en les perdant de vue : j'aimerais à combattre, avec ce peuple naissant, pour la liberté féconde ! et de répéter ces strophes d'un des chants populaires que son drogman lui a traduits :

« Quand le soleil de la Servie brille dans les eaux du
« Danube, le fleuve semble rouler des lames de yatagans et
« les fusils resplendissans des Monténégrins ; c'est un fleuve
« d'acier qui défend la Servie. Il est doux de s'asseoir au
« bord et de regarder passer les armes brisées de nos en-
« nemis.

« Quand le vent de l'Albanie descend des montagnes et
« s'engouffre sous les forêts de la Schumadia, il en sort des
« cris, comme de l'armée des Turcs à la déroute de la Mo-
« rawa : il est doux ce murmure à l'oreille des Serviens
« affranchis ! Mort ou vivant, il est doux, après le combat,
« de reposer au pied de ce chêne qui chante sa liberté
« comme nous ! »

RÉCIT DU SÉJOUR

DE

FATALLA SAYEGHIR

CHEZ LES ARABES ERRANS DU GRAND DÉSERT.

AVANT-PROPOS.

Nous étions campés au milieu du désert qui s'étend de Tibériade à Nazareth. Nous causions des tribus arabes que nous avions rencontrées dans la journée, de leurs mœurs, de leurs rapports entre elles et avec les grands peuples qui les environnent. Nous cherchions à percer le mystère de leur origine, de leur destinée et de cette étonnante persévérance de l'esprit de races qui sépare ces peuplades de toutes les autres familles humaines et les tient, comme les Juifs, non pas en dehors de la civilisation, mais dans une civilisation à part, aussi inaltérable que le granit. Plus j'ai voyagé, plus je me suis convaincu que les *races* sont le grand secret de l'histoire et des mœurs. L'homme n'est pas aussi éducable que le disent les philosophes. L'influence des gouvernemens et des lois est bien loin d'agir aussi radicalement qu'on le pense sur les mœurs et les instincts d'un peuple; tandis que la constitution primitive, le sang de la race, agit toujours et se manifeste après des milliers d'années dans les formes physiques et dans les habitudes morales de la famille ou de la tribu. Le genre humain coule par fleuves et par ruisseaux dans le vaste océan de l'humanité : mais il n'y mêle que bien lentement ses eaux, souvent jamais; et il ressort comme le Rhône du lac de Genève, avec le goût et la couleur de son onde. Il y a là un abîme de pensées et de méditations. Il y a aussi un grand secret pour les législateurs. Tout ce qu'ils font dans le sens de l'esprit des races réussit; tout ce qu'ils tentent contre cette prédisposition naturelle échoue. La nature est plus forte qu'eux. Cette idée n'est pas celle des philosophes du temps; mais elle est évidente pour le voyageur; et il y a plus de philosophie dans cent lieues de caravane que dans dix ans de lectures et de méditations. Je me sentais heureux ainsi errant à l'aventure, sans autre route que mon caprice, au milieu de déserts et de pays inconnus. Je disais à mes amis et à M. Mazolier, mon drogman, que si j'étais seul et sans affections de famille, je mènerais cette vie pendant des années et des années. J'aimerais à ne me jamais coucher où je me serais réveillé, à promener ma tente depuis les rivages d'Égypte jusqu'à ceux du golfe Persique; à n'avoir pour but, le soir, que le soir même ; à parcourir du pied, de l'œil et du cœur, toutes ces terres inconnues, toutes ces races d'hommes si diverses de la mienne ; à contempler l'humanité, ce plus bel ouvrage de Dieu, sous toutes ses formes. Que faut-il pour cela? Quelques esclaves ou serviteurs fidèles, des armes, un peu d'or, deux ou trois tentes et des chameaux. Le ciel de ces contrées est presque toujours tiède et pur, la vie facile et peu chère, l'hospitalité certaine et pittoresque. Je préférerais cent fois des années ainsi écoulées sous des cieux différents, avec des hôtes et des amis toujours nouveaux, à la stérile et bruyante monotonie de la vie de nos capitales. Il y a certainement plus de peine à mener à Paris ou à Londres la vie d'un homme du monde, qu'à parcourir l'univers en voyageur. Le résultat des deux fatigues est cependant bien différent. Le voyageur meurt, ou revient avec un trésor de pensées et de sagesse. L'homme casanier de nos capitales vieillit sans connaître et sans voir, et meurt aussi entravé, aussi emmaillotté d'idées fausses, que le jour où il est venu au monde. Je voudrais, disais-je à mon drogman, passer ces montagnes, descendre dans le grand désert de Syrie, aborder quelques-unes de ces grandes tribus inconnues qui le sillonnent, y recevoir l'hospitalité pendant des mois, passer à d'autres, étudier les ressemblances et les différences, les suivre des jardins de Damas aux bords de l'Euphrate, aux confins de la Perse, lever le voile qui couvre encore toute cette civilisation du désert, civilisation d'où la chevalerie nous est née, et où on doit la retrouver encore; mais le temps nous presse, nous ne verrons que les bords de cet océan dont personne n'a parcouru l'étendue. Nul voyageur n'a pénétré parmi ces tribus innombrables qui couvrent de leurs tentes et de leurs troupeaux les champs des patriarches : un seul homme l'a tenté, mais il n'est plus, et les notes qu'il avait pu recueillir pendant dix ans de séjour parmi ces peuples ont été perdues avec lui. Je voulais parler de M. de Lascaris; or, voici ce que c'est que M. de Lascaris.

Né en Piémont, d'une de ces familles grecques, venues en Italie après la conquête de Constantinople, M. de Lascaris était chevalier de Malte, lorsque Napoléon vint conquérir cette île. M. de Lascaris, très-jeune alors, le suivit en Égypte, s'attacha à sa fortune, fut fasciné par son génie. Homme de génie lui-même, il comprit, un des premiers, les grandes destinées que la Providence réservait à un jeune homme trempé dans l'esprit de Plutarque, à une époque où tous les caractères étaient usés, brisés ou faussés. Il comprit plus : il comprit que le plus grand œuvre à accomplir par son héros n'était peut-être pas la restauration du pouvoir en Europe, œuvre que la réaction des esprits rendait nécessaire, et par conséquent facile; il pressentait que l'Asie offrait un plus vaste champ à l'ambition régénératrice d'un héros; que là il y avait à conquérir, à fonder, à rénover par masses cent fois plus gigantesques; que le despotisme, court en Europe, serait long et éternel en Asie : que le grand homme qui y apporterait l'organisation et l'unité ferait bien plus qu'Alexandre, bien plus que Bonaparte n'a pu faire en France. Il paraît que le jeune guerrier d'Italie, dont l'imagination était lumineuse comme l'Orient, vague comme le désert, grande comme le monde, eut à ce sujet des conversations confidentielles avec M. de Lascaris, et lança un éclair de sa pensée vers cet horizon que lui ouvrait sa destinée. Ce ne fut qu'un éclair, et je m'en afflige; il est évident que Bonaparte était l'homme de l'Orient et non l'homme de l'Europe. On rira en lisant ceci : cela paraîtra paradoxal pour tout le monde; mais demandez aux voyageurs. Bonaparte, dont on prétend faire aujourd'hui l'homme de la révolution française et de la liberté, n'a jamais rien compris à la liberté, et a fait avorter la révolution française. L'histoire le prouvera à toutes ses pages, quand elle aura été écrite sous d'autres inspirations que celles qui la dictent aujourd'hui. Il a été la réaction incarnée contre la liberté de l'Europe, réaction glorieuse, bruyante, éclatante, et voilà tout. Que voulez-vous pour preuve? Demandez ce qu'il reste aujourd'hui de Bonaparte dans le monde, si ce n'est une page de bataillon et une page de restauration malhabile? Mais une pierre d'attente, un monument, un avenir, quelque chose qui vive après lui, hormis son nom, rien qu'une immense mémoire. En Asie, il aurait remué des hommes par millions, et homme d'idées simples lui-même, il aurait, avec deux ou trois idées, élevé une civilisation monumentale qui durerait mille ans après lui. Mais l'erreur fut commise : Napoléon choisit l'Europe; seulement il voulut lancer un explorateur derrière lui, pour reconnaître ce qu'il y aurait à faire, et jalonner la route des Indes, si sa fortune devait la lui ouvrir. M. de Lascaris fut cet homme. Il partit avec des instructions secrètes de Napoléon, reçut des sommes nécessaires à son entreprise, et vint s'établir à Alep pour s'y perfectionner dans la langue arabe. Homme de mérite, de talent et de lumière, il feignit une sorte de monomanie, pour se faire

AVANT-PROPOS.

excuser son séjour en Syrie et ses relations obstinées avec tous les Arabes du désert qui arrivaient à Alep. Enfin, après quelques années de préparations, il tenta sa grande et périlleuse entreprise. Il parcourut avec des chances diverses, et sous des déguisemens successifs, toutes les tribus de la Mésopotamie, de l'Euphrate, et revint à Alep, riche des connaissances qu'il avait acquises, et des relations politiques qu'il avait préparées pour Napoléon. Mais pendant qu'il accomplissait ainsi sa mission, la fortune renversait son héros, et il apprenait sa chute le jour même où il revenait lui rapporter le fruit de sept années de périls et de dévouement. Ce coup imprévu du sort fut mortel à M. de Lascaris. Il passa en Égypte, et mourut au Kaire, seul, inconnu, abandonné, laissant ses notes pour unique héritage. On dit que le consul anglais recueillit ces précieux documens qui pouvaient devenir si nuisibles à son gouvernement, et qu'ils furent détruits ou envoyés à Londres.

Quel dommage, disais-je à M. Mazolier, que le résultat de tant d'années et de tant de patience ait été perdu pour nous! Il en reste quelque chose, me répondit-il; j'ai été lié à Latakie, ma patrie, avec un jeune Arabe qui a accompagné M. de Lascaris pendant tous ses voyages. Après sa mort, dénué de ressources, privé même des modiques appointemens arriérés que lui avait promis M. de Lascaris, il est rentré pauvre et dépouillé chez sa mère. Il vit maintenant d'un petit emploi chez un négociant de Latakie. Là je l'ai connu, et il m'a parlé bien souvent d'un recueil de notes qu'il écrivait à l'instigation de son patron dans le cours de sa vie nomade. Pensez-vous, disais-je à M. Mazolier, que ce jeune homme consentît à me les vendre? Je le crois, reprit-il; je le crois d'autant plus, qu'il m'a souvent témoigné le désir de les offrir au gouvernement français. Mais rien n'est si facile que de nous en assurer; je vais écrire à Fatalla Sayeghir : c'est le nom du jeune Arabe. Le Tartare d'Ibrahim-Pacha lui remettra ma lettre, et nous aurons la réponse en rentrant à Saïde. Je vous charge, lui dis-je, de négocier cette affaire, et de lui offrir deux mille piastres de son manuscrit.

Quelques mois se passèrent avant que la réponse de Fatalla Sayeghir me parvînt. Rentré à Bayruth, j'envoyai mon interprète négocier directement l'acquisition du manuscrit à Latakie. Les conditions acceptées et la somme payée, M. Mazolier me rapporta les notes arabes. Pendant le cours de l'hiver, je les fis traduire, avec une peine infinie, en langue franque, je les traduisis plus tard moi-même en français, et je pus faire jouir ainsi le public du fruit d'un voyage de dix ans, qu'aucun voyageur n'avait encore accompli. L'extrême difficulté de cette triple traduction doit faire excuser le style de ces notes. Le style importe peu dans ces sortes d'ouvrages : les faits et les mœurs sont tout. J'ai la certitude que le premier traducteur n'a rien altéré ; il a supprimé seulement quelques longueurs et des circonstances qui n'étaient que des répétitions oiseuses et qui n'éclaircissaient rien.

Si ce récit a de l'intérêt pour la science, la géographie et la politique, il me restera un vœu à former : c'est que le gouvernement français, que de si grands périls et de si longs exils étaient destinés à éclairer et à servir, témoigne une tardive reconnaissance au malheureux Fatalla Sayeghir, dont les services pourraient aujourd'hui lui être si utiles. Ce vœu, je le forme aussi pour le jeune et habile interprète, M. Mazolier, qui a traduit ces notes de l'arabe, et qui m'a accompagné pendant mes voyages d'un an dans la Syrie, la Galilée et l'Arabie. Versé dans la connaissance de l'arabe, fils d'une mère arabe, neveu d'un des scheiks les plus puissans et les plus vénérés du Liban, ayant parcouru déjà avec moi toutes ces contrées, familier avec les mœurs de toutes ces tribus, homme de courage, d'intelligence et de probité, dévoué de cœur à la France, ce jeune homme pourrait être de la plus grande utilité au gouvernement dans nos échelles de Syrie. La nationalité française ne finit pas à nos frontières : la patrie a des fils aussi sur ces rivages dont elle connaît à peine le nom. M. Mazolier est un de ces fils. La France ne devrait pas l'oublier. Nul ne pourrait la mieux servir que lui dans des contrées où notre action civilisatrice, protectrice, politique même, doit inévitablement se faire bientôt sentir.

Voici le récit littéralement traduit de Fatalla Sayeghir.

RÉCIT

DE

FATALLA SAYEGHIR.

A l'âge de dix-huit ans, je partis d'Alep, ma patrie, avec un fonds de marchandises, pour aller m'établir en Chypre. Ayant été assez heureux la première année dans mes opérations commerciales, j'y pris goût, et j'eus la fatale idée de faire pour Trieste un chargement des productions de l'île. En peu de temps mes marchandises furent embarquées. Elles consistaient en coton, soie, vins, éponges et coloquintes. Le 18 mars 1809, mon bâtiment, commandé par le capitaine *Chefalinati*, mit à la voile. Déjà je calculais les avantages de ma spéculation, et me rejouissais à l'idée de gros bénéfices, lorsqu'au milieu de ces douces illusions me parvint la funeste nouvelle de la prise de mon navire par un vaisseau de guerre anglais, qui l'avait conduit à Malte. Par suite d'une telle perte, forcé de déposer mon bilan, je dus me retirer du commerce, et totalement ruiné, je quittai Chypre pour revenir à Alep.

Quelques jours après mon arrivée, je dînai chez un de mes amis avec plusieurs personnes, parmi lesquelles se trouvait un étranger fort mal vêtu, mais auquel cependant on témoignait beaucoup d'égards. Après le dîner, on fit de la musique, et cet étranger, s'étant assis près de moi, m'a-

dressa la parole avec affabilité. Nous parlâmes musique, et, à la suite d'une conversation assez longue, je me levai pour aller demander son nom. J'appris qu'il s'appelait M. Lascaris de Vintimille, et qu'il était chevalier de Malte. Le lendemain, je le vis arriver chez moi, tenant en main un violon. « Mon cher enfant, me dit-il en entrant, j'ai remarqué hier
« combien vous aimiez la musique; je vous considère déjà
« comme mon fils, et vous apporte un violon que je vous prie
« d'accepter. » Je reçus avec grand plaisir cet instrument, que je trouvai fort à mon goût, et lui en fis mes vifs remercîmens. Après deux heures d'une conversation très-animée, pendant laquelle il m'avait beaucoup questionné sur toutes sortes de sujets, il se retira. Le lendemain, il revint, et continua ainsi ses visites pendant quinze jours; ensuite il me proposa de lui donner des leçons d'arabe, d'une heure chaque jour, pour lesquelles il m'offrit cent piastres par mois. J'acceptai avec joie cette proposition avantageuse et, après six mois de leçons, il commençait à parler et à écrire l'arabe passablement. Un jour, il me dit : « Mon cher fils
« (c'est ainsi qu'il m'appelait toujours), je vois que vous
« avez un grand penchant pour le commerce; et, comme je
« désire rester quelque temps avec vous, je veux vous occu-
« per d'une manière qui vous soit agréable. Voici de l'ar-
« gent : faites achat des marchandises les plus estimées à
« Homs, à Hama et dans leurs environs. Nous irons faire le
« commerce dans ces contrées les moins fréquentées par les
« marchands. Vous verrez que nous y ferons de bonnes af-
« faires. » Le désir de rester auprès de M. Lascaris, et la persuasion que cette entreprise nous serait avantageuse, me firent accepter sa proposition sans hésiter; et je commençai immédiatement, d'après une note qu'il me remit, à faire les achats, qui consistaient dans les articles suivans : toile rouge, ambre, coraux en chapelets, mouchoirs de coton, mouchoirs de soie noire et de couleur, appelés cafiés, chemises noires, épingles, aiguilles, peignes en buis et en os, bagues, mors de chevaux, bracelets de verre et différentes verroteries; nous

y joignîmes des produits chimiques, des épices et des drogues. M. Lascaris paya ces divers articles onze mille piastres ou deux mille talaris.

Toutes les personnes d'Alep qui me voyaient acheter ces marchandises me disaient que M. Lascaris était devenu fou. Effectivement son costume et ses manières le faisaient passer pour tel. Il portait une barbe longue et mal peignée, un turban blanc fort sale, une mauvaise robe ou *gombaz*, avec une veste par-dessus, une ceinture en cuir et des souliers rouges, sans bas. Lorsqu'on lui parlait, il feignait de ne pas comprendre ce qu'on lui disait. Il passait la plus grande partie de la journée au café, et mangeait au bazar, ce que ne font pas dans le pays les gens comme il faut. Cette manière d'être avait un but, comme je le sus plus tard ; mais ceux qui ne le connaissaient pas lui croyaient l'esprit dérangé. Quant à moi, je le trouvais plein de sens et de sagesse, raisonnant bien sur tous les sujets, enfin un homme supérieur. Un jour, lorsque toutes nos marchandises furent emballées, il me fit appeler pour me demander ce qu'on disait de lui à Alep. « On dit, lui répondis-je, que vous êtes fou. — Et qu'en « pensez-vous vous-même ? reprit-il. — Je pense que vous « êtes plein de sens et de savoir. — J'espère avec le temps « vous le prouver, dit-il ; mais pour cela il faut prendre « l'engagement de faire tout ce que je vous commanderai, « sans répliquer et sans m'en demander la raison : m'obéir « en tout et pour tout ; enfin je veux de vous obéissance « aveugle ; vous n'aurez pas à vous en repentir. » Puis il me dit d'aller lui chercher du mercure ; j'obéis sur-le-champ. Il le mélangea avec de la graisse et deux autres drogues que je ne connaissais pas, et m'assura qu'en s'entourant le cou d'un fil de coton enduit de cette préparation, on se mettait à l'abri de la piqûre des insectes. Je me dis à part moi qu'il n'y avait pas assez d'insectes à Homs ou à Hama pour nécessiter un tel préservatif, qu'ainsi cela devait être destiné pour quelque autre pays ; mais comme il venait de m'interdire toute observation, je me contentai de lui demander quel jour nous partirions, afin de pouvoir arrêter les moukres (conducteurs de chameaux). « Je vous « donne, me répondit-il, trente jours pour vous diver- « tir ; ma caisse est à votre disposition : amusez-vous bien, « dépensez ce que vous voudrez ; n'épargnez rien. » Ce sont, pensai-je, des adieux à ce monde qu'il veut que je fasse ; mais l'attachement profond que je ressentais déjà pour lui l'emporta sur cette réflexion ; je ne songeai plus qu'au présent, et je profitai du temps qu'il m'avait accordé pour me bien divertir. Mais, hélas ! le temps du plaisir passe vite ! j'en vis bientôt le terme. M. Lascaris me pressa de partir ; je me rendis à ses ordres ; et, profitant d'une caravane qui allait à Hama, le jeudi 18 février 1810, nous quittâmes Alep, et arrivâmes au village de Saarmin après douze heures de marche. Le lendemain, nous repartîmes pour Nuarat-el-Nahaman, jolie petite ville à six heures de là. Elle est renommée pour la salubrité de l'air et la bonté de ses eaux : c'est la patrie d'un célèbre poëte arabe, nommé Abou el Hella el Maari, aveugle de naissance. Il avait appris à écrire par une singulière méthode. Il restait dans un bain de vapeur pendant qu'avec de l'eau glacée on lui traçait sur le dos le dessin des caractères arabes. On cite de lui plusieurs traits d'une étonnante sagacité, entre autres celui-ci : Se trouvant à Bagdad chez un kalife, auquel il vantait sans cesse l'air et l'eau de son pays, ce kalife fit venir de l'eau de la rivière de Nuarat, et sans l'en prévenir lui en fit donner à boire. Le poëte l'ayant reconnue de suite, s'écria : Voilà bien son eau limpide ; mais « où est son air si pur !... » Pour en revenir à notre caravane, elle s'était arrêtée deux jours à Nuarat pour assister à une foire qui s'y tenait tous les dimanches. Nous allâmes aussi nous y promener, et, dans le tumulte qu'elle occasionnait, je perdis de vue M. Lascaris, qui avait disparu dans la foule. Après l'avoir cherché longtemps, je finis par le découvrir à l'écart, dans un endroit solitaire, causant avec un Bédouin tout déguenillé. Je lui demandai avec surprise quel plaisir il trouvait dans la conversation d'un tel personnage, ne pouvant ni comprendre son arabe ni lui faire entendre le sien. « Le jour où j'ai eu le bonheur de « causer avec un Bédouin, me répondit-il, est un des « jours les plus heureux de ma vie. — En ce cas, repris-« je, vous serez souvent au comble du bonheur, car « nous rencontrerons continuellement des gens de cette « espèce. »

Il me fit acheter des galettes (pain du pays) et du fromage, et les donna à Hettal (c'était le nom du Bédouin), qui prit congé de nous en nous remerciant. Le 22 février, nous partîmes de Nuarat-el-Nahaman, et après six heures de marche, nous arrivâmes à Khrau-Cheikhria; puis le lendemain, après neuf heures, à Hama, ville considérable où nous n'étions connus de personne, M. Lascaris n'ayant pas apporté de lettres de recommandation. Nous passâmes la première nuit dans un café, et nous louâmes le lendemain une chambre dans le khan de Asshad-Pacha. Comme je commençais à ouvrir les ballots et à préparer des marchandises pour vendre, M. Lascaris me dit d'un air mécontent : « Vous « n'avez en tête que votre misérable commerce ! Si vous sa-« viez combien il y a de choses plus utiles et plus intéres-« santes à faire ! » D'après cela, je ne songeai plus à rien vendre, et je fus parcourir la ville. Le quatrième jour, M. Lascaris, se promenant seul, pénétra jusqu'au château, qui tombe en ruines. L'ayant examiné attentivement, il eut l'imprudence de commencer à en prendre les dimensions. Quatre vagabonds qui jouaient secrètement sous un arceau brisé se jetèrent sur lui, le menaçant de le dénoncer comme voulant enlever des trésors et faire pénétrer des *giaours* dans le château. Avec quelque argent tout se serait terminé sans bruit; mais M. Lascaris se défendit, et à grand'peine s'échappant de leurs mains, vint me trouver. Il n'avait pas achevé le récit de son aventure que nous vîmes entrer deux hommes du gouvernement avec un des dénonciateurs. Ils s'emparèrent de la clef de notre chambre et nous emmenèrent, nous chassant devant eux à coups de bâton comme des malfaiteurs. Arrivés en présence du mutzelim Selim-Bey, connu par sa cruauté, il nous interrogea ainsi : « De « quel pays êtes-vous ? — Mon compagnon est de Chypre, « lui répondis-je, et moi d'Alep. — Quel motif vous amène « dans ce pays ? — Nous y sommes venus pour faire le com- « merce. — Vous mentez. On a vu votre compagnon occupé « dans le château à prendre des mesures et à lever des plans : « c'est ou pour s'emparer d'un trésor, ou pour livrer la place « aux infidèles. » Puis, se tournant du côté des gardes : « Conduisez, ajouta-t-il, ces deux chiens au cachot. » Il ne nous fut pas permis de dire un mot de plus. Arrivés à la prison, on nous mit de grosses chaînes aux pieds et au cou, et l'on nous enferma dans un cachot obscur, où nous étions si à l'étroit que nous ne pouvions pas même nous retourner. Au bout de quelque temps, nous obtînmes de la lumière et du pain moyennant un talari; mais l'immense quantité de puces et autres insectes qui infestaient la prison nous empêchèrent de fermer l'œil toute la nuit. A peine avions-nous le courage de penser au moyen de sortir de cet horrible lieu. A la fin, je me souvins d'un écrivain chrétien, appelé Selim, que je connaissais de réputation pour un homme serviable. Je gagnai un de nos gardiens, qui fut le trouver, et le lendemain Selim arrangea heureusement cette affaire par un cadeau de soixante talaris au mutzelim et d'une cinquantaine de piastres à ses gens. A ce prix nous obtînmes notre liberté. Cet emprisonnement nous valut l'avantage de connaître Selim et plusieurs autres personnes de Hama, avec lesquelles nous passâmes une vingtaine de jours fort agréablement. La ville est charmante ; l'Oronte la traverse et la rend gaie et animée ; ses eaux abondantes entretiennent la verdure d'une multitude de jardins. Les habitans sont aimables, vifs et spirituels ; ils aiment la poésie et la cultivent avec succès. On leur a donné le surnom d'oiseaux parlans, qui les caractérise fort bien. M. Lascaris ayant demandé à Selim une lettre de recommandation pour un homme de médiocre condition de Homs, qui pût nous servir de guide, il nous

écrivit le billet suivant : « A notre frère Yakoub, salut. Ceux
« qui vous remettront la présente sont colporteurs, et se
« rendent chez vous pour vendre leurs marchandises aux
« environs de Homs : assistez-les autant que vous le pourrez ;
« vos peines ne seront pas perdues ; ce sont de braves gens.
« Salut. »

M. Lascaris, très-content de cette lettre, voulut profiter d'une caravane qui se rendait à Homs. Nous partîmes le 25 mars et, arrivâmes après six heures de marche à Rastain, qui n'est plus aujourd'hui que le reste d'une ancienne ville considérable ; on n'y voit rien de remarquable. Nous continuâmes notre route, et au bout de six autres heures nous étions à Homs. Yakoub, à qui nous remîmes notre lettre, nous reçut à merveille et nous donna à souper. Son métier était de faire des manteaux noirs, appelés machlas. Après souper quelques hommes de sa condition vinrent passer la soirée avec lui, prendre le café et fumer. — Un d'eux, serrurier, nommé Naufal, nous parut fort intelligent. Il nous parla des Bédouins, de leur manière de vivre et de faire la guerre ; il nous apprit qu'il passait six mois de l'année dans leurs tribus pour arranger leurs armes, et qu'il avait beaucoup d'amis parmi eux. Quand nous fûmes seuls, M. Lascaris me dit qu'il avait vu ce soir-là tous ses parens ; et comme je lui témoignais mon étonnement d'apprendre qu'il y eût des Vintimille à Homs : « La rencontre de Naufal, me répondit-il,
« est plus précieuse pour moi que celle de ma famille
« entière. » Il était tard lorsqu'on se retira, et le maître de la maison nous donna un matelas et une couverture pour nous deux. M. Lascaris n'avait jamais couché avec personne ; mais par bonté il insista pour me faire partager ce lit ; ne voulant pas le contrarier, je me plaçai près de lui ; mais sitôt la lumière éteinte, m'enveloppant dans mon machlas, je me glissai à terre où je passai la nuit. Le lendemain, en nous réveillant, nous nous trouvâmes tous deux couchés de la même manière, M. Lascaris ayant fait comme moi ; il vint m'embrasser en me disant : « C'est un très-bon signe que

« nous ayons eu la même idée, mon cher fils; car j'aime à
« vous donner ce titre, qui vous plaît, j'espère, autant qu'à
« moi. » Je le remerciai de l'intérêt qu'il me montrait; et
nous sortîmes ensemble pour aller prier Naufal de nous
accompagner par toute la ville, et de nous montrer ce qu'elle
renfermait de curieux, lui promettant de l'indemniser de la
perte de sa journée. La population de Homs est de huit mille
âmes. Le caractère des habitans est en tout opposé à celui
des habitans de Hama. La citadelle, située au centre de la
ville, tombe en ruines; les remparts, bien conservés, sont
baignés par un bras de l'Oronte. L'air y est très-sain. —
Nous achetâmes, pour quarante piastres, deux pelisses de
peau de mouton semblables à celles des Bédouins : ces pelisses sont imperméables. Afin d'être plus libres, nous louâmes une chambre dans le khan, et priâmes Naufal de rester
avec nous, nous engageant à lui donner ce qu'il aurait gagné
en travaillant dans sa boutique, environ trois piastres par
jour. Il nous fut de la plus grande utilité; M. Lascaris le ques-
tionnait adroitement, et tirait de lui tous les renseignemens
qu'il désirait, se faisant expliquer les mœurs, les usages et le
caractère des Bédouins, leur manière de recevoir les étrangers et d'agir avec eux. Nous restâmes trente jours à Homs,
pour attendre l'époque du retour des Bédouins, qui d'ordinaire quittent les environs de cette ville au mois d'octobre,
pour se diriger vers le midi, suivant toujours le beau temps,
l'eau et les pâturages; marchant un jour et se reposant cinq
ou six. Les uns vont ainsi jusqu'à Bassora et Bagdad, les
autres jusqu'à Chatt-el-Arab, où se réunissent le Tygre et
l'Euphrate. Au mois de février ils commencent à revenir vers
la Syrie, et à la fin d'avril on les aperçoit dans les déserts
de Damas et d'Alep. Naufal nous donna tous ces renseignemens, et nous dit que les Bédouins faisaient un grand usage
de pelisses semblables aux nôtres, de machlas noirs, et surtout de cafiés. En conséquence, M. Lascaris me fit acheter
vingt pelisses, dix machlas et cinquante cafiés dont je fis un
ballot. Cet achat montait à douze cents piastres. — Naufal

nous ayant proposé d'aller visiter la citadelle, la crainte d'une aventure comme celle de Hama nous fit d'abord hésiter; mais sur l'assurance qu'il ne nous arriverait rien de fâcheux et qu'il répondrait de nous, nous acceptâmes, et fûmes avec lui voir ces ruines situées sur le sommet d'une petite colline, au milieu de la ville. Ce château est mieux conservé que celui de Hama. Nous y remarquâmes une grotte cachée et profonde, de laquelle sortait une source abondante; l'eau s'échappe par une ouverture de quatre pieds sur deux, et se précipite à travers des barreaux de fer, par une seconde ouverture. Elle est excellente. On nous conta une vieille tradition qui dit qu'une fois, le passage des eaux ayant été bouché, il arriva, six mois après, une députation de Perse qui, moyennant une forte somme donnée au gouvernement, obtint que l'ouverture serait débouchée, et ne pourrait plus être obstruée à l'avenir. Maintenant l'entrée de cette grotte est défendue et il est fort difficile d'y pénétrer.

De retour au logis, M. de Lascaris me demanda si je notais ce que nous avions vu, et ce qui nous était arrivé depuis notre départ d'Alep; et sur ma réponse négative, il me pria de le faire, m'engageant à me rappeler le passé et à tenir un journal exact de tout, en arabe, afin qu'il pût lui-même le traduire en français. Depuis je pris des notes qu'il transcrivait soigneusement chaque jour et qu'il me rendait le lendemain. Je les réunis aujourd'hui dans l'espoir qu'elles pourront être utiles un jour, et m'offrir une légère compensation à mes fatigues et à mes peines.

M. Lascaris s'étant décidé à partir pour le village de Saddad, j'engageai Naufal à nous accompagner, et nous étant réunis à quelques autres personnes, nous partîmes de Homs avec toutes nos marchandises. Après cinq heures de marche, nous traversâmes un large ruisseau qui coule du nord au midi vers le château de Hasné. Ce château, commandé par un aga, sert de halte à la caravane de la Mecque venant de Damas. L'eau de ce ruisseau est excellente à boire; nous en remplîmes nos outres. Cette précaution est nécessaire, car on n'en trouve plus pendant les sept heures de marche qui restent à faire pour arriver à Saddad. Nous y étions rendus au coucher du soleil. Naufal nous conduisit chez le scheik, Hassaf-Abou-Ibrahim, vénérable vieillard, père de neuf enfans tous mariés, et habitant sous le même toit. Il nous reçut à merveille, et nous présenta toute sa famille qui, à notre grand étonnement, se composait de soixante-quatre personnes. Le scheik nous ayant demandé si nous voulions nous établir dans le village, ou voyager dans d'autres pays, nous lui dîmes que nous étions négocians; que la guerre entre les puissances ayant interrompu les communications par mer avec Chypre, nous avions voulu nous établir à Alep, mais qu'ayant trouvé dans cette ville des négocians plus riches que nous, nous nous étions décidés à porter nos marchandises dans des lieux moins fréquentés, espérant par là en tirer un meilleur parti. Lui ayant ensuite appris en quoi consistaient ces marchandises: « Ces objets, nous dit-il, ne servent qu'aux Arabes du « désert; je regrette de vous le dire, mais il vous sera im-« possible de pénétrer jusqu'à eux; et quand même vous « pourriez y parvenir, vous courriez risque de perdre tout, « même la vie; les Bédouins sont cupides et pleins d'audace; « ils voudront s'emparer de vos marchandises, et si vous « faites la moindre résistance, ils vous massacreront. Vous « êtes des gens pleins d'honneur et de délicatesse, il vous « sera impossible de supporter leur grossièreté : c'est par « intérêt pour vous que je parle de la sorte, étant moi-« même chrétien. Croyez-moi, ouvrez ici vos ballots, vendez « tout ce que vous pourrez, et retournez ensuite à Alep, si « vous voulez conserver vos biens et votre vie. » Il finissait à peine de parler, que les principaux habitans du village, réunis chez lui pour nous voir, commencèrent à nous raconter des histoires effrayantes. L'un nous dit qu'un colporteur, venant d'Alep et allant au désert, avait été dépouillé par les Bédouins, et qu'on l'avait vu repasser tout nu. Un autre avait appris qu'un marchand, parti de Damas, avait été tué. Tous étaient d'accord sur l'impossibilité de pénétrer parmi les hordes de Bédouins, et cherchaient, par tous les moyens possibles, à nous détourner d'une aussi périlleuse entreprise. Je voyais M. Lascaris se troubler; il se tourna vers moi, et me dit en italien, pour n'être pas compris des autres personnes : « *Cosa dite di questa novita, che mi ha molto scoragito?* * » — « Je ne crois pas, lui répondis-je, « à toutes ces histoires; et quand même elles seraient vraies, « il faudrait encore persévérer dans notre projet. Depuis « que vous m'avez annoncé votre intention d'aller chez les « Bédouins, je n'ai plus espéré revoir ma patrie. J'ai re-« gardé les trente jours que vous m'avez donnés à Alep pour « me divertir, comme mes adieux au monde. Je considère « notre voyage comme une véritable campagne; et celui qui « part pour la guerre, s'il est bien déterminé, ne doit pas « songer au retour. Ne perdons pas courage : quoique Assaf « soit un scheik *, qu'il ait de l'expérience, qu'il entende « bien la culture des terres, et les intérêts de son village, « il ne peut avoir aucune idée de l'importance de nos affaires; « je serais donc d'avis de ne plus lui parler de notre voyage « dans le désert, et de mettre notre confiance en Dieu, le « grand protecteur de l'univers. » Ces paroles produisirent leur effet sur M. Lascaris, qui me dit en m'embrassant tendrement : « Mon cher fils, je mets tout mon espoir en Dieu et en vous; « vous êtes un homme de résolution, je le vois; je suis on ne « peut plus content de la force de votre caractère, et j'espère « atteindre mon but, à l'aide de votre courage et de votre con-« stance. » A la suite de cet entretien nous fûmes nous coucher également satisfaits l'un de l'autre. Nous employâmes la journée du lendemain à parcourir le village, qui contient environ deux cents maisons et cinq églises. Les habitans, chrétiens syriaques, fabriquent des machlas et des abas noirs, et s'occupent fort peu de culture pour laquelle le manque

---

* Que dites-vous de cette nouvelle qui m'a fort découragé?
** Vieillard ou ancien.

d'eau se fait vivement sentir. Il n'y a dans ce village qu'une seule petite source, dont la distribution des eaux est réglée par un sablier. Elle suffit à grand' peine à irriguer les jardins qui, dans ce climat où il pleut rarement, ne sauraient produire sans arrosement. On voit certaines années où il ne tombe pas même une seule goutte d'eau. Les récoltes du territoire suffisent à peine pour six mois, et le reste de l'année les habitans sont obligés d'avoir recours à Homs. Au milieu du village s'élève une tour antique d'une hauteur prodigieuse; elle date de la fondation d'une colonie dont le scheik nous raconta l'histoire. Ses fondateurs étaient originaires de Tripoli de Syrie, où leur église existe encore. Dans le temps le plus florissant de l'empire d'Orient, les Grecs, pleins d'orgueil et de rapacité, tyrannisaient les peuples conquis. Le gouverneur de Tripoli accablait les habitans d'avanies et de cruautés; ceux-ci, trop peu nombreux pour résister, et ne pouvant plus supporter ce joug, se concertèrent ensemble au nombre de trois cents familles, et, ayant secrètement réuni tout ce qu'ils pouvaient emporter de précieux, ils partirent sans bruit au milieu de la nuit, allèrent à Homs, et de là se dirigeaient vers le désert de Bagdad, lorsqu'ils furent atteints par les troupes grecques que le gouverneur de Tripoli avait envoyées à leur poursuite. Ils soutinrent un combat opiniâtre et sanglant; mais, trop inférieurs en nombre pour vaincre, et ne voulant à aucun prix subir de nouveau la tyrannie des Grecs, ils entrèrent en négociation, et obtinrent la permission de bâtir un village sur le lieu même du combat, s'engageant à rester tributaires du gouverneur de Tripoli. Ils s'établirent donc dans cet endroit qui est à l'entrée du désert, et appelèrent leur village Saddad (obstacle). — Voilà tout ce que la chronique syriaque renferme de remarquable.

Les habitans de Saddad sont braves et d'un caractère doux. Nous déballâmes nos marchandises, et passâmes quelques jours avec eux pour prouver que nous étions véritablement des négocians. Les femmes nous achetèrent beaucoup de toile de coton rouge pour faire des chemises. La vente ne nous occupa pas longtemps; mais nous fûmes obligés d'attendre l'arrivée des Bédouins dans les environs. Un jour, ayant appris qu'il existait, à quatre heures du village, une ruine considérable et fort ancienne, dans laquelle se trouvait un bain de vapeur naturelle, cette merveille excita notre curiosité; et M. Lascaris, voulant la visiter, pria le scheik de nous donner une escorte. Ayant marché quatre heures vers le sud-est, nous arrivâmes au milieu d'une grande ruine, où il n'existe plus qu'une seule chambre habitable. L'architecture en est simple; mais les pierres sont d'une grosseur prodigieuse. En entrant dans cette chambre, nous aperçûmes une ouverture de deux pieds carrés, d'où sortait une épaisse vapeur; nous y jetâmes un mouchoir, et dans une minute et demie, montre en main, il ressortit et vint tomber à nos pieds. Nous recommençâmes cette expérience avec une chemise, qui, au bout de dix minutes, remonta comme le mouchoir. Nos guides nous assurèrent qu'un machlas, qui pèse dix livres, serait rejeté de même.

Nous étant déshabillés et placés autour de l'ouverture, nous fûmes en peu de temps couverts d'une sueur abondante qui ruisselait de nos corps; mais l'odeur de cette vapeur était tellement insupportable que nous ne pûmes y rester longtemps exposés. Au bout d'une demi-heure nous remîmes nos habits, éprouvant un bien-être inexprimable. On nous dit que cette vapeur était effectivement très-salutaire, et guérissait un grand nombre de malades. De retour au village, nous soupâmes avec grand appétit, et jamais peut-être je n'ai joui d'un sommeil plus délicieux.

N'ayant plus rien à voir à Saddad ni dans ses environs, nous résolûmes de partir pour le village de Coriétain. Lorsque nous en parlâmes à Naufal, il nous conseilla de changer de noms, les nôtres pouvant nous rendre suspects aux Bédouins et aux Turcs. Dès lors, M. Lascaris prit le nom de Scheik-Ibrahim el Cabressi (le Cypriote), et me donna celui de Abdallah el Kratib, qui signifie l'écrivain.

Scheik-Hassaf nous ayant donné une lettre de recommandation pour un curé syriaque, nommé Moussi, nous prîmes congé de lui et de nos amis de Saddad, et partîmes de bonne heure. Après quatre heures de marche, nous arrivâmes entre les deux villages Mâhin et Haourin, situés à dix minutes l'un de l'autre ; ils n'ont chacun qu'une vingtaine de maisons, la plupart ruinées par les Bédouins, qui viennent de temps à autre les ravager. Au centre de ces villages se trouve une tour élevée, de construction ancienne. Les habitans, tous musulmans, parlent le langage des Bédouins et s'habillent comme eux. Après avoir déjeuné et rempli nos outres, nous continuâmes notre marche pendant six heures, et vers la nuit nous arrivâmes à Coriétain, chez le curé Moussi, qui nous offrit l'hospitalité ; le lendemain il nous conduisit chez le scheik Sélim el Dahasse, homme distingué, qui nous fit un excellent accueil. Ayant appris le motif de notre voyage, il nous fit les mêmes observations que le scheik de Saddad. Nous lui répondîmes que, connaissant toute la difficulté de notre entreprise, nous avions renoncé à nous avancer dans le désert, nous contentant d'aller jusqu'à Palmyre vendre nos marchandises. « Cela est encore trop difficile, reprit-il, « car les Bédouins peuvent vous rencontrer et vous piller. » Alors il se mit à son tour à nous raconter mille choses effrayantes des Bédouins. Le curé confirmant ce qu'il disait, nous étions sur le point de nous décourager, lorsqu'on servit le déjeuner, ce qui détourna un peu la conversation et nous donna le temps de nous remettre.

Le scheik Sélim est un de ceux qui sont tenus de fournir aux besoins de la grande caravane de la Mecque, de concert avec le scheik de Palmyre ; ses fonctions lui donnent de l'influence parmi les Arabes ; son contingent consiste en deux cents chameaux et des provisions de bouche. De retour chez nous, Scheik-Ibrahim m'adressant la parole : « Eh bien, « mon cher fils, que pensez-vous de tout ce que vient de « nous dire le scheik Sélim ? — Il ne faut pas, lui dis-je, « faire trop attention à ce que racontent les habitans de ces

« villages, toujours en guerre avec les Bédouins. Il ne doit
« pas exister entre eux une très-grande harmonie ; notre po-
« sition est bien différente : nous sommes commerçans ;
« nous allons vendre nos marchandises aux Bédouins, et
« non leur faire la guerre : en agissant honnêtement avec
« eux, je ne vois pas le moindre danger pour nous. » Ces
paroles rassurèrent un peu Scheik-Ibrahim.

Quelques jours après notre arrivée, pour soutenir notre
rôle de marchands, nous ouvrîmes nos ballots sur la place,
au milieu du village, devant la porte du scheik. Je vendis
aux femmes quelques objets, qui furent payés en argent.
Les gens désœuvrés se rassemblaient autour de nous pour
causer ; un d'eux, fort jeune, nommé Hessaisoun el Kratib,
m'aidait à recevoir l'argent et à faire les comptes avec les
femmes et les enfans ; il montrait un grand zèle pour mes intérêts. Un jour, me trouvant seul, il me demanda si j'étais
capable de garder un secret. « Prenez-y garde, ajouta-t-il,
« c'est un grand secret qu'il ne faut confier à personne, pas
« même à votre compagnon. » Lui en ayant donné ma parole, il me dit qu'à une heure du village, il y avait une grotte
dans laquelle se trouvait une grande jarre remplie de se-
quins ; il m'en donna un, m'assurant qu'il ne pouvait pas
se servir de cette monnaie, qui n'avait cours qu'à Palmyre.
« Mais vous, continua-t-il, qui allez de ville en ville, vous
« la changerez aisément ; vous avez mille moyens que je
« n'ai pas de profiter de ce trésor. Cependant je ne veux pas
« vous donner le tout ; mais je laisse le partage à votre gé-
« nérosité. Vous viendrez avec moi reconnaître les lieux.
« Nous transporterons cet or peu à peu en secret, et vous
« m'en donnerez ma part en monnaie courante. » Ayant vu
et tenu le sequin, je crus à la vérité de ce récit et lui donnai
rendez-vous hors du village, pour le jour suivant, de grand
matin.

Le lendemain, il était à peine jour, je me lève, et sors
de notre logis comme pour me promener. A quelques pas
du village je trouve Hessaisoun qui m'attendait ; il était armé

d'un fusil, d'un sabre et de pistolets. Je n'avais, moi, pour toute arme, qu'une longue pipe. Nous marchons une heure environ. Avec quelle impatience je cherchais des yeux la grotte; enfin, je l'aperçois; bientôt nous y entrons; je regarde de tous côtés pour découvrir la jarre; ne voyant rien, je me tourne vers Hessaisoun : « Où est donc la jarre? lui
« dis-je. » Je le vis pâlir. « Puisque nous y voilà, s'écrie-
« il, apprends que ta dernière heure est venue! Tu serais
« déjà mort si je n'avais craint de souiller tes habits de sang.
« Avant de te tuer, je veux te dépouiller. Ainsi déshabille-toi
« et donne-moi ton sac d'argent. Je sais que tu le portes
« sur toi; il doit renfermer plus de douze cents piastres, que
« j'ai comptées moi-même : c'est le prix des marchandises
« que tu as vendues. Tu ne verras plus la lumière du jour.

« — Fais-moi grâce de la vie, lui dis-je d'un air sup-
« pliant, je te donnerai une plus forte somme que celle qui
« est dans le sac, et ne parlerai à personne de ce qui s'est
« passé ici, je te le jure. — Cela ne se peut, répondit-il;
« cette grotte doit te servir de tombeau : je ne saurais te
« laisser la vie sans exposer la mienne. »

Je lui jurai mille fois de me taire; je lui proposai de faire un billet pour la somme que lui-même fixerait : rien ne put le détourner de son affreux projet. Enfin, ennuyé de ma résistance, il pose ses armes contre le mur, et fond sur moi, comme un lion en fureur, pour me dépouiller avant de me tuer. Je le supplie de nouveau : « Quel mal t'ai-je fait? lui
« dis-je, quelle inimitié existe entre nous? Tu ne sais donc
« pas que le jour du jugement est proche; que Dieu de-
« mandera compte du sang innocent?..... » Mais son cœur endurci n'écoute rien... Je pense alors à mon frère, à mes parens, à mes amis; tout ce qui m'est cher est devant mes yeux; désespéré, je ne demande plus protection qu'à mon Créateur. O Dieu! protecteur des innocens, aidez-moi, donnez-moi la force de résister! Mon assassin, impatient, m'arrache mes habits... Quoiqu'il fût beaucoup plus grand que moi, Dieu me donna la force de lutter contre lui pendant près

d'une demi-heure : le sang coulait abondamment de mon visage ; mes habits tombaient en lambeaux. Le scélérat, me voyant en cet état, prend le parti de m'étrangler, et lève les bras pour me serrer le cou ; je profite de l'instant de liberté que me donne ce mouvement pour lui donner, de mes deux poings, un coup violent dans l'estomac ; je le jette à la renverse, et, saisissant ses armes, je m'élance hors de la grotte en courant de toutes mes forces. Je croyais à peine au bonheur d'être sauvé. Quelques momens après, j'entendis courir derrière moi : c'était mon assassin ; il m'appelait, en me priant de l'attendre, du ton le plus conciliant. Ayant toutes les armes, je ne craignis pas de m'arrêter un instant, et me retournant vers lui : « Infâme ! lui criais-je, que demandes-tu ? tu as « voulu m'assassiner en secret, et c'est toi qui vas être étranglé « publiquement. » Il me répondit, en l'affirmant par serment, que tout cela n'avait été qu'un jeu de sa part ; qu'il avait voulu éprouver mon courage et voir comment je me défendrais. « Mais, ajouta-t-il, je vois que tu n'es encore qu'un enfant, « puisque tu prends la chose ainsi. » Je répondis, en le couchant en joue, que, s'il approchait d'un pas de plus, je tirerais sur lui. Me voyant déterminé à le faire, il s'enfuit à travers le désert, et moi je repris le chemin du village. Cependant Scheik-Ibrahim, le curé et Naufal, ne me voyant pas revenir, commençaient à s'inquiéter. Scheik-Ibrahim surtout, sachant bien que je ne m'éloignais pas ordinairement sans le prévenir, après deux heures d'attente, fut chez le scheik, qui, partageant ses inquiétudes, mit tout le village à ma recherche. Enfin, Naufal, m'apercevant, s'écrie : « Le voilà ! » Sélim prétend qu'il se trompe. J'approche, c'est à peine si l'on me reconnaît. M. Lascaris court à moi et m'embrasse en pleurant. Je reste sans pouvoir parler ; on m'emmène chez le curé ; on lave mes blessures et on me met au lit ; enfin je retrouvai la force de raconter mon aventure. Sélim envoya des cavaliers à la poursuite de l'assassin, chargeant son nègre du cordon qui devait l'étrangler ; mais ils revinrent sans avoir pu l'atteindre, et nous apprîmes bientôt qu'il était entré au service du pacha de Damas. Depuis lors, il ne reparut plus à Coriétain.

Au bout de quelques jours, mes blessures commencèrent à se fermer, et j'eus promptement repris mes forces. Scheik-Sélim, qui avait conçu pour moi une grande amitié, m'apporta un jour une lunette d'approche dérangée, me disant que je serais un habile homme si je parvenais à la raccommoder. Comme il n'y avait qu'un verre à replacer, je l'arrangeai et la lui reportai. Il fut si content de mon adresse, qu'il me donna le surnom de *l'industrieux*.

Peu de temps après, nous apprîmes que les Bédouins s'approchaient de Palmyre : on en voyait même déjà dans les environs de Coriétain. Un jour il en vint un nommé Selam el Hassan. Nous étions chez Sélim quand il y entra ; on apporta le café, et, pendant que nous le prenions, plusieurs habitans vinrent trouver le scheik et lui dirent : « Il y a huit ans, dans
« tel endroit, Hassan a tué notre parent ; nous venons vous
« en demander justice. » Hassan niant le fait, demanda s'ils avaient des témoins. — « Non, répondirent-ils ; mais on vous
« a vu passer tout seul par tel chemin, et peu de temps
« après nous y avons trouvé notre parent mort. Nous savons
« qu'il existait un motif de haine entre vous deux ; il est donc
« sûr que vous êtes son assassin. » — Hassan niait toujours. Le scheik, qui, par crainte, ménageait beaucoup les Bédouins, et qui d'ailleurs n'avait pas de preuves positives contre lui, prit un morceau de bois et dit : — « Par celui
« qui créa cette tige, jurez que vous n'avez pas tué leur
« parent. » — Hassan prend la tige, la regarde pendant quelques minutes et baisse les yeux ; puis ensuite relevant la tête vers les accusateurs : — « Je ne veux pas, dit-il, avoir
« deux crimes sur le cœur : l'un d'être le meurtrier de cet
« homme, l'autre de jurer faussement devant Dieu. C'est moi
« qui ai tué votre parent ; que voulez-vous pour le prix de
« son sang ?[*] » Le scheik, par ménagement pour les Bé-

---

[*] D'après les lois arabes, on rachète le meurtre à prix d'argent ; la somme en est fixée selon les circonstances.

douins, ne voulut pas agir selon toute la rigueur des lois, et les personnes présentes s'intéressant à la négociation, il fut décidé que Hassan paierait trois cents piastres aux parens du mort. Lorsqu'on vint à lui demander l'argent, il répondit qu'il ne l'avait pas sur lui, mais qu'il l'apporterait sous peu de jours; et comme on faisait difficulté de le laisser partir sans caution : — « Je n'ai pas de gage à donner, ajouta-t-il ; « mais celui-là répondra pour moi, dont je n'ai pas voulu « profaner le nom par un faux serment. » Il partit, et quatre jours après il revint, amenant quinze moutons qui valaient plus de vingt piastres chaque. Ce trait de bonne foi et de générosité nous charma et nous surprit en même temps. Nous voulûmes lier connaissance avec Hassan : Scheik-Ibrahim l'invita à venir chez lui, lui fit quelques cadeaux, et par ce moyen nous devînmes amis intimes. Il nous apprit qu'il était de la tribu El-Ammour, dont le chef s'appelle Soultan el Brrak. Cette tribu, composée de cinq cents tentes, est considérée comme faisant partie du pays, parce qu'elle ne quitte pas les bords de l'Euphrate, alors que les grandes tribus s'éloignent. Elle vend des moutons, des chameaux et du beurre à Damas, Homs, Hama, etc. Les habitans de ces diverses villes ont souvent un intérêt dans ses troupeaux.

Un jour nous dîmes à Hassan que nous voulions aller à Palmyre vendre les marchandises qui nous restaient, mais qu'on nous avait effrayés sur les dangers de la route. S'étant offert de nous y conduire, il fit devant le scheik un billet par lequel il répondait de tout ce qui pourrait nous arriver de fâcheux. Persuadé qu'Hassan était un homme d'honneur, nous acceptâmes sa proposition.

Le printemps était venu : le désert, naguère encore si aride, s'était couvert tout à coup d'un tapis de verdure et de fleurs. Ce spectacle enchanteur nous engagea à hâter notre départ. La veille, nous déposâmes chez le curé Moussi une partie de nos marchandises, afin de n'éveiller ni l'attention ni la cupidité. Naufal désirait retourner à Homs. M. Lascaris le congédia avec une bonne récompense; et, le lendemain, ayant arrêté des moukres avec leurs chameaux, nous prîmes congé des habitants de Coriétain, et, nous étant pourvus d'eau et de provisions pour deux jours, nous partîmes de grand matin, emportant une lettre de recommandation du scheik Sélim pour le scheik de Palmyre, nommé Ragial el Orouk.

Après dix heures de marche, toujours dans la direction du levant, nous nous arrêtâmes près d'une tour carrée, très-élevée et d'une construction massive, appelée Casser el Ourdaan, sur le territoire el Dawh. Cette tour, bâtie au temps de l'empire grec, servait de poste avancé contre les Persans qui venaient enlever les habitans du pays. Ce rempart du désert a conservé son nom jusqu'à nos jours. Après en avoir admiré l'architecture, qui est d'une bonne époque, nous retournâmes passer la nuit dans notre petit kan, où nous eûmes beaucoup à souffrir du froid. Le matin, comme nous nous disposions à partir, M. Lascaris, encore peu habitué aux mouvemens des chameaux, monte sans précaution sur le sien, qui, se relevant subitement, le jette à terre. Nous courons à lui. Il nous parut avoir le pied démis; mais, comme il ne voulait pas s'arrêter, après l'avoir pansé de notre mieux, nous le replaçâmes sur sa monture et continuâmes notre route. Nous marchions depuis deux heures, lorsque nous vîmes au loin s'élever une poussière qui venait à nous, et bientôt nous pûmes distinguer six cavaliers armés. A peine Hassan les a-t-il aperçus qu'il quitte sa pelisse, prend sa lance, et court à leur rencontre en nous criant de ne pas avancer. Arrivé près d'eux, il leur dit que nous sommes des marchands allant à Palmyre, et qu'il s'est engagé devant le scheik Sélim et tout son village à nous y conduire en sûreté. Mais ces Bédouins, de la tribu El-Hassnné, sans vouloir rien écouter, courent sur nous : Hassan s'élance pour leur barrer le chemin : ils veulent le repousser, et le combat s'engage. Notre défenseur était connu pour sa vaillance; mais ses adversaires étaient également braves. Il soutint leur choc pendant une demi-heure; à la fin, blessé d'un coup de lance qui lui traverse la cuisse, il se retire vers nous, et bientôt tombe de cheval. Les Bédouins se mettent en devoir de nous dépouiller ; alors Hassan, étendu par terre, le sang ruisselant de sa blessure, les apostrophe en ces termes : — « Que « faites-vous, ô mes amis? voulez-vous donc violer les droits « des Arabes, les usages des Bédouins? Ceux que vous dé- « pouillez sont mes frères, ils ont ma parole, j'ai répondu « de tout ce qui pourrait leur arriver de fâcheux, et vous « les dévalisez? Est-ce agir d'après l'honneur? » — « Pour- « quoi vous êtes-vous engagé à conduire des chrétiens à « Palmyre? lui répondirent-ils : ne savez-vous pas que « Mehanna el Fadel (le scheik de leur tribu) est le chef du « pays? Comment n'avez-vous pas demandé sa permis- « sion? » — Je le sais, reprit Hassan, mais ces marchands « étaient pressés ; Mehanna est encore loin d'ici. Je leur ai « engagé ma parole, il y ont eu foi ; ils connaissent nos lois « et nos usages qui ne changent jamais. Est-il digne de vous « de les violer en dépouillant ces étrangers et en me laissant « blessé de la sorte? »

A ces paroles, les Bédouins, cessant leurs violences, répondirent : — « Tout ce que tu dis est vrai et juste ; et puis- « qu'il en est ainsi, nous ne prendrons à tes protégés que « ce qu'ils voudront nous donner. »

Nous nous hâtâmes de leur offrir deux machlas, une pelisse et cent piastres. Ils s'en contentèrent, et nous laissèrent libres de continuer notre route. Hassan souffrait beaucoup de sa blessure, et comme il ne pouvait remonter à cheval, je lui donnai mon chameau et pris sa jument. Nous marchâmes encore quatre heures, mais le soleil s'étant couché, nous fûmes obligés de faire halte dans un lieu nommé Waddi el Nard (vallon de la rivière). Cependant on n'y trouvait pas une goutte d'eau, et nos outres étaient vides ; l'attaque du matin nous avait retardés de trois heures, et il était impossible d'aller plus loin ce soir-là. Malgré tout ce que nous avions à souffrir, nous nous trouvions encore fort heureux d'avoir échappé aux Bédouins et d'avoir conservé nos habits, qui nous garantissaient un peu d'un vent froid qui se faisait vivement sentir. Enfin, partagés entre le plaisir et la souffrance, nous attendîmes avec impatience les premières heures du jour. Scheik-Ibrahim souffrait de son pied, et Hassan de sa blessure. Le matin, après avoir arrangé nos malades de notre mieux, nous nous remîmes en route, allant toujours vers le levant. A une heure un quart de Palmyre, nous trouvâmes un ruisseau souterrain, dont la source est entièrement inconnue, ainsi que l'endroit où il se perd. On voit couler l'eau à travers des ouvertures d'environ cinq pieds, formant des espèces de bassins. Il est inutile de dire avec quel bonheur nous nous désaltérâmes; l'eau nous parut excellente.

A l'entrée d'un passage formé par la jonction de deux montagnes, nous aperçûmes enfin la célèbre Palmyre. Ce défilé forme pendant un quart d'heure une avenue à la ville; le long de la montagne, du côté du midi, règne, pendant près de trois heures, un rempart très-ancien. En face, sur la gauche, on aperçoit un vieux château appelé *Co Lat Ebn Maden*, bâti par les Turcs avant l'invention de la poudre. Cet Ebn Maden, gouverneur de Damas du temps des kalifes, avait élevé ce château pour empêcher les Persans de pénétrer en Syrie. Nous arrivâmes ensuite à une vaste place appelée Waldi el Cabour (vallon des tombeaux). Les sépulcres qui la couvrent apparaissent de loin comme des tours. En approchant, nous vîmes qu'on y avait pratiqué des niches pour y déposer les morts. Chaque niche est fermée par une pierre sur laquelle est gravé le portrait de celui qui l'occupe. Les tours ont trois et quatre étages, communiquant entre eux par un escalier en pierre, généralement très-bien conservé. De là nous entrâmes dans une vaste enceinte habitée par les Arabes, qui l'appellent le château. Elle renferme en effet les ruines du temple du Soleil. Deux cents familles logent dans ces ruines.

Nous nous rendîmes immédiatement chez le scheik Ragial el Orouk, vieillard vénérable, qui nous reçut fort bien, et nous fit souper et coucher chez lui. Ce scheik, comme celui de Coriétain, fournit deux cents chameaux à la grande caravane de la Mecque.

Le lendemain, ayant loué une maison, nous déballâmes nos marchandises. Je pansai le pied de Scheik-Ibrahim, qui en effet était démis. Il eut encore longtemps à en souffrir. Hassan trouva à Palmyre des amis qui prirent soin de lui; et, s'étant promptement rétabli, il vint prendre congé de nous, et partit enchanté de la manière dont nous l'avions récompensé.

Obligés de garder la maison pendant plusieurs jours, à cause du pied de Scheik-Ibrahim, nous nous mîmes à vendre quelques objets pour confirmer notre qualité de marchands; mais, dès que M. Lascaris se trouva en état de marcher, nous fûmes visiter le temple dans tous ses détails. D'autres voyageurs en ont décrit les ruines; ainsi nous ne parlerons que de ce qui a pu échapper à leurs observations sur le pays.

Nous vîmes un jour beaucoup de monde sur une place, occupé à entourer de bois une très-belle colonne de granit. On nous dit que c'était pour la brûler, ou plutôt pour la faire tomber, afin d'avoir le plomb qui se trouve dans les jointures. Scheik-Ibrahim, plein d'indignation, m'adressant la parole : « Que diraient les fondateurs de Palmyre! s'écria« t-il, s'ils voyaient ces barbares détruire ainsi leur ou« vrage? Puisque le hasard m'a conduit ici, je veux m'op« poser à cet acte de vandalisme. » Et s'étant informé de ce que pouvait valoir le plomb, il donna les cinquante piastres qu'on lui demandait, et la colonne devint notre propriété. Elle est du plus beau granit rouge, tacheté de bleu et de blanc; elle a soixante-deux pieds de haut sur dix de circonférence. Les Palmyriens, voyant notre goût pour les monumens, nous indiquèrent un endroit curieux, à une heure et demie de marche, où l'on taillait anciennement les colonnes, et où se trouvent encore de très-beaux fragmens. Trois Arabes s'engagèrent à nous y conduire moyennant dix piastres. Le chemin est parsemé de fort belles ruines, décrites, je présume, par d'autres voyageurs. Pour nous, nous remarquâmes une grotte, dans laquelle il y avait une très-belle colonne en marbre blanc taillée et ciselée, et une autre seulement terminée à moitié. On dirait que le temps, qui a détruit de si grandes magnificences, a manqué pour placer la première et achever la seconde.

Après avoir parcouru plusieurs grottes et visité les environs, nous revînmes par un autre chemin. Nos guides nous montrèrent une belle source encombrée de grands blocs de pierres : on l'appelle *Aïn Ournus*. Ce nom frappa Scheik-Ibrahim, qui parut y penser pendant le reste du chemin. A la fin, m'ayant appelé : « J'ai découvert, me dit-il, ce que
« veut dire le nom de *Ournus*. *Aurelianus*, empereur ro-
« main, vint assiéger Palmyre et s'emparer de ses richesses :
« c'est lui, je suppose, qui aura fait creuser cette source
« pour les besoins de son armée pendant le siége, et cette
« source aura pris son nom, devenu par suite du temps
« *Ournus*. » Selon mes faibles connaissances de l'histoire, la conjecture de Scheik-Ibrahim n'est pas sans fondement.

Les habitans de Palmyre ne s'occupent guère de culture ; leur principal travail est l'exploitation d'une saline, dont ils envoient les produits à Damas et à Homs ; ils font aussi beaucoup de soude. La plante qui la fournit est très-abondante ; on la brûle, et les cendres sont également expédiées dans ces deux villes pour y faire du savon ; on les envoie même quelfois à Tripoli de Syrie, qui a de nombreuses fabriques de savon et qui expédie pour l'Archipel.

On nous parla un jour d'une grotte très-curieuse, mais dont l'entrée obscure et étroite était presque impraticable ; elle se trouvait à trois heures de Palmyre. Nous eûmes le désir de la visiter ; mais mon aventure avec Hessaisoun était trop récente pour nous risquer sans une bonne escorte, aussi priâmes-nous Scheik-Ragial de nous faire accompagner par des gens sûrs. Étonné de notre projet : « Vous êtes
« bien curieux, nous dit-il. Que vous importe cette grotte ?
« Au lieu de vous occuper de votre commerce, vous passez

« votre temps à de pareilles futilités : jamais je n'ai vu de
« négocians comme vous. » « — L'homme gagne toujours à
« voir ce que la nature a créé de beau, » lui répondis-je. Le
scheik nous ayant donné six hommes bien armés, je me munis
d'un peloton de ficelle, d'un grand clou et de torches, et
nous partîmes de bon matin. Après deux heures de marche,
nous arrivâmes au pied d'une montagne. Un grand trou
qu'on nous montra formait l'entrée de la grotte. Je plantai
mon clou dans un endroit caché; j'y attachai la ficelle par
un bout, et, tenant le peloton à la main, je suivis Scheik-
Ibrahim et les guides, qui portaient les torches. Nous allions
tantôt à droite, tantôt à gauche; nous montions, nous des-
cendions; enfin la grotte est tellement grande qu'on y loge-
rait une armée tout entière. Nous y trouvâmes beaucoup
d'alun; la voûte et les parois du rocher étaient couvertes de
soufre, et le terrain rempli de nitre. Nous remarquâmes une
espèce de terre rougeâtre, très-fine, qui a un goût acide;
Scheik-Ibrahim en mit une poignée dans son mouchoir.
Cette grotte est parsemée de cavités taillées au ciseau, dont
on a anciennement retiré des métaux. Nos guides nous racon-
tèrent que plusieurs personnes, s'étant égarées, y avaient
péri. Un homme y était resté deux jours, en cherchant en
vain l'issue, lorsqu'il aperçut un loup; il lui jeta des pierres,
et, l'ayant mis en fuite, il le suivit, et parvint de la sorte à
l'ouverture. Mon paquet de ficelle se trouvant au bout, nous
ne voulûmes pas aller plus loin, et revînmes sur nos pas.
L'attrait de la curiosité nous avait sans doute aplani le chemin, car nous eûmes une peine infinie à regagner l'entrée.
Dès que nous fûmes sortis nous nous hâtâmes de déjeuner,
et reprîmes ensuite le chemin de Palmyre. Le scheik, qui nous
attendait, nous demanda ce que nous avions gagné à notre
course. « Nous avons reconnu, lui dis-je, que les anciens
« étaient bien plus habiles que nous; car on voit par leurs
« travaux qu'ils entraient et sortaient avec facilité, et nous
« avons eu bien de la peine à nous en tirer. »

Il se mit à rire, et nous le quittâmes pour aller nous reposer. Le soir, Scheik-Ibrahim trouva le mouchoir dans lequel il avait mis de la terre rouge, tout troué et comme pourri; la terre était répandue dans sa poche; il la mit dans une bouteille *, et me dit que probablement les anciens avaient tiré de l'or de cette grotte : les expériences chimiques prouvent que là où se trouve du soufre, il y a souvent de l'or; et d'ailleurs les grands travaux que nous avions remarqués ne pouvaient avoir été faits uniquement pour extraire du soufre et de l'alun, mais évidemment quelque chose de plus précieux. Si les Arabes avaient pu soupçonner que nous allions chercher de l'or, notre vie n'aurait pas été en sûreté.

De jour en jour, on parlait de l'approche des Bédouins, et Scheik-Ibrahim s'en réjouissait, comme s'il eût attendu des compatriotes. Il fut enchanté quand je lui annonçai l'arrivée de Mehanna el Fadel, grand prince bédouin. Il voulait aussitôt aller au-devant de lui; mais je lui représentai qu'il serait plus prudent d'attendre une occasion favorable de voir quelqu'un de la famille de cet émir (prince). Je savais qu'ordinairement Mehanna envoyait un messager au scheik de Palmyre pour lui annoncer son approche. En effet je vis un jour arriver onze cavaliers bédouins, et j'appris que parmi eux se trouvait l'émir Nasser, fils aîné de Mehanna; je courus porter cette nouvelle à Scheik-Ibrahim, qui en parut au comble de la joie. A l'instant même, nous nous rendîmes chez Scheik-Ragial pour nous faire présenter à l'émir Nasser, qui nous fit bon accueil. « Ces étrangers, lui
« dit Ragial, sont d'honnêtes négocians qui ont des mar-
« chandises à vendre à l'usage des Bédouins; mais on les a
« tellement effrayés, qu'ils n'osent se hasarder dans le
« désert, à moins que vous ne les preniez sous votre pro-
« tection. »

L'émir Nasser se tournant vers nous : « Espérez, nous
« dit-il, toutes sortes de prospérités; vous serez les bien-

---

* Cette bouteille a été prise avec le reste en Égypte.

« venus, et je vous promets qu'il ne vous arrivera rien que
« la pluie qui tombe du ciel. » Nous lui fîmes beaucoup de
remerciemens en lui disant : « Puisque nous avons eu l'a-
« vantage de faire votre connaissance et que vous voulez
« bien être notre protecteur, il faut que vous nous fassiez
« l'honneur de manger avec nous. »

Les Arabes en général, et particulièrement les Bédouins, regardent comme un engagement de fidélité inviolable d'avoir mangé avec quelqu'un, seulement même d'avoir rompu le pain avec lui. Nous l'invitâmes donc avec toute sa suite, ainsi que le scheik; nous fîmes tuer un mouton, et notre dîner préparé à la manière des Bédouins, leur parut fort bon. Au dessert, nous leur présentâmes des figues, des raisins secs, des amandes et des noix, ce qui fut pour eux un grand régal. Après le café, comme on vint à parler de diverses choses, nous racontâmes à Nasser notre aventure avec les six cavaliers de sa tribu. Il voulait les punir, et nous faire restituer nos effets et notre argent. Nous le conjurâmes instamment de n'en rien faire, l'assurant que nous ne tenions nullement à ce que nous avions donné. Nous aurions voulu partir avec lui le lendemain; mais il nous engagea à attendre l'arrivée de son père, qui était encore avec sa tribu à huit jours de distance. Il promit de nous envoyer une escorte et et des chameaux pour porter nos marchandises. Pour plus de sûreté, nous le priâmes de nous faire écrire par son père; il s'y engagea.

Le surlendemain arriva à Palmyre un Bédouin de la tribu el Hassnné, nommé Bani; et quelques heures après sept autres Bédouins de la tribu el Daffir, qui est en guerre avec celle de Hassnné. Ceux-ci ayant appris qu'il se trouvait en ville un de leurs ennemis, résolurent d'aller l'attendre hors de Palmyre pour le tuer. Bani en ayant été averti, vint chez nous, attacha sa jument à notre porte, et nous pria de lui prêter un feutre. Nous en avions plusieurs qui enveloppaient nos marchandises; je lui en apportai un. Il le mit à tremper dans l'eau pendant une demi-heure, et le plaça ensuite tout mouillé sur le dos de sa jument, la selle par-dessus. Deux heures après, elle eut une diarrhée très-forte, qui dura toute la soirée, et le lendemain elle semblait n'avoir rien dans le corps. Alors Bani ôta le feutre, qu'il nous rendit, sangla fortement sa monture et partit.

Sur les quatre heures après midi, nous vîmes revenir sans butin les Bédouins de la tribu el Daffir. Quelqu'un leur ayant demandé ce qu'ils avaient fait de la jument de Bani : « Voici, dirent-ils, ce qui nous est arrivé. Ne voulant pas « faire insulte à Ragial, tributaire de Méhanna, nous nous « sommes abstenus d'attaquer notre ennemi dans la « ville; nous aurions pu l'attendre dans un passage étroit; « mais nous étions sept contre un; nous résolûmes donc de « rester en rase campagne. L'ayant aperçu, nous avons « couru sur lui, mais lorsqu'il s'est trouvé au milieu de « nous, il a poussé un grand cri, disant à sa cavale : Jah « Hamra ! c'est aujourd'hui ton tour. Et il est parti comme « un éclair. Nous l'avons poursuivi jusqu'à sa tribu sans « pouvoir l'atteindre, émerveillés de la vitesse de sa jument « qui ressemblait à un oiseau fendant l'air avec ses ailes. » Je leur contai alors l'histoire du feutre, qui les étonna beaucoup, n'ayant, disaient-ils, aucune idée d'une pareille sorcellerie.

Huit jours après, trois hommes vinrent nous trouver de la part de Méhanna el Fadel; ils venaient nous chercher avec des chameaux. Ils nous remirent une lettre de lui; en voici le contenu :

« Méhanna el Fadel, fils de Melkhgem, à Scheik-Ibrahim « et à Abdalla el Kratib, salut! Que la miséricorde de Dieu « soit avec vous! A l'arrivée de notre fils Nasser, nous « avons été instruit du désir que vous avez de nous visiter : « soyez les bienvenus, vous répandrez la bénédiction sur « nous. Ne craignez rien, vous avez la protection de Dieu et « la parole de Méhanna; rien ne vous touchera que la pluie « du ciel. *Signé* Méhanna el Fadel. »

Un cachet était apposé à côté de sa signature. Cette lettre fit le plus grand plaisir à Scheik-Ibrahim : nos préparatifs furent bientôt terminés, et le lendemain de très-bonne heure nous étions hors de Palmyre. Arrivés dans un village qu'arrose une source abondante, nous y remplîmes nos outres pour le reste de la route. Ce village, appelé Arak, est à quatre heures de Palmyre ; nous rencontrions un grand nombre de Bédouins qui, après avoir questionné nos conducteurs, continuaient leur chemin. Après dix heures de marche, la plaine nous apparut couverte de quinze cents tentes ; c'était la tribu de Méhanna. Nous entrâmes dans la tente de l'émir, qui nous fit servir du café à trois reprises différentes, ce qui, chez les Bédouins, est la plus grande preuve de considération. Après la troisième tasse on servit le souper, qu'il nous fallut manger à la turque; c'était la première fois que cela nous arrivait, aussi nous brûlâmes-nous les doigts. Méhanna s'en étant aperçu :

« Vous n'êtes pas habitués, dit-il, à manger comme « nous. » — « Il est vrai, répondit Scheik-Ibrahim ; mais « pourquoi ne vous servez-vous pas de cuillères ? il est tou-« jours possible d'en avoir, ne fussent-elles qu'en bois. » — « Nous sommes Bédouins, répliqua l'émir, et nous « tenons à conserver les usages de nos ancêtres, que du « reste nous trouvons bien fondés. La main et la bouche « sont des parties de notre corps que Dieu nous a données « pour s'aider l'une l'autre ; pourquoi donc se servir d'une « chose étrangère, en bois ou en métal, pour arriver à sa « bouche, lorsque la main est naturellement faite pour « cela ? » Nous dûmes approuver ces raisons, et je fis remarquer à Scheik-Ibrahim que Méhanna était le premier philosophe bédouin que nous eussions rencontré.

Le lendemain l'émir fit tuer un chameau pour nous régaler ; et j'appris que c'était une grande marque de considération, les Bédouins mesurant à l'importance de l'étranger l'animal qu'ils tuent pour le recevoir. On commence par un agneau et l'on finit par un chameau. C'était la première fois que nous mangions de la chair de cet animal ; nous la trouvâmes un peu fade.

L'émir Méhanna était un homme de quatre-vingts ans, petit, maigre, sourd et très-mal vêtu. Sa haute influence parmi les Bédouins vient de son cœur noble et généreux, et de ce qu'il est chef d'une famille très-ancienne et très-nombreuse. Il est chargé par le pacha de Damas d'escorter la grande caravane jusqu'à la Mecque, moyennant vingt-cinq bourses (douze mille cinq cents piastres), qui lui sont payées avant le départ de Damas. Il a trois fils : Nasser, Faress et Hamed, tous trois mariés et habitant la même tente que leur père. Cette tente a soixante-douze pieds de long et autant de large : elle est de toile de crin noir, et partagée en trois parties. Dans le fond on garde les provisions et on fait la cuisine; les esclaves y couchent. Au centre se tiennent les femmes, et toute la famille s'y retire la nuit. Le devant est destiné aux hommes. C'est là qu'ils reçoivent les étrangers; cette partie s'appelle *rabba*.

Après trois jours, consacrés à jouir de l'hospitalité, nous ouvrîmes nos ballots et vendîmes beaucoup d'objets sur la plupart desquels nous perdions plus ou moins. Je ne comprenais rien à cette manière de faire le commerce, et le dis à Scheik-Ibrahim. — « Avez-vous donc oublié nos conditions? me répondit-il. » Je m'excusai pour lors et continuai de vendre selon son bon plaisir.

Nous vîmes arriver un jour cinquante cavaliers bien montés qui, s'arrêtant au dehors des tentes, descendirent de cheval et s'assirent par terre. L'émir Nasser, chargé de toutes les affaires depuis que son père était devenu sourd, fut les rejoindre accompagné de son cousin, Scheik-Zamel, et eut avec eux une conférence de deux heures, après laquelle les cavaliers remontèrent à cheval et partirent. Scheik-Ibrahim, inquiet de cette entrevue mystérieuse, ne savait comment faire pour en connaître le motif; ayant été déjà plusieurs fois chez les femmes, je pris un chapelet de corail, et j'entrai chez Naura, la femme de Nasser, pour le lui offrir. Elle l'accepta, me fit asseoir près d'elle, et me présenta, à son tour, des dattes et du café. Après toutes ces politesses réciproques,

je vins au but de ma visite, et lui dis : « Excusez, je vous
« prie, mon importunité, mais les étrangers sont curieux et
« craintifs; le peu de marchandises que nous avons ici est le
« reste d'une fortune considérable que des malheurs nous ont
« enlevée. L'émir Nasser était tantôt en conférence avec des
« étrangers, cela nous inquiète; nous voudrions en savoir le
« motif. » — « Je veux bien, répondit Naura, satisfaire votre
« curiosité, mais à condition que vous me garderez le secret
« et n'aurez l'air de rien savoir. Apprenez que mon mari a
« beaucoup d'ennemis parmi les Bédouins, parce qu'il hu-
« milie leur fierté nationale en vantant la puissance des
« Turcs. L'alliance de Nasser avec les Osmanlis déplaît fort
« aux Bédouins qui les haïssent. Elle est même contraire aux
« avis de son père et des principaux de la tribu, qui murmu-
« rent contre lui. Le but de cette assemblée était de concer-
« ter un plan d'attaque. Demain on doit assaillir la tribu el
« Daffir, pour prendre ses troupeaux et lui faire tout le mal
« possible; au reste le Dieu des batailles donnera la vic-
« toire à qui lui plaît, mais pour vous, vous n'avez rien à
« craindre. » — Ayant remercié Naura, je me retirai satisfait d'avoir obtenu sa confiance.

Scheik-Ibrahim, instruit par moi de tout ce que m'avait
confié la femme de l'émir Nasser, me dit qu'il en éprouvait
la plus vive contrariété. « Je cherchais, ajouta-t-il, à me lier
« avec une tribu ennemie des Osmanlis, et je me trouve près
« d'un chef allié à eux. » — Je n'osai pas demander le sens
de ces paroles, mais elles me donnèrent beaucoup à penser.

Vers le coucher du soleil, trois cents cavaliers se réunirent hors des tentes, et partirent de grand matin, ayant à
leur tête Nasser, Hamed et Zamel. Trois jours après, un messager vint annoncer leur retour. A cette nouvelle, un grand
nombre d'hommes et de femmes furent au-devant d'eux, et
lorsqu'ils les eurent rejoints, ils poussèrent de part et d'autre
de grands cris de joie, et firent ainsi leur entrée triomphale
au camp, précédés de cent quatre-vingts chameaux pris à
l'ennemi; aussitôt qu'ils eurent mis pied à terre, nous les

priâmes de nous raconter leurs exploits. — « Le lendemain
« de notre départ, nous dit Nasser, étant parvenus, vers
« midi, à l'endroit où les bergers mènent paître les troupeaux
« de Daffir, nous nous sommes jetés sur eux, et leur avons
« enlevé cent quatre-vingts chameaux; cependant les ber-
« gers s'étant enfuis, ont donné l'alarme à leur tribu. J'ai
« détaché alors une partie de ma troupe pour conduire notre
« butin au camp par un autre chemin. *Aruad-Ebn-*
« *Motlac* [*] étant venu nous attaquer avec trois cents cava-
« liers, le combat a duré deux heures, et la nuit seule nous
« a séparés. Chacun alors a regagné sa tribu, l'ennemi ayant
« perdu un de ses hommes, et nous en ayant eu deux
« blessés. » — La tribu de Nasser feignit de partager son
triomphe, tandis que, dans le fond, elle était fort mécon-
tente d'une guerre injuste, faite à leurs amis naturels, pour
plaire aux Osmanlis. Nasser, visitant tous les chefs pour leur
conter son succès, vint chez Scheik-Ibrahim et lui adressa
la parole en turc; Scheik-Ibrahim lui ayant observé qu'il ne
parlait que le grec, sa langue naturelle, et un peu d'arabe,
Nasser se mit à lui vanter le langage et les coutumes des
Turcs, disant qu'on ne pouvait être vraiment grand, puissant et respecté, qu'autant qu'on était bien avec eux. « Quant
« à moi, ajouta-t-il, je suis plus Osmanli que Bédouin. »
— « Ne vous fiez pas aux promesses des Turcs, lui répondit
« Scheik-Ibrahim, non plus qu'à leur grandeur et à leur
« magnificence; ils vous favorisent pour vous gagner, et
« vous mettre mal avec vos compatriotes, afin de se servir
« de vous pour combattre les autres tribus. L'intérêt du
« gouvernement turc est de détruire les Bédouins : n'étant
« pas assez fort pour le faire par lui-même, il veut vous
« armer les uns contre les autres. Prenez garde d'avoir à
« vous en repentir un jour. Je vous donne ce conseil comme
« un ami qui prend à vous un vif intérêt, et parce que j'ai
« mangé votre pain et reçu votre hospitalité. »

[*] Chef de la tribu el Daffir.

A quelque temps de là, Nasser reçut de Soliman, pacha d'Acre et de Damas, un message pour l'engager à venir recevoir l'investiture du commandement général de tout le désert, avec le titre de prince des Bédouins. Ce message le combla de joie, et il partit aussitôt pour Damas, accompagné de dix cavaliers.

Méhanna ayant ordonné le départ de la tribu, le lendemain au lever du soleil on ne vit plus une seule tente dressée; toutes étaient pliées et chargées, et le départ commença dans le plus grand ordre. Une vingtaine de cavaliers choisis formaient l'avant-garde et servaient d'éclaireurs. Venaient ensuite les chameaux sans charges et les troupeaux, puis les hommes armés, montés sur des chevaux ou des chameaux; après eux les femmes; celles des chefs portées dans des haudags* placés sur le dos des plus grands chameaux. Ces haudags sont très-riches, soigneusement doublés, couverts en drap écarlate, et ornés de franges de diverses couleurs; ils contiennent commodément deux femmes ou une femme et plusieurs enfans. Les femmes et les enfans de rang inférieur suivent immédiatement, assis sur des rouleaux de toile de tente, arrangés en forme de siége et placés sur des chameaux. Les chameaux de charge, portant les bagages et les provisions, sont derrière. La marche était fermée par l'émir Méhanna, monté sur un dromadaire à cause de son grand âge, et entouré de ses esclaves, du reste des guerriers et de ses serviteurs qui marchaient à pied. On ne saurait trop admirer la célérité et l'ordre avec lesquels s'effectue ainsi le départ de huit à neuf mille personnes. Scheik-Ibrahim et moi étions à cheval, tantôt en avant, tantôt au centre, ou près de Méhanna.

Nous marchâmes dix heures de suite. Tout à coup, sur les trois heures après midi, l'ordre de la marche est interrompu ; les Bédouins se dispersent dans une belle plaine, sautent à terre, plantent leurs lances et y attachent leurs chevaux ; les

---

* Sorte de palanquins.

femmes courent de tous côtés et dressent leurs tentes près du cheval de leur mari. Ainsi, comme par enchantement, nous nous trouvâmes dans une espèce de ville aussi grande que Hama. Les femmes sont seules chargées de dresser et de lever les tentes ; elles s'en acquittent avec une adresse et une rapidité surprenantes. Elles font généralement tous les travaux du campement; les hommes conduisent les troupeaux, tuent les bestiaux et les dépouillent. Le costume des femmes est très-simple : elles portent une grande chemise bleue, un machlas noir et une espèce d'écharpe de soie noire, qui, après avoir couvert la tête, fait deux fois le tour de la gorge et retombe sur le dos ; elles n'ont pas de chaussures, excepté les femmes des scheiks, qui portent des bottines jaunes. Leur ambition et leur luxe est d'avoir un grand nombre de bracelets ; elles en portent en verre, en pièces de monnaie, en corail et en ambre.

La plaine où nous nous arrêtâmes s'appelle El-Makram. Elle n'est pas éloignée de Hama. C'est un endroit assez agréable, que de gras pâturages rendent propre au séjour des Bédouins.

Le quatrième jour, nous eûmes une alerte. A quatre heures après midi, les bergers accoururent tout effarés, criant : « Aux armes! l'ennemi s'est emparé de nos trou-« peaux! » C'était la tribu el Daffir, qui, épiant l'occasion de se venger de Nasser, avait envoyé mille cavaliers enlever les troupeaux à l'entrée de la nuit, pour ne pas laisser le temps de les poursuivre. Les nôtres, s'attendant à quelque attaque, étaient préparés ; mais il fallait découvrir de quel côté se trouvait l'ennemi. La nuit étant venue, quatre hommes descendirent de cheval, prirent des directions opposées, et, se couchant à plat-ventre, l'oreille contre terre, entendirent ainsi à une très-grande distance les pas des ravisseurs. La nuit se passa sans pouvoir les atteindre ; mais au matin, la troupe de Hassnné[*] les ayant rejoints, leur

---

[*] Nom de la tribu de Méhanna.

livra bataille. Après un combat de quatre heures, la moitié des troupeaux fut reprise ; mais cinq cents chameaux restèrent au pouvoir de la tribu el Daffir. Nous eûmes dix hommes tués et plusieurs blessés. Au retour, l'affliction fut générale; les Bédouins murmuraient, accusant le caprice et la vanité de Nasser de tout ce qui était arrivé. Méhanna envoya un courrier à son fils, qui revint aussitôt de Damas accompagné d'un chokredar* pour en imposer aux Bédouins. A son arrivée, il fit lecture d'une lettre du pacha, conçue en ces termes : « Nous faisons savoir à tous les émirs et
« scheiks des tribus du désert, grandes et petites, campées
« sur le territoire de Damas, que nous avons nommé notre
« fils, Nasser-Ebn-Méhanna, émir de tous les Anazès**, les
« invitant à lui obéir. — La tribu qui aura le malheur de se
« montrer rebelle sera détruite par nos troupes victorieuses,
« et, pour servir d'exemple, ses troupeaux seront égorgés
« et ses femmes livrées aux soldats. Telle est notre volonté.

« *Signé* Soliman, pacha de Damas et d'Acre. »

Nasser, fier de sa nouvelle dignité, affectait de lire cette ordonnance à tout le monde, et de parler turc avec l'officier du pacha, ce qui augmentait encore le mécontentement des Bédouins. Un jour que nous étions près de lui arriva un très-beau jeune homme, nommé Zarrak, chef d'une tribu voisine. Nasser, comme de coutume, parle de sa nomination, vante la grandeur et la puissance du vizir de Damas et du sultan de Constantinople, *qui a le sabre long**** Zarrak, qui l'écoute avec impatience, change de couleur, se lève et lui dit: « Nasser-Aga ****, apprends que tous les Bédouins te

---

* Grand officier du pacha.
** Bédouins du désert.
*** Expression arabe pour désigner une domination étendue.
**** Titre d'un officier turc; dénomination dérisoire pour un Bédouin.

« détestent. Si tu te laisses éblouir par la magnificence des
« Turcs, va à Damas, orné ton front du caouk*; sois le mi-
« nistre du vizir, habite son palais : peut-être alors impri-
« meras-tu la terreur aux Damasquins; mais nous, Bé-
« douins, nous ne faisons pas plus de cas de toi, de ton
« vizir et de ton sultan, que d'un crottin de chameau. Je
« vais partir pour le territoire de Bagdad, où je trouverai
« le drayhy ** Ebn Chahllan; c'est à lui que je me join-
« drai. »

Nasser, à son tour, pâlissant de colère, transmit cette conversation en turc au chokredar, qui crut par de violentes menaces épouvanter Zarrak. Mais celui-ci, le regardant fièrement, lui dit : « C'en est assez; bien que vous ayez Nasser
« à vos côtés, je puis, si je le veux, vous empêcher à jamais
« de manger du pain. » Malgré ces paroles offensantes, tous les trois gardèrent leur sang-froid, et Zarrak, remontant à cheval, dit à Nasser : « *Las salam aleik* (je te salue). Déploie
« toute ta puissance : je t'attends. » Ce défi causa beaucoup de peine à Nasser; mais il n'en persévéra pas moins dans son alliance avec les Turcs.

Le lendemain, nous apprîmes que Zarrak était parti avec sa tribu pour le pays de Geziri, et de toute part on ne parlait que de la réunion des Bédouins contre Nasser. Méhanna, ayant appris ce qui se passait, appela son fils et lui dit : « Nasser, voulez-vous donc briser les piliers de la tente de
« Melkghem? » Et saisissant sa barbe de la main : « Voulez-
« vous, ajouta-t-il, faire mépriser cette barbe à la fin de
« mes jours, et ternir la réputation que j'avais acquise?
« Malheureux! tu n'as pas invoqué le nom de Dieu! Ce que
« j'avais prévu est arrivé. Toutes les tribus vont se réunir
« au drayhy. Que deviendrons-nous alors? Il ne nous res-
« tera plus qu'à nous humilier devant Ebn-Sihoud ***, cet en-

---

* Turban de cérémonie des Turcs.
** Le destructeur des Turcs.
*** Ebn-Sihoud commande à un million et demi de Bédouins. Il règne sur le pays de Derhié, de Médyde, de Samarcand, de Hygias et de Zamos ou Zamen. Ces peuples s'appellent les Wahabis.

« nemi de notre race, qui se dit roi des Bédouins : lui seul
« pourra nous défendre du terrible drayhy. »

Nasser chercha à tranquilliser son père, assurant que leurs affaires n'étaient pas aussi mauvaises qu'il le craignait. Cependant les Bédouins commençaient à prendre parti pour l'un ou pour l'autre; mais le plus grand nombre donnait raison au père, qui était dans leurs véritables intérêts.

Scheik-Ibrahim était fort mécontent; il désirait pénétrer plus avant dans le désert et s'avancer vers Bagdad, et il se trouvait lié à une tribu qui restait entre Damas et Homs. Il perdait ainsi tout l'été, ne pouvant s'éloigner qu'au péril de sa vie. Il me chargea de prendre des renseignemens sur le drayhy, de connaître son caractère, de savoir les lieux où il passe l'été, où il se retire l'hiver, s'il reçoit des étrangers et mille autres particularités ; enfin il me dit avoir le plus grand intérêt à être bien informé.

Ces détails étaient difficiles à obtenir sans éveiller les soupçons. Il fallait trouver quelqu'un qui ne fût pas de la tribu de el Hassnné. A la fin, je parvins à me lier avec un nommé Abdallah el *Chahen* (le poëte). Sachant que les poëtes sont recherchés des grands, je l'interrogeai sur toutes les tribus qu'il avait visitées, et j'appris avec plaisir qu'il avait été longtemps chez le drayhy. J'obtins de lui tous les renseignemens que je voulais avoir.

Un jour, Nasser me fit écrire au scheik de Saddad et à celui de Coriétain, pour demander à chacun mille piastres et six machlas. Ce droit s'appelle droit de fraternité ; c'est un arrangement entre les scheiks de villages et les plus puissans chefs de Bédouins pour être protégés contre les ravages des autres tribus. Cette taxe est annuelle. Ces malheureux villages se ruinent à contenter deux tyrans : les Bédouins et les Turcs.

Les Bédouins de la Perse, commandés par l'émir Sahid el Fehrabi, sont plus d'un million.
Ce qui, ajouté aux tribus de la Bagnad, Bassora, la Mésopotamie et le Horan, dont j'ai fait le dénombrement, donne une population errante de quatre millions d'âmes.

Méhanna a une fraternité avec tous les villages des territoires de Damas, Homs et Hama, ce qui lui fait un revenu d'environ cinquante mille piastres ; le pacha de Damas lui en paie douze mille cinq cents, et les villes de Homs et de Hama lui fournissent en outre une certaine quantité de blé, de riz, de raisiné et d'étoffes ; les petites tribus lui apportent du beurre et du fromage. Malgré cela, il n'a jamais d'argent et se trouve souvent endetté, n'ayant aucune dépense à faire, ce qui nous étonna beaucoup. Nous apprîmes qu'il donnait tout en cadeau aux guerriers les plus renommés, soit dans sa tribu, soit parmi les autres, et qu'il s'était fait ainsi un parti puissant. Il est toujours fort mal vêtu, et lorsqu'il reçoit en présent une belle pelisse ou quelque autre objet, il le donne à celui qui est auprès de lui dans le moment. Le proverbe bédouin, qui dit que *la générosité couvre tous les défauts*, se trouve vérifié dans Méhanna, dont la libéralité fait seule tolérer la conduite de Nasser.

Peu après cet événement, nous allâmes camper à trois heures de l'Oronte, sur un terrain appelé El-Zididi, où se trouvent plusieurs petites sources.

Méhanna ayant été un jour avec dix cavaliers faire une visite à l'aga de Homs, revint chargé de cadeaux de tous les négocians, qui le ménagent, parce que chaque fois qu'il n'est pas content d'eux il intercepte le commerce en dépouillant les caravanes. Aussitôt après son retour, Nasser partit pour une expédition contre la tribu Abdelli, commandée par l'émir El-Doghiani, et campée près de Palmyre, sur deux monticules de forme égale, appelés El-Dain (le sein). Il revint trois jours après, ramenant cent cinquante chameaux et deux cents moutons. Dans cette affaire, nous avions perdu trois hommes, et la jument de Zamel avait été tuée sous lui ; en revanche, nous avions pris trois jumens, tué dix hommes et blessé une vingtaine. Malgré ce succès, les Bédouins étaient indignés de la mauvaise foi de Nasser, qui n'avait aucun motif de haine contre cette tribu.

De tout côté on se concertait avec le drayhy pour détruire

la tribu el Hassnné. La nouvelle en étant parvenue à l'émir Douhi, chef de la tribu Would Ali, parent et ami intime de Méhanna, et qui, ainsi que lui, doit escorter la grande caravane, il arriva un jour, avec trente cavaliers, pour l'avertir du danger qui le menaçait. Les principaux de la tribu allèrent au-devant de Douhi; entré dans la tente, Méhanna commanda le café; l'émir l'arrête et lui dit : « Méhanna, ton café est déjà bu! Je ne viens ici ni boire ni « manger; mais bien t'avertir que la conduite de ton fils « Nasser-Pacha (titre qu'il lui donnait par dérision) amène « la destruction sur toi et les tiens; sache que tous les « Bédouins ont formé une ligue, et vont te déclarer une « guerre à mort. » Méhanna, changeant de couleur, s'écria : « Eh bien! es-tu content, Nasser? tu seras le dernier de la « race de Melkghem! »

Nasser, loin de céder, répondit qu'il tiendrait tête à tous les Bédouins, et qu'il aurait le secours de vingt mille Osmanlis, ainsi que celui de Mola Ismaël, chef de la cavalerie kurde qui porte le schako. Douhi passa la nuit à tâcher de détourner Nasser de ses projets, sans pouvoir y parvenir; le lendemain il partit, disant : « Ma conscience me défend de m'u- « nir à vous. La parenté et le pain que nous avons mangé « ensemble me défendent de vous déclarer la guerre; adieu! « je vous quitte avec chagrin. »

Depuis ce moment, notre temps se passait très-désagréablement chez les Bédouins. Nous ne pouvions les quitter, car tous les hommes qui s'éloignaient des tentes étaient massacrés. C'étaient des attaques continuelles de part et d'autre, — des changemens de camp à l'improviste, pour se mettre plus en sûreté, — des alarmes, des représailles, des disputes continuelles entre Méhanna et son fils; mais le vieillard était d'un caractère si bon et si crédule, que Nasser finissait toujours par lui persuader qu'il avait raison.

On nous raconta mille traits de sa simplicité : entre autres qu'étant à Damas pendant que Yousouf-Pacha, grand vizir de la Porte, y tenait sa cour au retour d'Égypte, après le départ des Français, Méhanna s'était présenté chez lui comme tous les grands; mais, peu au fait de l'étiquette turque, il l'avait accosté sans cérémonie, avec le salut des Bédouins, et s'était placé sur le divan, à ses côtés, sans attendre d'y être invité. — Yousouf, également peu accoutumé aux usages des Bédouins, et ignorant la dignité de ce petit vieillard mal vêtu, qui le traitait si familièrement, ordonne qu'on l'éloigne de sa présence et qu'on lui coupe la tête. — Les esclaves l'emmènent et se préparent à exécuter cet ordre, lorsque le pacha de Damas s'écrie : « Arrêtez ! qu'allez-vous « faire ? — S'il tombe un cheveu de sa tête, vous ne pourrez « plus, avec toute votre puissance, envoyer une caravane à « la Mecque. » — Le vizir se hâta de le faire ramener et le plaça à ses côtés : il lui donna le café, le fit revêtir d'un turban de cachemire, d'une riche gombaz (robe), d'une pelisse d'honneur, et lui présenta mille piastres. — Méhanna, sourd et d'ailleurs n'entendant pas le turc, ne comprenait rien à tout ce qui se passait ;—mais ôtant ses beaux vêtemens, il les donna à trois de ses esclaves qui l'avaient accompagné. — Le vizir lui fit demander par le drogman s'il n'était pas content de son cadeau. Méhanna répondit : « Dites au vizir du sultan que « nous autres Bédouins nous ne cherchons pas à nous dis- « tinguer par de beaux habits ; je suis mal mis, mais tous les « Bédouins me connaissent, ils savent que je suis Méhanna « el Fadel, fils de Melkghem. » — Le pacha, n'osant pas se fâcher, affecta de rire et d'être fort content de lui. —

Enfin l'été se passa. Au mois d'octobre, la tribu se trouva aux environs d'Alep. — Mon cœur battait de me trouver si près de mon pays ; mais selon mes conditions, je ne pouvais même pas donner de mes nouvelles aux miens. — Scheik-Ibrahim désirait aller passer l'hiver à Damas ; aucun Bédouin n'osait nous y conduire. — Nous parvînmes avec bien de la peine à nous faire escorter jusqu'à un village, à deux jours d'Alep, appelé Soghene (*la chaude*). Les habitans hospitaliers se disputèrent le plaisir de nous recevoir : un bain chaud naturel a donné son nom au village, et la beauté de ses habitans doit probablement être attribuée à la bonté de ses eaux thermales. — De là nous regagnâmes Palmyre avec une peine dont nous fûmes dédommagés par le plaisir de voir Scheik-Ragial. Ayant passé quinze jours avec nos amis, nous repartîmes pour Coriétain, où Scheik-Sélim et le curé Moussi nous accueillirent avec un véritable intérêt; ils ne se lassaient pas d'écouter nos histoires sur les Bédouins. — Scheik-Ibrahim répondait à leur sollicitude amicale sur nos affaires, en disant que notre spéculation allait à merveille, que nous avions gagné plus que nous n'espérions, — tandis que véritablement, entre les pertes et les cadeaux, il ne nous restait plus rien que les marchandises en dépôt chez Moussi. — Nous perdîmes trente jours à Coriétain à organiser notre départ. — L'hiver avançait rapidement, personne n'osait nous fournir des montures, convaincus que nous serions dépouillés en route. Enfin Scheik-Ibrahim acheta un mauvais cheval, je louai un âne, et par un temps détestable et un vent glacial, nous partîmes, accompagnés de quatre hommes à pied, pour le village de Daïr Antié. Après quelques heures, nous arrivâmes à un défilé entre deux montagnes, appelé Béni el Gebelain. A cet endroit, vingt cavaliers bédouins arrivent sur nous. — Nos conducteurs, loin de nous défendre, cachent leurs fusils et restent spectateurs de notre désastre. Les Bédouins nous dépouillent et ne nous laissent que la chemise. — Nous implorions la mort plutôt que d'être ainsi exposés au froid. — A la fin, touchés de notre état, ils eurent la générosité de nous laisser à chacun une *gombaz*. — Quant à nos montures, elles étaient trop chétives pour les tenter. Pouvant à peine marcher, elles auraient inutilement retardé leur course. Nous reprîmes tristement notre chemin : — la nuit arrivait, le froid devenait excessif, et nous fit bientôt perdre l'usage de la parole. Nos yeux étaient rouges, notre peau bleue; au bout de quelque temps, je tombe par terre évanoui et gelé. Scheik-Ibrahim faisait des gestes de désespoir aux guides, sans pouvoir leur parler. Un d'eux, Syriaque chrétien, prit pitié de moi et du chagrin de Scheik-Ibrahim;

il jette par terre le cheval à moitié mort aussi de froid et de fatigue, l'assomme, lui ouvre le ventre, et me met sans connaissance dans sa peau, ne me laissant que la tête dehors. Au bout d'une demi-heure, je repris mes sens, fort étonné de me sentir ressusciter et de me voir dans une pareille position. La chaleur me rendit l'usage de la parole, et je remerciai vivement Scheik-Ibrahim et le bon Arabe; je repris courage et retrouvai la force de marcher. Peu après nos guides s'écrièrent : Voici le village! et nous entrâmes dans la première maison. — C'était celle d'un maréchal ferrant, nommé Hanna el Bitar. — Il prit le plus vif intérêt à notre situation, s'empressa de nous couvrir tous les deux de fiente de chameau, et nous donna goutte à goutte un peu de vin : ayant ainsi ranimé en nous la force et la chaleur, il nous retira de notre fumier, nous mit au lit, et nous fit prendre une bonne soupe. — Après un repos indispensable, nous empruntâmes deux cents piastres pour payer nos guides et nous rendre à Damas, où nous arrivâmes le 23 décembre 1810.

M. Chabassan, médecin français, le seul Franc qu'il y eût à Damas, nous donna l'hospitalité; mais comme nous devions y passer l'hiver, nous nous établîmes plus tard dans le couvent des lazaristes, qui était abandonné.

Je ne décrirai pas la célèbre ville de Scham [*] (Damas), cette porte de la gloire (Babel Cahbé), comme l'appellent les Turcs. Notre long séjour nous a mis à même de la connaître à fond; mais elle a été trop souvent visitée par les voyageurs pour offrir un intérêt nouveau. Je reviens à mon récit.

Un jour, étant au bazar pour passer le temps à la manière turque, nous voyons accourir à nous un Bédouin, qui nous embrasse en disant : « Ne reconnaissez-vous pas votre frère « Hettall, qui a mangé votre pain à Nouarat el Nahman ? » Enchantés de la rencontre, nous le conduisîmes chez nous, et, l'ayant bien régalé et questionné, nous apprîmes que les affaires de la tribu de Hassnné allaient fort mal, et que la

---

[*] Scham signifie soleil.

ligue contre elle s'étendait chaque jour davantage. Hettall nous raconta qu'il était de la tribu de Would-Ali, dont le chef Douhi nous était connu. Cette tribu passe l'hiver aux territoires de Sarka et de Balka; elle s'étend depuis le pays d'Ismaël jusqu'à la mer Morte, et revient dans le Horan au printemps. Il nous proposa de la visiter, répondant de nous, et nous promettant un bon débit de nos marchandises. Ayant accepté, il fut convenu qu'il viendrait nous chercher au mois de mars.

Scheik-Ibrahim, par l'entremise de M. Chabassan, ayant reçu d'Alep un *group* de mille *talaris*, me fit faire de nouveaux achats. Lorsqu'ils furent terminés, je les lui montrai en lui demandant s'il nous en resterait quelque chose au retour. — « Mon cher fils, me répondit-il, la connaissance
« de chaque chef de tribu me rapporte plus que toutes mes
« marchandises. Tranquillisez-vous : vous aussi vous aurez
« votre bénéfice en argent et en réputation. Vous serez re-
« nommé dans votre siècle, mais il faut que je connaisse
« toutes les tribus et leurs chefs. Je compte sur vous pour
« parvenir jusqu'au drayhy, et pour cela il faut absolument
« que vous passiez pour un Bédouin. Laissez croître votre
« barbe, habillez-vous comme eux, et imitez leurs usages.
« Ne me demandez aucune explication; souvenez-vous de
« nos conditions. » — « Que Dieu nous donne la force ! »
« fut ma seule réponse.

Vingt fois je fus sur le point d'abandonner une entreprise dont je voyais tous les périls sans en connaître le but. Ce silence imposé, cette obéissance aveugle, m'étaient insupportables. Cependant l'envie d'arriver au résultat, et mon attachement pour M. Lascaris, me firent prendre patience.

A l'époque convenue, Hettall étant arrivé avec trois chameaux et deux guides, nous partîmes le 15 mars 1811, un an et vingt-huit jours après notre premier départ d'Alep. La tribu était dans un endroit appelé Misarib, à trois journées de Damas. Il ne nous arriva rien de remarquable en route. Nous passâmes les nuits à la belle étoile ; et le troisième jour, au coucher du soleil, nous étions au milieu des tentes de Would-Ali. Le coup d'œil en était charmant. Chaque tente était entourée de chevaux, de chameaux, de chèvres et de moutons, avec la lance du cavalier plantée à l'entrée ; celle de l'émir Douhi s'élevait au centre. Il nous reçut avec toutes les prévenances possibles, et nous fit souper avec lui. C'est un homme de tête, également craint et aimé des siens. Il commande à cinq mille tentes, et à trois tribus qui se sont jointes à lui, savoir : celle de Benin-Sakhrer, celle de el Serhaan et celle de el Sarddié. Il a divisé ses guerriers en compagnies ou détachemens, commandés chacun par un de ses parens.

Les Bédouins aiment beaucoup à entendre des histoires après souper. En voici une que l'émir nous raconta ; elle peint bien l'attachement extrême qu'ils ont pour leurs chevaux et l'amour-propre qu'ils montrent pour leurs qualités.

Un homme de sa tribu, nommé Giabal, avait une jument très-renommée. Hassad-Pacha, alors vizir de Damas, lui en fit faire, à plusieurs reprises, toutes les offres imaginables, mais inutilement; car un Bédouin aime autant son cheval que sa femme. Le pacha fit des menaces, qui n'eurent pas plus de succès. Alors un autre Bédouin, nommé Giafar, étant venu le trouver, lui demanda ce qu'il lui donnerait s'il amenait la jument de Giabal. « Je remplirai d'or ton sac à « orge, » répondit Hassad, qui regardait comme un affront de n'avoir pas réussi. La chose ayant fait du bruit, Giabal attachait sa jument la nuit par le pied avec un anneau de fer, dont la chaîne passait dans sa tente, étant arrêtée par un piquet fiché en terre, sous le feutre qui servait de lit à lui et à sa femme. A minuit, Giafar pénètre dans la tente en rampant, et, se glissant entre Giabal et sa femme, il pousse doucement, tantôt l'un, tantôt l'autre : le mari se croyait poussé par sa femme, la femme par le mari, et chacun faisait place. Alors Giafar, avec un couteau bien affilé, fait un trou au feutre, retire le piquet, détache la jument, monte dessus, et, prenant la lance de Giabal, l'en pique légèrement,

en disant : « C'est moi Giafar qui ai pris ta belle jument ; je
« t'avertis à temps. » Et il part. Giabal s'élance hors de sa
tente, appelle des cavaliers, prend la jument de son frère,
et ils poursuivent Giafar pendant quatre heures.

La jument du frère de Giabal était du même sang que la
sienne, quoique moins bonne. Devançant tous les autres
cavaliers, il était au moment d'atteindre Giafar, lorsqu'il lui
crie : « Pince-lui l'oreille droite et donne un coup d'étrier. »
Giafar obéit et part comme la foudre. La poursuite devient
alors inutile : trop de distance les sépare. Les autres Bédouins reprochent à Giabal d'être lui-même la cause de la
perte de sa jument*. « J'aime mieux, répondit-il, la perdre
« que de ternir sa réputation. Voulez-vous que je laisse
« dire dans la tribu de Would-Ali** qu'une autre jument a
« pu dépasser la mienne? Il me reste du moins la satisfac-
« tion de dire qu'aucune autre n'a pu l'atteindre. »

Il revint chez lui avec cette consolation, et Giafar reçut le
prix de son adresse. Un autre nous raconta que dans la tribu
de Neggde il y avait une jument aussi réputée que celle de
Giabal, et qu'un Bédouin d'une autre tribu, nommé Daher,
était devenu comme fou du désir de l'avoir. Ayant offert en
vain pour elle ses chameaux et toutes ses richesses, il s'imagine de se teindre la figure avec du jus d'herbe, de se vêtir
de haillons, de se lier le cou et les jambes comme un mendiant estropié, et d'aller ainsi attendre Nabec, le maître de
la jument, dans un chemin où il sait qu'il doit passer. Quand
il est proche, il lui dit d'une voix éteinte : « Je suis un pauvre
« étranger ; depuis trois jours je n'ai pu bouger d'ici pour
« aller chercher de la nourriture ; je vais mourir ; secourez-
« moi : Dieu vous récompensera. »

Le Bédouin lui propose de le prendre sur son cheval et de
le conduire chez lui ; mais le fourbe répond : « Je ne puis

---

* Chaque Bédouin accoutume son cheval à un signe qui lui fait déployer
toute sa vitesse. Il ne s'en sert que dans un pressant besoin, et n'en confierait
pas le secret, même à son fils.

** Tribu dont les chevaux ont le plus de réputation parmi les Bédouins.

« me lever ; je n'en ai pas la force. » L'autre, plein de compassion, descend, approche sa jument, et le place dessus à grand' peine. Sitôt qu'il se sent en selle, Daher donne un coup d'étrier, et part en disant : « C'est moi, Daher, qui « l'ai prise, et qui l'emmène. »

Le maître de la jument lui crie d'écouter ; sûr de ne pouvoir être poursuivi, il se retourne et s'arrête un peu au loin, car Nabec était armé de sa lance. Celui-ci lui dit : « Tu as « pris ma jument : puisqu'il plaît à Dieu, je te souhaite « prospérité ; mais je te conjure de ne dire à personne comment tu l'as obtenue. — Et pourquoi ? répond Daher. — « Parce qu'un autre pourrait être réellement malade, et « rester sans secours. Tu serais cause que personne ne ferait « plus un seul acte de charité dans la crainte d'être dupé « comme moi. »

Frappé de ces mots, Daher réfléchit un moment, descend du cheval, et le rend à son propriétaire en l'embrassant. Celui-ci le conduisit chez lui. Ils restèrent ensemble trois jours, et jurèrent fraternité.

Scheik-Ibrahim était enchanté de ces histoires, qui lui faisaient connaître le caractère et la générosité des Bédouins. — La tribu de Douhi est plus riche et moins cupide que celle de Méhanna. Leurs chevaux sont plus beaux. Nous restâmes quinze jours parmi eux. Scheik-Ibrahim fit des cadeaux à tous les chefs, et vendit quelques articles aux femmes pour soutenir le rôle de marchands. Ensuite nous partîmes pour visiter les trois scheiks tributaires de l'émir Douhi.

Scheik-Ibrahim me dit qu'il n'avait d'autre intérêt à rester parmi ces Bédouins que celui de me donner l'occasion d'étudier de plus en plus leur langue et leurs coutumes ; — qu'il fallait, pour son *commerce à lui*, arriver chez le drayhy ; — mais que je devais mettre à profit nos courses dans toutes les tribus pour prendre des notes exactes de leurs noms et de leur nombre, qu'il lui était important de connaître.

Leur manière de parler est très-difficile à acquérir, même pour un Arabe, quoique au fond ce soit la même langue. Je m'y appliquai avec succès. J'obtins aussi dans le cours de nos longs voyages le nom de tous les scheiks et le dénombrement de toutes les tribus, chose qui n'avait jamais pu être faite jusqu'alors. J'en donnerai la liste à la fin de mon journal.

Les tribus nombreuses sont souvent obligées de se partager en détachemens de deux cents à cinq cents tentes et d'occuper un grand espace, afin de se procurer de l'eau et de nourrir leurs troupeaux. — Nous parcourûmes successivement tous les campemens en attendant que nous pussions trouver le moyen de nous faire conduire chez le drayhy, qui était en guerre avec tous ceux du territoire de Damas. Partout nous fûmes accueillis à merveille.

Dans une tribu, ce fut une pauvre veuve qui nous offrit l'hospitalité. Pour nous régaler, elle tua son dernier mouton et emprunta du pain. Elle nous apprit que son mari et ses trois fils avaient été tués dans la guerre contre les Wahabis, tribu très-redoutée des environs de la Mecque. Lui ayant témoigné notre étonnement de ce qu'elle se dépouillait pour nous. « Celui qui entre chez un vivant, dit-elle, et n'y mange « pas, c'est comme s'il visitait un mort. »

Une tribu déjà considérable avait été récemment formée de la manière suivante : un Bédouin avait une fille très-belle, que le chef de sa tribu lui demanda en mariage ; mais il ne voulut pas la lui accorder, et pour la soustraire à ses poursuites il partit furtivement avec toute sa famille. Le scheik s'informant de ce qu'il était devenu, quelqu'un lui répondit : « *Serah* (il est parti). — *Serhan* *, » reprit-il (c'est un loup), voulant dire par là qu'il était sauvage. Depuis ce temps, la tribu dont ce Bédouin était devenu chef, a toujours été appelée la tribu el Serhaan **. Lorsque des Bédouins sont courageux et ont de bons chevaux, ils deviennent puissans en peu de temps.

---

* Jeu de mots difficile à rendre ; *serah* signifie parti ; *serhan* signifie loup.
** La tribu du loup.

Enfin nous apprîmes l'arrivée du drayhy en Mésopotamie. A cette époque, Scheik-Ibrahim fut obligé d'aller à Damas chercher des marchandises et de l'argent, qui nous manquaient également. Nous y fîmes connaissance avec un Bédouin d'une tribu du bord de l'Euphrate qui avait gardé la neutralité dans l'affaire de Nasser. Ce Bédouin nommé Gazens el Hamad, était venu à Damas avec quelques autres vendre du beurre. Il s'engagea à charger nos marchandises sur ses chameaux et à nous conduire chez le drayhy ; mais, hélas ! nous ne devions pas y parvenir aussi facilement. A peine arrivés à Coriétain, pour reprendre nos marchandises laissées au dépôt, nous reçûmes la nouvelle d'une victoire de Zaher, fils du drayhy, sur Nasser, victoire qui renouvela la guerre avec une double violence. Toutes les tribus se prononcèrent pour l'un ou l'autre parti. Celle de Salken, tribu de notre conducteur, avait été attaquée par le drayhy, qui poursuivait ses avantages avec acharnement, et personne n'osait plus se hasarder à traverser le désert. M. Lascaris se désespérait ; il ne pouvait plus ni manger ni dormir ; enfin, exaspéré au dernier point de se voir arrêté dans ses projets, il s'en prit à moi. Alors je lui dis : « Il est temps de
« nous expliquer. Si vous voulez arriver chez le drayhy
« pour faire le commerce, l'entreprise est insensée, et je
« renonce à vous suivre. Si vous avez d'autres projets et des
« motifs suffisans pour exposer votre vie, dites-les-moi, et
« vous me trouverez prêt à me sacrifier pour vous. — Eh
« bien, mon cher fils, me répondit-il, je vais me confier à
« vous. Sachez que le commerce n'est qu'un prétexte pour
« cacher une mission qui m'a été imposée à Paris. Voici
« mes instructions divisées en dix points :

« 1° Partir de Paris pour Alep ;

« 2° Y chercher un Arabe dévoué, et me l'attacher comme
« drogman ;

« 3° Me perfectionner dans sa langue ;

« 4° Aller à Palmyre ;

« 5° Pénétrer parmi les Bédouins ;

« 6° En connaître tous les chefs, et gagner leur amitié ;

« 7° Les réunir tous dans une même cause ;

« 8° Leur faire rompre tout pacte avec les Osmanlis ;

« 9° Reconnaître tout le désert, les haltes, les endroits où « l'on trouve de l'eau et des pâturages jusqu'aux frontières « de l'Inde ;

« 10° Revenir en Europe sain et sauf après avoir accompli « ma mission. »

« Et ensuite?... » lui dis-je. Mais il m'imposa silence. — « Rappelez-vous nos conditions, ajouta-t-il, je vous instruirai de tout à mesure. A présent il vous suffit de savoir que je veux arriver chez le drayhy quand je devrais y laisser ma vie. »

Cette demi-confidence me troubla, et m'ôta le sommeil à mon tour : trouver des difficultés presque insurmontables, et n'entrevoir que très-confusément les avantages de mon dévouement, c'était un état pénible. Cependant je pris la résolution d'aller jusqu'au bout, puisque je m'y étais engagé, et je ne songeai qu'aux moyens de réussir. Ma barbe avait poussé ; j'étais parfaitement versé dans le langage des Bédouins ; je résolus de me rendre seul et à pied chez le drayhy : c'était l'unique chance possible à tenter. Je fus trouver mon ami Wardi, celui qui m'avait rappelé à la vie en me mettant dans le ventre du cheval, et lui fis part de mon projet. Après avoir cherché à m'en détourner, en m'avertissant que les fatigues seraient grandes, que j'aurais dix nuits de marche pénible ; qu'il faudrait nous cacher le jour afin de ne pas être vus en route ; que nous ne pourrions emporter avec nous que le strict nécessaire ; voyant que rien ne pouvait me faire reculer, il prit l'engagement de me servir de guide, moyennant une forte somme d'argent. Ayant communiqué mes projets à M. Lascaris, il me fit aussi des objections amicales sur les dangers auxquels je m'exposais, mais au fond cependant je vis qu'il était content de moi.

Nous arrangeâmes toutes nos affaires ; je convins de lui écrire par le retour de mon conducteur dès que je serais parvenu chez le drayhy; et la nuit était déjà fort avancée lorsque nous nous jetâmes sur nos lits. J'étais très-agité, mon sommeil s'en ressentit, et bientôt je réveillai M. Lascaris par mes cris. Je rêvais qu'étant au sommet d'un rocher escarpé, au pied duquel coulait un fleuve rapide que je ne pouvais franchir, je m'étais couché sur le bord du précipice, et que tout à coup un arbre avait pris racine dans ma bouche; qu'il grandissait et étendait ses rameaux comme une tente de verdure, mais en grandissant il me déchirait le gosier, et ses racines pénétraient dans mes entrailles, et je poussais des cris violens. Ayant raconté mon rêve à Scheik-Ibrahim, il en fut émerveillé et me dit qu'il était du meilleur augure, et qu'il m'annonçait un grand résultat après beaucoup de peine.

Il fallait que je me couvrisse de haillons, pour n'exciter ni les soupçons ni la cupidité si nous venions à être aperçus. Voici mon costume de voyage. Une chemise de grosse toile de coton rapiécée; une gombaz sale et déchirée; une vieille caffié avec un morceau de toile, jadis blanche, pour turban; un manteau de peau de mouton ayant perdu la moitié de sa laine, et des souliers raccommodés jusqu'à peser quatre livres, plus une ceinture de cuir de laquelle pendait un couteau de deux paras, un briquet, un peu de tabac dans un vieux sac et une pipe. Je me noircis les yeux et me barbouillai le visage, puis me présentai ainsi fait à Scheik-Ibrahim pour prendre congé de lui. En me voyant, il se mit à pleurer : « Que le bon Dieu, dit-il, vous donne la force d'ac-
« complir votre généreux dessein. Je devrai tout à votre
« persévérance. Que le Très-Haut vous accompagne et vous
« préserve de tout danger; qu'il aveugle les méchans et
« vous ramène ici, afin que je puisse vous récompenser ! »
Je ne pus m'empêcher de pleurer à mon tour. A la fin pourtant, la conversation étant devenue plus gaie, Scheik-Ibrahim me dit en plaisantant que si j'allais à Paris dans ce costume, je pourrais facilement gagner de l'argent à me faire voir.

Nous soupâmes, et au coucher du soleil je me mis en route. Je marchai sans fatigue jusqu'à minuit; mais alors mes pieds commencèrent à s'enfler : mes souliers me blessaient, je les ôtai. — Les épines de la plante que broutent les chameaux me piquaient, et les cailloux me déchiraient. — Je tâchai de remettre ma chaussure; de souffrance en souffrance, je cheminai jusqu'au matin. — Une petite grotte nous offrit un abri pour le jour. — Je pansai mes pieds, en les enveloppant d'un morceau de mon habit que j'arrachai, et m'endormis sans avoir la force de prendre aucune nourriture. Je dormais encore lorsque mon guide m'appela pour partir : mes pieds étaient très-enflés, le cœur me manquait, je voulais attendre le lendemain. — Mon conducteur me reprochait ma faiblesse : — « Je savais bien, disait-il, que vous étiez
« trop délicat pour un tel voyage. Je vous l'avais prédit. Il
« est impossible de nous arrêter ici; si nous y passons la
« nuit, il faut encore y passer le lendemain; nos provisions
« sont épuisées; nous mourrons de faim dans le désert. —
« Il vaut mieux renoncer à notre entreprise, et retourner
« pendant qu'il en est temps encore. »

Ces paroles me ranimèrent et je partis. Je me traînai avec effort jusqu'à près de minuit; parvenus à une plaine où le sable s'élevait et s'abaissait en ondulations, nous nous y reposâmes jusqu'au jour. La première clarté nous fit apercevoir au loin deux objets que nous prîmes pour des chameaux. Mon guide effrayé creusa un trou dans le sable pour nous cacher, et nous nous y enterrâmes jusqu'au cou, ne laissant dehors que la tête. Dans cette pénible situation, nous restions les yeux fixés du côté des prétendus chameaux, lorsque, vers midi, Wardi s'écria : « Dieu soit loué! ce ne sont
« que des autruches. » Nous sortîmes tout joyeux de notre tombeau, et, pour la première fois depuis notre départ, je mangeai un peu de galette, et bus une goutte d'eau. Nous restâmes là jusqu'au soir, attendant l'instant de nous remettre en route. Étant alors au milieu des sables, je souffrais moins en marchant. Nous passâmes le jour suivant à dormir. Nous

étions vis-à-vis de Palmyre au midi. Le point du jour après la quatrième nuit nous surprit au bord d'une grande rivière nommée El-Rabib, coulant du midi au nord ; mon guide se déshabilla, me porta sur son dos jusqu'à l'autre rive, et retourna chercher ses habits. Je voulais me reposer, mais il me dit qu'il ne serait pas prudent de s'arrêter dans un endroit où la rivière était guéable. En effet, nous n'avions pas marché une demi-heure, que nous vîmes s'approcher de la rivière cinq cents Bédouins bien montés allant du levant au couchant. Ayant trouvé un buisson, nous y établîmes notre halte jusqu'au soir. — La sixième nuit nous amena à quelques heures de l'Euphrate ; le septième jour, le plus difficile était fait, et si je n'avais pas tant souffert de mes pieds, j'aurais pu oublier toutes mes fatigues au spectacle du soleil levant sur les bords de ce fleuve magnifique. Des Bédouins hospitaliers, dont l'occupation est de faire passer d'un bord à l'autre, nous conduisirent dans leurs tentes, où, pour la première fois, nous fîmes un bon repas. Nous prîmes des informations sur le drayhy. Il était à trois jours de distance entre Zaïte et Zauer. — Il avait fait la paix avec l'émir Fahed, lui imposant un tribu ; on me parla beaucoup de ses talens militaires et de son courage redoutable, de son intention d'anéantir Méhanna et Nasser, et de retourner à son désert près Bassora et Bagdad. Ces détails étaient tels que je pouvais le désirer : je fis tout de suite mon plan. — Je demandai un guide pour me conduire chez le drayhy, — disant aux Bédouins que j'étais négociant d'Alep, ayant un correspondant à Bagdad qui me devait vingt-cinq mille piastres et qui venait de faire faillite ; — que la guerre entre les Bédouins ayant intercepté les communications, je n'avais eu d'autres ressources que de m'aventurer seul, et d'aller me mettre sous la protection du drayhy pour arriver à Bagdad, où toute ma fortune était compromise. Ces bons Bédouins faisaient des vœux pour qu'Allah me fît recouvrer mon argent, et Wardi lui-même prit beaucoup plus d'intérêt à mon voyage depuis qu'il en comprenait l'importance. Après avoir passé la journée à examiner la tribu Beney Tay, nous partîmes le lendemain, bien escortés, et rien d'intéressant ne nous arriva pendant notre marche. Nous vîmes le soleil couchant du troisième jour dorer les cinq mille tentes du Drayhy, qui couvraient la plaine aussi loin que la vue pouvait s'étendre. Entouré de chameaux, de chevaux, de troupeaux qui cachaient le sol, jamais je n'avais vu un tel spectacle de puissance et de richesse. — La tente de l'émir au centre avait cent soixante pieds de long. — Il me reçut très-poliment, et, sans aucune question, me proposa de souper avec lui. Après souper, il me dit : « D'où venez-vous ? où allez-« vous ? » Je lui répondis comme je l'avais fait aux Bédouins de l'Euphrate. — Vous êtes le bienvenu, reprit-il alors, « votre arrivée répand mille bénédictions. S'il plaît à Dieu, « vous réussirez ; mais, selon notre coutume, nous ne pou-« vons parler d'affaires qu'après trois jours accordés à l'hos-« pitalité et au repos. » Je fis les remercîmens d'usage et me retirai. — Le lendemain j'expédiai Wardi à M. Lascaris.

Le drayhy est un homme de cinquante ans, grand et d'une belle figure, ayant une petite barbe toute blanche ; son regard est fier ; il est considéré comme le plus capable des chefs de tribus ; il a deux fils, Zaër et Sahdoun ; ils sont mariés et habitent la même tente que lui. Sa tribu, appelée el Dualla, est nombreuse et fort riche. — Le hasard me servit merveilleusement dès les premiers jours de mon arrivée. L'émir manquait de secrétaire, j'offris de lui en servir pour le moment, et je gagnai bientôt sa confiance par les avis et les renseignemens que j'étais à même de lui donner sur les tribus que j'avais étudiées. Losque je lui parlai de mon affaire, il me témoigna tant de regret de me voir partir, que je semblai céder à ses instances. — Il me dit : « Si vous voulez « rester avec moi, vous serez comme mon fils ; tout ce que « vous direz sera fait. » Je profitai de cette confiance pour l'engager à passer l'Euphrate, afin de le rapprocher de Scheik-Ibrahim ; je lui fis envisager tout ce qu'il pouvait y gagner en influence sur les tribus du pays, en les détachant de Nasser; je lui représentai tous les cadeaux qu'ils seraient forcés de lui offrir, la terreur qu'il inspirerait aux Osmanlis, et le tort qu'il ferait à ses ennemis en consommant leurs pâturages. Comme c'était la première fois qu'il quittait le désert de Bagdad pour venir en Mésopotamie, mes conseils et mes renseignemens lui étaient d'une grande ressource, et il les suivit. Le départ était superbe à voir, les cavaliers en avant, sur des chevaux de race, les femmes dans des haudags magnifiquement drapés, sur des dromadaires, entourées d'esclaves négresses. Les hommes chargés de provisions parcouraient toute la caravane, criant : « Qui a faim? » et distribuant du pain, des dattes, etc. Toutes les trois heures on faisait halte pour prendre le café, et le soir, les tentes étaient dressées comme par enchantement. Nous suivions les bords de l'Euphrate dont les eaux transparentes brillaient comme de l'argent; j'étais moi-même monté sur une jument de pur sang, et tout le voyage me parut comme une marche triomphale, qui contrastait fortement avec la route que je venais de faire en parcourant le même pays, dans mes haillons, sur mes pieds ensanglantés.

Le quatrième jour, l'émir Zahed vint au-devant de nous avec mille cavaliers. On se livra à toutes sortes de jeux, à cheval et avec la lance. Le soir, le drayhy, ses fils et moi, nous allâmes souper dans la tribu de Zahed. Le lendemain, nous traversâmes le fleuve, et campâmes sur le territoire de Damas; marchant toujours au couchant, nous campâmes à el Jaffet, dans le pachalik d'Alep. Le bruit de l'arrivée du drayhy se répandit promptement, et il reçut de Méhanna une lettre commençant par leurs titres respectifs, et continuant ainsi : « Au nom du Dieu très-miséricordieux, salut!
« Nous avons appris avec surprise que vous avez passé
« l'Euphrate, et que vous vous avancez dans les provinces
« que nous ont laissées nos aïeux. Avez-vous donc pensé
« que vous pouviez à vous seul dévorer la pâture de tous
« les oiseaux? Sachez que nous avons tant de guerriers que
« nous ne pouvons en connaître le nombre. De plus, nous

« serons soutenus par les vaillans Osmanlis auxquels rien ne
« peut résister. Nous vous conseillons donc de reprendre le
« chemin par lequel vous êtes venu; autrement tous les
« malheurs imaginables fondront sur vous, et le repentir
« viendra trop tard. »

A la lecture de cette lettre, je vis le drayhy pâlir de colère; ses yeux lançaient des éclairs. Après un moment de silence : « Kratib, s'écria-t-il d'une voix terrible, prenez
« la plume et écrivez à ce chien! »

Voici sa réponse : — « J'ai lu vos menaces, qui ne pèsent
« pas un grain de moutarde. J'abaisserai votre drapeau,
« et je purifierai la terre de vous et de votre renégat de fils
« Nasser. Quant au territoire que vous réclamez, le sabre
« en décidera. Bientôt je me mettrai en route pour vous ex-
« terminer. Hâtez-vous : la guerre est déclarée. »

Alors m'adressant au drayhy : « J'ai un conseil à vous
« donner, lui dis-je; vous êtes étranger ici; vous ignorez
« quel parti prendront les tribus du pays. Méhanna est
« aimé des Bédouins et soutenu par les Turcs; vous allez
« commencer la guerre sans connaître le nombre de vos
« ennemis. Si vous essuyez une première défaite, tous se
« ligueront contre vous, et vous ne serez pas en force pour y
« résister. Envoyez donc un message aux scheiks des envi-
« rons pour leur annoncer que vous venez détruire les tentes
« de Melkghem, afin de les délivrer du joug des Osmanlis,
« et pour leur demander de se prononcer. Connaissant ainsi
« vos forces, vous pourrez les comparer aux siennes et
« agir en conséquence. » — « Vous êtes véritablement un
« homme de bon conseil, » répondit le drayhy, enchanté de
mon idée. — « Je ne suis rien par moi-même, repris-je :
« c'est grâce à mon maître si je sais quelque chose; c'est
« lui qui est un homme plein de sagesse et de connaissances,
« très-versé dans les affaires; lui seul est capable de vous
« donner des conseils. Vous seriez enchanté de lui, si vous
« pouviez le connaître. Je suis sûr que s'il était avec vous,
« aidé par sa sagacité vous deviendriez le chef de tous les

« Bédouins du désert. » — « Je vais à l'instant même en-
« voyer cent cavaliers le chercher, » s'écria vivement le
drayhy. — « Nous sommes encore trop loin, lui dis-je. Le
« voyage serait pénible; lorsque nous serons plus rappro-
« chés de Coriétain, je vous le ferai connaître. »

Je craignais pour Scheik-Ibrahim quelque mauvaise rencontre; je voulais être près de lui pour le conduire : je lui étais si attaché que je me serais sacrifié mille fois pour le servir.

J'en reviens à notre conseil de guerre. Le drayhy me donna une liste pour écrire à dix des principaux scheiks des tribus. Voici sa lettre : — « J'ai quitté mon pays pour venir vous
« délivrer de la tyrannie de Nasser, qui veut devenir votre
« maître par la force des Turcs, changer vos usages, dé-
« truire vos mœurs et vous assujettir aux Osmanlis. Je viens
« de lui déclarer la guerre; dites avec franchise si vous êtes
« pour lui ou pour moi; et que ceux qui veulent m'aider,
« viennent se réunir à moi. — Salut! »

Ayant expédié dix cavaliers avec ces lettres, le lendemain nous nous avançâmes jusqu'au vaste et beau territoire de Chaumeric, à trente heures de Hama. Après une courte absence, nos messagers revinrent. L'émir Douhi et le scheik Sellame répondirent qu'ils garderaient la neutralité; le scheik Cassem, parent de Méhanna, se déclara pour lui; les sept autres tribus vinrent camper autour de nous, leurs scheiks promettant au drayhy de partager ses périls à la vie, à la mort. Cependant nos espions nous rapportèrent que Méhanna alarmé avait envoyé Nasser à Hama, pour demander des secours aux Osmanlis. Le drayhy rassembla immédiatement son armée, forte de huit mille hommes, six mille cavaliers et mille deloulmardoufs, c'est-à-dire mille chameaux, montés chacun de deux hommes armés de fusils à mèches *, et partit

---

* Les fusils à platine ne sont pas adoptés par les Bédouins, parce que leurs ancêtres ne s'en servaient pas, et aussi parce qu'ils seraient plus dangereux dans les mains des enfans et des femmes. Ces dernières tressent les mèches, qui sont en coton.

le quatrième jour, laissant ordre au reste des tribus de suivre le surlendemain, afin d'exciter davantage le courage des guerriers dans le combat, par le voisinage de leurs femmes et de leurs enfans. Je restai avec ces derniers, et nous allâmes camper à El-Jamié, à une heure de la tribu el Hassnné, et à deux journées de Hama. Le cinquième jour, le drayhy nous annonça une victoire éclatante, et peu après arrivèrent les chameaux, moutons, chevaux et armes pris sur l'ennemi. Les hommes qui avaient été forcés de rester aux tentes, à la garde du bagage, allèrent au-devant des vainqueurs demander la part de butin à laquelle ils ont droit, et bientôt nous vîmes arriver l'armée triomphante.

Le drayhy avait surpris Méhanna un peu à l'improviste, pendant l'absence de Nasser; mais la tribu de Hassnné ayant poussé son cri de guerre, les combattans se trouvèrent à peu près égaux en nombre; la bataille dura jusqu'au soir. Nos guerriers, après avoir perdu vingt-deux des leurs et en avoir tué le double à l'ennemi, s'étaient emparés de ses troupeaux. Zaher avait pris la jument de Farès, fils de Méhanna, ce qui chez les Bédouins est un glorieux exploit.

Après sa défaite, Méhanna passa l'Oronte, au nord de Hama, et fut camper près de Homs, pour attendre les Osmanlis et venir avec eux prendre sa revanche. Effectivement, le cinquième jour, les bergers accoururent en criant que les Turcs, conduits par Nasser, s'étaient emparés des troupeaux. Aussitôt tous nos guerriers s'élancent à leur poursuite, les atteignent, et leur livrent un combat plus terrible que le premier, pendant lequel l'ennemi fit filer une grande partie de nos bestiaux vers son camp. L'avantage resta aux nôtres, qui rapportèrent de nombreuses dépouilles des Turcs; mais la perte de nos troupeaux était considérable. Nous n'avions à regretter que douze hommes; parmi eux se trouvait le neveu du drayhy, Ali, dont la mort fut universellement pleurée. Son oncle resta trois jours sans manger, et jura, par le Dieu tout-puissant, qu'il tuerait Nasser, pour venger la mort d'Ali.

Les attaques se multipliaient tous les jours ; les Osmanlis de Damas, Homs et Hama, étaient dans la consternation, et cherchaient à rassembler tous les Arabes du Horan et de l'Idumée. Plusieurs tribus du désert arrivèrent, les unes pour renforcer le drayhy, les autres Méhanna. Aucune caravane ne pouvait passer d'une ville à l'autre ; les avantages étaient presque tous du côté du drayhy. Un jour, par une coïncidence singulière, Farès nous enleva cent vingt chameaux qui paissaient à deux lieues des tentes, pendant que dans le même moment Zaher s'emparait du même nombre des leurs. Cette expédition simultanée fut cause que ni l'un ni l'autre ne fut poursuivi. Ils eurent ainsi le temps d'emmener leur capture. Mais cette guerre de représailles de butin et de troupeaux devait bientôt prendre un caractère de férocité et d'extermination. Le signal en fut donné par les Turcs Dallatis, sous la conduite de Nasser, qui, ayant pris à la tribu Beni-Kraleb deux femmes et une fille, les emmenèrent au village Zany el Abedin. Nasser livra les femmes aux soldats, et donna à l'aga la jeune fille qui, au milieu de la nuit, vengea son honneur en poignardant le Turc dans son sommeil. Son bras vigoureux lui perça le cœur, et le laissa mort sur le coup ; puis, sortant sans bruit, elle rejoignit sa tribu et répandit partout l'indignation et la fureur parmi les Bédouins, qui jurèrent de mourir ou de tuer Nasser, et de remplir des vases de son sang pour les distribuer aux tribus, en mémoire de leur vengeance.

Le châtiment ne se fit pas attendre : un engagement ayant eu lieu entre un parti commandé par Zaher et un autre aux ordres de Nasser, ces deux chefs, qui se détestaient, se recherchent et s'attaquent avec acharnement. Les Bédouins restent spectateurs du combat de ces guerriers égaux en valeur et en adresse. La lutte fut longue et terrible : enfin leurs chevaux fatigués n'obéissant plus aussi promptement aux ordres de leurs maîtres, Nasser ne peut éviter un coup de la lance de Zaher qui le traverse d'outre en outre ; il tombe ;

ses cavaliers se sauvent, ou consignent leurs chevaux*; Zaher coupa en morceaux le corps de Nasser, le mit dans une couffe**, l'envoya au camp de Méhanna par un prisonnier à qui il coupa le nez. Il revint ensuite dans sa tribu, exultant dans sa vengeance.

Méhanna fit demander des secours aux Bédouins de Chamma (Samarcande), de Neggde et aux Wahabis; ils promirent de venir à son aide l'année suivante, la saison de se retirer à l'orient étant alors arrivée. Comme nous étions campés très-près de Coriétain, je proposai d'aller chercher Scheik-Ibrahim. Le drayhy accepta mon offre avec empressement et me donna une forte escorte. Je ne saurais peindre le bonheur que j'éprouvai à revoir M. Lascaris, qui me reçut avec une grande effusion de cœur; pour moi, je l'embrassai comme un père, car je n'avais jamais connu le mien qui mourut pendant ma première enfance. J'employai la nuit à lui raconter tout ce qui s'était passé. Le lendemain, prenant congé de nos amis le curé Moussi et le scheik Sélim, j'emmenai Scheik-Ibrahim, qui fut reçu avec la plus haute distinction par le drayhy. On nous donna un grand festin de viande de chameau que je trouvai moins mauvaise que la première fois, car je commençais à m'accoutumer à la nourriture des Bédouins. Les chameaux destinés à être tués sont blancs comme la neige, et ne sont jamais ni chargés ni fatigués; leur viande est rouge et très-grasse; les chamelles ont une grande abondance de lait; les Bédouins en boivent continuellement, et donnent l'excédant à leurs chevaux de race, que cette boisson fortifie beaucoup; ils consomment ainsi tout le lait, parce qu'il n'est point propre à faire du beurre; nous avons fini par en trouver le goût préférable à celui du lait de chèvre et de brebis.

Une attaque des Wahabis, peu de temps après l'arrivée de M. Lascaris, fit perdre au drayhy quelques cavaliers et

---

* Lorsqu'un Bédouin abandonne volontairement son cheval à son ennemi, celui-ci ne peut plus ni le tuer ni le faire prisonnier.
** Espèce de panier en jonc.

beaucoup de bestiaux. Le lendemain, Scheik-Ibrahim me prit à part et me dit : « Je suis content du drayhy, c'est bien « l'homme qu'il me faut; mais il est indispensable qu'il de- « vienne chef général de tous les Bédouins, depuis Alep « jusqu'aux frontières de l'Inde; c'est à vous à négocier « cette affaire par amitié, par menace ou par astuce; il « faut que cela s'accomplisse. »

— « Vous me donnez là une charge bien difficile, répon- « dis-je. Chaque tribu a son chef; ils sont ennemis de la dé- « pendance, jamais ils ne se sont soumis à aucun joug; je « crains, si vous vous engagez dans une pareille affaire, « qu'il ne vous arrive quelque chose de fâcheux. »

— « Cependant il le faut absolument, reprit M. Lasca- « ris; mettez-y toute votre capacité; sans cela nous ne « pouvons réussir à rien. »

Je réfléchis longtemps aux moyens d'entamer cette affaire. Le premier point était d'inspirer aux Bédouins une haute idée de Scheik-Ibrahim, et, pour y parvenir, comme ils sont superstitieux et crédules à l'excès, nous préparâmes des expériences chimiques avec du phosphore et de la poudre fulminante, espérant les étonner. Effectivement, le soir, lorsque les principaux de la tribu furent réunis sous la tente du drayhy, Scheik-Ibrahim, d'un air majestueux et avec une adresse extrême, produisit des effets qui les frappèrent d'admiration et de stupeur. Dès ce moment il fut pour eux un sorcier, un magicien, ou plutôt une divinité.

Le lendemain, le drayhy m'appela et me dit : — « O Ab- « dallah! votre maître est un Dieu. » — « Non, répondis- « je, mais bien un prophète; ce que vous avez vu hier n'est « rien auprès du pouvoir qu'il a acquis par sa profonde « science; c'est un homme unique dans ce siècle. Sachez « que, s'il le veut, il est capable de vous faire roi de tous les « Bédouins : il a reconnu que la comète qui a paru il y a « quelque temps était votre étoile, qu'elle est supérieure à « celle des autres Arabes, et que si vous suivez en tout point « ses conseils, vous deviendrez tout-puissant. » Cette idée

lui plut extrêmement. Le désir du commandement et de la gloire se réveilla avec violence dans son âme, et, par une coïncidence vraiment extraordinaire, j'avais deviné l'objet de sa superstition, car il s'écria : « O Abdallah, je vois que vous
« dites vrai et que votre maître est réellement un prophète ;
« j'ai eu un rêve il y a quelque temps, dans lequel du feu,
« se détachant d'une comète, tomba sur ma tente et la con-
« suma, et je pris ce feu dans ma main, et il ne me brûla
« pas. Cette comète était sûrement mon étoile. » Alors, appelant sa femme, il la pria de me redire elle-même ce rêve tel qu'il le lui avait raconté à son réveil. Je profitai de cette circonstance pour établir de plus en plus la supériorité de Scheik-Ibrahim, et le drayhy me promit de suivre à l'avenir tous ses conseils. M. Lascaris, charmé de ces heureux commencemens, choisit dans ses marchandises un très-beau cadeau pour offrir au drayhy, qui l'accepta avec le plus grand plaisir, et y vit la preuve que ce n'était pas pour nous enrichir que nous cherchions à le capter. Depuis ce temps, il nous fit manger avec sa femme et ses belles-filles dans l'intérieur de la tente, au lieu de manger dans le rabha avec les étrangers. Sa femme, issue d'une grande famille et sœur d'un ministre d'Ebn-Sihoud, s'appelle Sugar ; elle jouit d'une haute réputation de courage et de générosité.

Pendant que nous établissions notre influence sur le drayhy, un ennemi subalterne travaillait dans l'ombre à renverser nos espérances et à nous perdre. Il y a dans chaque tribu un colporteur qui vend aux femmes des marchandises qu'il apporte de Damas. Celui de la tribu, nommé Absi, occupait, en outre, le poste d'écrivain du drayhy ; mais depuis notre arrivée, il avait perdu à la fois son emploi et ses pratiques. Il nous prit naturellement dans une grande antipathie, et chercha tous les moyens possibles de nous calomnier auprès des Bédouins, en commençant par les femmes, auxquelles il persuadait que nous étions des magiciens, que nous voulions emmener les filles dans un pays lointain, et jeter un sort aux femmes afin qu'elles n'eussent plus d'enfans ; qu'ainsi la race des Bédouins s'éteindrait, et que des conquérans francs viendraient prendre possession du pays. Nous vîmes bientôt l'effet de ces calomnies, sans en connaître la cause. Les filles s'enfuyaient à notre approche ; les femmes nous disaient des injures ; les vieilles allaient jusqu'à nous menacer. Chez ces peuples ignorans et crédules, où les femmes ont un grand crédit, le péril devenait imminent. Enfin, nous découvrîmes les intrigues d'Absi et en informâmes le drayhy, qui voulait le faire mettre à mort sur-le-champ. Nous eûmes beaucoup de peine à obtenir qu'il serait seulement renvoyé de la tribu, ce qui ne fit au reste que lui donner occasion d'étendre sa malveillance. Un village, appelé Mohadan, jadis tributaire de Méhanna, l'était devenu du drayhy depuis ses victoires. Celui-ci ayant envoyé demander mille piastres qui lui étaient dues, les habitans, à l'instigation d'Absi, maltraitèrent le messager de l'émir, qui en tira vengeance en enlevant leurs troupeaux. Absi persuada aux chefs du village de venir avec lui à Damas déclarer aux Capidji-Bashi, que deux espions francs s'étaient emparés de la confiance du drayhy, lui faisaient commettre toutes sortes d'injustices et cherchaient à détourner les Bédouins de leur alliance avec les Osmanlis. Cette dénonciation fut portée au vizir Soliman-Pacha, qui envoya un chokredar au drayhy, avec une lettre menaçante, finissant par lui ordonner de livrer les deux infidèles à cet officier, qui les emmènerait enchaînés à Damas, où leur exécution publique servirait d'exemple.

Le drayhy, furieux de l'insolence de cette lettre, dit à l'officier musulman : « Par celui qui a élevé le ciel et abaissé la « terre, si vous n'étiez pas sous ma tente, je vous couperais « la tête et je l'attacherais à la queue de mon cheval : c'est « ainsi qu'il porterait ma réponse à votre vizir ; quant aux « étrangers qui sont chez moi, je ne les livrerai qu'après ma « mort. S'il les veut, qu'il vienne les prendre par la force « de son sabre. »

Je pris alors le drayhy à part, et l'engageai à se calmer et à me laisser arranger l'affaire.

Je savais que M. Lascaris était lié d'amitié avec Soliman-Pacha, et qu'une lettre de lui aurait un effet auquel le drayhy ne s'attendait guère. M. Lascaris, pendant qu'il était avec l'expédition française en Égypte, avait épousé une Géorgienne, amenée par les femmes de Murad-Bey, qui se trouva être cousine de Soliman-Pacha. Par la suite, il eut occasion d'aller à Acre ; sa femme se fit reconnaître parente du pacha, et fut accablée par lui de politesses et de cadeaux, ainsi que son mari.

M. Lascaris écrivit donc à Soliman-Pacha, lui expliqua que les prétendus espions n'étaient autres que lui et son drogman, Fatalla Sayeghir; que tout ce qu'on lui avait dit contre le drayhy était faux : qu'il était au contraire dans les intérêts de la Porte de l'avoir pour ami, et de favoriser sa prépondérance sur les autres Bédouins. Le chokredar, qui tremblait pour sa vie, s'empressa de porter cette lettre à Damas, et revint le surlendemain avec une réponse des plus aimables pour Scheik-Ibrahim, et une seconde lettre pour le drayhy, dont voici le contenu. Après beaucoup de complimens à l'émir, il ajoute : « Nous avons reçu une lettre de « notre cher ami, le grand Scheik-Ibrahim, qui détruit les « calomnies de vos ennemis, et rend les meilleurs témoi-« gnages de vous. Votre sagacité nous est connue. Doréna-« vant nous vous autorisons à commander dans le désert se-« lon votre bon plaisir. Vous ne recevrez de notre part que « des procédés d'ami ; nous vous considérons au-dessus de « vos égaux ; nous vous recommandons nos bien-aimés « Scheik-Ibrahim et Abdallah. Leur contentement augmen-« tera notre amitié pour vous, etc. » Le drayhy et les autres chefs furent très-étonnés du grand crédit de Scheik-Ibrahim sur le pacha. Cet incident porta leur considération pour nous à son comble.

J'ai dit que le drayhy était surnommé l'exterminateur des Turcs. Je m'informai de l'origine de cette épithète. Voici ce que me raconta le scheik Abdallah. Un jour le drayhy, ayant dépouillé une caravane qui se rendait de Damas à Bagdad, le pacha, extrêmement irrité, mais n'osant se venger ouvertement, dissimula, selon la coutume des Turcs, et l'engagea, par de belles promesses, à venir à Bagdad. Le drayhy, franc et loyal, ne soupçonnant aucune trahison, se rendit chez le pacha avec sa suite ordinaire de dix hommes. Il fut aussitôt saisi, garrotté, jeté dans un cachot, et menacé d'avoir la tête coupée s'il ne fournissait, pour sa rançon, mille bourses (un million de piastres), cinq mille moutons, vingt jumens de race kahillan et vingt dromadaires. Le drayhy, laissant son fils en ôtage, fut chercher cette énorme rançon, et dès qu'il l'eut acquittée, il ne songea plus qu'à la vengeance. Les caravanes et les villages furent dépouillés; bientôt Bagdad se trouva bloquée. Le pacha ayant rassemblé ses troupes, sortit avec une armée de trente mille hommes et quelques pièces de canon contre le drayhy qui, fortifié par des tribus alliées, livra bataille pendant trois jours ; mais voyant qu'il ne remportait aucun avantage décisif, il se retira de nuit en silence, tourna l'armée du pacha, se plaçant entre elle et Bagdad, et l'attaqua à l'improviste sur plusieurs points à la fois. Surpris de nuit du côté qui se trouvait sans défense, la terreur s'empara du camp ennemi. La confusion se mit parmi les Osmanlis, et le drayhy en fit un grand carnage, restant maître d'un immense butin : le pacha s'échappa seul avec peine et s'enferma dans Bagdad. Cet exploit avait répandu un tel effroi parmi les habitans, que, même après la paix, son nom était demeuré un objet de crainte pour eux. Abdallah me raconta plusieurs autres faits d'armes du drayhy, et finit en me disant qu'il aimait la grandeur et les difficultés, et voulait soumettre tout à sa domination.

C'était précisément les qualités que Scheik-Ibrahim désirait trouver en lui, aussi s'attacha-t-il de plus en plus au projet de le rendre maître de toutes les autres tribus; mais les Wahabis étaient pour lui de redoutables adversaires qui, peu de jours après, tombèrent sur la tribu de Would-Ali, et se répandirent dans le désert, pour forcer tous les Bédouins à leur payer une dîme. Effrayées à l'approche de ces terribles guerriers, plusieurs tribus allaient se soumettre, lorsque Scheik-Ibrahim persuada au drayhy qu'il était de son honneur d'entrer en campagne, et de se déclarer protecteur des opprimés. Encouragées par son exemple, toutes les tribus, à l'exception de celles el Hassnné et de Beni-Sakhrer, firent alliance avec lui pour résister aux Wahabis. Le drayhy partit avec une armée de cinq mille cavaliers et deux mille mardouffs. Nous fûmes dix jours sans recevoir de ses nouvelles. L'inquiétude était extrême au camp; des symptômes d'un grand mécontentement se manifestaient contre nous, les instigateurs de cette expédition périlleuse; notre vie aurait probablement payé notre témérité, si l'incertitude avait duré plus longtemps. Le onzième jour à midi, un cavalier arriva, bride abattue, faisant flotter sa ceinture blanche au bout de sa lance, et criant : — « Dieu nous a donné la victoire! » Scheik-Ibrahim fit de magnifiques présens au porteur de cette heureuse nouvelle, qui venait tirer la tribu d'une inquiétude mortelle, et nous d'un grand péril; toutes les femmes imitèrent son exemple, selon leurs moyens, et se livrèrent ensuite à des réjouissances bruyantes. Des cris et des danses autour des feux allumés partout, des bestiaux égorgés, des préparatifs de festins pour recevoir les guerriers, mettaient le camp dans une agitation inaccoutumée, et tout ce mouvement, exécuté par des femmes, offrait le coup d'œil le plus original possible. Le soir, tout le monde fut au-devant de l'armée victorieuse, dont on apercevait la poussière s'élever dans le lointain. Dès que nous la rencontrâmes, les cris redoublèrent; les joutes, les courses, les coups de fusil, et toutes les démonstrations possibles de joie l'accompagnèrent jusqu'au camp. Après le repas nous nous fîmes raconter les exploits des guerriers.

Les Wahabis étaient commandés par un nègre redoutable, à moitié sauvage, nommé Abou-Nocta. Lorsqu'il se prépare au combat, il ôte son turban et ses bottes, relève ses manches jusqu'aux épaules, et laisse presque nu son corps qui est d'une grosseur et d'une force musculaire prodigieuse; sa tête et son menton, n'ayant jamais été rasés, sont ombragés d'une chevelure et d'une barbe noire qui couvrent sa figure tout entière ; ses yeux étincellent sous ce voile ; et tout son corps velu rend son aspect aussi étrange qu'effrayant. Le drayhy le joignit à trois jours de Palmyre, sur un terrain appelé Heroualma. Le combat fut acharné de part et d'autre, mais se termina par la fuite d'Abou-Nocta, qui partit pour le pays de Neggde, laissant deux cents des siens sur le champ de bataille. Le drayhy fit chercher parmi les dépouilles tout ce qui avait été pris à la tribu Would-Ali, et le lui rendit. Cet acte de générosité lui concilia de plus en plus l'affection des autres tribus qui venaient, chaque jour, se mettre sous sa protection. Le bruit de cette victoire remportée sur le terrible Abou-Nocta se répandit partout. Soliman-Pacha envoya au vainqueur une pelisse d'honneur et un sabre magnifique, en le faisant complimenter. Peu après cet exploit, nous allâmes camper sur la frontière du Horan.

Un jour un mollah turc arriva chez le drayhy; il avait le large turban vert qui distingue les descendans de Mahomet, une robe blanche traînante, les yeux noircis et la barbe énorme ; il portait plusieurs rangs de chapelets, et l'encrier en forme de poignard à la ceinture. Il était monté sur un âne, et tenait une flèche à la main ; il venait pour fanatiser les Bédouins, et exciter en eux un grand zèle pour la religion du Prophète, afin de les attacher à la cause des Turcs. Les Bédouins ont une grande simplicité de caractère et une franchise remarquable. Ils ne comprennent rien aux différences de religion, et ne souffrent pas volontiers qu'on leur en parle. Ils sont déistes, invoquent la protection de Dieu dans toutes les circonstances de la vie, et lui attribuent leurs succès ou leurs revers avec une humble soumission; mais ils n'ont aucune cérémonie de culte obligatoire, et ne se prononcent pas entre les sectes d'Omar et d'Ali, qui divisent les Orientaux. Ils ne nous ont jamais demandé quelle était notre religion. Nous leur avons dit que nous étions chrétiens, et ils ont répondu : « Tous les hommes sont les

« créatures de Dieu, et sont égaux devant lui; on ne doit
« pas s'informer quelle est la croyance des autres. » Cette
discrétion de leur part convenait beaucoup mieux à nos projets que le fanatisme des Turcs; aussi l'arrivée du mollah
donna-t-elle quelque inquiétude à Scheik-Ibrahim qui se
rendit à la tente du drayhy, où il trouva la conférence déjà
entamée, ou plutôt la prédication commencée, prédication
que les chefs écoutaient d'un air mécontent. Comme, à notre
arrivée, ils se levèrent pour nous saluer, le mollah demanda
qui nous étions, et ayant appris notre qualité de chrétiens :
— « Il est défendu, dit-il, par les lois de Dieu, de se lever
« pour des infidèles; vous serez tous maudits pour avoir
« commerce avec eux, vos femmes seront illégitimes et vos
« enfans bâtards. Ainsi l'a décrété notre seigneur Mahomet,
« dont le nom soit vénéré à jamais. »

Le drayhy, sans attendre la fin de son discours, se lève
en fureur, le saisit par la barbe, le jette par terre, et tire son
sabre; Scheik-Ibrahim s'élance et retient son bras, le conjurant de se modérer; enfin l'émir consent à lui couper la
barbe au lieu de la tête, et le chasse ignominieusement.

Le drayhy, ayant attaqué la tribu de Beni-Sakhrer, la
seule qui s'opposât encore à lui, dans le pays, la battit complétement.

Cependant, l'automne étant venu, nous commençâmes à
regagner le levant. A notre approche de Homs, le gouverneur envoya au drayhy quarante chameaux chargés de blé,
dix machlas et une pelisse d'honneur. Scheik-Ibrahim
m'ayant pris en particulier, me dit : « Nous allons dans le
« désert, nous avons épuisé nos marchandises; que faut-il
« faire? » — Donnez-moi vos ordres, lui répondis-je. J'irai
« secrètement à Alep chercher ce qu'il nous faut, et je
« m'engage à ne pas me faire connaître même de ma fa-
« mille. » Nous convînmes que je rejoindrais la tribu à Zour,
et je me rendis à Alep. Je fus logé dans un khan peu fréquenté et éloigné de toutes mes connaissances. J'envoyai
un étranger toucher cinq cents talaris chez le correspondant

de M. Lascaris. C'était un excès de précaution, car du reste, avec ma longue barbe, mon costume et mon langage bédouin, je ne courais aucun risque d'être reconnu ; j'en acquis la preuve en allant acheter les marchandises au bazar ; j'y rencontrais plusieurs de mes amis, et me faisais un divertissement de les traiter avec grossièreté. Mais à ces momens de gaîté insouciante en succédaient d'autres bien pénibles ; je passais et repassais continuellement devant la porte de ma maison, espérant apercevoir mon frère ou ma pauvre mère. L'envie de voir cette dernière était surtout si vive, que je fus vingt fois sur le point de manquer à ma parole ; mais la conviction qu'elle ne me permettrait plus de retourner auprès de M. Lascaris venait raffermir mon courage, et, après six jours, il fallut m'arracher d'Alep sans avoir obtenu aucune nouvelle de mes parens.

Je rejoignis la tribu au bord de l'Euphrate, vis-à-vis de Daival-Chahar, où il existe encore de belles ruines d'une ancienne ville. Je trouvai les Bédouins occupés, avant de traverser le fleuve, à vendre des bestiaux, ou à les échanger contre des marchandises avec des colporteurs d'Alep. Ils n'ont aucune idée de la valeur du numéraire ; ils ne veulent pas recevoir d'or en paiement, ne connaissant que les talaris d'argent. Ils préfèrent payer trop, ou ne pas recevoir assez, plutôt que de faire des fractions ; les marchands qui connaissent ce faible en abusent avec habileté. Outre les échanges, la tribu vendit pour vingt-cinq mille talaris, et chacun mit son argent dans son sac de farine afin qu'il ne résonnât pas en chargeant et déchargeant.

Un événement tragique arriva au passage de l'Euphrate. Une femme et deux enfans montés sur un chameau furent emportés par le courant sans qu'il fût possible de leur porter secours. Nous trouvâmes la Mésopotamie couverte des tribus de Bassora et de Bagdad. Leurs chefs venaient chaque jour complimenter le drayhy sur sa victoire, et faire connaissance avec nous, car la renommée de Scheik-Ibrahim était arrivée jusqu'à eux. Ils lui savaient gré d'avoir conseillé la guerre contre les Wahabis, dont la cupidité et les exactions leur étaient intolérables. Leur roi, Ebn-Sihoud, avait l'habitude d'envoyer un mézakie compter les troupeaux de chaque individu et en prendre le dixième, choisissant toujours ce qu'il y avait de mieux; ensuite il faisait fouiller les tentes, depuis celle du scheik jusqu'à celle du dernier malheureux, pour trouver l'argent caché, dont il voulait aussi la dîme. Il était surtout odieux aux Bédouins parce que, fanatique à l'excès, il exigeait les ablutions et les prières cinq fois par jour, et punissait de mort ceux qui s'y refusaient. Lorsqu'il avait forcé une tribu à faire la guerre pour lui, loin de partager avec elle les gains et les pertes, il s'emparait du butin, et ne laissait à ses alliés que les morts à pleurer. C'est ainsi que peu à peu les Bédouins devenaient esclaves des Wahabis, faute d'un chef capable de tenir tête à Ebn-Sihoud.

Nous campâmes sur un terrain appelé Naïn-el-Raz, à trois journées de l'Euphrate. Là l'émir Farès el Harba, chef de la tribu el Harba, du territoire de Bassora, vint faire alliance offensive et défensive avec le drayhy. Lorsque des chefs ont à traiter quelque affaire importante, ils sortent du camp et tiennent leur conférence à l'écart : cela s'appelle *dahra*, assemblée secrète. Scheik-Ibrahim, ayant été appelé au *dahra*, montra quelque défiance de Farès, craignant qu'il ne fût l'espion des Wahabis. Le drayhy lui dit : — « Vous jugez les Bédouins comme les Osmanlis. Sachez que « le caractère des deux peuples est absolument opposé. La « trahison n'est pas connue parmi nous. » Après cette déclaration, tous les scheiks présens au conseil se donnèrent mutuellement leur parole. Scheik-Ibrahim profita de cette disposition des esprits pour leur proposer de conclure un traité par écrit, qui serait signé et scellé par tous ceux qui voudraient successivement entrer dans l'alliance contre Ebn-Sihoud. C'était un grand pas de fait dans l'intérêt de Scheik-Ibrahim, et je rédigeai l'engagement en ces termes :

« Au nom du Dieu de miséricorde, qui par sa force nous

« aidera contre les traîtres. — Nous lui rendons grâce de
« tous ses bienfaits; nous le remercions de nous avoir fait
« connaître le bien et le mal; de nous avoir fait aimer la
« liberté et haïr l'esclavage ; nous reconnaissons qu'il est le
« Dieu tout-puissant et unique, et que lui seul doit être
« adoré.

« Nous déclarons que nous sommes réunis de notre propre
« volonté et sans aucune contrainte; que nous sommes
« tous sains de corps et d'esprit, et que nous avons résolu
« à l'unanimité de suivre les conseils de Scheik-Ibrahim et
« d'Abdallah el Kratib, dans l'intérêt de notre prospérité,
« de notre gloire et de notre liberté. Les articles de notre
« traité sont :

« 1° De nous séparer des Osmanlis ;

« 2° De faire une guerre à mort aux Wahabis ;

« 3° De ne jamais parler de religion ;

« 4° D'obéir aux ordres qui seront donnés par notre frère
« le grand drayhy Ebn-Chahllan ;

« 5° D'obliger chaque scheik à répondre de sa tribu, et à
« garder le secret sur cet engagement ;

« 6° De nous réunir contre les tribus qui n'y souscri-
« raient pas ;

« 7° D'aller tous au secours de ceux qui signent le présent
« traité et de nous réunir contre leurs ennemis ;

« 8° De punir de mort ceux qui rompraient l'alliance ;

« 9° De n'écouter aucune calomnie contre Scheik-Ibrahim
« et Abdallah.

« Nous, les soussignés, acceptons tous les articles de ce
« traité ; nous les soutiendrons au nom du Dieu tout-puis-
« sant et de ses prophètes Mahomet et Ali, déclarant par la
« présente que nous sommes décidés à vivre et mourir dans
« cette sainte union.

« DATÉ, SIGNÉ, SCELLÉ.

« Ceci fut fait le 12 novembre 1811. »

Tous ceux qui étaient présens approuvèrent et signèrent.

A quelque temps de là, étant campé dans la belle et vaste plaine d'El-Rané, le drayhy envoya des courriers aux autres tribus pour les inviter à signer ce traité. Plusieurs chefs vinrent y mettre leur cachet, et ceux qui n'en avaient pas y apposèrent l'empreinte de leur doigt. Parmi ces chefs, je remarquai un jeune homme, qui, depuis l'âge de quinze ans, gouvernait la tribu el Ollama. Ceux qui la composent sont fort supérieurs aux autres Bédouins. Ils cultivent la poésie, ont de l'instruction, et sont en général très-éloquens. Ce jeune scheik nous raconta l'origine de sa tribu.

Un Bédouin de Bagdad jouissait d'une grande réputation de sagacité. Un jour un homme vint le trouver, et lui dit : « Depuis quatre jours, ma femme a disparu ; je l'ai cherchée « en vain. J'ai trois enfans qui pleurent ; je suis au déses- « poir : aidez-moi de vos conseils. » Aliaony console ce malheureux, l'engage à rester auprès de ses enfans, et lui promet de chercher sa femme et de la ramener morte ou vive ; ayant recueilli toutes les informations, il apprend que cette femme était d'une beauté remarquable ; il avait lui-même un fils fort libertin absent depuis peu de jours. Le soupçon comme un éclair traverse sa pensée ; il monte son dromadaire et parcourt le désert. Il aperçoit de loin des aigles réunis ; il y court, et trouve à l'entrée d'une grotte le cadavre d'une femme. — Il examine les lieux, et voit les traces d'un chameau ; il trouve à ses pieds une partie de la garniture d'une besace : il emporte ce muet témoin, et revient sur ses pas. De retour à sa tente, il voit arriver son fils : à sa besace déchirée manque la fatale garniture. Accablé de reproches par son père, le jeune homme avoue son crime ; Aliaony lui tranche la tête, envoie chercher le mari, et lui dit : « C'est mon fils qui a tué votre femme ; je l'ai puni : « vous êtes vengé. J'ai une fille, je vous la donne en ma- « riage. » Ce trait de barbare justice étendit encore la réputation d'Aliaony ; il fut élu chef de sa tribu, et de son nom vint celui de el Ollama, qui signifie savant, dénomination que la tribu justifie toujours.

À mesure que nous avancions vers Bagdad, notre traité était de jour en jour couvert d'un plus grand nombre de signatures.

En quittant El-Rané, nous allâmes camper à Ain-el-Oussada, près de la rivière El-Cabour. Pendant notre séjour en cet endroit, un courrier, expédié par le drayhy au scheik Giaudal, chef de la tribu el Wualdi, ayant été fort mal reçu, revint, porteur de paroles offensantes pour le drayhy. Ses fils voulaient en tirer vengeance sur-le-champ. Scheik-Ibrahim s'y opposa, leur représentant qu'il serait toujours temps de faire la guerre, et qu'il fallait auparavant essayer de la persuasion. Je proposai à l'émir d'aller moi-même trouver Giaudal pour lui expliquer l'affaire. Il commença par s'y refuser en disant : « Pourquoi prendriez-vous la peine « d'aller chez lui? Qu'il vienne lui-même, ou mon sabre l'y « contraindra. » Mais à la fin il céda à mes argumens, et je partis, escorté de deux Bédouins. Giaudal me reçut avec colère, et lorsqu'il sut qui j'étais, il me dit : « Si je vous avais « rencontré ailleurs que chez moi, vous n'auriez plus mangé « de pain; rendez grâces à nos usages qui me défendent de « vous tuer. — Les paroles ne tuent pas l'homme, répondis-« je. Je suis votre ami; je ne veux que votre bien, et viens « vous demander un entretien secret. Si ce que j'ai à vous « dire ne vous satisfait pas, je reprendrai le chemin par le-« quel je suis venu. » — Me voyant ainsi de sang-froid, il se leva, appela son fils aîné, et me conduisit hors des tentes. Nous nous assîmes par terre en cercle, et je commençai ainsi :

« Que préférez-vous, l'esclavage ou la liberté ? — La « liberté sans doute !

« L'union ou la discorde ? L'union !

« La grandeur ou l'abaissement? — La grandeur !

« La pauvreté ou la richesse? — La richesse !

« La défaite ou la victoire ? — La victoire !

« Le bien ou le mal? — Le bien!

« Tous ces avantages nous cherchons à vous les assurer;
« nous voulons vous affranchir de l'esclavage des Wahabis
« et de la tyrannie des Osmanlis, en nous réunissant tous,
« afin de nous rendre forts et libres. Pourquoi vous y refu-
« sez-vous? » Il me répondit : « Ce que vous dites est plau-
« sible, mais nous ne serons jamais assez forts pour résis-
« ter à Ebn-Sihoud! — Ebn-Sihoud est un homme comme
« vous, lui dis-je. De plus, c'est un tyran, et Dieu ne fa-
« vorise pas les oppresseurs. Ce n'est pas le nombre, mais
« l'intelligence qui fait la supériorité; ce n'est pas le sabre
« qui tranche la tête, mais la volonté qui le dirige. » Notre
conférence dura encore longtemps; mais je finis par le convaincre et par le persuader de m'accompagner chez le drayhy, qui fut fort content de l'issue de ma négociation.

Nous allâmes ensuite camper près des montagnes de Sangiar, qui sont habitées par des adorateurs du mauvais esprit. La principale tribu du pays, commandée par Hamoud el Tammer, est fixée près de la rivière Sagiour, et ne voyage pas comme les autres. Hamoud refusa longtemps d'entrer dans l'alliance. J'eus à ce sujet une longue correspondance avec lui. L'ayant enfin persuadé de se joindre à nous, il y eut beaucoup de réjouissances et de fêtes de part et d'autre. Hamoud invita le drayhy à venir chez lui, et le reçut très-magnifiquement. Cinq chameaux et trente moutons furent égorgés pour le repas, qui fut servi par terre hors des tentes. Les plats de cuivre étamés semblaient être d'argent; chaque plat était porté par quatre hommes, et contenait une montagne de riz de six pieds de haut, surmontée d'un mouton tout entier ou d'un quartier de chameau; dans d'autres moins grands était un mouton rôti ou un gigot de chameau. Une infinité de petits plats, garnis de dattes et autres fruits secs, remplissaient les intervalles. Leur pain est excellent. Ils tirent leur blé de Diarbékir et leur riz de Marhach et de Mallatie. Lorsque nous étions assis, ou plutôt accroupis autour de ce festin, nous ne pouvions distinguer les personnes vis-à-vis. Les Bédouins de cette tribu sont habillés bien plus richement que les autres ; les femmes sont très-jolies ; elles portent des vêtemens de soie, beaucoup de bracelets et de boucles d'oreilles en or et en argent, et un anneau d'or au nez.

Après quelques jours passés dans les fêtes, nous continuâmes notre voyage, et nous nous approchâmes d'un fleuve ou plutôt d'un bras de l'Euphrate qui l'unit au Tigre. Un courrier nous rejoignit en cet endroit. Monté sur un dromadaire, il avait franchi en cinq jours une distance qui exige trente journées au pas de caravane. Il venait du pays de Neggde, et était envoyé par un scheik ami pour avertir le drayhy de la fureur d'Ebn-Sihoud, de ses projets, et des alliances qu'il formait contre lui. Il désespérait de le voir jamais en état de tenir tête à l'orage, et l'engageait fortement à faire la paix avec les Wahabis. J'écrivis au nom du drayhy, qu'il ne faisait pas plus de cas d'Ebn-Sihoud que d'un grain de moutarde, mettant sa confiance en Dieu, qui seul donne la victoire. Ensuite, par ruse diplomatique, je fis entendre que les armées du grand-seigneur appuieraient le drayhy, qui voulait surtout ouvrir le chemin pour la caravane et délivrer la Mecque de la domination des Wahabis. Le lendemain, nous traversâmes le grand bras du fleuve dans des barques, et allâmes camper de l'autre côté, dans le voisinage de la tribu el Cherarah, réputée pour son courage, mais aussi pour son ignorance et son obstination.

Nous avions prévu l'extrême difficulté qu'il y aurait à la gagner, non-seulement à cause de ces défauts, mais encore à cause de l'amitié qui existe entre son chef Abedd et Abdallah, premier ministre du roi Ebn-Sihoud. En effet, il refusa d'entrer dans l'alliance ; dans cet état de choses, le drayhy jugea toute négociation inutile, disant que le sabre en déciderait. Le lendemain, Sahen, avec cinq cents cavaliers, alla attaquer Abedd. Il revint au bout de trois jours, ayant pris cent quarante chameaux et deux jumens de grand prix ; il n'y eut que huit hommes tués, mais le nombre des blessés était grand de part et d'autre. Je fus témoin à cette occasion d'une guérison extraordinaire. Un jeune homme, parent de Sahen, fut rapporté ayant la tête fendue d'un coup de dgérid, sept blessures de sabre dans le corps et une lance qui lui restait dans les côtes. On procéda immédiatement à extirper la lance, qui sortit par le côté opposé ; — pendant l'opération, il se tourna vers moi et me dit : « Ne sois pas « en peine de moi, Abdallah, je n'en mourrai pas. » Et étendant sa main, il prit ma pipe et commença à fumer tranquillement, comme si les neuf blessures béantes étaient dans un autre corps.

Au bout de vingt jours il était complétement guéri, et montait à cheval comme auparavant. Pour tout traitement on lui avait donné à boire du lait de chameau, mêlé avec du beurre frais, et pour toute nourriture quelques dattes également préparées au beurre. — Tous les trois jours on lavait ses blessures avec de l'urine de chameau. — Je doute qu'un chirurgien européen avec tout son appareil eût obtenu une si complète guérison en aussi peu de temps.

La guerre devenait de jour en jour plus sérieuse; Abedd réunissait ses alliés pour nous entourer, ce qui nous força d'aller camper dans les sables de Cafférié, où il n'y a point d'eau. Les femmes étaient obligées d'aller en chercher jusqu'au fleuve, dans des outres chargées sur des chameaux. — La grande quantité nécessaire pour abreuver les troupeaux rendait ce travail extrêmement pénible. — Au bout de trois jours, les bergers affairés vinrent nous avertir que huit cents chameaux avaient été enlevés par les guerriers d'Abedd pendant qu'ils les conduisaient à la rivière. Le drayhy, pour se venger de cet outrage, ordonna de lever le camp et d'avancer rapidement sur la tribu el Cherarah, résolu de l'attaquer avec toutes ses forces réunies. Nous marchâmes un jour et une nuit sans nous arrêter, et nous plantâmes dix mille tentes à une demi-lieue du camp d'Abedd. Une bataille générale et meurtrière était inévitable ; je me hasardai à faire une dernière tentative s'il en était encore temps.

Les Bédouins ont un grand respect pour les femmes, ils les consultent sur toutes leurs démarches. Dans la tribu el Cherarah, leur influence s'étend bien plus loin encore : ce sont véritablement les femmes qui commandent; — elles ont généralement beaucoup plus d'esprit que leurs maris. Arquié, femme du scheik Abedd, passe surtout pour une femme supérieure. — Je me décidai à aller la trouver; — — j'imaginai de lui porter des cadeaux de boucles d'oreilles, bracelets, colliers et autres bagatelles, et de tâcher par là de la gagner à nos intérêts. Ayant pris des informations secrètes pour diriger mes démarches, j'arrivai chez elle pendant l'absence de son mari, qui tenait un conseil de guerre chez un de ses alliés. — A force de complimens et de présens, je l'amenai à me parler elle-même de la guerre, véritable objet de ma visite, que je n'avouai point; je lui expliquai les avantages de l'alliance avec le drayhy uniquement comme sujet de conversation et nullement comme étant autorisé à lui en parler; je lui dis que le but de ma visite était la curiosité bien naturelle de connaître une femme aussi célèbre qui gouvernait des guerriers redoutables par leur courage, mais qui ne pouvaient se passer de son intelligence supérieure pour diriger cette force brutale. — Pendant notre conférence, son mari revint au camp, apprit mon arrivée, et envoya dire à Arquié qu'elle eût à chasser ignominieusement l'espion qui était chez elle; que les devoirs de l'hospitalité retenant son bras et lui défendant de se venger sur le seuil de sa tente, il ne rentrerait que lorsque le traître n'y serait plus. Arquié répondit avec beaucoup de fierté que j'étais son hôte, et qu'elle ne se laisserait point faire la loi. — Je me levai et je voulus prendre congé d'elle, en lui demandant pardon de l'embarras que je lui causais; mais elle tenait apparemment à me convaincre que je ne lui avais pas gratuitement attribué une influence qu'elle ne possédait pas : car elle me retint forcément et sortit pour conférer avec son mari. Elle rentra bientôt, suivie d'Abedd, qui me traita poliment et m'invita à lui expliquer les intentions du drayhy; je gagnai sa confiance avec l'aide de sa femme, et, avant la fin de la journée, c'était lui qui me sollicitait de lui permettre de m'accompagner chez le drayhy, — et moi qui m'en défendais, en lui disant que je n'oserais le présenter à l'émir sans l'en prévenir, parce qu'il était très-irrité contre lui; — mais que j'allais plaider sa cause et que je lui enverrais bientôt une réponse. Je les quittai au moins aussi empressés d'entrer dans l'alliance que je l'étais moi-même de les y amener.

D'après l'invitation du drayhy, Abedd vint au bout de quelques jours mettre son cachet au bas du traité, et échanger les chameaux qui avaient été réciproquement pris pendant la guerre. Cette affaire difficile étant terminée d'une manière si satisfaisante, nous quittâmes les sables pour aller passer huit jours sur le terrain Attérié, à trois heures du Tigre, près des ruines du château El-Attera où les pâturages sont très-abondans. — Ayant ainsi rafraîchi les troupeaux, nous continuâmes notre route vers le levant.

Nous rencontrâmes un jour un Bédouin monté sur un beau dromadaire noir. Les scheiks le saluèrent avec un air d'intérêt et lui demandèrent quelle avait été l'issue de sa malheureuse aventure de l'année précédente. Je me fis raconter son histoire et je la trouvai assez intéressante pour l'insérer dans mon journal. Aloïan (c'était le nom du Bédouin), étant à la chasse des gazelles, arriva sur un terrain où des lances brisées, des sabres ensanglantés, et des corps gisans, indiquaient une bataille récente. — Un son plaintif qui parvenait à peine à son oreille l'attira vers un monceau de cadavres au milieu duquel un jeune Arabe respirait encore. Aloïan se hâte de le secourir, l'emporte sur son dromadaire, le conduit à sa tente, et, par ses soins paternels, le ramène à la vie. Après quatre mois de convalescence, Faress (c'était le nom du blessé) parle de son départ; mais Aloïan lui dit : S'il faut absolument nous séparer, je te conduirai jusqu'à ta tribu et je t'y laisserai avec regret; — mais si tu veux rester avec moi, tu seras comme mon frère; ma mère sera ta mère, ma femme sera ta sœur; réfléchis à ma proposition et décide

avec calme. — « O mon bienfaiteur! répond Faress, où trou-
« verai-je des parens comme ceux que vous m'offrez? —
« Sans vous je ne serais pas vivant à cette heure ; ma chair
« serait mangée par les oiseaux de proie, et mes os dévorés
« par les bêtes féroces; puisque vous voulez bien me garder,
« je demeurerai avec vous, mais pour vous servir toute ma
vie. » — Un motif moins pur qu'il n'avait osé avouer avait
décidé Faress : c'était l'amour qu'il commençait à ressentir
pour Hafza, la femme d'Aloïan, qui l'avait soigné; cet amour
fut bientôt partagé. Un jour Aloïan, qui n'avait aucun soupçon, chargea Faress d'escorter sa mère, sa femme et ses deux
enfans jusqu'à un nouveau campement, pendant que de son
côté il allait à la chasse. Faress ne put résister à cette funeste
occasion ; il chargea la tente sur un chameau, y plaça la
mère avec les deux petits enfans et les envoya en avant, disant qu'il suivrait bientôt avec Hafza à cheval; mais la vieille
se retourna longtemps en vain, Hafza n'arriva point; Faress
l'avait emmenée sur une jument d'une extrême vitesse jusque
dans sa tribu. — Le soir, Aloïan arriva, fatigué de la chasse;
il chercha en vain sa tente parmi celles de sa tribu. — La
vieille mère n'avait pu la dresser seule, il la trouva assise
par terre avec les deux enfants. — « Et où est Hafza? dit-il.»
— « Je n'ai vu ni Hafza ni Faress, répondit-elle, je les at-
« tends depuis ce matin. » — Alors pour la première fois, il
soupçonna la vérité, et ayant aidé sa mère à dresser la tente,
il partit sur son dromadaire noir et courut deux jours jusqu'à ce qu'il eût rejoint la tribu de Faress. — A l'entrée du
camp, il s'arrêta chez une vieille femme qui vivait seule. —
Que n'allez-vous chez le scheik? lui dit-elle; il y a fête aujourd'hui; Faress Ebn Mehidi, qui avait été laissé sur un
champ de bataille et pleuré pour mort, est revenu, ramenant
avec lui une belle femme ; ce soir on fait la noce. — Aloïan
dissimula et attendit la nuit; lorsque tout dort, il s'introduit
dans la tente de Faress, d'un coup de sabre lui sépare la
tête du tronc et emporte le cadavre hors des tentes; revenant
sur ses pas, il trouve sa femme endormie; il l'éveille, en lui

disant : — « C'est Aloïan qui t'appelle, suis-moi. » Elle se lève épouvantée et lui dit : — « Imprudent que tu es ! Faress « et ses frères vont te tuer ; sauve-toi ! » — « Perfide, reprit- « il, que t'ai-je fait pour me traiter ainsi ? t'ai-je jamais « contrariée ? t'ai-je jamais adressé le moindre reproche ? « as-tu oublié tous les soins que j'ai eus de toi ? as-tu « oublié tes enfans ? Allons, lève-toi, invoque Dieu, suis- « moi, et maudis le diable qui t'a fait faire cette folie. » — Mais Hafza, loin de se laisser attendrir par la douceur d'Aloïan, lui répète : « Sors d'ici, pars, ou je donnerai l'a- « larme et j'appellerai Faress pour te tuer. » — Voyant qu'il n'y avait rien à obtenir d'elle, il la saisit, lui ferme la bouche, et, malgré sa résistance, l'emporte sur son dromadaire et ne s'arrête que lorsqu'il est hors de la portée de la voix. Alors, la plaçant en croupe, il continue plus lentement sa route. — Au point du jour, le cadavre de Faress et la disparition de la femme mettent le camp en rumeur ; son père et ses frères poursuivent et atteignent Aloïan, qui se défend contre eux avec un courage héroïque. Hafza, se débarrassant de ses liens, se joint encore aux assaillans et lui lance des pierres dont une l'atteint à la tête et le fait chanceler ; couvert de blessures, Aloïan parvient cependant à terrasser ses adversaires ; il tue les deux frères et désarme le père, disant que ce serait une honte pour lui de tuer un vieillard ; il lui rend sa jument et l'engage à retourner chez lui ; puis saisissant de nouveau sa femme, il poursuit sa route et arrive à sa tribu sans avoir échangé une parole avec elle. Alors, il assemble tous ses parens, et, plaçant Hafza au milieu d'eux, il lui dit : « Raconte toi-même tout ce qui s'est passé ; je m'en rap- « porte au jugement de ton père et de ton frère. » Hafza raconta la vérité, et son père, plein d'indignation, leva sur elle son sabre et l'abattit à ses pieds.

Étant arrivés d'étape en étape jusqu'à quatre heures de Bagdad, M. Lascaris s'y rendit secrètement pour voir le consul de France, M. Adrien de Correncé, et négocier avec lui une forte somme d'argent.

Le lendemain, après avoir traversé le Tigre à Machad, nous allions nous établir près de la rivière El-Cahaun, lorsque nous apprîmes qu'une guerre acharnée régnait entre les Bédouins, qui prenaient parti pour ou contre notre alliance. Scheik-Ibrahim engagea alors le drayhy à ne pas s'arrêter, mais à rejoindre nos alliés le plus vite possible. En conséquence, nous allâmes camper près de plusieurs petites sources à El-Darghouan, à vingt heures de Bagdad, et le lendemain nous traversâmes une grande chaîne de montagnes. Nous avions rempli nos outres, précaution nécessaire, ayant une marche de douze heures à faire dans des sables brûlans où l'on ne trouve ni eau ni pâturages. Arrivés aux frontières de Perse, nous y rencontrâmes un messager de la tribu el Achgaha, porteur d'une lettre du chef Dehass, qui réclamait l'assistance *du père des héros, du chef des plus redoutables guerriers, le puissant drayhy*, contre ses ennemis, forts de quinze mille tentes. Nous étions alors à six journées de cette tribu. Le drayhy ayant donné ordre de continuer la marche, nous franchîmes cette distance en trois fois vingt-quatre heures, sans nous arrêter, même pour manger. La plus grande fatigue de cette marche forcée tombait sur les femmes, chargées de faire le pain et de traire les chamelles sans ralentir la caravane.

L'organisation de cette cuisine ambulante était assez curieuse. A des distances réglées se trouvaient des femmes qui s'en occupaient sans relâche : la première, montée sur un chameau chargé de blé, avait devant elle un moulin à bras. Le blé une fois moulu, elle passait la farine à sa voisine, occupée de la pétrir avec l'eau renfermée dans les outres suspendues aux flancs de son chameau. La pâte était passée à une troisième femme qui la faisait cuire en forme de gauffres, sur un réchaud, avec du bois et de la paille. Ces gauffres étaient distribuées par elle à la division de guerriers qu'elle était chargée de nourrir, et qui venaient de minute en minute réclamer leur portion. D'autres femmes marchaient à côté des chamelles pour traire le lait dans des *cadahs* (vases de bois qui contiennent quatre litres). On se les passait de main en main pour étancher sa soif. Les chevaux mangeaient en marchant dans des sacs pendus à leur cou. Lorsqu'on voulait dormir, on se couchait tout du long sur son chameau, les pieds passés dans les besaces, crainte de tomber. La marche lente et cadencée des chameaux invite au sommeil, comme le balancement d'un berceau, et jamais je n'ai mieux dormi que pendant ce voyage. La femme de l'émir Farès accoucha dans son haudag d'un fils, nommé Harma, d'après le lieu où nous passions lorsqu'il vint au monde; c'est le point de jonction du Tigre et de l'Euphrate. Bientôt après nous rejoignîmes trois tribus : el Harba, el Suallemé et el Abdellé. Nous avions sept mille tentes lorsque Dehass vint au-devant de nous. Ce secours imposant le rassura. Nous lui donnâmes un magnifique souper, après lequel il mit son cachet au bas de notre traité.

L'ennemi était encore à une journée de distance. Nos chevaux et nos gens ayant grand besoin de repos, le drayhy ordonna une halte de deux jours; mais les assaillans ne nous accordèrent pas cette trêve désirée. Dès que le bruit de notre approche leur parvint, ils se mirent en marche, et le lendemain trente mille hommes étaient campés à une heure de nous. Le drayhy fit aussitôt avancer son armée jusqu'aux bords du fleuve, dans la crainte qu'on ne voulût nous intercepter l'eau, et nous prîmes position près du village El-Hutta.

Le lendemain, le drayhy envoya une lettre de conciliation aux chefs des cinq tribus qui venaient nous attaquer [*]; mais cette tentative n'eut aucun succès : la réponse fut une déclaration de guerre, dont le style nous prouva clairement que nos intentions avaient été calomniées, et que ces chefs agissaient d'après une impulsion étrangère.

Scheik-Ibrahim proposa de m'envoyer auprès d'eux, avec des cadeaux, pour tâcher d'en venir à des éclaircissemens.

---

[*] Les tribus el Fedhay, chef Douockhry; el Modiann, chef Saker ebn Hamed; el Sabha, chef Mohdi ebn Hüd; Mouayegé, chef Bargiass; Mehayedé, chef Amer ebn Noggiès.

Mes ambassades avaient si bien réussi jusqu'alors que j'acceptai avec plaisir, et je partis avec un seul guide. Mais à peine arrivés devant la tente de Mohdi, qui se trouvait la première, l'avant-garde des Bédouins se jeta sur nous comme des bêtes féroces, nous dépouilla de nos cadeaux et de nos vêtemens, nous mit les fers aux pieds, et nous laissa nus sur le sable brûlant. En vain je suppliai qu'on me permît de m'expliquer; on me menaça de me tuer sur-le-champ si je ne me taisais. Quelques instans après je vis venir à moi le perfide Absi, le colporteur. Je compris alors la cause du traitement inouï dont j'étais la victime. Il avait voyagé de tribu en tribu pour nous susciter des ennemis. Sa vue m'enflamma d'une telle colère, que je sentis renaître mon courage abattu, et me trouvai prêt à mourir bravement, si je ne pouvais vivre pour me venger. Il s'approcha de moi, et, me crachant au visage : « Chien d'infidèle, me dit-il, de quelle manière « veux-tu que je sépare ton âme de ton corps ? — Mon âme, « lui répondis-je, n'est point en ton pouvoir ; mes jours sont « comptés par le Dieu grand : s'ils doivent finir à présent, « peu m'importe de quelle manière ; mais si je dois vivre « encore, tu n'as aucune puissance pour me faire mourir. » Il se retira pour aller exciter les Bédouins de nouveau contre moi. En effet, tous, hommes et femmes, vinrent me regarder et m'accabler d'outrages : les uns me crachaient au visage, les autres me jetaient du sable dans les yeux; plusieurs me piquaient avec leurs dgérids ; enfin, je restai vingt-quatre heures sans boire ni manger, souffrant un martyre impossible à décrire. Vers le soir du second jour, un jeune homme nommé Iahour s'approcha de moi, et chassa les enfans qui me tourmentaient. Je l'avais déjà remarqué ; car, parmi tous ceux que j'avais vus dans cette journée, lui seul ne m'avait pas injurié. Il m'offrit de m'apporter du pain et de l'eau à la tombée de la nuit. «La faim et la soif m'importent fort peu, « lui répondis-je en le remerciant ; mais si pouvez me tirer « d'ici, je vous récompenserai généreusement. » Il me promit de le tenter, et, en effet, au milieu de la nuit, il vint me trouver, muni de la clef de mes fers, qu'il avait eu l'adresse de se procurer pendant le souper des chefs. Il les ouvrit sans bruit, et, sans prendre le temps de me vêtir, je regagnai notre tribu en courant. — Tout dormait dans le camp, à l'exception des quatre nègres de garde à l'entrée de la tente du drayhy. Ils poussèrent un cri en me voyant, et furent à la hâte éveiller leur maître, qui vint avec Scheik-Ibrahim. Ils m'embrassèrent en pleurant, et récompensèrent largement mon libérateur. Le drayhy se montra vivement affligé du traitement que j'avais subi. Cette violation du droit des gens l'indignait. Il ordonna sur-le-champ les préparatifs du combat, et nous nous aperçûmes au lever du soleil que l'ennemi en avait fait autant. Le premier jour il n'y eut de part et d'autre aucun avantage marqué. Auad, chef de la tribu Suallemé, perdit sa jument, dont il avait refusé vingt-cinq mille piastres. Tous les Bédouins prirent part à son affliction, et le drayhy lui donna un de ses meilleurs chevaux, bien inférieur toutefois à la cavale qui avait été tuée. Le lendemain, la bataille continua avec plus d'acharnement que la veille. Notre perte, ce jour-là, fut plus considérable que celle de l'ennemi. Il nous fallait agir avec une prudence extrême, n'ayant que quinze mille hommes à lui opposer. Quarante des nôtres étaient tombés en son pouvoir, tandis que nous n'avions fait que quinze prisonniers; mais parmi eux se trouvait Hamed, fils du chef Saker. De part et d'autre, les captifs furent mis aux fers.

À la suite de ces deux jours de combat, il y eut une trêve tacite de trois jours, pendant laquelle les armées restèrent en présence, sans aucune démonstration d'hostilité. Le troisième jour, le scheik Saker, accompagné d'un seul homme, vint dans notre camp. Il était inquiet sur le sort de son fils, vaillant jeune homme, adoré de son père et de tous les Bédouins de sa tribu; il venait offrir une rançon. Hamed avait été très-bien traité par nous; j'avais moi-même pansé ses blessures. Le drayhy reçut Saker avec une grande distinction. Celui-ci, après les politesses d'usage, parla de la

guerre, exprima son étonnement de l'ardeur du drayhy pour cette coalition contre les Wahabis, et dit qu'il ne pouvait croire à un si grand désintéressement ; qu'il fallait avoir des motifs secrets ou des vues personnelles. « Vous ne pou-
« vez trouver mauvais, ajouta-t-il, que je ne m'engage pas
« avec vous, sans savoir à quelle fin. Mettez-moi dans votre
« confidence, et je vous seconderai de tout mon pouvoir. »
Nous lui répondîmes que nous n'avions pas pour habitude d'admettre dans nos secrets ceux dont l'amitié ne nous était pas assurée ; que, s'il voulait signer notre traité, nous n'aurions plus rien de caché pour lui. Il demanda alors à prendre connaissance de l'engagement ; et après avoir entendu la lecture des différens articles, dont il parut fort content, il nous assura qu'on lui avait présenté les choses tout autrement, et nous raconta les calomnies qu'Absi avait débitées contre nous. Il finit en apposant son cachet au bas du traité, et nous pressa ensuite de lui apprendre le but que nous voulions atteindre. Scheik-Ibrahim lui dit que notre intention était de frayer un passage, des côtes de la Syrie aux frontières des Indes, à une armée de cent mille hommes, sous la conduite d'un puissant conquérant qui voulait affranchir les Bédouins du joug des Turcs, leur rendre la souveraineté sur tout le pays, et leur ouvrir les trésors de l'Inde. Il assura qu'il n'y avait rien à perdre, mais tout à gagner dans l'exécution de ce projet, dont le succès dépendait de l'ensemble des forces et de l'harmonie des volontés. Il promit que leurs chameaux seraient payés à un très-haut prix pour les transports d'approvisionnemens de cette grande armée, et lui fit envisager le commerce de ces vastes contrées comme devant être pour eux une source d'inépuisables richesses.

Saker entra complétement dans nos vues, mais il fallut encore lui expliquer que le Wahabi* pouvait contrarier nos plans ; son fanatisme religieux devait nécessairement s'op-

---

* On appelle souvent de ce nom Ebn-Sihoud, roi des Wahabis.

poser au passage d'une armée chrétienne, et son esprit de domination, qui le rendait déjà maître de l'Yémen, de la Mecque et de Médine, devait étendre ses prétentions jusqu'à la Syrie où les Turcs ne pouvaient lui opposer aucune résistance sérieuse ; que, d'un autre côté, une grande puissance maritime, ennemie de celui que nous voulions favoriser, ferait infailliblement alliance avec lui, et enverrait des forces par mer, pour nous couper le chemin du désert. Après beaucoup de contestations, dans lesquelles Saker montra autant de jugement que de sagacité, il se rendit entièrement à nos argumens, et promit d'user de toute son influence sur les autres tribus. Il fut convenu qu'il serait le chef des Bédouins du pays où nous étions, comme le drayhy l'était de ceux de Syrie et de Mésopotamie, et il s'engagea à réunir sous ses ordres les diverses tribus, d'ici à l'année prochaine, pendant que nous poursuivrions notre route, et promit qu'à notre retour tout serait aplani. Nous nous séparâmes, enchantés les uns des autres, après avoir comblé son fils de présens et libéré les autres prisonniers. De son côté, il nous renvoya nos quarante cavaliers. Le lendemain, Saker nous écrivit que Mohdi et Douockhry ne s'opposaient plus à nos projets, et qu'ils partaient pour aller conférer avec Bargiass, à trois heures de là. Effectivement, ils levèrent le camp, et nous en fîmes autant ; car la réunion d'un si grand nombre d'hommes et de troupeaux avait couvert la terre d'immondices, et rendu notre séjour en ce lieu intolérable.

Nous allâmes camper à six heures de distance, à Maytal-el-Ebbed, sur le chatel arabe, où nous restâmes huit jours. Saker vint nous y trouver, et il fut convenu qu'il se chargerait à lui seul de réunir les Bédouins de ces contrées, pendant que nous retournerions en Syrie, de peur qu'en abandonnant trop longtemps notre première conquête, nos ennemis ne missent à profit notre absence pour embrouiller nos affaires et détacher des tribus de notre alliance.

D'ailleurs, le printemps était déjà avancé, et nous devions nous hâter d'arriver, de peur que les pâturages de la Syrie et de la Mésopotamie ne fussent occupés par d'autres. Nous remîmes donc à l'année suivante le projet de pousser notre reconnaissance jusqu'aux frontières de l'Inde. Pour cette époque, Saker aurait eu le temps de préparer les esprits à nous seconder; car, disait-il, « on déracine un arbre par « une de ses branches. »

Quelques jours de marche nous ramenèrent en Mésopotamie. Nous mîmes deux jours à traverser l'Euphrate, près de Mansouri, et à sortir du désert appelé El-Hamad. Nous campâmes dans un lieu où il n'y a pas d'eau potable; on en trouve en faisant des trous profonds, mais elle sert seulement pour le bétail; les hommes n'en peuvent boire. Cet endroit s'appelle Halib-el-Dow, parce qu'on ne se désaltère qu'avec du lait.

Nous allâmes de là à El-Sarha, lieu abondamment fourni d'eau et de pâturages; nous espérions nous y dédommager de nos privations, mais une circonstance particulière nous en dégoûta promptement. Le terrain y est couvert d'une herbe appelée el khraffour, que les chameaux mangent avec avidité, et qui a la propriété de les enivrer au point de les rendre fous. Ils courent à droite et à gauche, brisant tout ce qu'ils rencontrent, renversant les tentes et poursuivant les hommes.

Pendant quarante-huit heures, personne ne put fermer l'œil; les Bédouins étaient constamment occupés à calmer la fureur des chameaux et à les maîtriser. Une guerre véritable m'eût semblé préférable à cette lutte continuelle avec des animaux dont la force prodigieuse, exaltée par le délire, présentait des dangers incalculables. Mais il paraît que le triomphe de l'adresse sur la force a de grands charmes pour ces enfans de la nature; car lorsque je fus trouver le drayhy pour déplorer l'état de fièvre où nous tenait cette révolution d'une nouvelle espèce, il n'en fit que rire, et m'assura que c'était un des plus grands amusemens des Bédouins. Pendant que nous parlions, un chameau de la plus forte taille venait droit sur nous, la tête haute, soulevant la poussière de ses larges pieds. Le drayhy, saisissant un des pieux de sa tente, attendit l'animal furieux et lui asséna un coup violent sur le crâne. Le bois se rompit, et le chameau se détourna pour aller ailleurs exercer ses ravages. Une contestation s'éleva alors : il s'agissait de savoir lequel était le plus fort, du chameau ou du scheik. Celui-ci prétendait que, si le pieu avait résisté, il aurait fendu la tête de son adversaire; et les assistans proclamaient la supériorité de l'animal qui avait brisé l'obstacle qui lui était opposé. Quant à moi, je décidai qu'ils étaient tous d'eux d'égale force, puisque ni l'un ni l'autre n'avait vaincu. Cet arrêt excita la gaieté de tout l'auditoire.

Le lendemain nous levâmes le camp. Un messager de Saker nous rejoignit en route, il venait nous rendre compte du mauvais succès de sa négociation auprès de Bargiass. Absi, le colporteur, jouissait de toute sa faveur, et l'animait de plus en plus contre nous; il l'avait décidé à rejoindre Méhanna, et à se réunir aux Wahabis qui devaient envoyer une armée pour nous détruire. Le drayhy répondit qu'il ne fallait pas se troubler, que Dieu était plus fort qu'eux, et saurait bien faire triompher le bon droit. Après cet incident, nous continuâmes notre route.

Bientôt après, nous apprîmes que la tribu el Calfa était campée à Zualma. Le drayhy jugeait important de nous assurer de la coopération de cette tribu puissante et courageuse. Son scheik Giassem était un ancien ami du drayhy; mais il ne savait ni lire ni écrire, et il devenait dès lors dangereux de lui adresser une lettre qui lui serait lue par un Turc, ce qui pourrait nuire essentiellement à nos affaires, comme nous l'avions appris à nos dépens par l'exemple de l'écrivain Absi. Ce fut donc encore moi qu'on chargea d'aller le trouver; je partis avec une escorte de six hommes, tous montés sur des dromadaires. Nous arrivâmes, au bout de deux jours, à l'endroit désigné; mais, à notre grand déplaisir, la tribu avait levé le camp, et nous ne trouvâmes aucun indice du chemin qu'elle avait pris. Nous passâmes la nuit sans boire

ni manger, et délibérâmes le lendemain sur ce que nous avions à faire. Le plus pressé était d'aller à la recherche de l'eau ; car, comme on sait, la soif est encore plus insupportable que la faim, et nous pouvions raisonnablement espérer de rencontrer à la fois les sources et la tribu. Nous errâmes trois jours entiers, sans trouver ni eau ni nourriture. Mon palais était tellement desséché que je ne pouvais plus remuer la langue, ni articuler un son; j'avais épuisé tous les moyens de tromper la soif, mettant des cailloux et des balles de plomb dans ma bouche ; mon visage était devenu noir, mes forces m'abandonnaient. Tout à coup mes compagnons s'écrient : Gioub el Chamin*, et se précipitent en avant. Ces hommes endurcis à la fatigue soutiennent les privations d'une manière inconcevable, et ils étaient loin de l'état déplorable auquel je me trouvais réduit. Les voyant partir, l'irritation de mes nerfs, excités par l'extrême fatigue, me fit désespérer d'arriver jusqu'au puits où il me semblait qu'ils ne laisseraient plus une goutte d'eau pour moi; et je me jetai à terre en pleurant. Me voyant en cet état, ils revinrent sur leurs pas, et m'encouragèrent à faire un effort pour les suivre. Arrivés au bord du puits, l'un d'eux s'appuyant sur le parapet, tira son sabre, disant qu'il trancherait la tête à celui qui oserait s'approcher. Laissez-vous gouverner par mon expérience, ajouta-t-il, ou vous périrez. Son ton d'autorité nous imposa, et nous obéîmes en silence. Il nous appela un à un, et nous fit pencher sur le bord du puits, pour respirer d'abord l'humidité. Ensuite il puisa une petite quantité d'eau et l'approcha de nos lèvres avec ses doigts, en commençant par moi; peu à peu il nous permit d'en boire une demi-tasse, puis une tasse entière ; il nous rationna ainsi pendant trois heures, puis il nous dit : — « Buvez mainte-
« nant, vous ne risquez rien; mais si vous ne m'aviez pas
« écouté, vous seriez tous morts, ainsi qu'il arrive à ceux
« qui, après une longue privation, se désaltèrent sans pré-

---

* Nom d'un puits connu dans le désert.

Nous passâmes la nuit en cet endroit, buvant continuellement, autant pour suppléer à la nourriture que pour apaiser notre soif; et, plus nous buvions, plus nous avions envie de boire. Le lendemain, nous montâmes sur une éminence pour découvrir un plus vaste horizon; mais, hélas! aucun objet ne se présentait à notre vue dans cet immense désert. A la fin cependant un des Bédouins crut apercevoir quelque chose dans le lointain, et déclara que c'était un haudag, couvert de drap écarlate et porté sur un chameau de grande taille. Ses compagnons ne voyaient rien; mais, n'ayant pas de meilleur indice à suivre, nous nous dirigeâmes du côté qu'il indiquait, et, en effet, bientôt après nous aperçûmes une grande tribu et nous reconnûmes le haudag qui nous avait servi de phare; c'était heureusement la tribu que nous cherchions.

Giassem nous reçut très-bien, et tâcha de nous faire oublier nos fatigues. Ayant terminé avec lui, il dicta une lettre pour le drayhy dans laquelle il s'engageait à mettre ses hommes et ses biens à sa disposition, disant que l'alliance entre eux devait être des plus intimes, à cause de l'ancienneté de leur amitié. Je repartis muni de cette pièce importante, mais, d'un autre côté, très-préoccupé de la nouvelle qu'il me donna de l'arrivée d'une princesse, fille du roi d'Angleterre, en Syrie où elle déployait un luxe royal, et où elle avait été reçue avec toutes sortes d'honneurs par les Turcs. Elle avait comblé de cadeaux magnifiques Méhanna el Fadel, et s'était fait escorter par lui à Palmyre, où elle avait répandu ses largesses avec profusion et s'était fait un parti formidable parmi les Bédouins, qui l'avaient proclamée reine[*]. Scheik-Ibrahim, à qui je communiquai cette nouvelle, en fut atterré; croyant y voir une intrigue pour ruiner nos projets.

Le drayhy, s'étant aperçu de notre préoccupation, nous rassura en disant qu'on sèmerait des sacs d'or depuis Hama

---

[*] Cette prétendue princesse n'était autre que lady Esther Stanhope.

jusqu'aux portes de l'Inde, sans pouvoir détacher aucune tribu amie, de l'alliance solennelle qu'elle avait contractée.

— « La parole d'un Bédouin est sacrée, ajouta-t-il ; pour-
« suivez votre projet, sans vous inquiéter de rien. Quant à
« moi, j'ai fait mon plan de campagne. Je pars pour le
« Horan afin de surveiller les démarches d'Ebn-Sihoud ; lui
« seul est à craindre pour nous : je reviendrai ensuite cam-
« per aux environs de Homs. »

Scheik-Ibrahim, n'ayant plus ni argent ni marchandises, se décida à m'envoyer immédiatement à Coriétain d'où j'expédierais un messager à Alep pour y prendre un *group de talaris*. Je partis joyeusement, enchanté de revoir mes amis, et de me reposer quelque temps parmi eux. Le premier jour de mon voyage se passa sans accident ; mais le lendemain, vers quatre heures, à un endroit nommé Cankoum, je tombai au milieu d'une tribu que je croyais amie, et qui se trouva être celle de Bargiass. Il n'était plus temps de reculer, et je me dirigeai vers la tente du scheik, précédé de mon nègre Fodda ; mais à peine eut-il mis pied à terre, qu'il fut massacré sous mes yeux, et je vis tous les glaives levés sur moi. Mon saisissement fut tel, que j'ignore ce qui suivit. Je me souviens seulement d'avoir crié : « Arrêtez ; je réclame « la protection de la fille de Hédal, » et de m'être évanoui. Quand je rouvris les yeux, j'étais couché dans une tente, entouré d'une vingtaine de femmes qui s'efforçaient de me rappeler à la vie, en me faisant respirer du poil brûlé, du vinaigre et des oignons, pendant que d'autres m'inondaient d'eau, et introduisaient du beurre fondu entre mes lèvres sèches et contractées : dès que j'eus repris connaissance, la femme de Bargiass me prit la main en me disant : « Ne crai-
« gnez rien, Abdallah ; vous êtes chez la fille de Hédal ; per-
« sonne n'a le droit de vous toucher. »

Peu après Bargiass s'étant présenté à l'entrée de la tente pour faire, disait-il, sa paix avec moi : « Par la tête de mon
« père, s'écria-t-elle, vous n'entrerez chez moi que lorsque
« Abdallah sera entièrement guéri ! »

Je restai trois jours sous la tente de Bargiass, soigné de la manière la plus affectueuse par sa femme qui, pendant ce temps, négociait une réconciliation avec son mari. Je lui gardais une si forte rancune de sa brutalité, que j'eus bien de la peine à lui pardonner. A la fin cependant, je consentis à oublier le passé, à la condition qu'il signerait le traité avec le drayhy. Nous nous embrassâmes et nous jurâmes fraternité. Bargiass me donna un nègre en me disant : — « J'ai sacrifié votre argent, je vous donne en retour un bijou. » Jeu de mots sur les noms des deux nègres, Fodda, argent, et Giauhar, bijou. Puis il fit préparer un festin en honneur de notre réconciliation. Au milieu du repas, un courrier du drayhy arriva bride abattue apportant à Bargiass une déclaration de guerre à mort, pleine d'épithètes outrageantes : « O toi, traître, qui violes la loi sacrée des Bédouins ! lui « disait-il ; toi, infâme, qui massacres tes hôtes, toi, Os- « manli au noir visage, sache que tout le sang de ta tribu « ne suffira pas pour racheter celui de mon cher Abdallah. « Prépare-toi au combat, mon coursier ne goûtera plus de « repos que je n'aie détruit le dernier de ta race. » Je me hâtai de partir pour prévenir tout conflit, et rassurer Scheik-Ibrahim et le drayhy. Je ne saurais dire avec quelle joie je fus reçu : ils ne pouvaient en croire leurs yeux, tant ma présence leur semblait miraculeuse. Je leur racontai ce qui s'était passé.

Le lendemain je me remis en route pour Coriétain où je restai vingt jours en attendant le retour du messager que j'avais envoyé à Alep. J'avais grand besoin de ce repos et de cette occasion de renouveler mon habillement qui tombait en lambeaux ; mais je faillis y rester plus longtemps que je ne voulais, car la nouvelle se répandit que l'armée des Wahabis avait envahi le désert de Damas, et ravagé plusieurs villages, massacrant les hommes et les enfans jusqu'au dernier, et n'épargnant que les femmes, mais après les avoir dépouillées. Le scheik de Coriétain, hors d'état de faire la moindre résistance, fit fermer les portes de la ville, défendit d'en sortir, et attendit les événemens en tremblant. Nous apprîmes bientôt que l'ennemi ayant attaqué Palmyre, les habitans, retirés dans l'enceinte du temple, s'y étaient défendus avec succès, et que les Wahabis, ne pouvant les y forcer, s'étaient contentés de tuer les chameliers et d'enlever les troupeaux. De là ils étaient allés piller le village d'Arack et s'étaient répandus dans les environs. Ces sinistres nouvelles m'alarmèrent beaucoup sur le sort de mon messager, qui arriva cependant sain et sauf avec l'argent de Scheik-Ibrahim. Il s'était réfugié quelque temps à Saddad dont les habitans, ayant payé une assez forte contribution, n'avaient rien à craindre pour le moment. Je profitai de cette circonstance, et, quittant mes habits de Bédouin, je m'habillai comme un chrétien de Saddad, et gagnai ce village, où j'obtins des nouvelles du drayhy, campé à Chaudat-el-Cham avec la tribu de Bargiass. Je me rendis auprès de lui le plus promptement possible, et j'appris là avec chagrin qu'une coalition redoutable s'était formée entre Méhanna el Fadel et la tribu du pays de Sarmacand. Ils avaient noué des intrigues avec les gouverneurs de Homs et de Hama, se réunissant ainsi, Turcs et Bédouins, contre nous. Dans cette situation critique, je songeai à notre ami le pacha Soliman, et j'engageai Scheik-Ibrahim à aller à Damas conférer avec lui. Nous partîmes de suite, et descendîmes chez son premier ministre, Hagim, qui nous apprit le nom de la prétendue princesse anglaise, et nous dit que c'était par l'influence et les cadeaux de lady Stanhope que Méhanna s'était fait un parti puissant parmi les Turcs. Ces détails nous confirmèrent dans l'idée que l'Angleterre, instruite de nos projets, soldait les Wahabis d'un côté, pendant que de l'autre elle cherchait à réunir les Bédouins de Syrie avec les Turcs, par l'entremise de lady Stanhope. La rencontre que nous fîmes chez M. Chabassan d'un Anglais prenant le nom de Scheik-Ibrahim, venait encore à l'appui de ces conjectures. Il chercha à nous questionner, mais nous étions trop bien sur nos gardes. Ayant obtenu de Soliman-Pacha ce que nous désirions, nous nous hâtâmes de regagner notre tribu.

Le courage du drayhy ne faiblissait pas : il nous assura qu'il tiendrait tête à bien plus forte partie. Le bouyourdi que nous avait accordé Soliman-Pacha portait que les gouverneurs de Homs et de Hama eussent à respecter son fidèle ami et fils bien-aimé, le drayhy Ebn-Challan, qui devait être obéi, étant chef suprême du désert de Damas, et que toute alliance contre lui était opposée à la volonté de la Porte. Munis de cette pièce, nous nous avançâmes vers Hama, et quelques jours après, Scheik-Ibrahim reçut une invitation de lady Esther Stanhope, pour se rendre auprès d'elle ainsi que sa femme, madame Lascaris, qui était restée à Acre. Cette invitation le contraria d'autant plus, que depuis trois ans il avait évité de donner de ses nouvelles à sa femme, pour laisser ignorer le lieu de son séjour et son intimité avec les Bédouins; il fallait pourtant répondre à lady Stanhope. Il lui écrivit qu'il aurait l'honneur de se rendre chez elle aussitôt que les circonstances le lui permettraient, et en même temps dépêcha un courrier à sa femme en lui disant de refuser l'invitation pour sa part; mais il était trop tard. Inquiète sur l'existence de son mari, madame Lascaris s'était rendue immédiatement à Hama, chez lady Stanhope, espérant par elle découvrir ses traces. M. Lascaris se vit ainsi forcé d'aller la rejoindre.

Sur ces entrefaites, Méhanna s'approchait de plus en plus se croyant sûr de la coopération des Osmanlis; le drayhy, jugeant alors que l'instant était venu de produire le bouyourdi du pacha, envoya son fils Saher à Homs et à Hama, où il fut reçu avec les plus grands honneurs. A la vue de l'ordre dont il était porteur, les deux gouverneurs mirent leurs troupes à sa disposition, déclarant Méhanna traître, pour avoir appelé les Wahabis, les ennemis les plus acharnés des Turcs.

Lady Esther Stanhope ayant invité Saher à venir chez elle, le combla de présens, tant pour lui que pour sa femme et sa mère, donna un machlah et des bottes à chaque cavalier de sa suite, et annonça le projet d'aller sous peu visiter sa tribu. M. Lascaris ne se retira pas aussi agréablement de son séjour auprès d'elle. Lady Stanhope, par des questions adroites, ayant vainement essayé d'obtenir de lui quelques éclaircissemens sur ses relations avec les Bédouins, prit à la fin un ton d'autorité qui donna à M. de Lascaris prétexte de rompre. Il renvoya sa femme à Acre, et quitta lady Stanhope, complétement brouillé avec elle.

Méhanna se préparait à commencer la lutte; mais voyant que le drayhy n'était nullement intimidé à son approche, il jugea prudent de s'assurer d'un renfort d'Osmanlis, et envoya son fils Farès à Homs, réclamer la promesse du gouverneur; mais celui-ci, au lieu de l'investir du commandement d'un corps de troupes, le fit charger de fers et jeter en prison. Méhanna, consterné de cette fâcheuse nouvelle, se vit en un moment tomber du commandement suprême dans la triste et humiliante nécessité, non-seulement de se soumettre au drayhy, mais encore de solliciter sa protection contre les Turcs. Ce pauvre vieillard, accablé de ce revers inattendu, se trouva forcé d'aller implorer la médiation d'Assaf, scheik de Saddad, qui lui promit de négocier la paix. Effectivement, il partit avec cent cavaliers pour l'accompagner, et, le laissant avec son escorte à quelque distance du camp, il s'avança seul jusqu'à la tente du drayhy, qui le reçut en ami, mais refusa d'abord la soumission de Méhanna. Nous nous interposâmes alors en sa faveur. Scheik-Ibrahim fit valoir l'hospitalité avec laquelle il nous avait reçus à notre arrivée dans le désert, et Saher, baisant deux fois la main de son père, joignit ses sollicitations aux nôtres. Le drayhy ayant fini par céder, les principaux de la tribu se mirent en marche pour aller au-devant de Méhanna, selon les égards dus à son âge et à son rang. Lorsqu'il eut mis pied à terre, le drayhy le fit asseoir à la place d'honneur, au coin de la tente, et ordonna d'apporter le café. Alors Méhanna se levant : « Je « ne boirai de ton café, dit-il, que lorsque nous serons « complétement réconciliés, et que nous aurons enterré les « sept pierres. » A ces mots, le drayhy s'étant levé également, ils tirèrent leurs sabres et se les présentèrent mutuellement à baiser; ils s'embrassèrent ensuite ainsi que tous les assistans. Méhanna fit avec sa lance, au milieu de la tente, un creux en terre de la profondeur d'un pied, et ayant choisi sept petites pierres, il dit au drayhy : « Au nom du « Dieu de paix, pour ta garantie et pour la mienne, nous « enterrons ainsi à jamais notre discorde. » A mesure qu'ils jetaient les pierres dans le trou, les deux scheiks les recouvraient, et foulaient la terre avec leurs pieds, tandis que les femmes poussaient des cris de joie assourdissans. Cette cérémonie terminée *, ils reprirent leurs places, et l'on servit le café. De ce moment il n'était plus permis de revenir sur le passé et de parler de guerre. On m'assura qu'une réconciliation, pour être en règle, devait toujours se faire de la sorte. Après un repas copieux je fis la lecture du traité, auquel Méhanna et quatre autres chefs de tribus apposèrent leur cachet **. Leurs forces réunies se montaient à sept mille six cents tentes, et, ce qui était encore bien plus important, le drayhy devenait par là chef de tous les Bédouins de la Syrie, où il ne lui restait plus un seul ennemi. Saher alla à Homs solliciter la délivrance de Farès, qu'il ramena, vêtu d'une pelisse d'honneur, prendre part aux réjouissances générales; après quoi les tribus se dispersèrent, et occupèrent tout le pays depuis le Horan jusqu'à Alep.

Nous n'attendions plus que la fin de l'été pour repartir pour le levant, afin de terminer les affaires que nous avions commencées l'année précédente avec les tribus de Bagdad et de Bassora. Ce temps de calme et de loisir fut rempli par les préparatifs d'un mariage entre Giarah, fils de Farès, chef de la tribu el Harba, et Sabba, fille de Bargiass, la plus belle fille du désert. J'y prenais un intérêt tout particulier, ayant connu la fiancée pendant mon séjour auprès de sa mère.

---

* Cette cérémonie s'appelle hasnat.
** Ces chefs étaient : Zarack ebn Fahrer, chef de la tribu el Gioullan; Giarah ebn Meghiel, chef de la tribu el Giahma; Ghaleb ebn Ramdoun, chef de la tribu el Ballahiss; et Faress ebn Neged, chef de la tribu el Maslekher.

Farès pria le drayhy de l'accompagner chez Bargiass, pour faire la demande de mariage. Les principaux de la tribu, dans leurs plus riches habits, les accompagnèrent. Nous arrivâmes à la tente de Bargiass sans que personne vînt au-devant de nous. Bargiass ne se leva pas même pour nous recevoir : tel est l'usage dans cette circonstance ; le moindre empressement serait considéré comme une inconvenance. Après quelques momens, le drayhy, prenant la parole : « Pourquoi, dit-il, nous faites-vous si mauvais accueil ? Si « vous ne voulez pas nous donner à manger, nous retourne-« rons chez nous. » Pendant ce temps, Sabba, retirée dans la partie de la tente réservée aux femmes, regardait son prétendu à travers l'ouverture de la toile. Avant d'entamer la négociation, il faut que la jeune fille ait fait signe qu'elle agrée celui qui se présente ; car si, après l'examen secret dont je viens de parler, elle fait connaître à sa mère que le futur ne lui plaît pas, les choses en restent là ; mais cette fois c'était un beau jeune homme, à l'air noble et fier, qui se présentait, et Sabba fit le signe de consentement à sa mère, qui répondit alors au drayhy : « Vous êtes les bienvenus ! Non-« seulement nous vous donnerons à manger de bon cœur, « mais encore nous vous accorderons tout ce que vous dé-« sirerez. — Nous venons, reprit le drayhy, demander votre « fille en mariage pour le fils de notre ami ; que voulez-vous « pour sa dot ? — Cent nakas *, répondit Bargiass, cinq che-« vaux de la race de Neggde, cinq cents brebis, trois nègres « et trois négresses pour servir Sabba ; et pour le trousseau, « un machlah brodé d'or, une robe de soie de Damas, dix « bracelets d'ambre et de corail, et des bottes jaunes. » Le drayhy lui fit quelques observations sur cette demande exorbitante, disant : « Tu veux donc justifier le proverbe arabe : « *Si vous ne voulez pas marier votre fille, renchérissez son* « *prix*. Sois plus raisonnable si tu désires que ce mariage « se fasse. »

---

* Femelles de chameau de la plus belle espèce.

Enfin la dot fut réglée à cinquante nakas, deux chevaux, deux cents brebis, un nègre et une négresse. Le trousseau resta tel que Bargiass l'avait demandé; on y ajouta même des machlahs et des bottes jaunes pour la mère et plusieurs autres personnes de la famille. Après avoir écrit ces conventions, j'en fis la lecture à haute voix. Ensuite les assistans récitèrent la prière *Faliha*, le *Pater* des musulmans, qui donne, pour ainsi dire, la sanction au contrat, et l'on servit à boire du lait de chameau, comme on aurait servi de la limonade dans une ville de Syrie. Après le repas, les jeunes gens montèrent à cheval pour se livrer aux jeux du dgérid* et autres. Giarah se distingua, pour plaire à sa fiancée, qui remarqua avec plaisir son agilité et sa bonne grâce. Nous nous séparâmes à l'entrée de la nuit, et chacun ne songea plus qu'aux préparatifs de la noce.

Au bout de trois jours, la dot, ou plutôt le prix de Sabha, était préparé; un immense cortége se mit en route dans l'ordre suivant: en tête marchait un cavalier avec un drapeau blanc au bout de sa lance; il criait: Je porte l'honneur sans tache de Bargiass. Après lui venaient les chameaux, ornés de guirlandes de fleurs et de feuillage, accompagnés de leurs conducteurs; puis le nègre à cheval, richement vêtu, entouré d'hommes à pied, et chantant des airs populaires. Derrière eux marchait une troupe de guerriers, armés de fusils qu'ils déchargeaient continuellement. Une femme suivait, portant un grand vase de feu dans lequel elle jetait de l'encens. Puis les brebis à lait, conduites par les bergers chantant ainsi que faisait Chibouk, le frère d'Antar, il y a près de deux mille ans, car les mœurs des Bédouins ne changent jamais. Venait ensuite la négresse, à cheval, et entourée de deux cents femmes à pied; ce groupe n'était pas le moins bruyant, car les cris de joie et le chant de noce des femmes arabes sont plus aigus qu'on ne saurait l'exprimer. La

---

* Exercice équestre avec des bâtons qui se lancent comme des javelots. Ces bâtons s'appellent *dgerids*.

marche était fermée par le chameau qui portait le trousseau ; les machlahs brodés d'or étaient étendus de tous côtés et couvraient l'animal. Les bottes jaunes pendaient autour de ses flancs, et les objets de prix, arrangés en festons et établis avec art, formaient le coup d'œil le plus somptueux. Un enfant de la famille la plus distinguée, monté sur un chameau, disait à haute voix : — « Puissions-nous être toujours vic« torieux ! puisse le feu de nos ennemis s'éteindre à jamais ! » D'autres enfans l'accompagnaient en criant : « Amen. » Quant à moi, je courais de côté et d'autre pour mieux jouir de ce spectacle.

Bargiass, cette fois, vint à notre rencontre avec les cavaliers et les femmes de sa tribu ; ce fut alors que les cris et les chants devinrent vraiment assourdissans ; puis les chevaux, lancés de tous côtés, nous eurent bientôt enveloppés d'un tourbillon de poussière.

Lorsque les cadeaux furent étalés et rangés en ordre autour de la tente de Bargiass, on fit le café dans une grande chaudière, et chacun en prit en attendant le festin.

Dix chameaux, trente moutons et une immense quantité de riz formaient le fonds du repas, après lequel on vida une seconde chaudière de café. La dot acceptée, on termina la cérémonie en récitant de nouveau la prière, et il fut convenu que Giarah viendrait chercher sa fiancée dans trois jours. Avant de partir, je fus dans l'appartement des femmes pour faire connaître plus particulièrement Scheik-Ibrahim à la femme de Bargiass, et la remercier de nouveau des soins qu'elle avait eus de moi. Elle me répondit qu'elle voulait encore accroître mes obligations en me donnant sa nièce en mariage ; mais Scheik-Ibrahim remit à l'année prochaine à profiter de sa bonne volonté à mon égard.

La veille du jour fixé pour la noce, le bruit se répandit qu'une armée formidable de Wahabis avait paru dans le désert ; les courriers volaient de tribu en tribu, les engageant à se réunir trois ou quatre ensemble, afin que, sur tous les points, l'ennemi pût les trouver prêtes à le recevoir ; et peu s'en fallut que la noce ne commençât par un combat à mort, au lieu d'un combat simulé, ainsi qu'il est d'usage.

Le drayhy et les autres chefs sortirent, de grand matin, avec mille cavaliers et cinq cents femmes pour aller conquérir la belle Sabha. A une petite distance du camp le cortége s'arrêta : les vieillards et les femmes mettent pied à terre, et attendent l'issue d'un combat entre les jeunes gens qui viennent enlever la fiancée, et ceux de la tribu qui s'opposent à leur dessein ; ce combat a quelquefois des suites funestes, mais il n'est pas permis à l'époux d'y prendre part, sa vie pouvant se trouver exposée par suite des complots de ses rivaux. Cette fois, les combattans en furent quittes pour une vingtaine de blessures, et la victoire, comme de raison, resta aux nôtres qui enlevèrent la fiancée, et la consignèrent aux femmes de notre tribu. Sabha était accompagnée d'une vingtaine de jeunes filles, et suivie de trois chameaux chargés. Le premier portait son haudag, couvert en drap écarlate, garni de franges et de houpes de laine de diverses couleurs, et orné de plumes d'autruche. Des festons de coquilles et des bandelettes de verre de couleur ornaient l'intérieur, et encadraient de petits miroirs qui, placés de distance en distance, réfléchissaient la scène de tous côtés. Des coussins de soie étaient préparés pour recevoir la mariée ; le second chameau était chargé de sa tente, et le troisième de ses tapis et de ses ustensiles de cuisine. La mariée placée dans son haudag et entourée des femmes des chefs, montées sur leurs chameaux, et des autres femmes à pied, la marche commença. Des cavaliers, caracolant en avant, annonçaient son arrivée aux tribus que nous devions rencontrer, et qui venaient au-devant de nous, jetant de l'encens et égorgeant des moutons sous les pieds des chameaux de la mariée. Rien ne peut donner une idée exacte de cette scène, ni de celle qui dura tout le jour et toute la nuit. Il serait impossible de dépeindre les danses, les chants, les feux de joie, les banquets, les cris de toute espèce, le tumulte, qui suivirent son arrivée. Deux mille livres de riz, vingt chameaux et cinquante moutons furent dévorés au repas des chefs. Huit tribus entières furent rassasiées par l'hospitalité de Farès, et l'on criait encore, au milieu de la nuit : — « Que celui qui a faim vienne manger. » Ma réputation était si grande parmi eux, que Giarah me demanda un talisman pour assurer le bonheur de cette union; j'écrivis son chiffre et celui de sa femme en caractères européens, et le lui remis avec solennité; personne ne douta de l'efficacité de ce charme en voyant le contentement des deux époux.

Quelques jours après, ayant appris que les Wahabis, forts de dix mille combattans, assiégeaient Palmyre, le drayhy donna l'ordre d'aller à leur rencontre, et nous les rejoignîmes à El-Dauh. On échangea de part et d'autre quelques coups de fusil, jusqu'à la tombée de la nuit, mais sans engager le combat sérieusement. J'eus le loisir d'apprécier l'avantage des mardouffs dans ces guerres du désert, où il faut porter l'approvisionnement de l'armée pour un temps souvent prolongé. Ces chameaux, montés par deux hommes, sont comme des forteresses ambulantes, pourvues de tout ce qui leur est nécessaire pour leur nourriture et leur défense. Une outre d'eau, un sac de farine, un sac de dattes sèches, une jarre de beurre de brebis, et les munitions de guerre, forment comme une tour carrée sur le dos de l'animal. Les hommes, commodément placés de chaque côté sur des siéges de cordages, n'ont besoin de recourir à personne. Lorsqu'ils ont faim, ils pétrissent un peu de farine avec du beurre, et la mangent ainsi sans la faire cuire; quelques dattes et un peu d'eau complètent le repas de ces hommes sobres; pour dormir ils ne quittent pas leur place, mais se renversent sur le chameau, ainsi que je l'ai déjà expliqué.

Le combat fut plus sérieux le lendemain; nos Bédouins se battirent avec plus d'acharnement que leurs adversaires, parce qu'ils avaient derrière eux leurs femmes et leurs enfans, tandis que les Wahabis, loin de leur pays et ne cherchant que le pillage, étaient peu disposés à risquer leur vie lorsqu'il n'y avait rien à gagner. La nuit sépara les combattans; mais à l'aube du jour la bataille recommença avec fureur; enfin, sur le soir, la victoire se décida en notre faveur; nous avions tué soixante des leurs, fait vingt-deux prisonniers, et pris quatorze belles jumens et soixante chameaux. Le reste prit la fuite, et nous laissa maîtres du champ de bataille. Cette victoire augmenta encore la réputation du drayhy, et combla de joie Scheik-Ibrahim qui s'écria : « Grâces à Dieu, nos affaires vont bien. »

N'ayant plus d'ennemis à craindre dans le désert de Syrie, Scheik-Ibrahim se sépara pour quelque temps du drayhy, et fut à Homs acheter des marchandises et écrire en Europe. Pendant notre séjour en cette ville, il me laissa liberté entière de me divertir et de me reposer de toutes mes fatigues; je faisais chaque jour des parties de campagne avec des jeunes gens de mes amis, et jouissais doublement de cette vie de plaisir, par le contraste de celle que j'avais menée chez les Bédouins. Mais hélas! ma joie devait être de courte durée et se changer promptement en tristesse amère! Un messager, qui avait été à Alep chercher de l'argent pour M. Lascaris, me rapporta une lettre de ma mère plongée dans la plus grande affliction par suite de la mort de mon frère aîné, emporté par la peste. Sa lettre était incohérente à force de douleur. Elle ne savait ce que j'étais devenu depuis près de trois ans, et me conjurait, si j'étais encore en vie, d'aller la trouver. Cette affreuse nouvelle me priva de l'usage de mes sens, et je restai trois jours sans savoir où j'étais, et sans vouloir prendre aucune nourriture; grâce aux soins de M. Lascaris, peu à peu je repris connaissance; mais tout ce que je pus obtenir de lui, fut d'écrire à ma pauvre mère; et encore ne pus-je lui envoyer ma lettre que la veille de notre départ, de peur qu'elle ne vînt elle-même me trouver. Mais je passe sur les détails de mes sentimens personnels, qui ne peuvent intéresser le lecteur, pour revenir à notre voyage. Le drayhy nous ayant avertis qu'il partirait bientôt pour le levant, nous nous hâtâmes de nous mettre en route pour le rejoindre; il avait mis à notre disposition trois chameaux, deux jumens et quatre guides. Le jour de notre départ de Homs, je sentis un serrement de cœur si extraordinaire, que je fus tenté de le prendre pour un funeste pressentiment. Il me semblait que je marchais à une mort prématurée; je me raisonnai pourtant de mon mieux, et finis par me persuader que ce que j'éprouvais était le résultat de l'abattement dans lequel m'avait plongé la douloureuse lettre de ma mère; enfin nous partîmes, et après avoir marché toute la journée, nos guides nous persuadèrent de continuer notre route la nuit, n'ayant que vingt heures de trajet. Il ne nous arriva rien de particulier jusqu'à minuit. Le mouvement monotone de la marche commençait à nous assoupir, lorsque le guide qui était en avant s'écria :

— « Ouvrez bien les yeux, et prenez garde à vous, car
« nous sommes au bord d'un précipice profond. »

Le chemin n'avait qu'un pied de large, à droite une montagne à pic, à gauche le précipice appelé Wadi-el-Haïl. Je me réveillai en sursaut, me frottai les yeux et repris la bride que j'avais laissé flotter sur le cou de ma jument; mais cette précaution qui devait me sauver fut précisément ce qui faillit causer ma mort, car, l'animal ayant butté contre une pierre, la peur me fit tirer les rênes trop brusquement; il se cabra, et en voulant reprendre terre perdit la trace de la route, ne trouva que le vide, et culbuta avec moi au fond du précipice. Ce qui se passa après ce moment d'angoisses, je l'ignore; voici ce que Scheik-Ibrahim m'a raconté depuis. Saisi de terreur, il descendit de cheval, et chercha à distinguer le gouffre dans lequel j'avais disparu; mais la nuit était trop obscure, le bruit seul de ma chute l'avait averti, et il ne vit rien qu'un noir abîme sous ses pieds. Alors il se prit à pleurer, et à conjurer les guides de descendre dans le précipice; mais ils le jugèrent impraticable dans l'obscurité, assurant d'ailleurs que c'était peine inutile, puisque je devais être non-seulement mort, mais broyé par les pointes des rochers; alors il déclara ne vouloir pas bouger de ce lieu avant que la clarté du jour permît de faire des recherches, et promit cent talaris à celui qui rapporterait mon corps, quelque mutilé qu'il fût, ne pouvant, disait-il, consentir à le laisser en proie aux bêtes féroces ; puis il s'assit au bord du gouffre, attendant, dans un morne désespoir, les premières lueurs du jour.

Sitôt qu'il parut, les quatre hommes descendirent, non sans peine, et me trouvèrent sans connaissance, suspendu par ma ceinture, la tête en bas. La jument morte gisait à quelques toises plus bas, au fond du ravin. J'avais dix blessures à la tête ; le bras gauche entièrement dépouillé, les côtes enfoncées, et les jambes écorchées jusqu'à l'os. Lorsqu'on me déposa aux pieds de Scheik-Ibrahim, je ne donnais aucun signe de vie. Il se jeta sur moi en pleurant ; mais, ayant des connaissances en médecine, et ne voyageant jamais sans une petite pharmacie, il ne s'abandonna pas longtemps à un chagrin stérile. Il s'assura d'abord, par des spiritueux appliqués aux narines, que je n'étais pas complétement mort, me plaça avec précaution sur un chameau, et revint sur ses pas jusqu'au village El-Habedin. Pendant ce court trajet, mon corps s'enfla prodigieusement, sans donner d'autres signes de vie. Le scheik du village me fit déposer sur un matelas, et envoya chercher un chirurgien à Homs. Je restai neuf heures entières sans montrer la plus légère sensibilité. Au bout de ce temps, j'ouvris les yeux, sans avoir aucune perception de ce qui se passait autour de moi, ni le moindre souvenir de ce qui m'était arrivé. Je me trouvais comme sous l'influence d'un songe, n'éprouvant aucune douleur. Je restai ainsi vingt-quatre heures, et ne sortis de cette léthargie que pour ressentir des douleurs inouïes ; mieux eût valu cent fois rester au fond du précipice.

Scheik-Ibrahim ne me quittait pas un instant, et s'épuisait en offres de récompenses au chirurgien s'il parvenait à me sauver. Il y apportait bien tout le zèle possible, mais il n'était pas très-habile, et, au bout de trente jours, mon état empira tellement, qu'on craignit la gangrène. Le drayhy était venu me voir dès qu'il avait appris mon accident ; lui aussi pleura sur moi, et offrit de riches présens au chirurgien pour activer son zèle ; mais, au plus fort de sa sensibilité, il ne pouvait s'empêcher de témoigner ses regrets de la perte de sa jument Abaïge, qui était de pur sang, et valait dix mille piastres. Au reste, ainsi qu'Ibrahim, le chagrin le mettait hors de lui ; tous deux craignaient non-seulement de me perdre, car ils m'étaient véritablement attachés, mais encore de voir échouer toutes leurs opérations, par suite de ma mort. Je tâchais de les rassurer, leur disant que je ne croyais pas mourir ; mais rien n'annonçait que je serais en état de voyager bien longtemps, quand même je ne succomberais pas.

Le drayhy fut obligé de prendre congé de nous pour continuer sa migration vers l'orient où il allait passer l'hiver. Scheik-Ibrahim se désespérait en voyant mon état empirer chaque jour. Enfin, ayant appris qu'un chirurgien plus habile que le mien demeurait à El-Daïr-Attié, il le fit appeler ; mais il refusa de venir, exigeant que le malade fût transporté chez lui ; en conséquence, on me fit une espèce de litière du mieux que l'on put, et l'on m'y porta, au risque de me voir expirer en route. Ce nouveau chirurgien changea entièrement l'appareil de mes blessures, et les lava avec du vin chaud ; je restai trois mois chez lui, souffrant le martyre, et regrettant mille fois la mort à laquelle j'avais échappé ; je fus ensuite transporté au village de Nabek où je gardai le lit pendant cinq autres mois. Ce ne fut qu'au bout de ce temps que commença véritablement ma convalescence ; encore fut-elle souvent interrompue par des rechutes ; lorsque je voyais un cheval, par exemple, je pâlissais et tombais évanoui ; cet état nerveux dura près d'un mois. Enfin, peu à peu je parvins à me vaincre à cet égard ; mais je dois avouer qu'il m'est toujours resté un frisson désagréable à la vue de cet animal, et je jurai de ne jamais monter à cheval sans une nécessité absolue.

Ma maladie coûta près de cinq cents talaris à Scheik-Ibrahim ; mais comment évaluer ses soins et ses attentions paternelles ! je lui dois certainement la vie.

Pendant ma convalescence, nous apprîmes que notre ami, le pacha de Damas, était remplacé par un autre, Soliman-Sélim. Cette nouvelle nous contraria beaucoup, nous faisant craindre de perdre notre crédit sur les Turcs.

Dix mois s'étaient écoulés, un second printemps était venu, et nous attendions avec impatience l'arrivée de nos amis les Bédouins, lorsqu'un courrier vint heureusement nous annoncer leur approche. Nous nous hâtâmes de le renvoyer au drayhy, qui le récompensa largement de la bonne nouvelle qu'il lui apportait de mon rétablissement; elle causa une joie universelle au camp, où l'on me croyait mort depuis longtemps. Nous attendîmes encore quelques jours que la tribu se fût rapprochée davantage. Dans cet intervalle, une histoire singulière vint à ma connaissance; je la crois digne d'être racontée comme détail de mœurs.

Un négociant de l'Anatolie, escorté de cinquante hommes, menait dix mille moutons pour les vendre à Damas. En route il fit connaissance avec trois Bédouins, et se lia d'amitié avec l'un d'eux; au moment de se séparer, celui-ci proposa de lier fraternité avec lui. Le négociant ne voyait pas trop à quoi lui servirait d'avoir un frère parmi de pauvres Bédouins, lui propriétaire de dix mille moutons, et escorté de cinquante soldats; mais le Bédouin, nommé Chatti, insistant, pour se débarrasser de son importunité, il consentit à lui donner deux piastres et une poignée de tabac, comme gages de fraternité. Chatti partagea les deux piastres entre ses compagnons, leur disant :

— « Soyez témoins que cet homme est devenu mon « frère. » Puis ils se séparèrent, et le marchand n'y pensa plus. Arrivé dans un lieu nommé Ain el Alak, un parti de Bédouins, supérieur en nombre, attaqua son escorte, la mit en déroute, s'empara de ses moutons et le dépouilla entièrement, ne lui laissant que sa chemise; il arriva à Damas dans ce piteux état, maudissant les Bédouins et son prétendu frère Chatti, qu'il accusait de l'avoir trahi et vendu.

Cependant la nouvelle de cette riche capture se répandit dans le désert, et parvint aux oreilles de Chatti, qui, ayant été chercher ses deux témoins, vint avec eux devant Soultan el Brrak, chef de la tribu el Ammour, lui déclara qu'il était frère du négociant qui venait d'être dépouillé, et le somma de lui faire rendre justice, afin qu'il pût remplir les devoirs de la fraternité. Soultan, ayant reçu la déposition des deux témoins, fut obligé d'accompagner Chatti chez le scheik de la tribu el Nahimen, qui s'était emparée des moutons, et de les réclamer selon leurs lois. Le scheik se vit contraint de les rendre; et Chatti, après s'être assuré qu'il n'en manquait aucun, se mit en route pour Damas avec les bergers et les troupeaux.

Les ayant laissés en dehors de la ville, il y entra pour chercher son frère, qu'il trouva tristement assis devant un café du bazar. Il alla droit à lui d'un air joyeux; mais celui-ci se détourna avec colère, et Chatti eut bien de la peine à s'en faire écouter, et plus encore à lui persuader que ses moutons l'attendaient hors des portes. Il craignait un nouveau piége, et ne consentit que difficilement à suivre le Bédouin. Enfin, convaincu à l'aspect de son troupeau, il se jette au cou de Chatti, et après lui avoir exprimé toute sa reconnaissance, cherche vainement à lui faire accepter une récompense proportionnée à un tel service. Le Bédouin ne voulut jamais recevoir qu'une paire de bottes et un *cafié* (mouchoir) valant au plus un talari, et après avoir *mangé* avec son ami, il repartit pour sa tribu.

Notre première entrevue avec le drayhy fut vraiment touchante. Il vint lui-même, avec les principaux de sa tribu, nous chercher au village de Nabek, et nous ramena pour ainsi dire en triomphe au camp. Chemin faisant, il nous raconta les guerres qu'il avait soutenues dans le territoire de Samarcand, et le bonheur qu'il avait eu de vaincre quatre des principales tribus [*], et de les amener ensuite à signer le

---

[*] La tribu el Krassa, chef Zahauran ebn Houad; la tribu el Malhac, chef

traité. Il était important d'avoir détaché à temps ces tribus de l'alliance des Wahabis dont ils étaient jadis tributaires, car le bruit courait que nos ennemis préparaient une armée formidable, et se flattaient de se rendre maîtres de toute la Syrie. Bientôt après nous apprîmes que cette armée était en route, répandant partout sur son passage la terreur et la dévastation.

Le pacha de Damas envoya ordre aux gouverneurs de Homs et de Hama de faire monter la garde jour et nuit, et de tenir leurs troupes prêtes pour le combat. Les habitans fuyaient vers la côte, pour échapper aux sanguinaires Wahabis dont le nom seul suffisait pour leur faire abandonner leurs foyers.

Le drayhy reçut du pacha l'invitation de venir à Damas conférer avec lui; mais, craignant quelque trahison, il s'excusa sous prétexte de ne pouvoir quitter son poste dans cet instant critique. Il lui demanda même quelques troupes comme auxiliaires, espérant avec elles pouvoir tenir tête à l'ennemi. En attendant ce renfort, le drayhy fit faire l'annonce solennelle de la guerre, selon la coutume des Bédouins dans les grandes occasions; voici comment : on choisit une chamelle blanche qu'on noircit entièrement avec du noir de fumée et de l'huile; on lui mit un licou de poil noir, et on la fit monter par une jeune fille habillée de noir, le visage et les mains également noircis. Dix hommes la conduisirent de tribu en tribu; en arrivant elle criait trois fois :

— « Renfort! renfort! renfort! Qui de vous blanchira
« cette chamelle? Voilà un morceau de la tente du drayhy
« qui menace ruine. Courez, courez, grands et généreux
« défenseurs. Le Wahabi arrive, il enlèvera vos alliés et vos
« frères; vous tous qui m'entendez, adressez vos prières aux
« prophètes Mahomet et Ali, le premier et le dernier. »

En disant ces mots, elle distribuait des poignées de poil

Nabac ebn Habed; la tribu el Meraikrat, chef Roudan ebn Abed; enfin la tribu el Zecker, chef Matlac ebn Fayhan.

noir, et des lettres du drayhy qui indiquaient le lieu du rendez-vous aux bords de l'Oronte. En peu de temps notre camp fut grossi de trente tribus réunies dans une même plaine : les cordes des tentes se touchaient.

Le pacha de Damas envoya à Hama six mille hommes, commandés par son neveu Ibrahim-Pacha, pour y attendre d'autres troupes que devaient fournir les pachas d'Acre et d'Alep. Elles étaient à peine réunies, qu'on apprit l'arrivée des Wahabis à Palmyre, par les habitans qui venaient se réfugier à Hama; Ibrahim-Pacha écrivit au drayhy qui se rendit auprès de lui, et ils convinrent ensemble de leur plan de défense. Le drayhy, qui m'avait amené avec lui comme conseiller, m'ayant fait connaître ses conventions, je lui fis observer que celle qui réunissait les Bédouins et les Turcs en un seul camp était fort dangereuse; ces derniers, au moment de la mêlée, n'ayant aucun moyen de distinguer leurs amis de leurs ennemis. En effet, tous les Bédouins, vêtus de même ne se reconnaissent entre eux, au fort du combat, que par leurs cris de guerre; chaque tribu répète continuellement le sien : Khraïl el Allia Douatli, Khraïl el Bionda Hassny, Khraïl el Hamra Daffiry, etc. Khraïl signifie cavaliers, Allia, Bionda, Hamra, indiquent la couleur de quelque jument favorite; Douatli, Hassny, Daffiry sont les noms de la tribu; c'est comme si l'on disait : *cavalier de la jument rouge de Daffir*, etc. D'autres invoquent leur sœur ou quelque autre beauté; ainsi le cri de guerre du drayhy est Ana Akhron Rabda : moi le frère de Rabda ; celui de Méhanna, moi le frère de Fodda; tous deux ont des sœurs renommées pour leur beauté. Les Bédouins mettent beaucoup d'orgueil dans leur cri de guerre, et traiteraient de lâche celui qui n'oserait prononcer le sien au moment du danger. Le drayhy se rendit à mes raisons, et fit consentir, quoique avec peine, Ibrahim-Pacha à une division de leurs forces.

Le lendemain, nous revînmes au camp, suivis de l'armée musulmane composée de Dallatis, d'Albanais, de Mograbins, de Houaras et d'Arabes; en tout quinze mille hommes. Ils avaient avec eux quelques pièces de canon, des mortiers et des bombes; ils dressèrent leurs tentes à une demi-heure des nôtres; la fierté de leur aspect, la variété et la richesse de leurs costumes, leurs drapeaux, formaient un coup d'œil magnifique; mais, malgré leur belle apparence, les Bédouins se moquaient d'eux et disaient qu'ils seraient les premiers à fuir.

Dans l'après-midi du second jour, nous aperçûmes du côté du désert un grand nuage qui s'étendait comme un brouillard épais, aussi loin que l'œil pouvait atteindre; peu à peu ce nuage s'éclaircit, et nous vîmes paraître l'armée ennemie.

Cette fois ils avaient amené leurs femmes, leurs enfans et leurs troupeaux : ils établirent leur camp à une heure du nôtre; il était composé de cinquante tribus, formant en tout soixante-quinze mille tentes. Autour de chacune étaient attachés des chameaux, un grand nombre de moutons qui, joints aux chevaux et aux guerriers, formaient une masse formidable à l'œil. Ibrahim-Pacha en fut épouvanté, et envoya en toute hâte chercher le drayhy, qui, après avoir un peu remonté son courage, revint au camp faire faire les retranchemens nécessaires. A cet effet, on réunit tous les chameaux, on les lia ensemble par les genoux, et on les plaça sur deux rangs, devant les tentes. Pour compléter ce rempart, un fossé fut creusé derrière eux. L'ennemi en fit autant de son côté. Le drayhy ordonna ensuite de préparer le hatfé. Voici en quoi consiste cette singulière cérémonie : on choisit la plus belle parmi les filles des Bédouins; on la place dans un haudag richement orné, que porte une grande chamelle blanche. Le choix de la fille qui doit occuper ce poste honorable, mais périlleux, est fort important, car le succès de la bataille dépend presque toujours d'elle. Placée en face de l'ennemi, entourée de l'élite des guerriers, elle doit les exciter au combat; l'action principale se passe presque toujours autour d'elle, et des prodiges de valeur la défendent. Tout serait perdu si le hatfé tombait au pouvoir de l'ennemi :

aussi, pour éviter ce malheur, la moitié de l'armée doit toujours l'environner. Les guerriers se succèdent sur ce point où le combat est le plus vif, et chacun vient demander de l'enthousiasme à ses regards. Une jeune fille, nommée Arkié, qui réunissait à un haut degré le courage, l'éloquence et la beauté, fut choisie pour le hatfé. L'ennemi prépara aussi le sien, et bientôt après la bataille commença. Les Wahabis se divisèrent en deux corps; le premier et le plus considérable, commandé par Abdallah el Hédal, le général en chef, était devant nous; le second, commandé par Abou-Nocta, devant les Turcs. Le caractère de ceux-ci et leur manière de combattre sont diamétralement opposés à ceux des Bédouins. Le Bédouin, prudent et de sang-froid, commence d'abord avec calme, puis, s'animant peu à peu, bientôt il devient furieux et irrésistible. Le Turc, au contraire, orgueilleux et suffisant, fond avec impétuosité sur l'ennemi, et croit qu'il n'a qu'à paraître pour vaincre; il jette ainsi tout son feu dans le premier choc.

Le pacha Ibrahim, voyant les Wahabis attaquer froidement, se crut assez fort pour disperser à lui seul leur armée entière; mais, avant la fin de la journée, il avait appris à ses dépens à respecter son adversaire : force lui fut de faire replier ses troupes, et de nous laisser tout le poids de l'action.

Le coucher du soleil suspendit le combat, mais il y eut beaucoup de monde de tué de part et d'autre.

Le lendemain nous reçûmes un renfort; la tribu el Hadidi arriva. Elle était forte de quatre mille hommes, tous montés sur des ânes et armés de fusils. Nous fîmes le dénombrement de nos forces : elles s'élevaient à quatre-vingt mille hommes; les Wahabis en avaient cent cinquante mille, aussi le combat du lendemain fut-il à leur avantage, et le bruit de notre défaite, exagérée comme il arrive toujours en pareil cas, se répandit à Hama, et jeta l'épouvante parmi les habitans. Le surlendemain, ils furent rassurés sur notre compte, et durant vingt jours, des alternatives de bonne et de mauvaise fortune éprouvèrent notre constance. Les combats dévenaient plus terribles de jour en jour. Le quinzième, nous eûmes à combattre un nouvel ennemi plus redoutable que les Wahabis : la famine. La ville de Hama, qui seule pouvait fournir à la subsistance des deux armées, s'épuisait ou cachait ses ressources. Les Turcs prenaient la fuite; nos alliés se dispersaient pour ne pas mourir de faim. Les chameaux formant les remparts du camp se dévoraient entre eux. Au milieu de ces affreuses calamités, le courage d'Arkié ne faiblit pas un instant. Les plus braves de nos guerriers se faisaient tuer à ses côtés. Elle ne cessait de les encourager, de les exciter, et d'applaudir à leurs efforts. Elle animait les vieillards en louant leur valeur et leur expérience; les jeunes gens, par la promesse d'épouser celui qui lui apporterait la tête d'Abdallah el Hédal. Me tenant continuellement près de son haudag, je voyais tous les guerriers se présenter à elle pour avoir des paroles d'encouragement, et s'élancer ensuite dans la mêlée, enthousiasmés par son éloquence. J'avoue que je préférais entendre ses complimens à les recevoir, car ils étaient presque toujours les avant-coureurs de la mort. Je vis un jour un beau jeune homme, un de nos plus braves cavaliers, se présenter devant le haudag : « Arkié, dit-il, ô toi « la plus belle parmi les belles! laisse-moi voir ton visage, « je vais combattre pour toi. » Arkié se montrant, répondit : « Me voici, ô toi le plus vaillant! tu connais mon prix, c'est « la tête d'Abdallah. » Le jeune homme brandit sa lance, pique son coursier, et s'élance au milieu des ennemis. En moins de deux heures, il avait succombé couvert de blessures.

— « Dieu vous conserve, dis-je à Arkié, le brave a été « tué. »

— « Il n'est pas le seul qui ne soit point revenu, » répondit-elle tristement.

Dans ce moment parut un guerrier cuirassé de la tête aux pieds; ses bottes mêmes étaient garnies d'acier, et son cheval couvert d'une cotte de mailles (les Wahabis comptaient vingt de ces guerriers parmi eux; nous en avions douze). Il s'avança vers notre camp, appelant le drayhy en combat singulier. Cet usage est de toute antiquité chez les Bédouins : celui qui est ainsi défié ne peut, sous peine de déshonneur, refuser le combat. Le drayhy, entendant son nom, se préparait à répondre à l'appel; mais ses parens se réunirent à nous pour l'en empêcher : sa vie était d'une trop haute importance pour la risquer ainsi ; sa mort aurait entraîné la ruine totale de notre cause, et la destruction des deux armées alliées. La persuasion devenant inutile, nous fûmes obligés d'employer la force. Nous le liâmes avec des cordes, pieds et mains, contre des pieux fixés en terre, au milieu de sa tente; les chefs les plus influens le maintenaient et l'exhortaient à se calmer, lui montrant l'imprudence d'exposer le salut de l'armée pour répondre à l'insolente bravade d'un sauvage wahabi. Cependant celui-ci ne cessait de crier :

« Qu'il vienne le drayhy! voici son dernier jour; c'est
« moi qui veux terminer sa carrière. »

Le drayhy, qui l'entendait, furieux de plus en plus, écumait de rage, rugissait comme un lion; les yeux, rouges de sang, lui sortaient de la tête; il se débattait contre ses liens avec une force effrayante. Ce tumulte attirait un rassemblement considérable autour de sa tente. Tout à coup un Bédouin, se faisant jour à travers la foule, se présente devant le drayhy. Une chemise liée sur ses reins par une ceinture de cuir, et un caffié sur la tête, formaient son unique vêtement. Monté sur un cheval alezan, et n'ayant pour toute arme qu'une lance, il venait demander à combattre le Wahabi à la place du scheik, en récitant les vers suivans :

« Aujourd'hui, moi, Téhaisson, je suis devenu maître du
« cheval Hadidi; je le désirais depuis longtemps. Je voulais
« recevoir *sur son dos* les louanges dues à ma valeur. Je vais
« combattre et vaincre le Wahabi pour les beaux yeux de
« ma fiancée, et pour être digne de la fille de celui qui a
« toujours battu l'ennemi. »

Il dit, et s'élance au combat contre le guerrier ennemi.

Nul ne croyait qu'il pût résister une demi-heure à son redoutable adversaire, que son armure rendait invulnérable ; mais s'il ne lui porta pas de coups bien meurtriers, il sut, avec une adresse merveilleuse, éviter les siens pendant deux heures que dura la lutte. Tout était en suspens. Le plus vif intérêt se manifestait de part et d'autre. A la fin, notre champion tourne bride et paraît fuir. Tout espoir est désormais perdu ; l'ennemi va proclamer son triomphe. Le Wahabi le poursuit, et d'une main affermie par la confiance du succès, lui jette sa lance ; mais Téhaisson, prévoyant le coup, se baisse jusqu'à l'arçon de la selle, et l'arme passe en sifflant au-dessus de sa tête ; alors, se retournant brusquement, il enfonce son fer dans la gorge de son adversaire, profitant de l'instant où celui-ci, forcé d'arrêter subitement son cheval devant le sien, lève la tête. Ce mouvement laissant un intervalle entre le casque et la cuirasse, au-dessous du menton, la lance traversa de part en part, et le tua raide ; mais, maintenu en selle par son armure, le cadavre fut emporté par le cheval jusqu'au milieu des siens, et Téhaisson revint triomphant à la tente du drayhy, où il fut reçu avec enthousiasme. Tous les chefs l'embrassèrent, le comblant d'éloges et de présens, et Scheik-Ibrahim ne fut pas un des derniers à lui témoigner sa reconnaissance.

Cependant, la guerre et la famine duraient toujours : nous restâmes deux jours sans rien manger sous la tente du drayhy. Le troisième il reçut trois couffes de riz que Mola Ismaël, chef des Dallatis, lui envoyait en cadeau. Au lieu de le ménager comme une dernière ressource, il donna ordre de le faire cuire en totalité, et engagea à souper tous ceux qui étaient présens. Son fils Saher ne voulut pas se mettre à table ; mais, pressé par son père, il demanda qu'on lui remît sa portion, et il la porta à sa jument, disant qu'il aimait mieux souffrir lui-même que de la voir manquer de nourriture.

Nous étions au trente-septième jour depuis le commencement de la guerre ; le trente-huitième le combat fut terrible.

Le camp des Osmanlis fut pris et saccagé : le pacha eut à peine le temps de rentrer dans Hama, poursuivi par les Wahabis qui y mirent le siége.

La défaite des Turcs nous était d'autant plus funeste, qu'elle laissait le second corps d'armée de l'ennemi, commandé par le fameux nègre Abou-Nocta, libre de se joindre à Abdallah pour nous attaquer de concert. Le lendemain commença une lutte affreuse : les Bédouins étaient tellement mêlés, qu'on ne distinguait plus rien. Ils s'attaquaient corps à corps avec le sabre; la plaine entière ruisselait de sang, la couleur du terrain avait totalement disparu; jamais, peut-être, il n'y eut pareille bataille : elle dura huit jours sans discontinuer. Les habitans de Hama, persuadés que nous étions tous exterminés, ne nous envoyaient plus ces rares provisions qui, de loin en loin, nous avaient préservés de mourir de faim. Enfin, le drayhy, voyant le mal à son comble, assemble les chefs et dit :

« Mes amis, il faut tenter un dernier effort. Demain il faut
« vaincre ou mourir. Demain, si Dieu le permet, je détrui-
« rai le camp ennemi : demain nous nous gorgerons de ses
« dépouilles. »

Un sourire d'incrédulité accueillit sa harangue; cependant quelques-uns plus courageux répondirent :

« — Dites toujours, nous vous obéirons. »

— « Cette nuit, continua-t-il, il faut faire passer, sans
« bruit, vos tentes, vos femmes et vos enfans, de l'autre
« côté de l'Oronte. Que tout ait disparu avant le lever du
« soleil, sans que l'ennemi s'en aperçoive. Ensuite, n'ayant
« plus rien à ménager, nous tomberons sur lui en désespé-
« rés, et l'exterminerons ou périrons tous. Dieu sera pour
« nous, nous vaincrons. »

Tout fut exécuté ainsi qu'il l'avait dit, avec un ordre, une célérité et un silence incroyables. Le lendemain il ne restait plus que les combattans. Le drayhy les partagea en quatre corps, ordonnant l'attaque du camp ennemi de quatre côtés à la fois. Ils se jetèrent sur leur proie comme des lions affamés. Ce choc, impétueux et simultané, eut tout le succès qu'on pouvait en attendre. La confusion et le désordre se mirent parmi les Wahabis, qui prirent la fuite, abandonnant femmes, enfans, tentes et bagages. Le drayhy, sans donner aux siens le temps de s'emparer du butin, les força de poursuivre les fuyards jusqu'à Palmyre, et ne les laissa reposer qu'après la dispersion totale de l'ennemi.

Dès que la victoire se fut déclarée pour nous, je partis avec Scheik-Ibrahim pour annoncer cette heureuse nouvelle à Hama; mais personne ne voulut y croire, et peu s'en fallut qu'on ne nous traitât nous-mêmes de fuyards. Les habitans étaient dans l'agitation la plus extrême. Les uns couraient sur les hauteurs, d'où ils n'apercevaient que des nuages de poussière, les autres préparaient leurs mulets pour fuir vers la côte; mais bientôt, la défaite des Wahabis se confirmant, les démonstrations de la joie la plus extravagante succédèrent à cette grande terreur. Un Tartare fut expédié à Damas, et revint accompagné de quarante charges de blé, vingt-cinq mille piastres, un sabre et une pelisse d'honneur pour le drayhy, qui fit son entrée triomphale à Hama, escorté de tous les chefs des tribus alliées. Il fut reçu par le gouverneur, les agas, le pacha et toute sa cour, d'une manière splendide.

Après quatre jours de réjouissances, nous quittâmes Hama pour rejoindre nos tribus, et les conduire au levant à l'approche de l'hiver. Le drayhy partit avec douze d'entre elles : les autres, réunies en groupes de cinq ou six, se dispersèrent dans le désert de Damas. Notre premier séjour fut à Tall-el-Déhab, dans le territoire d'Alep, où nous trouvâmes quatre tribus qui n'avaient pas pris part à la guerre. Les chefs vinrent au-devant du drayhy, pénétrés de respect pour ses récens exploits, et sollicitant la faveur d'être admis à signer notre traité d'alliance [*]. De là, nous marchâmes sans nous

---

[*] Farès ebn Aggib, chef de la tribu el Bechakez, 500 tentes; Cassan ebn Unkban, chef de la tribu el Chiamssi, 1,000 tentes; Selamé ebn Nahssan, chef de la tribu el Fuaher, 600 tentes; Méhanna el Saneh, chef de la tribu el Salba, 800 tentes.

arrêter pour rejoindre notre ami l'émir Faher, qui nous reçut avec les plus vives démonstrations de joie. Nous traversâmes l'Euphrate avec lui et plusieurs autres tribus qui entraient comme nous en Mésopotamie, et allaient, les unes du côté de Hamad, les autres au désert de Bassora.

Nous reçûmes en route une lettre de Farès el Harba, nous annonçant que six des grandes tribus qui avaient combattu contre nous avec les Wahabis, étaient campées dans le Hébassie, près de Machadali; qu'elles étaient assez disposées à faire alliance avec nous, et que si le drayhy voulait m'envoyer auprès de lui avec plein pouvoir de traiter, il se croyait sûr du succès. Je ne perdis pas un moment pour me rendre à son invitation, et, après six jours de marche, j'arrivai chez lui sans accident. Farès el Harba, ayant aussitôt fait lever le camp, me conduisit à une journée de ces tribus*. Alors j'écrivis en son nom à l'émir Douackhry, le chef de la tribu el Fedhan, pour l'engager à faire alliance avec le drayhy, lui promettant l'oubli du passé. Douackhry vint en personne chez Farès el Harba, et nous fûmes bientôt d'accord; mais il nous dit ne pouvoir répondre que de sa tribu, regardant comme très-difficile de réussir auprès des cinq autres. Il me proposa cependant de l'accompagner chez lui, m'offrant de réunir les chefs, et d'user de toute son influence auprès d'eux. Ayant accepté, je partis avec lui. Arrivé au milieu de ce qui devait être un campement, je fus péniblement affecté de voir des hordes innnombrables de Bédouins accroupis au gros soleil; ayant perdu leurs tentes et leurs bagages dans la bataille, ils n'avaient pas d'autres lits que la terre, d'autre couverture que le ciel. Quelques haillons, suspendus çà et là, sur des piquets, donnaient un peu d'ombre à ces malheureux qui s'étaient dépouillés de leur unique vêtement pour se procurer ce faible abri contre l'ardeur du soleil, et qui gisaient le corps nu, exposés à la piqûre des

---

* La tribu el Fedhan, composée de 5,000 tentes; celle de el Sabha, 4,000 tentes; celle de el Fekaka, 1,500; celle de el Messahid, 3,500; celle de el Salca, 3,000; celle de Beni-Dehabb, 5,000.

insectes et aux pointes épineuses de la plante que broutent les chameaux. Plusieurs même n'avaient aucune défense contre la chaleur du jour et la fraîcheur de la nuit dont le contraste est meurtrier dans cette saison, où l'hiver commençait à se faire sentir.

Jamais je n'avais eu l'idée d'une misère si complète. Ce triste spectacle me serra le cœur et m'arracha des larmes, et je fus quelque temps à me remettre du saisissement qu'il m'avait occasionné.

Le lendemain Douackhry assembla les chefs et les vieillards; ils étaient au nombre de cinq cents. Seul au milieu d'eux, je désespérai de m'en faire entendre, et surtout de pouvoir les réunir dans un même sentiment. Ces hommes de caractère et de mœurs indépendantes, aigris par le malheur, ouvraient tous des avis différens, et si aucun n'espérait de faire prévaloir le sien, au moins tenait-il à honneur de le soutenir obstinément, laissant chacun libre d'en faire autant. Les uns voulaient aller au pays de Neggde; d'autres se retirer à Samarcand; ceux-ci vociféraient des imprécations contre Abdallah, chef de l'armée des Wahabis; ceux-là accusaient le drayhy de tous leurs maux. Au milieu de ce conflit, je m'armai de courage, et cherchai à réfuter les uns et les autres. Je commençai d'abord par ébranler leur confiance dans les Wahabis, leur disant qu'Abdallah était nécessairement devenu leur ennemi depuis qu'ils l'avaient abandonné au jour du dernier combat, et qu'il chercherait à s'en venger. Qu'en allant dans le Neggde, ils se précipitaient volontairement sous la domination d'Ebn-Sihoud qui les écraserait de contributions, et chercherait à leur faire supporter tout le poids d'une guerre désastreuse. Qu'ayant une fois déserté sa cause et s'étant tirés de ses griffes, il ne fallait pas faire comme l'oiseau qui échappé au fusil du chasseur, va tomber dans le filet de l'oiseleur. Enfin je m'avisai de la fable du faisceau, pensant que cette simple démonstration aurait de l'effet sur ces âmes naïves, et je me déterminai à en faire devant eux l'application. Les ayant exhortés à se réunir pour résister à toute oppression, je pris des mains des scheiks une trentaine de dgérids, et j'en présentai un à l'émir Farès, le priant de le rompre, ce qu'il fit aisément. Je lui en présentai successivement deux, et puis trois, qu'il rompit de même, car c'était un homme d'une grande force musculaire. Ensuite je lui présentai tout le faisceau, qu'il ne put ni rompre ni plier. « Machalla, lui « dis-je, tu n'as pas de force, » et je passai les bâtons à un autre qui ne réussit pas davantage. Alors un murmure général s'élevant dans l'assemblée :

« Qui donc pourrait briser une telle masse ? » s'écrièrent-ils d'un commun accord.

— « Je vous prends par vos paroles, » répondis-je ; et dans le langage le plus énergique, je leur fis l'application de l'apologue, ajoutant que j'avais tant souffert de les voir sans abri et sans vêtemens, que je m'engageais à solliciter du drayhy la restitution de leurs bagages et de leurs tentes ; et que je connaissais assez sa magnanimité pour répondre du succès de ma demande, s'ils entraient franchement dans l'alliance dont je venais de leur prouver les avantages. Et tous d'une seule voix s'écrièrent : « Tu as vaincu, Abdallah, « nous sommes à toi à la vie, à la mort ! » Et tous vinrent m'embrasser. Ensuite il fut convenu qu'ils donneraient rendez-vous au drayhy dans la plaine de Halla pour apposer leur cachet au traité.

Le lendemain, ayant de nouveau traversé l'Euphrate, je rejoignis notre tribu que je rencontrai le cinquième jour. Mes amis étaient en peine de ma longue absence, et le récit de mon heureuse négociation les combla de joie. J'ai si souvent raconté les réunions, les repas et les réjouissances de toutes sortes, que je ne décrirai pas de nouveau ce qui eut lieu à la signature du traité de paix. L'émir Douackhry enterra les sept pierres et consomma ainsi l'alliance. Après le dîner, il y eut une cérémonie que je n'avais pas encore vue, celle de prêter serment de fidélité sur le pain et le sel. Ensuite le drayhy déclara qu'il était prêt à remplir l'engagement que j'avais pris en son nom, en rendant le butin fait sur les six tribus qui venaient de s'unir à lui. Mais il ne suffisait pas d'avoir cette généreuse volonté ; il fallait encore trouver le moyen de l'exécuter. Dans le pillage du camp des Wahabis et de leurs alliés, les dépouilles de cinquante tribus étaient confondues ; y reconnaître la propriété de chacun n'était pas chose facile. Il fut décidé que les femmes seules pouvaient y réussir, et l'on ne saurait se faire une idée de la fatigue et de l'ennui des cinq journées qui furent employées à leur faire reconnaître le bétail, les tentes et les bagages des diverses tribus. Chaque chameau et chaque mouton a sur la cuisse deux chiffres marqués avec un fer chaud, celui de la tribu et celui du propriétaire. Mais pour peu que les chiffres se ressemblent, ou soient à moitié effacés, ainsi qu'il arrive constamment, la difficulté devient extrême, et il fallait plus que de la générosité pour s'exposer à subir ces contestations, et s'exténuer à mettre d'accord les prétentions des uns et des autres. Aussi étais-je tenté de me repentir de mon élan de compassion et de ma promesse imprudente.

A cette époque, une grande caravane, allant de Bagdad à Alep, vint à passer, et fut dépouillée par les Fedans et les Sabhas. Elle était très-richement chargée d'indigo, café, épices, tapis de Perse, cachemires, perles, et autres objets précieux ; nous l'évaluâmes à dix millions de piastres. Dès que cette capture fut connue, des marchands arrivèrent, quelques-uns de fort loin, pour troquer ou acheter ces richesses des Bédouins, qui les vendaient, ou plutôt les donnaient presque pour rien. Ainsi, ils échangeaient une mesure d'épices contre une mesure de dattes ; un cachemire de mille francs contre un *machlah* noir ; une caisse d'indigo contre une robe de toile ; des pièces entières de foulards de l'Inde contre une paire de bottes. Un marchand de Moussoul acheta, pour une *chemise*, un *machlah* et une paire de bottes, des marchandises valant plus de quinze mille piastres, et une bague de diamans fut donnée pour un *rotab* de tabac. J'aurais pu faire ma fortune dans cette occasion, mais M. Lascaris me défendit de rien acheter ou recevoir en cadeau, et j'obéis scrupuleusement.

De jour en jour, il nous arrivait du pays de Neggde, des tribus qui abandonnaient les Wahabis pour se joindre à nous : les unes attirées par la grande réputation du drayhy, les autres par suite de querelles avec le roi Ebn-Sihoud. Une circonstance de ce genre nous amena à la fois cinq tribus. L'émir de la tribu Beni-Tay avait une fille fort belle, nommée Camare (Lune). Fehrab, fils du chef d'une tribu voisine et parent du Wahabi, en devint épris, et sut gagner son affection. Le père de la jeune fille s'en étant aperçu, lui défendit de parler au prince, refusant lui-même de le recevoir et d'écouter ses propositions de mariage, Camare étant destinée à son cousin Tamer. C'est un usage chez les Bédouins, et qui rappelle ceux qui nous sont transmis par la Bible, que le plus proche parent soit préféré à tout autre lorsqu'il y a une jeune fille à marier. Mais Camare, sans se laisser influencer par cette coutume de son pays, ni intimider par les menaces de son père, refusa positivement d'épouser son cousin, et son amour augmentant en raison des obstacles qu'on y opposait, elle ne cessa de profiter de toutes les occasions de correspondre avec son amant. Cependant celui-ci, ne voyant aucun espoir de l'obtenir de ses parents, résolut de l'enlever, et lui en fit faire la proposition par une vieille femme qu'il avait gagnée. Ayant son consentement, il s'introduisit dans la tribu Beni-Tay, déguisé en mendiant, et convint avec elle de l'heure et des circonstances de l'enlèvement. Au milieu de la nuit, la jeune fille sortit furtivement de la tente de son père et rejoignit le prince qui l'attendait à l'entrée du camp. Il la plaça en croupe sur sa jument et s'élança dans la plaine. Mais la célérité de la fuite n'avait pu la dérober à l'œil jaloux de Tamer ; amoureux de sa cousine et déterminé à soutenir ses droits, il surveillait depuis longtemps les démarches de son rival, et montait lui-même la garde toutes les nuits auprès de la tente de Camare. Il faisait sa ronde autour du camp lorsque les amans s'échappèrent ; il les aperçut et se mit à leur poursuite. La jument de Fehrab, qui avait la vitesse naturelle à la race de Neggdié, pressa encore sa course, stimulée de toute l'impatience de son maître, mais chargée du poids de deux personnes, le moment arriva où elle n'eut plus la force d'obéir aux coups redoublés de l'étrier : elle tombe. Fehrab voit Tamer près de l'atteindre ; il dépose à terre son amante et s'apprête à la défendre. Le combat fut terrible et l'issue tragique. Tamer vainqueur tue Fehrab et s'empare de sa cousine ; mais, épuisé de fatigue et désormais plein de sécurité, il s'endort un moment à ses côtés ; Camare, qui épie son sommeil, saisit le sabre teint du sang de son amant, coupe la tête à son ravisseur, se précipite elle-même sur le fer de sa lance et se perce le cœur. Tous trois furent trouvés ainsi par ceux qui étaient allés à leur recherche. Une guerre meurtrière entre les deux tribus suivit ce triste événement ; celle de Fehrab, soutenue par les Wahabis, força à la retraite celle de Beni-Tay* qui vint avec quatre autres tribus alliées demander protection au drayhy, dont la puissance n'avait plus désormais de rival. Cinq cent mille Bédouins, ralliés à notre cause, ne formaient qu'un seul camp, et couvraient la Mésopotamie comme une nuée de sauterelles.

Pendant que nous étions aux environs de Bagdad, une autre caravane venant d'Alep fut dépouillée par nos alliés. Elle était chargée de produits des manufactures d'Europe : des draps, des velours, des satins, de l'ambre, du corail, etc. Bien que le drayhy ne prît aucune part à cette spoliation, elle était trop dans les mœurs des Bédouins pour qu'il songeât à s'y opposer. — Le pacha de Bagdad demanda satisfaction, mais n'en obtint pas, et, voyant qu'il lui faudrait une armée de cinquante mille hommes au moins pour se faire justice, il renonça à ses prétentions, heureux de rester ami des Bédouins à tout prix.

---

* La tribu Beni-Tay, composée de 4,000 tentes; celle de el Hamarnid, 1,500 tentes; celle de el Daffir, 2,500 tentes; celle de el Hegiager, 800 tentes; enfin celle de el Khresael, 3,000 tentes.

Scheik-Ibrahim voyait ainsi se réaliser ses espérances au delà même de ses plus brillantes prévisions ; mais tant qu'il restait quelque chose à faire, il ne voulait prendre aucun repos. Ainsi ayant traversé le Tigre à Abou el Ali, nous continuâmes notre marche et entrâmes en Perse. Là encore la réputation du drayhy l'avait précédé, et des tribus du pays venaient continuellement fraterniser avec nous ; mais dans notre vaste plan ce n'était pas assez de ces alliances partielles, il fallait encore s'assurer de la coopération du grand prince, chef de toutes les tribus persanes, l'émir Sahid el Bokhrari, qui commande jusqu'aux frontières de l'Inde. La famille de ce prince est, depuis plusieurs siècles, souveraine des tribus errantes de Perse, et prétend descendre des rois Beni el Abass qui conquirent l'Espagne, et dont les descendans s'appellent encore les Bokhranis. Nous apprîmes qu'il était dans une province fort éloignée. Le drayhy ayant convoqué tous les chefs en conseil général, on se décida à traverser la Perse en passant le plus près possible des côtes de la mer, afin d'éviter les montagnes dont l'intérieur du pays est hérissé, et de trouver des pâturages, bien que l'eau dût y être plus rare. Dans l'itinéraire d'une tribu, l'herbe est plus importante à rencontrer sur la route que l'eau, car celle-ci peut se transporter, mais rien ne saurait suppléer au manque de nourriture pour les troupeaux, dont dépend l'existence même de la tribu.

Ce voyage dura cinquante et un jours. Pendant tout ce temps, nous ne rencontrâmes aucun obstacle de la part des habitans, mais notre marche fut souvent fort pénible, surtout à cause de la rareté de l'eau. Dans une de ces occasions, Scheik-Ibrahim ayant observé la nature du sol et la fraîcheur de l'herbe, conseilla au drayhy de faire creuser pour en chercher. Les Bédouins du pays traitèrent cette tentative de folie, disant que jamais il n'y en avait eu dans cet endroit, et qu'il fallait en envoyer prendre à six lieues de là. Mais le drayhy insistait toujours :

— « Scheik-Ibrahim, disait-il, est un prophète, il faut lui obéir en tout. »

On creusa donc sur plusieurs points, et effectivement, à quatre pieds de profondeur, on trouva une eau excellente. En voyant cette heureuse réussite, les Bédouins proclamèrent avec acclamations Scheik-Ibrahim un vrai prophète, sa découverte un miracle, et peu s'en fallut, dans l'excès de leur reconnaissance, qu'ils ne l'adorassent comme un dieu.

Après avoir parcouru les montagnes et les vallées du Karman pendant plusieurs jours, nous arrivâmes à la rivière de Karassan, rapide et profonde; l'ayant traversée, nous nous dirigeâmes vers les côtes où le chemin devient moins difficile. Nous fîmes connaissance avec les Bédouins de l'Agiam Estan, qui nous accueillirent fort bien, et, le quarante-deuxième jour de marche depuis notre entrée en Perse, nous arrivâmes à El-Hendouan, où était campée une de leurs plus grandes tribus, commandée par Hebiek el Mahdan. — Nous espérions que notre voyage tirait à sa fin, mais le scheik nous apprit que l'émir Sahid était encore à neuf grandes journées de là, à Mérah-Famès, sur les frontières de l'Inde, nous offrant des guides pour nous y conduire, et nous indiquer les endroits où il fallait faire provision d'eau. Sans cette précaution, nous eussions été exposés à périr dans ce dernier trajet.

Des courriers prirent les devans pour avertir le grand prince de notre approche et de nos intentions pacifiques. Le neuvième jour il vint à notre rencontre, à la tête d'une armée de formidable apparence. Dans le premier moment, nous ne savions pas trop si ce déploiement de forces était pour nous faire honneur ou pour nous intimider. Le drayhy commençait à se repentir de s'être aventuré si loin de ses alliés. — Cependant il fit bonne contenance, plaça les femmes et les bagages derrière les troupes, et s'avança avec l'élite de ses guerriers, accompagné de son ami le scheik Saker (celui à qui il avait, l'année précédente, délégué le commandement au désert de Bassora, et qui avait préparé toutes nos alliances pendant notre voyage en Syrie).

Ils furent bientôt rassurés sur les intentions du prince,

qui se détachant des siens, s'avança, avec quelques cavaliers, jusqu'au milieu de la plaine qui séparait les deux armées. Le drayhy en fit autant, et les deux chefs se rencontrèrent à moitié chemin, descendirent de cheval, et s'embrassèrent avec les démonstrations de la plus cordiale amitié.

Si je n'avais si souvent décrit l'hospitalité du désert, j'aurais bien des choses à raconter sur la réception que nous fit l'émir Sahid, et les trois jours qui se passèrent en festins; mais, pour éviter les répétitions, je n'en parlerai pas, et dirai seulement que les Bédouins de Perse, plus pacifiques que ceux d'Arabie, entrèrent facilement dans nos vues, et comprirent à merveille l'importance des résultats commerciaux que nous voulions établir avec l'Inde. — C'était tout ce qu'il était nécessaire de leur apprendre au sujet de notre entreprise. L'émir promit la coopération de toutes les tribus de Perse qui sont sous sa domination, et offrit son influence pour nous concilier celles de l'Inde, qui ont une grande considération pour lui à cause de l'ancienneté de sa race et de sa réputation personnelle de sagesse et de générosité. Il fit avec nous un traité particulier conçu en ces termes :

« Au nom du Dieu clément et miséricordieux, moi Sahid, fils de Bader, fils d'Abdallah, fils de Barakat, fils d'Ali, fils de Bokhrani, de bienheureuse mémoire; je déclare avoir donné ma parole sacrée au puissant drayhy Ebn Chahllan, au scheik Ibrahim et à Abdallah el Kratib. — Je me déclare leur fidèle allié; j'accepte toutes les conditions qui sont spécifiées dans le traité général qui est entre leurs mains. — Je m'engage à les aider et soutenir dans tous leurs projets, et à leur garder un secret inviolable. — Leurs ennemis seront mes ennemis; leurs amis, mes amis. — J'invoque le grand Ali, le premier parmi les hommes, et le bien-aimé de Dieu, en témoignage de ma parole.

« Salut. »

— Signé et cacheté.

Nous restâmes encore six jours avec la tribu de Sahid, et nous eûmes occasion de remarquer la différence qui existe entre les mœurs de ces Bédouins et les nôtres; ils sont plus doux, plus sobres, plus patiens, mais moins braves, moins généreux, et surtout moins respectueux pour les femmes; ils ont beaucoup plus de préjugés religieux, et suivent les préceptes de la secte d'Ali. Outre la lance, le fusil et le sabre, ils ont encore une hache d'armes.

Le prince Sahid envoya au drayhy deux belles jumens persanes, conduites par deux nègres; celui-ci, en retour, lui fit présent d'une jument noire de la race de Neggdié, appelée Houban-Heggin, d'une grande valeur; il y ajouta quelques ornemens pour ses femmes.

Nous étions campés non loin de Ménouna, la dernière ville de Perse, à vingt lieues de la frontière des Indes orientales, au bord d'une rivière que les Bédouins nomment El-Gitan.

Le septième jour, ayant pris congé de Sahid, nous nous remîmes en marche pour regagner la Syrie avant les chaleurs de l'été. Nous marchions rapidement et sans précautions, lorsqu'un jour, dans la province de Karman, nos bestiaux furent enlevés, et le lendemain nous fûmes attaqués nous-mêmes par une tribu puissante, commandée par l'émir Redaini, qui s'institue le gardien du kalifat de Perse; c'est un homme impérieux et jaloux de son autorité. Ces Bédouins, fort supérieurs en nombre, nous étaient de beaucoup inférieurs en courage et en tactique; nos troupes se trouvaient bien mieux commandées. La position du drayhy était extrêmement critique. Nous étions perdus si l'ennemi obtenait le moindre avantage: tous ces Bédouins du Karman nous auraient entourés comme d'un réseau, dont il n'aurait pas été possible de s'échapper. Il vit donc la nécessité d'imprimer le respect par une victoire décisive qui leur ôtât à l'avenir l'envie de se mesurer avec lui; il prit les dispositions les plus habiles et les mieux combinées pour faire triompher le courage sur le nombre; il déploya toutes les ressources de son génie militaire et de sa longue expérience, et fit lui-même des prodiges de valeur: jamais il n'avait été plus calme dans le commandement et plus impétueux dans le combat. Aussi l'ennemi, vaincu, fut-il obligé de battre en retraite, nous laissant libres de continuer notre voyage. Toutefois le drayhy, pensant qu'il ne serait pas prudent de laisser derrière lui une tribu hostile, quoique battue, ralentit sa marche, et envoya un courrier à l'émir Sahid pour l'instruire de ce qui venait de se passer. Ce messager nous rejoignit au bout de quelques jours, rapportant au drayhy une lettre fort amicale, qui en contenait une seconde adressée à Redaini, conçue en ces termes :

« Au nom de Dieu, le créateur suprême. Hommages et
« prières respectueuses soient adressées au plus grand, plus
« puissant, plus honorable, plus savant et plus beau des
« prophètes ; le courageux des courageux, le grand des
« grands, le kalife des kalifes ; le maître du sabre, le rubis
« rouge, le convertisseur des âmes, l'iman Ali. Cette lettre
« est de Sahid-el-Bokrari, le grand des deux mers et des
« deux Perses, à son frère l'émir Redaini, le fils de Krou-
« kiar. Nous vous faisons savoir que notre frère l'émir
« drayhy Ebn-Chahllan, du pays de Bagdad et de Damas,
« est venu de loin pour nous visiter et faire alliance avec
« nous. Il a marché sur notre terre et mangé notre pain.
« Nous lui avons accordé notre amitié, et de plus nous avons
« pris des engagemens particuliers avec lui d'où il résultera
« un grand bien et une tranquillité générale. — Nous dési-
« rons que vous en fassiez autant ; gardez-vous d'y man-
« quer : car vous perdriez notre estime, et vous agiriez
« contre la volonté de Dieu et du glorieux iman Ali. »

Ici suivaient plusieurs citations de leurs livres saints, le Giaffer-el-Giameh, et les saluts d'usage.

Nous envoyâmes cette lettre à l'émir Redaini, qui vint nous trouver accompagné de cinq cents cavaliers, tous très-richement vêtus d'étoffes brochées en or; leurs armes étaient montées en argent ciselé, et les lames de leurs sabres merveilleusement damasquinées. Des explications amicales ayant eu lieu, Redaini copia de sa main le traité particulier de l'émir Sahid, et y souscrivit; ensuite il prit le café, mais refusa de dîner avec nous, les fanatiques de la secte d'Ali ne pouvant manger ni chez les chrétiens ni chez les Turcs. Pour ratifier le contrat, il prêta serment sur le pain et sur le sel; puis il embrassa le drayhy avec de grandes protestations de fraternité. Sa tribu, appelée el Mehaziz, contient dix mille tentes. Ayant pris congé de lui, nous continuâmes notre voyage à marches forcées, faisant quinze lieues par jour sans arrêter. Enfin nous arrivâmes devant Bagdad, et Scheik-Ibrahim y entra pour prendre de l'argent; mais la saison nous pressant, nous perdîmes le moins de temps possible. En Mésopotamie, nous eûmes des nouvelles du Wahabi. Ebn-Sihoud avait fort mal reçu son général Hédal après sa défaite, et avait fait serment d'envoyer une armée plus puissante que la dernière, sous le commandement de son fils pour tirer vengeance du drayhy et exterminer les Bédouins de la Syrie; mais après s'être mieux informé des ressources que le drayhy avait à lui opposer, et surtout de sa réputation personnelle, il changea de langage, et résolut de l'attirer à lui pour conclure une alliance. Les événemens extérieurs, qui se compliquaient, donnaient beaucoup de probabilités à ce bruit; car le pacha d'Égypte, Méhémet-Ali, préparait une expédition pour envahir l'Arabie-Pétrée et s'emparer des richesses de la Mecque qui étaient entre les mains d'Ebn-Sihoud. Nous accueillîmes avec plaisir l'espoir, soit de faire la paix avec lui, soit de le voir affaibli par une puissance étrangère. Nous rencontrions continuellement sur notre route des tribus qui n'avaient pas encore eu occasion de signer le traité, et qui en profitaient avec empressement[*]. En arrivant en Syrie, nous reçûmes un courrier du roi des Wahabis, qui nous apportait un petit morceau de papier

---

[*] A Makial-el-Abed nous rencontrâmes deux tribus, celle de Bercaje, commandée par Sahdoum ebn Wuali, forte de 1,300 tentes, et celle de Mahimen, commandée par Fahed ebn Salche, de 300 tentes. En traversant l'Euphrate devant Haiff, nous fîmes également alliance avec Alayan ebn Nadjed, chef de la tribu Bonarba, composée de 500 tentes.

large de trois doigts et long de six à peu près ; ils affectent d'employer ainsi la forme la plus exiguë, pour contraster avec les Turcs qui écrivent leurs firmans sur de grandes feuilles. Les caractères arabes prennent si peu de place que sur ce petit chiffon était écrite une lettre très-longue et assez impérieuse ; elle commençait par une sorte d'acte de foi ou déclaration que Dieu est unique et sans pareil ; qu'il est *un*, universel ; qu'il n'a point de semblable ; ensuite venaient tous les titres du roi, que Dieu a investi de son sabre pour soutenir son unité contre les idolâtres (les chrétiens), qui disent le contraire. Il continuait ainsi :

« Nous, Abdalla, fils d'Abdel Aziz, fils d'Abdel Wahabs,
« fils de Sihoud. — Nous vous faisons savoir, ô fils de
« Chahllan (puisse le Dieu seul adorable vous diriger dans
« le droit chemin), que, si vous croyez en Dieu, vous devez
« obéir à son esclave Abdalla, à qui il a délégué son pouvoir,
« et venir chez nous sans crainte. — Vous serez notre bien-
« aimé fils ; nous vous pardonnerons le passé, et vous serez
« traité comme un de nous. — Mais gardez-vous de l'en-
« têtement et de la résistance à notre appel : car celui qui
« nous écoute est compté au nombre des habitans du pa-
« radis.

« Salut. « *Signé* :

« El Manhould Menalla Ebn-Sihoud Abdalla. »

A la réception de cette lettre, nous tînmes un grand conseil de guerre ; et après avoir mûrement pesé tous les périls du voyage contre tous les avantages de l'alliance d'Ebn-Sihoud, le drayhy résolut de se rendre à son invitation. Scheik-Ibrahim m'ayant demandé si je me sentais le courage d'aller voir ce fanatique :

« Je sais bien, lui répondis-je, que je risque plus que tout
« autre, à cause de sa haine pour les chrétiens ; mais je
« place ma confiance en Dieu. Devant mourir une fois, et
« ayant déjà fait le sacrifice de ma vie, je suis prêt à le faire

« encore pour conduire jusqu'au bout l'entreprise que j'ai
« commencée. » Le désir de voir un pays si curieux et cet
homme extraordinaire excitait mon courage. Aussi, ayant
bien recommandé ma pauvre mère à M. Lascaris, dans le
cas où je viendrais à mourir, je partis avec le drayhy, son second fils Sahdoun, son neveu, son cousin, deux des principaux chefs et cinq nègres, tous montés sur des dromadaires.
Pendant l'absence de son père, Saher devait commander la
tribu et la conduire au Horan à la rencontre du drayhy, qui
comptait revenir par le Hégiaz. Nous fîmes notre première
halte chez les Bédouins Beni-Toulab, qui ne possèdent pour
tout bien que quelques ânes, et vivent de la chasse des gazelles et des autruches; ils se vêtent de peaux de gazelles
grossièrement cousues ensemble et formant une longue robe
à manches très-larges; la fourrure est en dehors, ce qui leur
donne l'apparence de bêtes fauves. Je n'ai jamais rien vu de
si sauvage que leur aspect. Ils nous donnèrent le divertissement d'une chasse aux autruches, qui m'intéressa beaucoup.
La femelle de l'autruche dépose ses œufs dans le sable, et
s'établit à quelque distance, le regard fixé sur eux; elle les
couve, pour ainsi dire, des yeux, qu'elle ne détourne jamais
du nid. Elle reste ainsi immobile la moitié de la journée, jusqu'à ce que le mâle vienne la relever; alors elle va chercher
sa nourriture, pendant que celui-ci fait la garde à son tour.
Le chasseur, lorsqu'il a découvert des œufs, forme une espèce d'abri en pierre pour se cacher, et attend derrière le
moment favorable. Lorsque la femelle est seule, et que le
mâle est assez loin pour ne pas prendre l'alarme au coup de
fusil, il tire à balle, court ramasser l'oiseau atteint du coup
mortel, essuie son sang, et le replace dans la même position,
près des œufs. Quand le mâle revient, il s'approche sans
défiance pour commencer sa faction. Le chasseur, resté en
embuscade, le tue, et emporte ainsi une double proie. Si le
mâle a eu quelque sujet d'alarme, il s'éloigne en courant
avec rapidité : on le poursuit alors, mais il se défend en
lançant des pierres derrière lui, à la distance d'une portée

de fusil, et avec une grande force. Il serait d'ailleurs dangereux de l'approcher trop quand il est en colère; car son extrême vigueur et sa taille élevée rendraient le combat périlleux, surtout pour les yeux du chasseur.

Lorsque la saison de la chasse des autruches est passée, les Bédouins montent sur leurs ânes, et vont vendre leurs plumes à Damas et jusqu'à Bagdad.

Lorsque l'un d'eux veut se marier, il engage la moitié de sa chasse de l'année au père de sa fiancée, pour payer sa dot. Ces Bédouins ont une grande vénération pour la mémoire d'Antar, dont ils se prétendent les descendans; mais je ne sais jusqu'à quel point on peut ajouter foi à cette prétention. Ils nous récitèrent plusieurs fragmens de son poëme.

Ayant pris congé d'eux, nous marchâmes au grand pas des dromadaires, et vînmes camper sur les bords d'un lac d'une grande étendue, appelé Raam-Beni-Hellal. Il reçoit ses eaux d'une colline que nous avions côtoyée.

Le lendemain, arrivés au milieu d'un désert aride, nous aperçûmes une petite oasis, formée d'une arbuste appelé jorfé; nous n'en étions plus qu'à quelques pas, lorsque nos dromadaires s'arrêtèrent court; nous crûmes d'abord qu'ils voulaient se reposer dans un endroit où un retour de végétation semblait leur annoncer de l'eau; mais nous reconnûmes bientôt que leur répugnance venait d'un effroi instinctif qui se manifestait par tous les signes d'une invincible terreur; ni caresses ni menaces ne pouvaient les faire avancer. Ma curiosité se trouvant excitée au plus haut degré, je mis pied à terre pour connaître la cause de leur épouvante; mais, à peine entré dans le bosquet, je reculai moi-même involontairement. La terre était jonchée de peaux de serpens de toute grandeur et de toute espèce. Il y en avait des milliers; quelques-unes grosses comme des câbles de vaisseau, d'autres minces comme des anguilles; nous nous éloignâmes précipitamment de cet endroit, rendant grâces à Dieu de n'avoir trouvé que les peaux de ces reptiles venimeux. Le soir, ne pouvant joindre aucun abri, il nous fallut passer la nuit au milieu du désert ; mais j'avoue que mon imagination, frappée du spectacle horrible du bosquet, m'empêcha de fermer l'œil ; je m'attendais à chaque instant à voir un énorme serpent se glisser sous ma tente, et dresser sa tête menaçante à mon chevet.

Le lendemain nous atteignîmes une tribu considérable tributaire des Wahabis ; elle venait de Samarcand ; nous cachâmes soigneusement nos pipes, car Ebn-Sihoud défend sévèrement de fumer, et punit de mort toute infraction à ses ordres. L'émir Médjioun nous donna l'hospitalité, mais ne put contenir sa surprise de notre hardiesse à nous mettre ainsi à la merci du Wahabi, dont il nous peignit le caractère féroce en termes effrayans. Il ne nous dissimula pas que nous courions de grands dangers, Ebn-Sihoud ne se faisant aucun scrupule d'employer de fausses promesses pour user ensuite de trahison infâme. Le drayhy qui, plein de loyauté, s'était avancé sur la foi de l'invitation du roi, sans s'imaginer qu'on pût manquer à sa parole, commença à se repentir de sa crédule confiance ; mais, sa fierté l'empêchant de reculer, nous continuâmes notre voyage. Nous eûmes bientôt atteint le Neggde, pays entrecoupé de vallons et de montagnes, et couvert de villes et de villages, outre une multitude de tribus errantes. Les villes paraissent fort anciennes et attestent une population primitivement plus nombreuse et plus riche que celle qui les occupe maintenant. Les villages sont peuplés de Bédouins cultivateurs ; le sol produit en abondance du blé, des légumes et surtout des dattes. On nous raconta que les premiers habitans de ce pays l'abandonnèrent pour aller s'établir en Afrique sous la conduite d'un de leurs princes, nommé Beni-Hétal.

Nous trouvâmes partout une franche hospitalité, mais partout aussi nous entendîmes des plaintes interminables sur la tyrannie d'Ebn-Sihoud. La crainte seule retenait ces peuples sous sa domination. Enfin, après quatorze jours de marche au pas des dromadaires, ce qui suppose une distance triple de celle d'une caravane dans le même espace de temps, nous arrivâmes dans la capitale des Wahabis : la ville est entourée d'un bois de dattiers ; les arbres se touchent et laissent à peine le passage d'un cavalier entre leurs troncs ; aussi la ville se dérobe-t-elle derrière ce rempart, appelé les dattiers de Darkisch. Ayant traversé ce bois, nous trouvâmes comme un second retranchement de monticules formés de noyaux de dattes amoncelés, ressemblant à une digue de petites pierres, et derrière, la muraille de la ville que nous longeâmes pour arriver à une porte d'entrée qui nous conduisit au palais du roi. Ce palais, fort grand et à deux étages, est bâti en belles pierres de taille blanches. Informé de notre arrivée, Ebn-Sihoud nous fit conduire dans un de ses appartemens, élégant et bien meublé, où l'on nous servit un repas copieux. Nous trouvâmes ce début de bon augure, et nous nous applaudîmes de n'avoir pas cédé aux défiances qu'on avait voulu nous inspirer. Le soir, ayant mis ordre à notre habillement, nous fûmes nous présenter au roi ; nous vîmes un homme de quarante-cinq ans environ, l'œil dur, le teint bronzé et la barbe très-noire ; il était vêtu d'une gombaz attachée autour des reins par une ceinture blanche, un turban rayé rouge et blanc sur la tête, un machlah noir jeté sur l'épaule gauche, tenant dans la main droite la baguette du roi Mahlab, insigne de son autorité : il était assis au fond d'une grande salle d'audience assez richement meublée de nattes, de tapis et de coussins. Les grands de sa cour l'entouraient. L'ameublement ainsi que les habillemens étaient en coton ou en laine de l'Yémen, la soie étant défendue dans ses états, ainsi que tout ce qui rappelle le luxe et les usages des Turcs. J'eus le loisir de faire mes observations, car Ebn-Sihoud ayant répondu brièvement et d'un ton glacial au compliment du drayhy, nous nous assîmes et attendîmes en silence qu'il entamât la conversation. Cependant, au bout d'une demi-heure, le drayhy, voyant qu'il ne commandait pas le café et ne se déridait pas, prit la parole et dit :

« Je vois, ô fils de Sihoud, que vous ne nous recevez pas
« comme nous avions droit de nous y attendre. Nous avons

« marché sur vos terres et nous sommes entrés sous votre
« toit d'après votre invitation ; si vous avez quelque chose
« contre nous, parlez, ne nous cachez rien. »

Ebn-Sihoud, lui lançant un regard de feu :

« Oui certes, répondit-il, j'ai beaucoup de choses contre
« vous ; vos crimes sont impardonnables ! vous vous êtes
« révolté contre moi et vous avez refusé de m'obéir ; vous
« avez dévasté la tribu de Sachrer en Galilée, sachant qu'elle
« m'appartenait.

« Vous avez corrompu les Bédouins et vous les avez réunis
« contre moi et contre mon autorité.

« Vous avez détruit mes armées, pillé mes camps et sou-
« tenu mes mortels ennemis, les Turcs, ces idolâtres, ces
« profanateurs, ces scélérats, ces débauchés. »

Puis, s'animant de plus en plus et accumulant invectives
sur invectives, sa rage ne connut plus de bornes, et il finit
pour nous ordonner de sortir de sa présence, pour attendre
son bon plaisir.

Je voyais les yeux du drayhy s'enflammer, ses narines se
gonfler ; je craignais à chaque instant une explosion d'im-
puissante colère, qui n'aurait servi qu'à pousser le roi aux
dernières extrémités ; mais, se voyant entièrement sans défense, il se contint, et, se levant avec dignité, se retira lentement pour réfléchir à ce qu'il devait faire. Tout tremblait
devant les fureurs d'Ebn-Sihoud ; nul n'aurait osé s'opposer
à ses volontés. Nous restâmes deux jours et deux nuits dans
notre appartement, sans entendre parler de rien ; personne
ne se souciait de nous approcher ; ceux qui avaient paru les
plus empressés lors de notre arrivée, nous fuyaient, ou se
moquaient de notre crédule confiance dans la foi d'un
homme si connu pour son caractère perfide et sanguinaire.
Nous nous attendions à chaque instant à voir arriver les sa-
tellites du tyran pour nous massacrer, et nous cherchions
en vain quelques moyens de nous tirer de ses griffes. Le troisième jour, le drayhy, s'écriant qu'il aimait mieux la mort
que l'incertitude, envoya chercher un des ministres du

Wahabi, nommé Abou el Sallem, et lui dit : « Allez de ma part porter ces paroles à votre maître :

« *Ce que vous voulez faire, faites-le promptement ; je ne
« vous le reprocherai pas ; je ne m'en prendrai qu'à moi-
« même de m'être livré entre vos mains.* »

El Sallem obéit, mais ne revint pas, et, pour toute réponse, nous vîmes vingt-cinq nègres armés se ranger auprès de notre porte. Nous étions donc décidément prisonniers ! Combien je maudissais la folle curiosité qui m'avait jeté dans un péril si gratuit ! Le drayhy ne craignait pas la mort, mais la contrainte lui était insupportable ; il se promenait à grands pas de long en large, comme un lion devant les barreaux de sa cage. Il me dit enfin :

« Je veux en finir ; je veux parler à Ebn-Sihoud, et lui
« reprocher sa perfidie ; je vois que la douceur et la pa-
« tience sont inutiles, je veux au moins mourir avec
« dignité. »

Il fit de nouveau demander el Sallem, et dès qu'il l'aperçut.

« Retournez auprès de votre maître, lui dit-il ; annoncez-
« lui que, par la foi des Bédouins, je réclame le droit de
« parler ; il sera toujours à temps d'user de son bon plaisir,
« après qu'il m'aura entendu. »

Le Wahabi ayant accordé une audience, el Sallem nous introduisit ; arrivés en sa présence, le roi nous laissa debout, et, sans répondre au salut d'usage :

« Que voulez-vous ? » dit-il brusquement.

Le drayhy, se redressant avec dignité, répondit :

« Je suis venu chez vous, ô fils de Sihoud, sur la foi de
« vos promesses, n'ayant qu'une suite de dix hommes, moi
« qui commande à des milliers de guerriers. Nous sommes
« sans défense entre vos mains ; vous êtes au centre de votre
« puissance, vous pouvez nous broyer comme la cendre ; mais
« sachez que, depuis la frontière de l'Inde jusqu'à la frontière

« du Neggde, dans la Perse, à Bassora, dans la Mésopotamie, le
« Hemad, les deux Syrie, la Galilée et le Horan, tout homme
« qui porte le cafié vous redemandera mon sang et tirera
« vengeance de ma mort. Si vous êtes roi des Bédouins,
« comme vous le prétendez, comment vous abaissez-vous à
« la trahison? C'est le vil métier des Turcs. La trahison n'est
« pas pour le fort, mais pour le faible ou le lâche. Vous qui
« vantez vos armées, et qui prétendez tenir votre puissance
« de Dieu même, si vous voulez ne pas ternir votre gloire,
« rendez-moi à mon pays et combattez-moi à force ouverte :
« car, en abusant de ma bonne foi, vous vous déshonorez,
« vous vous rendez l'objet du mépris de tous, et causerez la
« ruine de votre royaume. J'ai dit : maintenant faites ce
« qu'il vous plaira ; vous vous en repentirez un jour. Je ne
« suis qu'un sur mille ; ma mort ne diminuera pas ma
« tribu, n'éteindra pas la race des Chahllan. Mon fils Saher
« me remplacera; il reste pour conduire mes Bédouins et
« tirer vengeance de mon sang. Soyez donc averti, et que
« vos yeux s'ouvrent à la vérité. »

Pendant ce discours, le roi jouait avec sa barbe et se calmait peu à peu. Enfin, après un moment de silence :

« Allez en paix, dit-il, il ne vous arrivera rien que de
« bien. »

Nous nous retirâmes alors, mais sans cesser d'être gardés à vue.

Ce premier succès rassura les courtisans qui avaient entendu avec terreur les paroles hardies du drayhy, et s'étonnaient de la manière dont le tyran les avait supportées. Ils commencèrent à se rapprocher de nous, et Abou el Sallem nous fit dîner chez lui. Cependant, je n'étais pas très-rassuré pour mon compte; je pensais à la vérité qu'Ebn-Sihoud n'oserait pas pousser les choses aux dernières extrémités avec le drayhy, mais je craignais qu'il ne vînt à rejeter les torts sur mes conseils, et à me sacrifier, moi, obscur giaour, à son ressentiment. Je fis part de mes craintes au drayhy, qui me rassura en jurant qu'on n'arriverait à moi qu'en passant sur son cadavre, et que je sortirais le premier des portes de Darkisch.

Le lendemain, Ebn-Sihoud nous ayant fait appeler, nous reçut très-gracieusement et fit apporter le café. Bientôt il se mit à questionner le drayhy sur les personnes qui l'accompagnaient. Voici mon tour qui arrive, pensai-je, et le cœur me battit un peu; je me remis cependant, et lorsque le drayhy m'eut nommé, le roi, se tournant vers moi :

« C'est donc vous, dit-il, qui êtes Abdallah le chré-
« tien? »

Et sur ma réponse affirmative :

« Je vois, continua-t-il, que vos actions sont beaucoup
« plus grandes que votre personne. »

— « La balle d'un fusil est petite, lui dis-je, elle tue
« pourtant de grands hommes. »

Il sourit :

« J'ai bien de la peine, reprit-il, à croire tout ce qu'on a
« dit de vous : je veux que vous me répondiez franchement :
« Quel est le but de cette alliance à laquelle vous travaillez
« depuis plusieurs années?

« — Ce but est bien simple, répondis-je. Nous avons voulu
« réunir tous les Bédouins de la Syrie sous le commande-
« ment du drayhy, pour résister aux Turcs; vous voyez que
« nous formions ainsi une barrière impénétrable entre vous
« et vos ennemis.

« — Fort bien, dit-il; mais, s'il en est ainsi, pourquoi
« avez-vous cherché à détruire mes armées devant Hama?

« — Parce que vous étiez un obstacle à nos projets, re-
« pris-je : ce n'était pas pour vous, mais pour le drayhy
« que nous travaillions; son pouvoir une fois affermi dans
« la Syrie, la Mésopotamie et jusqu'à la Perse, nous vou-
« lions faire alliance avec vous, et devenir, par ce moyen,
« invulnérables dans la possession de notre liberté absolue.
« Enfans de la même nation, nous devons défendre la même
« cause; c'est à cette fin que nous sommes venus ici pour
« former avec vous une union indissoluble. Vous nous avez

« reçus d'une manière offensante, et le drayhy vous l'a re-
« proché en termes offensans à son tour ; mais nos intentions
« sont franches, et nous l'avons prouvé en venant sans
« armes nous confier à votre loyauté. »

La physionomie du roi s'éclaircissait à mesure que je parlais, et lorsque j'eus fini il me dit :

« Je suis content. »

Puis, se tournant vers ses esclaves, il ordonna trois cafés. Je remerciai Dieu intérieurement de m'avoir si bien inspiré. Le reste de la visite se passa au mieux, et nous nous retirâmes fort satisfaits. Le soir, nous fûmes invités à un grand souper chez un des ministres, appelé Adramouti, qui nous entretint en confidence des cruautés de son maître, et de l'exécration dans laquelle il était tombé généralement. Il nous parla aussi de ses immenses richesses ; celles dont il s'est emparé lors du pillage de la Mecque sont incalculables. Depuis les premiers temps de l'Hégire, les princes musulmans, les kalifes, les sultans et les rois de Perse envoient tous les ans au tombeau du prophète des présens considérables en bijoux, lampes, candélabres d'or, pierres précieuses, etc., outre les offrandes du commun des fidèles. Le trône seul, cadeau d'un roi de Perse, en or massif, incrusté de perles et de diamans, était d'une valeur inestimable. Chaque prince envoie une couronne d'or, enrichie de pierres précieuses, pour suspendre à la voûte de la chapelle ; il y en avait d'innombrables lorsque Ebn-Sihoud la dépouilla ; un seul diamant de la grosseur d'une noix, placé sur la tombe, était regardé comme inappréciable. Lorsqu'on pense à tout ce que les siècles avaient accumulé sur ce point unique, on ne s'étonne plus que le roi ait emmené quarante chameaux chargés de pierreries, en outre des objets d'or et d'argent massifs. En calculant ces trésors immenses, et les dîmes qu'il lève tous les ans sur ses alliés, je crois qu'on peut le regarder comme le monarque le plus riche de la terre, surtout si l'on considère qu'il n'a presque aucune dépense à faire ; qu'il défend sévèrement le luxe, et qu'en temps de guerre chaque tribu fournit à la subsistance de ses armées et supporte tous les frais et pertes, sans jamais obtenir le moindre dédommagement.

Le lendemain, je me sentis si content d'avoir recouvré ma liberté, que j'allai me promener toute la journée, et visiter en détail Darkisch et ses environs. La ville bâtie en pierres blanches, contient sept mille habitans, presque tous parens, ministres, ou généraux d'Ebn-Sihoud. On n'y voit pas d'artisans. Les seuls métiers qui s'y exercent sont ceux d'armurier et de maréchal ferrant; encore sont-ils en petit nombre; on ne trouve rien à acheter, pas même sa nourriture. Chacun vit de son avoir, c'est-à-dire d'une terre ou jardin qui produit du blé, des légumes et des fruits, et nourrit quelques poulets ; leurs nombreux troupeaux paissent dans la plaine, et tous les mercredis, les habitans de l'Yémen et de la Mecque viennent échanger leurs marchandises contre des bestiaux. Cette espèce de foire est l'unique commerce du pays. Les femmes sortent sans voile, mais elles mettent leur machlah noir sur leur tête, ce qui est extrêmement disgracieux; du reste, elles sont généralement laides et brunes à l'excès. Les jardins, situés dans un charmant vallon près de la ville, du côté opposé à celui par lequel nous étions arrivés, produisent les plus beaux fruits du monde : des bananes, oranges, grenades, figues, pommes, melons, etc., entremêlés d'orge et de maïs ; ils sont arrosés avec soin.

Le lendemain le roi nous ayant fait appeler de nouveau, nous reçut très-gracieusement, et me questionna beaucoup sur les divers souverains d'Europe, surtout sur Napoléon, pour lequel il avait une grande vénération. Le récit de ses conquêtes faisait ses délices; heureusement mes fréquens entretiens avec M. Lascaris m'avaient mis à même de lui donner beaucoup de détails. A chaque bataille, il s'écriait :

« Sûrement, cet homme est un envoyé de Dieu ; je suis
« persuadé qu'il est en communication intime avec son Créa-
« teur, puisqu'il en est ainsi favorisé. »

Puis se montrant de plus en plus affable envers moi, et changeant de sujet :

EN ORIENT.

« Abdallah, continua-t-il, je veux que vous me disiez la
« vérité : quelle est la base du christianisme? »

Connaissant les préjugés du Wahabi, je tremblai à cette
question; mais ayant prié Dieu de m'inspirer :

« La base de toute religion, ô fils de Sihoud, lui dis-je,
« est la croyance en Dieu ; les chrétiens pensent, comme
« vous, qu'il n'y a qu'un Dieu, créateur de l'univers, qui
« punit les méchans, pardonne aux repentans, et récompense
« les bons ; que lui seul est grand, miséricordieux et tout-
« puissant.

« — C'est bien, dit-il, mais comment priez-vous? »

Je lui récitai le *Pater* ; il le fit écrire sous ma dictée par
son secrétaire, le relut, et le plaça dans sa veste; puis, continuant son interrogatoire, il me demanda de quel côté nous
nous tournions pour prier.

« Nous prions de tous les côtés, répondis-je, car Dieu est
« partout.

« En cela je vous approuve tout à fait, dit-il; mais vous
« devez avoir des préceptes aussi bien que des prières. »

Je récitai les dix commandemens donnés par Dieu à son
prophète Moïse ; il parut les connaître, et poursuivant ses
questions :

« Et Jésus-Christ, comment le considérez-vous?

« — Comme la parole de Dieu incarnée, comme le verbe divin.

« — Mais il a été crucifié.

« — Comme verbe il n'a pas pu mourir, mais comme
« homme il a souffert de la part des méchans.

— « C'est à merveille : et le livre sacré que Dieu a inspiré
« à Jésus-Christ est-il révéré parmi vous? Suivez-vous
« exactement sa doctrine?

« — Nous le conservons avec le plus grand respect, et
« nous obéissons en tout à ses enseignemens.

« — Les Turcs, dit-il, ont fait un dieu de leur prophète,
« et prient sur son tombeau comme des idolâtres; maudits
« soient ceux qui donnent au Créateur un égal ; que le sabre
« les extermine! »

Et se répandant de plus en plus en invectives contre les Turcs, il blâma l'usage de la pipe, du vin et des viandes impures. Je me trouvai trop heureux de m'être tiré adroitement de questions périlleuses, pour oser le contredire sur des points insignifians, et je le laissai croire que je méprisais l'usage de cette mauvaise herbe (c'est ainsi qu'il appelait le tabac); ce qui fit sourire le drayhy, qui savait bien que pour moi le plus grand sacrifice possible était la privation de fumer, et que je profitais de tous les instans où je pouvais impunément tirer ma bien-aimée pipe de sa cachette : ce jour-là surtout, j'en sentais un extrême besoin, ayant beaucoup parlé et pris du café moka très-chargé.

Le roi parut enchanté de notre conversation, et me dit :

« Je vois qu'on apprend toujours quelque chose. J'avais
« cru, jusqu'ici, que les chrétiens étaient les plus supers-
« titieux des hommes, et maintenant je suis convaincu qu'ils
« approchent beaucoup plus de la vraie religion que les
« Turcs. »

A tout prendre, Ebn-Sihoud est un homme instruit et d'une rare éloquence, mais fanatique dans ses opinions religieuses ; il a une femme légitime et une esclave, deux fils mariés et une fille jeune encore. Il ne mange que des alimens préparés par ses femmes, de peur d'être empoisonné ; la garde de son palais est confiée à une troupe de mille nègres bien armés. Il peut, du reste, réunir dans ses états quinze cent mille Bédouins capables de porter les armes. Lorsqu'il veut nommer un gouverneur de province, il fait appeler celui auquel il destine ce poste, et l'invite à manger avec lui ; après le repas ils font ensemble les ablutions et la prière ; ensuite, le roi, l'armant d'un sabre, lui dit :

« Je vous ai élu, par ordre de Dieu, pour gouverner ses
« esclaves; soyez humain et juste ; recueillez exactement la
« dîme, et faites couper les têtes des Turcs et infidèles qui
« disent que Dieu a un égal ; n'en laissez aucun s'établir
« dans votre pays. Puisse le Seigneur donner la victoire à
« ceux qui croient à son unité! »

Ensuite il lui remet un petit écrit qui enjoint aux habitans d'obéir en tout au gouverneur, sous peine de sévères punitions.

Le jour suivant, nous visitâmes les écuries du roi; il est impossible, je crois, pour un amateur de chevaux de rien voir de plus beau. Je remarquai d'abord quatre-vingts jumens blanches, rangées sur une seule file; elles étaient d'une beauté incomparable et si exactement pareilles, qu'on ne pouvait reconnaître l'une de l'autre ; leur poil, brillant comme l'argent, éblouissait les yeux. Cent vingt autres de diverses robes, mais également belles de formes, occupaient un autre bâtiment ; aussi, malgré mon antipathie pour les chevaux depuis l'accident qui avait pensé me coûter la vie, je ne fus pas moins saisi d'admiration en parcourant ces écuries.

Ce soir-là, nous soupâmes chez le général en chef Hédal, qui se réconcilia avec le drayhy. Le fameux Abou-Nocta, qui s'y trouvait, lui fit aussi beaucoup de politesses. Nous restâmes pendant plusieurs jours réunis en assemblées secrètes pour traiter de nos affaires avec Ebn-Sihoud. Le détail en serait superflu. Il suffira de dire qu'une alliance fut conclue entre lui et le drayhy, à leur satisfaction réciproque, et le roi déclara *que leurs deux corps n'étaient plus dirigés que par une seule âme.* Le traité terminé, il nous fit pour la première fois manger avec lui, et goûta chaque plat avant de nous l'offrir. Comme il n'avait jamais vu manger autrement qu'avec ses doigts, je fis une cuillère et une fourchette avec un morceau de bois, j'étalai mon mouchoir en guise de nappe, et je me mis à manger à la manière européenne, ce qui le divertit beaucoup.

« Grâces à Dieu, dit-il, chaque nation croit ses usages
« les meilleurs possible, et chacun est ainsi content de sa
« condition. »

Notre départ étant fixé pour le jour suivant, le roi nous envoya en présent sept de ses plus belles jumens, conduites en laisse par autant d'esclaves noirs montés sur des chameaux hegui, et lorsque chacun de nous eut fait son choix, on nous présenta un sabre dont la lame était fort belle, mais le fourreau sans aucun ornement. Il fit donner également à nos serviteurs des sabres plus ordinaires, des *machlahs* et cent *talaris*. Nous prîmes congé d'Ebn-Sihoud avec les cérémonies d'usage, et nous fûmes accompagnés hors des murs par tous les officiers de sa cour. Arrivés aux portes de la ville, le drayhy s'arrêta, et se tournant vers moi, m'invita à passer le premier, voulant, me dit-il en souriant, tenir sa promesse. Et je l'avoue, malgré toutes les politesses que nous avions reçues à la fin de notre séjour, les angoisses que j'avais éprouvées au commencement m'avaient fait une telle impression que j'avouerai que je franchis le seuil avec délices.

Nous prîmes le chemin du pays de Heggias, couchant chaque nuit dans les tribus qui couvraient le désert. Le cinquième jour, après avoir passé la nuit sous les tentes de el Henadi, nous nous levâmes avec le soleil, et sortîmes pour seller nos dromadaires, qu'à notre grand étonnement nous trouvâmes la tête enterrée dans le sable d'où il nous fut impossible de les faire sortir. Nous appelâmes à notre aide les Bédouins de la tribu, qui nous apprirent que l'instinct des chameaux les portait à se cacher ainsi pour éviter le *simoun*; que c'était un présage de ce terrible vent du désert qui ne tarderait pas à éclater, et que nous ne pouvions nous mettre en route sans courir à une mort certaine. Les chameaux, qui sentent deux ou trois heures à l'avance l'approche de ce terrible fléau, se tournent du côté opposé au vent, et s'enfoncent dans le sable. Il serait impossible de leur faire quitter cette position pour manger ou boire, pendant toute la tempête, durât-elle plusieurs jours. La Providence leur a donné cet instinct de conservation qui ne les trompe jamais. Lorsque nous apprîmes de quoi nous étions menacés, nous partageâmes la terreur générale, et nous hâtâmes de prendre toutes les précautions qu'on nous indiqua. Il ne suffit pas de mettre les chevaux à l'abri, il faut encore leur couvrir la tête et leur boucher les oreilles, autrement ils seraient suffoqués par les tourbillons d'un sable fin et subtil que le vent balaie avec fureur devant lui. Les hommes se rassemblent sous les tentes, en bouchent les ouvertures avec un soin extrême, après s'être pourvus d'eau qu'ils placent à portée de la main ; ensuite ils se couchent par terre, la tête couverte de leur *machlah*, et restent ainsi tout le temps que dure l'ouragan dévastateur.

Ce matin-là, tout fut en tumulte dans le camp, chacun cherchant à pourvoir à la sûreté de son bétail, et se retirant ensuite précipitamment sous sa tente. Nous avions à peine abrité nos belles jumens nedgdis, que la tourmente commença. Des rafales furieuses amenaient des nuages d'un sable rouge et brûlant qui tourbillonnait avec impétuosité, et renversait tout ce qui se trouvait sur son passage : s'amoncelant en collines, il enterrait tout ce qui avait la force de lui résister. Si dans ces momens-là quelques parties du corps se trouvent atteintes, la chair s'enflamme comme si un fer chaud l'avait touchée. L'eau qui devait nous rafraîchir était devenue bouillante; et la température de la tente surpassait celle d'un bain turc. La tempête dura dix heures dans sa plus grande furie, et diminua ensuite graduellement pendant six heures : une heure de plus, et nous étions tous suffoqués. Lorsque nous nous hasardâmes à sortir de nos tentes, un affreux spectacle nous attendait : cinq enfans, deux femmes et un homme, gisaient morts sur le sable encore brûlant, et plusieurs Bédouins avaient le visage noirci et entièrement calciné, comme par la bouche d'une fournaise ardente. Lorsque le vent du *simoun* atteint un malheureux à la tête, le sang lui coule à flots par la bouche et les narines, son visage se gonfle, devient noir, et bientôt il meurt étouffé. Nous remerciâmes le Seigneur de n'avoir pas été nous-mêmes surpris par ce terrible fléau, au milieu du désert, et d'avoir été ainsi préservés de cette mort affreuse.

Lorsque le temps nous permit de quitter le camp de Henadi,

douze heures de marche nous ramenèrent à notre tribu, où j'embrassai Scheik-Ibrahim avec un véritable amour filial; nous passâmes plusieurs jours à raconter nos aventures, et quand je fus parfaitement remis de mes fatigues, M. Lascaris me dit :

« Mon cher fils, nous n'avons plus rien à faire ici ; grâce
« à Dieu, tout est terminé, et mon entreprise a réussi au
« delà même de mes espérances : il faut aller maintenant
« rendre compte de notre mission. »

Nous quittâmes nos amis avec l'espoir de les revoir bientôt à la tête de l'expédition à laquelle nous avions ouvert la route et aplani les voies. Passant par Damas, Alep et la Caramanie, nous arrivâmes à Constantinople, au mois d'avril, après quatre-vingt-dix jours de marche, souvent à travers les neiges. Dans ce voyage fatigant, je perdis ma belle jument neggdié, cadeau d'Ebn-Sihoud, que je comptais vendre au moins trente mille piastres; mais ce n'était qu'un avant-coureur des malheurs qui nous attendaient. La peste ravageait Constantinople ; le général Andréossi nous fit loger à Keghat-Keni où nous passâmes trois mois en quarantaine. Ce fut pendant ce temps que nous apprîmes la funeste catastrophe de Moscou, et la retraite de l'armée française sur Paris. M. Lascaris était au désespoir et ne savait quel parti prendre. Après deux mois d'incertitude, il se décida à retourner en Syrie, attendre l'issue des événemens. Nous nous embarquâmes sur un bâtiment chargé de blé; une tempête affreuse nous jeta à Chios, où nous retrouvâmes la peste. M. de Bourville, consul de France, nous procura un logement où nous restâmes enfermés deux mois. Ayant perdu presque tous nos effets dans la tempête, et ne pouvant communiquer au dehors, à cause de la contagion, nous nous trouvâmes sans vêtemens, exposés à de grandes privations.

Enfin les communications se rouvrirent. M. Lascaris, ayant reçu une lettre du consul général de Smyrne, qui l'invitait à aller conférer avec les généraux Lallemand et Savari, se décida à s'y rendre, et me permit d'aller passer quelque temps auprès de ma pauvre mère que je n'avais pas vue depuis six ans.

Mes voyages n'ayant plus rien d'intéressant, je passe sur l'intervalle qui s'écoula depuis ma séparation d'avec M. Lascaris jusqu'à mon retour en Syrie, et j'arrive au triste dénoûment.

Étant à Latakié auprès de ma mère, et attendant chaque jour qu'un bâtiment pût me transporter en Égypte, où M. Lascaris m'avait ordonné de le rejoindre, je vois arriver un brick de guerre français; je cours chercher mes lettres, et j'apprends la désolante nouvelle de la mort de mon bienfaiteur, décédé au Caire. Rien ne peut donner une idée de mon désespoir; j'avais pour M. Lascaris l'amour d'un fils, et je perdais d'ailleurs avec lui tout mon avenir. M. Drovetti, consul de France à Alexandrie, m'écrivait de me rendre le plus tôt possible auprès de lui; je fus quarante jours avant de pouvoir trouver l'occasion de m'embarquer, et lorsque j'arrivai à Alexandrie, M. Drovetti était parti pour la Haute-Égypte; je l'y suivis, et le rejoignis à Asscout. Il m'apprit que, M. Lascaris étant arrivé en Égypte avec un passe-port anglais, M. Salt, consul d'Angleterre, s'était emparé de tous ses effets. Il m'engagea à m'adresser à lui pour être payé des appointemens (cinq cents talaris par an) qui m'étaient dus depuis six ans environ, et me recommanda surtout d'insister fortement pour obtenir le manuscrit du voyage de M. Lascaris, document d'une haute importance.

Je retournai immédiatement au Caire; M. Salt me reçut très-froidement, et me dit que, M. Lascaris étant mort sous protection anglaise, il avait envoyé ses effets et ses papiers en Angleterre. Toutes mes démarches furent inutiles. Je restai longtemps au Caire, dans l'espoir de me faire payer de mes appointemens, et d'obtenir les papiers de M. Lascaris. A la fin M. Salt menaça de me faire arrêter par les autorités égyptiennes, et ce fut grâce à la généreuse protection de M. Drovetti, que j'échappai à ce péril. Enfin, las de cette lutte infructueuse, je quittai l'Égypte, et revins à Latakié auprès de ma famille, plus malheureux et moins riche que lorsque je l'avais quittée en partant d'Alep pour la première fois.

FRAGMENS

DU POËME D'ANTAR.

PREMIER FRAGMENT.

Un jour Antar étant venu chez son oncle Mallek, fut agréablement surpris de l'accueil favorable qu'il en reçut. Il devait cet accueil, nouveau pour lui, aux vives remontrances du roi Zohéir, qui, le matin même, avait fortement engagé Mallek à se rendre enfin aux désirs de son neveu en lui accordant sa cousine Ablla, qu'il aimait passionnément. On parla des préparatifs de la noce, et Ablla ayant voulu savoir de son cousin quels étaient ses projets, « Je compte, lui dit-« il, faire tout ce qui pourra vous convenir. » — « Mais, « reprit-elle, je ne demande pour moi que ce qui a eu lieu « pour d'autres : ce qu'a fait Kaled-Eben-Mohareb lors de « son mariage avec sa cousine Djida. » — « Insensée! s'écria « son père d'un air courroucé, qui vous en a fait le récit?... « Non, mon neveu, ajouta-t-il, nous ne voulons pas suivre « cet exemple. » Mais Antar, heureux de voir pour la première fois son oncle si bienveillant à son égard, et désirant satisfaire sa cousine, la pria de lui raconter les détails de cette noce. — « Voici, dit-elle, ce que m'ont rapporté les « femmes qui sont venues me complimenter sur votre re-« tour : Kaled, le jour de son mariage, a tué mille cha-

« meaux et vingt lions, ces derniers de sa propre main. Les
« chameaux appartenaient à Malaeb el Assené, émir re-
« nommé parmi les plus vaillans guerriers. Il a nourri pen-
« dant trois jours trois grandes tribus qu'il avait conviées.
« Chaque plat contenait un monceau de la chair des lions.
« La fille du roi Eben el Nazal conduisait par son licou
« la naka* que montait Djida. » — « Quoi donc de si admi-
« rable dans tout cela? reprit Antar. Par le roi de Lanyam
« et le Hattim, nulle autre ne conduira votre naka que Djida
« elle-même, la tête de son mari dans un sac pendu à son
« cou. »

Mallek gronda sa fille d'avoir entamé ce sujet, feignant d'en être mécontent; tandis que c'était lui qui, secrètement, avait engagé ces femmes à donner tous ces détails à Ablla, pour jeter Antar dans l'embarras. Après le serment de son neveu, satisfait et désirant rompre la conversation, il lui fit verser du vin, espérant qu'il s'engagerait de plus en plus vis-à-vis de sa fille.

A la fin de la soirée, comme Antar allait se retirer, Mallek le pria d'oublier les demandes d'Ablla, voulant ainsi les lui rappeler indirectement. Rentré chez lui, Antar dit à son frère Chaiboub de lui préparer son cheval, El-Abgea, et il partit aussitôt après, se dirigeant vers la montagne de Beni-Touailek. Chemin faisant, il raconta à Chaiboub ce qui s'était passé le soir même chez Ablla. — « Maudit soit votre oncle!
« s'écria son frère. Quel méchant homme! De qui Ablla
« tenait-elle ce qu'elle vous a raconté, si ce n'est de son père
« qui veut se débarrasser de vous, en vous précipitant dans
« de si grands dangers? » — Antar, sans faire la moindre attention aux paroles de Chaiboub, lui dit de hâter sa marche, afin d'arriver un jour plus tôt : tant il était pressé de remplir son engagement, puis il récita les vers suivans :

« Je parcours les mauvais chemins pendant l'obscurité de

---

* Chamelle.

la nuit. Je marche à travers le désert, plein de la plus vive ardeur, sans autre compagnon que mon sabre, ne comptant jamais les ennemis. Lions, suivez-moi!... vous verrez la terre jonchée de cadavres servant de pâture aux oiseaux du ciel.

« Kaled[*] n'est plus bien nommé depuis que je le cherche. Djida n'a plus lieu de se glorifier.

« Leur pays n'est plus en sûreté : bientôt les tigres seuls l'habiteront.

« Ablla! recevez d'avance mes félicitations sur tout ce qui qui doit orner votre triomphe!

« O vous! dont les regards, semblables aux flèches meurtrières, m'ont fait d'inguérissables blessures, votre présence est un paradis, votre absence est un feu dévorant.

« O Allan el Fandi! sois bénie par le Dieu tout-puissant.

« J'ai bu d'un vin plus doux que le nectar; car il m'était versé par la main de la beauté.

« Tant que je verrai la lumière, je célébrerai son mérite; et si je meurs pour elle, mon nom ne périra pas. »

Quand il eut fini, le jour commençait à paraître. Il continua sa route vers la tribu de Beni-Zobaïd. Kaled, le héros de cette tribu, y jouissait de plus de considération que le roi lui-même. Il était si redoutable à la guerre que son nom seul faisait trembler les tribus voisines. Voici son histoire et celle de sa cousine Djida.

Deux émirs, Mohareb, père de Kaled, et Zaher, père de Djida, gouvernaient les Bédouins appelés Beni-Aumaya, renommés par leur bravoure. Ils étaient frères. L'aîné, Mohareb, commandait en chef; Zaher servait sous ses ordres. Un jour, à la suite d'une vive querelle, Mohareb leva la main sur son frère, qui revint chez lui le cœur plein de ressentiment. Sa femme, apprenant le motif de l'état violent dans lequel elle le voyait, lui dit : — « Vous ne deviez pas souf-

---

[*] Heureux.

« frir un tel affront, vous le plus vaillant guerrier de la
« tribu ; vous renommé pour votre force et votre courage. »
« — J'ai dû, répondit-il, respecter un frère aîné. » — « Eh
« bien! quittez-le, ajouta sa femme ; allez ailleurs établir
« votre demeure : ne restez pas ici dans l'humiliation : sui-
« vez les préceptes d'un poëte dont voici les vers :

« Si vous éprouvez des contrariétés ou des malheurs dans
un endroit, éloignez-vous et laissez la maison regretter celui
qui l'a bâtie.

« Votre subsistance est la même partout ; mais votre âme
une fois perdue, vous ne sauriez la retrouver.

« Il ne faut jamais charger un autre de ses affaires ; on les
fait toujours mieux soi-même.

« Les lions sont fiers parce qu'ils sont libres.

« Tôt ou tard l'homme doit subir sa destinée ; qu'importe
le lieu où il meurt ?

« Suivez donc les conseils de l'expérience. »

Ces vers firent prendre à Zaher la résolution de s'éloigner
avec tout ce qui lui appartenait ; et prêt à partir, il récita les
vers suivans :

« J'irai loin de vous à une distance de mille années, chacune longue de mille lieues. Quand vous me donneriez, pour
rester, mille Égyptes, chacune arrosée de mille Nils, je préférerais m'éloigner de vous et de vos terres, disant, pour
justifier notre séparation, un couplet qui n'aura pas de
second : L'homme doit fuir les lieux où règne la barbarie. »

Zaher s'étant mis en route, alla jusqu'à la tribu de Beni-
Assac, où il fut reçu à merveille et choisi pour chef. Zaher
reconnaissant s'y fixa. Quelque temps après il eut une fille
nommée Djida qu'il fit passer pour un garçon, et qui grandit
sous le nom de Giaudar. Son père la faisait monter à cheval
avec lui, l'exerçait aux combats, et développait ainsi ses

dispositions naturelles et son courage. Un savant de la tribu lui enseignait l'art de lire et d'écrire, dans lequel elle fit de rapides progrès; c'était une perfection, car elle joignait à toutes ces qualités une admirable beauté. Aussi disait-on de toute part : Heureuse la femme qui épousera l'émir Giaudar !

Son père étant tombé dangereusement malade, et se croyant près de mourir, fit appeler sa femme et lui dit : — « Je vous en conjure, après ma mort ne contractez pas un « nouveau mariage qui vous séparerait de votre fille; mais « faites en sorte qu'elle continue de passer pour un homme. « Si, après moi, vous ne jouissez pas ici de la même consi- « dération, retournez chez mon frère : il vous recevra bien, « j'en suis sûr. Conservez avec soin vos richesses. L'argent « vous fera considérer partout. Soyez généreuse et affable, « vous en serez récompensée; enfin agissez toujours comme « vous le faites présentement. »

Après quelques jours de maladie, Zaher se rétablit ; Giaudar continua ses excursions guerrières et fit preuve de tant de valeur en toute circonstance, qu'il était passé en proverbe de dire : « Gardez-vous d'approcher la tribu de « Giaudar. »

Quant à Kaled, il suivait son père Mohareb, dans ses exercices journaliers auxquels prenaient part les plus courageux de la tribu. C'était une guerre véritable, ayant chaque fois ses blessés ; Kaled y trouvait un motif d'émulation à devenir un guerrier redoutable, émulation qu'augmentait encore la réputation de valeur de son cousin : il mourait d'envie d'aller le voir, mais n'osait le faire, connaissant les dissensions qui existaient entre leurs parens. A l'âge de quinze ans, Kaled était devenu le plus vaillant guerrier de sa tribu, lorsqu'il eut le malheur de perdre son père ; il fut choisi pour le remplacer, et comme il montrait les mêmes vertus que lui, il ne tarda pas à gagner l'estime et la considération générales. Ayant un jour proposé à sa mère d'aller voir son oncle, ils se mirent en route, suivis de riches présens en chevaux, harnais, armes, etc.; Zaher les reçut à merveille et combla de soins et de prévenances son neveu, dont la réputation était arrivée jusqu'à lui ; Kaled embrassa tendrement son cousin Giaudar, et prit pour lui un vif attachement pendant le peu de temps qu'il passa chez son oncle ; chaque jour il se livrait à ses exercices militaires, et charmait Giaudar, qui voyait en lui un guerrier accompli, plein de courage et de générosité, affable, éloquent et d'une mâle beauté ; ils passaient ensemble les journées entières et même la plus grande partie des nuits. A la fin Giaudar s'attacha tellement à Kaled, qu'un jour il entra chez sa mère et lui dit : « Si mon cousin retourne à sa tribu sans moi, j'en mourrai de chagrin, car je l'aime éperdument. — Je suis loin de vous désapprouver, lui répondit sa mère, vous avez raison de l'aimer, car il a tout pour plaire ; c'est votre cousin ; vous êtes du même sang, presque du même âge, jamais il ne pourra trouver un meilleur parti que vous ; mais laissez-moi d'abord parler à sa mère, que je lui apprenne votre sexe ; attendons jusqu'à demain ; quand elle viendra chez moi, comme de coutume, je l'instruirai de tout : nous arrangerons votre mariage, et nous partirons ensemble. »

Le lendemain, elle se mit à lui peigner les cheveux à l'heure à laquelle venait ordinairement la mère de Kaled, et quand celle-ci, entrant dans la tente, lui eut demandé quelle était cette belle fille, elle lui raconta l'histoire de Djida et la volonté de son père de la laisser cachée sous des habits d'homme. — Je vous découvre ce secret, ajouta-t-elle, parce que je veux la donner en mariage à votre fils. — J'y consens volontiers, répondit la mère de Kaled. Quel honneur pour mon fils de posséder cette beauté unique ! — Puis, allant trouver Kaled, elle lui raconta cette histoire, affirmant qu'il n'existait pas une femme dont la beauté pût être comparée à celle de sa cousine. Allez donc, lui dit-elle, la demander en mariage à votre oncle, et s'il veut bien vous l'accorder, vous serez le plus heureux des mortels.

— J'étais décidé, répondit son fils, à ne plus me séparer de mon cousin Giaudar, tant je lui étais attaché ; mais puisque c'est une fille, je ne veux plus rien avoir de commun avec elle; je préfère la société des guerriers, les combats, la chasse aux éléphans et aux lions, à la possession de la beauté; qu'il ne soit donc plus question de ce mariage, car je veux partir à l'instant même. — En effet, il ordonna les préparatifs du départ et fut prendre congé de son oncle, qui lui demanda ce qui le pressait tant, le priant de rester quelques jours de plus. — Impossible, répondit Kaled, ma tribu est sans chef; il faut que j'y retourne. A ces mots, il se mit en route avec sa mère, qui avait fait ses adieux à celle de Djida, et l'avait instruite de sa conversation avec son fils.

En apprenant le refus de son cousin, Djida se livra à la plus vive douleur, ne pouvant ni manger ni dormir, tant était grande sa passion pour Kaled. Son père, la voyant en cet état, la crut malade et cessa de l'emmener avec lui dans ses excursions. Un jour qu'il était allé au loin surprendre une tribu ennemie, elle dit à sa mère : — Je ne veux pas mourir pour une personne qui m'a traitée avec si peu d'égards; avec l'aide de la Providence, je saurai à mon tour lui faire éprouver toutes les souffrances, même celle de l'amour. Puis, se levant avec la fureur d'une lionne, elle monta à cheval, disant à sa mère qu'elle allait à la chasse, et partit pour la tribu de son cousin, sous le costume d'un Bédouin de Kégiaz. Elle fut loger chez un des chefs, qui l'ayant prise pour un guerrier, la reçut de son mieux. Le lendemain elle se présenta à l'exercice militaire commandé par son cousin, et commença avec lui une lutte qui dura jusqu'à midi. Le combat de ces deux héros fit l'admiration de tous les spectateurs. Kaled, étonné au dernier point de rencontrer un guerrier qui pût lui tenir tête, ordonna d'avoir pour lui tous les égards possibles. Le lendemain revit la même lutte, qui continua le troisième et le quatrième jour. Pendant tout ce temps, Kaled fit l'impossible pour connaître cet étranger, sans pouvoir y réussir. Le quatrième jour, le combat dura jusqu'au soir, sans que, pendant tout ce temps, l'un pût parvenir à blesser l'autre; quand il fut terminé, Kaled dit à son adversaire : Au nom du Dieu qui vous a donné tant de vaillance, faites-moi connaître votre pays et votre tribu? — Alors Djida, levant son masque, lui dit : — Je suis celle qui, éprise de vous, voulait vous épouser et que vous avez refusée, préférant, avez-vous dit, à la possession d'une femme, les combats et la chasse; je suis venue pour vous faire connaître la bravoure et le courage de celle que vous avez repoussée. — Après ces paroles, elle remit son masque et revint chez elle, laissant Kaled triste, irrésolu, sans force et sans courage, et tellement épris qu'il finit par en perdre connaissance. Quand il revint à lui, son goût pour la guerre et la chasse des bêtes féroces avait fait place à l'amour; il rentra chez lui, et fit part à sa mère de ce changement subit, en lui racontant son combat avec sa cousine. — Vous méritez ce qui vous arrive, lui répondit-elle; vous n'avez pas voulu me croire autrefois; votre cousine a agi comme elle le devait, en vous punissant de votre fierté à son égard. Kaled lui ayant fait remarquer qu'il n'était pas en état de supporter ses reproches et qu'il avait plutôt besoin de compassion, la supplia d'aller demander sa cousine pour lui. Elle partit aussitôt pour la tribu de Djida, tourmentée pour son fils qu'elle laissait dans un état déplorable.

Quant à Djida, après s'être fait connaître à son cousin, elle revint chez elle; sa mère était inquiète de son absence; elle lui conta son aventure et l'étonna par le récit de tant de bravoure. Trois jours après son retour, arriva la mère de Kaled, qui voulut sur-le-champ parler à Djida; elle lui dit qu'elle venait de la part de son cousin pour les unir, et lui apprit en même temps dans quel triste état elle l'avait laissé. — Un tel mariage est désormais impossible, répondit Djida, je n'épouserai jamais celui qui m'a refusée, mais j'ai voulu lui donner une leçon et le punir de m'avoir tant fait souffrir. — Sa tante lui représentant que s'il lui avait causé quelque peine, il était en ce moment bien plus malheureux qu'elle : — Quand je devrais mourir, reprit Djida, je ne serai jamais sa femme. — Son père n'étant pas encore de retour, la mère de Kaled ne put lui parler. Voyant d'ailleurs qu'elle n'obtiendrait rien de Djida, elle revint chez son fils, qu'elle trouva malade d'amour et très-changé ; elle lui rendit compte du résultat de sa mission, ce qui augmenta son désespoir et ses maux. — Il ne vous reste plus qu'un moyen, dit-elle : prenez avec vous les chefs de votre tribu et ceux des tribus vos alliées, et allez vous-même la demander à son père ; s'il vous dit qu'il n'a pas de fille, racontez-lui votre histoire, il ne pourra nier plus longtemps, et sera forcé de vous l'accorder.

Kaled, à l'instant même, convoqua les chefs et les vieillards de la tribu, et leur fit part de ce qui lui était arrivé ; ce récit les frappa d'étonnement. « C'est une histoire merveil-
« leuse, dit Mehdi Karab, l'un d'eux ; elle mériterait d'être
« écrite à l'encre d'or. Nous ignorions que votre oncle eût
« une fille ; nous ne lui connaissons qu'un fils nommé
« Giaudar ; d'où lui vient donc cette héroïne ? Nous vous
« accompagnerons quand vous irez demander sa main ; per-
« sonne n'en est plus digne que vous. »

Kaled ayant appris le retour de son oncle, partit accompagné des vingt principaux chefs de sa tribu et de cent cavaliers : il était suivi de riches présens. Zaher les accueillit de son mieux sans rien comprendre au prompt retour de son neveu, dont il ignorait la rencontre avec sa fille. Le quatrième jour de son arrivée, Kaled ayant baisé la main de son oncle, lui demanda sa cousine en mariage, le suppliant de revenir habiter avec lui, et comme Zaher affirmait n'avoir qu'un garçon nommé Giaudar, le seul enfant que Dieu lui eût donné, disait-il, Kaled lui raconta tout ce qui lui était arrivé avec sa cousine ; à ce récit, Zaher troublé, garda quelques instans le silence, puis après : — Je ne croyais pas, dit-il, qu'un jour ce secret serait découvert, mais puisqu'il en est autrement, plus que tout autre vous pouvez prétendre à la main de votre cousine, et je vous l'accorde. — Le prix de Djida fut ensuite fixé devant témoins à mille chameaux roux chargés des plus belles productions de l'Yémen ; ensuite Zaher entrant chez sa fille, lui annonça l'engagement qu'il venait de prendre avec Kaled. — J'y souscris, répondit-elle, à condition que le jour de mon mariage, mon cousin tuera mille chameaux choisis parmi ceux de Mélaëb el Assené, de la tribu Beni-Hamer. — Son père, souriant à cette demande, engagea son neveu à l'accepter; celui-ci, à force de prières, ayant décidé son oncle à revenir avec lui, ils se mirent tous en route le lendemain ; Zaher fut comblé de soins et d'égards dans son ancienne tribu, et y obtint le premier rang.

Le lendemain de son arrivée, Kaled, à la tête de mille guerriers choisis, fut surprendre la tribu de Beni-Hamer, lui livra un combat sanglant, blessa dangereusement Mélaëb, auquel il prit un plus grand nombre de chameaux que celui demandé par Djida, et revint chez lui triomphant. A quelques jours de là, comme il priait son oncle de hâter son mariage, sa cousine lui dit qu'il ne la verrait jamais sous sa tente s'il ne lui amenait la femme ou la fille d'un des émirs les plus vaillans de Kaïl, pour tenir le licol de sa monture le jour de sa noce, car je veux, ajouta-t-elle, que toutes les jeunes filles me portent envie. Pour satisfaire à cette nouvelle demande, Kaled, à la tête d'une nombreuse armée, attaqua la tribu de Nihama Eben el Nazal, et, à la suite de plusieurs batailles, il finit par s'emparer d'Aniamé, fille de Nihama, qu'il ramena avec lui. Djida n'ayant plus rien à lui demander, il commença la chasse aux lions. L'avant-veille de son mariage, comme il se livrait à cette chasse, il rencontra un guerrier qui, s'avançant vers lui, lui cria de se rendre et de descendre de cheval à l'instant même, sous peine de la vie ; Kaled, pour toute réponse, attaqua vivement cet ennemi inconnu ; le combat devint terrible et dura plus d'une heure ; enfin, fatigué de la résistance d'un adversaire qu'il ne pouvait vaincre : — « O fils de race maudite, « dit Kaled, qui êtes-vous ? quelle est votre tribu ? et pour- « quoi venez-vous m'empêcher de continuer une chasse « si importante pour moi ? malédiction sur vous ! Que je

« sache du moins si je me bats contre un émir ou contre
« un esclave. » Alors son adversaire, levant la visière de
son casque, lui répondit en riant : « Comment un guerrier
« peut-il parler de la sorte à une jeune fille? » Kaled, ayant
reconnu sa cousine, n'osa pas lui répondre, tant il éprouvait de honte. — « J'ai pensé, continua Djida, que vous
« étiez embarrassé pour votre chasse ; et je suis venue vous
« aider. » — « Par le Tout-Puissant! s'écria Kaled, je ne
« connais aucun guerrier aussi vaillant que vous, ô la reine
« des belles! » Ils se séparèrent alors en convenant de se
réunir le soir au même endroit, et s'y rejoignirent en effet,
Kaled ayant tué un lion et Djida un mâle et une femelle. Ils
se quittèrent de plus en plus charmés l'un de l'autre.

La noce dura trois jours au milieu des réjouissances de
toute espèce. Plus de mille chameaux et vingt lions furent
tués, ces derniers de la propre main de Kaled, à l'exception
des deux provenant de la chasse de sa cousine. Aniamé conduisit par le licol la naka que montait Djida. Les deux époux
étaient au comble du bonheur.

Zaher mourut quelque temps après ce mariage, laissant
le commandement suprême à ses deux enfans, Kaled et
Djida. Bientôt ces deux héros réunis devinrent la terreur du
désert.

Revenons à Antar et à son frère. Quand ils furent arrivés
aux environs de la tribu, Antar envoya son frère reconnaître
la disposition du terrain et l'emplacement de la tente de Kaled, afin de prendre ses mesures pour l'attaquer. Chaiboub
revint le lendemain lui annoncer que son bonheur surpassait la méchanceté de son oncle, puisque Kaled était absent.
— « Il n'y a dans la tribu, ajouta-t-il, que cent cavaliers avec
« Djida. Son mari est parti avec Mehdi-Karab, et c'est elle
« qui est chargée de veiller à la sûreté commune. Chaque
« nuit elle monte à cheval suivie d'une vingtaine de cava-
« liers, pour faire sa ronde, et s'éloigne quelquefois, d'après
« ce que m'ont dit les esclaves. » — Antar, charmé de cette
nouvelle, dit à son frère qu'il espérait faire Djida prisonnière le

soir même; que, quant à lui, sa tâche serait d'arrêter ses compagnons au passage, afin qu'aucun d'eux ne pût aller avertir la tribu, qui se mettrait alors à leur poursuite. — « Si vous en laissez échapper un seul, ajouta-t-il, je vous « coupe la main droite. » — « Je ferai tout ce que vous « exigerez, répondit Chaiboub, puisque je suis ici pour vous « aider. » — Ils restèrent cachés toute la journée, et se rapprochèrent de la tribu après le coucher du soleil. Bientôt ils virent venir à eux plusieurs cavaliers. Djida était à leur tête, et chantait les vers suivans :

« La poussière des chevaux est bien épaisse, la guerre est mon état.

« La chasse aux lions est une gloire et un triomphe pour les autres guerriers, mais rien pour moi.

« Les astres savent que ma bravoure a effacé celle de mes pères.

« Qui ose m'approcher quand je parcours de nuit les montagnes et la plaine?

« Plus que personne j'ai acquis de la gloire en terrassant les plus redoutables guerriers. »

Ayant entendu ces vers, Antar dit à son frère de prendre sur la gauche, et lui-même se jetant vers la droite, poussa son cri de guerre d'une voix tellement forte, qu'il jeta la terreur parmi les vingt cavaliers de la suite de Djida. Antar, sans perdre de temps, se précipita sur elle, abattit son cheval d'un coup de sabre, et la frappa elle-même si violemment à la tête qu'elle en perdit connaissance. Il la quitta pour se mettre à la poursuite de ses compagnons, en tua douze en peu de temps et mit les autres en fuite. Chaiboub, qui les attendait au passage, en abattit six à coups de flèche, et Antar, accourant à son aide, se défit des deux autres. Il dit alors à son frère de courir promptement lier Djida, avant qu'elle ne reprît ses sens, et d'emmener pour elle un des chevaux des cavaliers qu'ils venaient de tuer. Mais Djida, après être restée une heure sans connaissance, était revenue à elle, et trouvant un cheval abandonné, s'en était emparée. Avertie par la voix d'Antar, elle tira son sabre et lui dit : « Ne « vous flattez pas, fils de race maudite, de voir Djida tom- « ber en votre pouvoir. Je suis ici pour vous faire mordre la « poussière, et jamais vous ne m'auriez vue à terre, si vous « n'aviez pas eu le bonheur de tuer mon cheval. » — A ces mots, elle se précipita sur Antar, avec la fureur d'une lionne qui a perdu ses petits. Celui-ci soutint bravement le choc, et un combat des plus terribles s'engagea entre eux. Il dura trois heures entières sans avantage marqué d'aucun côté. Tous deux étaient accablés de fatigue. Chaïboub veillait de loin à ce qu'aucun secours ne pût arriver à Djida qui, bien qu'affaiblie par sa chute et blessée en plusieurs endroits, faisait cependant une résistance opiniâtre, espérant en vain être secourue. Enfin, Antar se précipitant sur elle, la saisit à la gorge et lui fit perdre de nouveau connaissance. Il en profita pour la désarmer et lui lier les bras. Alors Chaïboub engagea son frère à partir avant que les événemens de la nuit parvinssent à la connaissance de la tribu de Djida et de ses alliés, qui se mettraient à leur poursuite. Mais Antar s'y refusa, ne voulant pas retourner à Beni-Abess sans butin. « Nous ne pouvons, dit-il, abandonner ainsi les beaux trou- « peaux de cette tribu, car il faudrait revenir une seconde « fois à l'époque de la noce d'Ablla. Attendons le jour, quand « ils iront au pâturage, nous nous en emparerons, et re- « tournerons alors à Beni-Abess. »

Le matin, les troupeaux étant venus paître, Antar s'empara de mille nakas et de mille chameaux avec leurs conducteurs, les confia à Chaïboub pour les emmener, et resta pour chasser les gardiens, dont il fit un grand carnage. Ceux qui purent s'échapper coururent à la tribu dire qu'un seul guerrier nègre s'était emparé de tous les troupeaux, après avoir tué un grand nombre d'entre eux, et restait sur le champ de bataille, attendant qu'on vînt l'attaquer. Nous croyons, ajoutèrent-ils, qu'il a tué ou pris Djida. « Est-il au monde

« un guerrier qui puisse tenir tête à Djida, et à plus forte raison la vaincre? » dit Giabe, un des chefs les plus renommés. Les autres, la sachant partie de la veille, et ne la voyant pas de retour, pensaient qu'elle était peut-être à la chasse. Ils convinrent, dans tous les cas, de partir sur-le-champ pour reprendre leurs troupeaux. Ils marchaient par vingt et par trente, et rejoignirent bientôt Antar, qui, à cheval et appuyé sur sa lance, attendait le combat. Tous lui crièrent à la fois : « Insensé! qui êtes-vous pour venir ainsi chercher « une mort certaine? » — Sans daigner répondre, Antar les attaqua avec impétuosité, et, malgré leur nombre (ils étaient quatre-vingts), il les mit facilement en déroute, après en avoir blessé plusieurs. Il pensa ensuite à rejoindre son frère, dans la crainte que les bergers ne vinssent à se défaire de lui; mais comme il se mettait en chemin, il vit une grande poussière s'élever du milieu du désert, et pensant que c'était l'ennemi : « C'est aujourd'hui, dit-il, que l'homme doit se montrer. »
— Il continuait sa route lorsqu'il rencontra Chaiboub qui revenait vers lui. Il lui demanda ce qu'il avait fait de Djida et des troupeaux : « Quand les bergers ont aperçu cette pous« sière, répondit son frère, ils se sont révoltés et n'ont pas « voulu continuer de marcher, disant que c'était Kaled qui « revenait avec son armée. J'en ai tué trois, mais vous sa« chant seul contre tous, je suis venu à votre secours. « Mieux vaut mourir ensemble que séparés. — Misérable! « reprit Antar, vous avez eu peur et vous avez abandonné « Djida et les troupeaux; mais, je le jure par le Tout-Puis« sant, je ferai aujourd'hui des prodiges qui seront cités « dans les siècles à venir! » — A ces mots, il se précipite sur les traces de Djida, que les bergers avaient déliée après le départ de Chaiboub. Elle était à cheval, mais souffrante et sans armes. Antar, ayant tué quatre des bergers sans pouvoir arrêter les autres, poursuivit Djida qui cherchait à rejoindre l'armée qui s'avançait, la croyant de sa tribu. Mais quand elle fut au milieu des cavaliers, elle les entendit répéter ces paroles : « Antar, vaillant héros, nous venons vous ai-

« der, quoique vous n'ayez pas besoin de notre secours. »

C'était en effet l'armée de Beni-Abess, commandée par le roi Zohéir en personne. Ce prince ne voyant plus Antar, et craignant que son oncle ne l'eût, comme d'habitude, engagé dans quelque périlleuse entreprise, avait envoyé chercher Chidad, son père, pour en avoir des nouvelles. Ne pouvant en obtenir par lui, il en avait fait demander à Mallek, qui avait feint de n'être pas mieux instruit. Chidad alors avait interrogé Ablla, dont il connaissait la franchise, et en ayant tout appris, en avait informé le roi, dont les fils, irrités contre Mallek, s'étaient sur-le-champ décidés à partir à la recherche d'Antar, disant que s'ils le trouvaient sain et sauf, ils célébreraient son mariage aussitôt son retour; et que s'il était mort, ils tueraient Mallek, cause de la perte de ce héros si précieux à sa tribu. Instruit du projet de ses fils, Chass et Maalek, le roi avait résolu de se mettre lui-même à la tête de ses plus vaillans guerriers, et avait quitté la tribu, suivi de quatre mille cavaliers au nombre desquels était Mallek. Pendant la route, celui-ci ayant demandé au roi quel était son dessein : « Je veux, répondit Zohéir, aller tirer Antar du « mauvais pas où vous l'avez engagé. » — « Je vous assure, « reprit Mallek, que je n'ai nulle connaissance de cela. Ablla « est la seule coupable : pour en finir, je retourne chez « moi lui trancher la tête. » — Chass, prenant la parole : « Sur mon honneur, Mallek, mieux vaudrait que vous fus- « siez mort : si ce n'était par respect pour mon père et par « amitié pour Antar, je ferais voler votre tête de dessus vos « épaules. » — A ces mots, il le frappa violemment de son courbach, lui enjoignant de s'éloigner lui et les siens.

De retour à la tribu, Mallek, ayant réuni ses parens et ses amis, s'éloigna suivi de sept cents des siens. Le Rabek, un des chefs les plus renommés, et Héroné el Wuard, l'accompagnèrent avec cent cavaliers de choix. Ils marchèrent tout le jour, et le soir dressèrent leurs tentes pour tenir conseil et décider où ils devraient aller et à quelle tribu ils pourraient se joindre. « Nous sommes, dit le Rabek, plus de

« sept cents. Attendons ici des nouvelles d'Antar; s'il échappe
« aux dangers et revient à Beni-Abess, Zohéir viendra bien
« certainement nous chercher; s'il périt, nous irons nous
« établir plus loin. » Cet avis ayant prévalu, ils restèrent en
cet endroit. Quant à Zohéir, il avait continué de marcher à
la recherche d'Antar, qu'il venait enfin de rencontrer poursuivant Djida. Celle-ci, ayant obtenu la vie sauve, fut liée
de nouveau et confiée à la garde de Chaiboub.

Dès qu'Antar aperçut le roi, il descendit de cheval et alla
baiser sa sandale en disant : — « Seigneur, vous faites trop
« pour votre esclave; pourquoi prendre tant de peine pour
« moi ? » — Comment voulez-vous, répondit Zohéir, que
« je laisse un héros tel que vous seul dans un pays ennemi ?
« Vous auriez dû m'instruire des exigences de votre oncle :
« ou je l'aurais satisfait en lui donnant de mes propres trou-
« peaux, ou je vous aurais accompagné dans votre entre-
« prise. »

Antar l'ayant remercié, alla saluer les deux fils du roi,
Chass et Maalek, et son père Chidad, qui lui apprit ce qui
était arrivé au père d'Ablla. — « Mon oncle, dit Antar, con-
« naît mon amour pour sa fille et en abuse; mais grâce à
« Dieu et à la terreur qu'inspire notre roi Zohéir, je suis
« venu à bout de mon projet, et si j'avais eu avec moi seu-
« lement cinquante cavaliers, je me serais rendu maître de
« tous les troupeaux des trois tribus qui n'étaient défendus
« par personne; mais, puisque je vous trouve ici, nous
« irons nous en emparer. Il ne sera pas dit que le roi se soit
« mis inutilement en campagne. Il faut qu'il se repose ici
« un jour ou deux, pendant que nous irons dépouiller ces
« tribus. »

Zohéir ayant approuvé ce projet, fit dresser les tentes à
l'endroit même, recommandant sur toutes choses, aux
guerriers qui faisaient partie de l'expédition, de respecter les
femmes. Ils restèrent absens trois jours, pendant lesquels ils
firent, presque sans combat, un butin si considérable que
le roi en fut tout émerveillé.

Le lendemain, l'ordre du départ ayant été donné, l'armée reprit le chemin de la tribu à la satisfaction de tous, si ce n'est de Djida, qui, entourée de plusieurs cavaliers, faisait la route montée sur un chameau que conduisait un nègre. A trois journées de marche de la tribu, ils campèrent dans une vaste plaine. Antar la trouvant heureusement disposée pour livrer bataille, le roi lui fit observer qu'elle était également propice à la chasse; — « Mais, répondit Antar, je n'aime « que la guerre, et je souffre quand je reste longtemps sans « combattre. » — Quelques heures après, on aperçut une poussière épaisse qui semblait se diriger vers le camp. Bientôt on vit briller des fers de lance, puis on entendit des pleurs et des cris de souffrance. Zohéir pensant que c'était l'armée de Kaled qui avait été attaquer la tribu de Benir-Amar, et qui revenait avec ses prisonniers, dit à Antar de se préparer au combat. — « Soyez sans inquiétude, répondit celui-ci, sous « peu tous ces guerriers seront en votre pouvoir. » — Aussitôt il ordonna tous les préparatifs, laissant dix cavaliers et plusieurs nègres pour garder le butin. Il brûlait de se mesurer avec son ennemi.

Avant d'aller plus loin, il est nécessaire de faire connaître au lecteur l'armée qui s'avançait. Kaled, parti avec cinq mille guerriers et les deux chefs Kaiss-Eben-Mouchek et Mehdi-Karab pour attaquer Beni-Amar, avait trouvé le pays désert. Les habitans prévenus s'étaient retirés dans les montagnes avec leurs richesses. Il n'avait donc fait aucun butin, et comme il revenait sans avoir pu prendre un seul chameau, ses compagnons l'avaient engagé à aller surprendre la tribu Beni-Abess, la plus riche du pays. Kaled, ayant pris la route de cette tribu, avait rencontré le camp du père d'Ablla, l'avait attaqué, et, après un jour entier de combat, s'était emparé des guerriers qui le composaient, ainsi que des femmes et des troupeaux. Ablla, tombée au pouvoir de Kaled, se réjouissait d'un malheur qui la sauvait du mariage que son père voulait la forcer de contracter avec un de ses parens, nommé Amara, aimant mieux être prisonnière que la femme d'un autre qu'Antar. Elle ne cessait de l'appeler en disant : — « Cher Antar, où êtes-vous ? Que ne pouvez-vous « voir dans quelle position je me trouve ! » — Kaled ayant demandé à un des prisonniers quelle était cette femme qui prononçait si souvent le même nom, celui-ci, ennemi juré d'Antar, avait répondu qu'elle s'appelait Ablla et qu'elle avait exigé de son cousin qu'il lui amenât Djida pour tenir le licol de sa naka le jour de son mariage. — « Nous nous sommes « séparés de notre tribu, avait-il ajouté, ne voulant pas « accompagner, dans cette entreprise, le roi Zohéir qui est « parti avec tous les siens, moins trois cents restés pour « garder Beni-Abess, sous le commandement de Warka, un « de ses fils. » — A cette nouvelle, Kaled furieux, avait envoyé Medhi-Karab, à la tête de mille guerriers, pour s'emparer des femmes et des troupeaux de Beni-Abess, avec ordre de massacrer tous les hommes qu'il trouverait. Quant à lui, il avait continué sa route pour revenir à sa tribu, traitant fort mal ses prisonniers et vivement inquiet de Djida. Pour charmer ses ennuis, il dit les vers suivans :

« J'ai conduit des chevaux garnis de fer et portant des guerriers plus redoutables que des lions.

« J'ai été au pays de Beni-Kenab, de Beni-Amar et de Beni-Kelad. A mon approche les habitans ont fui dans les montagnes.

« Beni-Abess court de grands dangers ; ses habitans pleureront nuit et jour.

« Tous ceux qui ont échappé au carnage sont tombés en mon pouvoir.

« Que de filles dont les beaux yeux versent des larmes ! Elles appellent Beni-Abess à leur secours ; mais Beni-Abess est dans les fers.

« Zohéir est allé avec ses guerriers chercher la mort dans un pays où les femmes sont plus vaillantes que les hommes. Malheur à lui si l'on m'a dit vrai ! il a laissé le certain pour l'incertain.

« Le jour du combat prouvera lequel de nous deux s'est trompé.

« Mon glaive se réjouit dans ma main victorieuse. Le fer de mon ennemi verse des larmes de sang.

« Les guerriers les plus redoutables tremblent à mon aspect.

« Mon nom doit troubler leur sommeil, si la terreur leur permet de goûter quelque repos.

« Si je ne craignais d'être accusé de trop d'orgueil, je dirais que mon bras seul suffit pour ébranler l'univers. »

Kaled ayant continué sa route, se trouvait alors en présence de l'armée de Beni-Abess. Les pleurs et les cris des prisonniers étant parvenus aux oreilles d'Antar et de ses guerriers, ils crurent reconnaître des voix amies, et allèrent en prévenir Zohéir qui envoya sur-le-champ un cavalier nommé Abssi pour reconnaître l'ennemi. Kaled l'apercevant de loin s'écria : — « Voilà un envoyé de Beni-Abess qui vient
« me faire des propositions; je ne veux en écouter aucune.
« J'entends faire une guerre d'extermination; tous les pri-
« sonniers seront esclaves; mais d'où leur vient le butin
« qu'on aperçoit? sans doute ils s'en seront emparés pendant
« que Djida était à la chasse aux lions. » Alors il envoya Zébaïde, un de ses guerriers, à la rencontre de l'envoyé de Zohéir, avec ordre de prendre connaissance de sa mission, et de s'informer du sort de Djida. Quand ils se furent joints, Zébaïde prenant la parole. — « O vous qui venez ici cher-
« cher la mort, dit-il, hâtez-vous de dire ce qui vous amène
« avant que votre tête roule dans la poussière. » — « Je
« méprise vos vaines menaces, répondit Abssi; bientôt nous
« nous rencontrerons sur le champ de bataille. Je viens ici
« pour trois choses : vous annoncer, vous prévenir, et m'in-
« former. Je vous annonce que nous nous sommes emparés
« de vos femmes et de vos troupeaux. Je vous préviens que
« nous allons vous livrer un combat terrible sous la conduite
« du vaillant Antar. Je viens m'informer du butin que vous

« avez fait, car nous savons que vous avez attaqué les trois
« tribus Beni-Kellab, Beni-Amar et Beni-Kélal ; j'ai dit, ré-
« pondez. » — « Ce butin, dit Zébaïde, nous est venu sans
« peine ; la terreur du nom de Kaled a suffi. » — Puis il
raconta ce qu'on a lu plus haut touchant le père d'Ablla, et
ajoutant que mille guerriers avaient été envoyés pour surprendre Beni-Abess : « A mon tour, continua-t-il, je vous
« demande des nouvelles de Djida. » — Elle est prisonnière,
« répondit Abssi, et souffrante de ses blessures. » — « Qui
« donc a pu la vaincre, elle aussi brave que son mari ? » dit
l'envoyé de Kaled. — « Un héros à qui rien ne résiste, reprit
« Abssi, Antar, fils de Chidad. »

Les deux envoyés ayant rempli leur mission, revinrent en
rendre compte à leurs chefs. Abssi en arrivant s'écria : — « O
« Beni-Abess, courez aux armes pour laver l'affront que
« vous a fait Beni-Zobaïd. » — Puis, s'adressant à Zohéir,
il dit les vers suivans :

« Beni-Abess, surpris par l'ennemi, demeure dépeuplé.
Un vent destructeur a balayé la place ; l'écho seul est resté.

« On vous a dépouillé de vos biens ; les hommes ont été
massacrés ; vos enfans et vos femmes sont au pouvoir de l'ennemi. Entendez leurs cris de détresse ; ils appellent votre
secours. Beni-Zobaïd est triomphant, courez à la vengeance.

« O Antar, si vous voyiez le désespoir d'Ablla ! combien il
surpasse celui de ses compagnes !

« Ses vêtemens sont trempés de larmes ; la terre même en
est inondée.

« Ablla, la belle parmi les belles.

« Courez donc aux armes ! le jour est venu de vaincre
ou de mourir. Que la mort suive les coups de vos bras redoutables. »

A ce récit Zohéir ne put s'empêcher de verser des pleurs.
Son affliction fut partagée par tous les chefs qui l'entouraient.
Antar seul éprouva une sorte de satisfaction en apprenant le

triste sort de son oncle, cause de tous ses malheurs ; mais son amour lui fit promptement oublier le plaisir de la vengeance.

L'envoyé de Kaled, arrivé en sa présence, déchira ses vêtemens en récitant ces vers :

« O Beni-Zobaïd, vous avez été surpris par les guerriers de Beni-Abèss, portés sur des chevaux rapides comme le vent.

« Vos biens les plus précieux vous ont été ravis.

« Serez-vous généreux envers ceux qui ont enlevé jusqu'à vos femmes ?

« O Kaled! si vous pouviez voir Djida les yeux baignés de larmes.

« O vous le plus redoutable des guerriers, courez le sabre à la main attaquer vos ennemis.

« La mort des braves est préférable à une vie sans honneur.

« Que les méchans ne puissent pas nous flétrir du nom de lâches. »

A ce récit, Kaled irrité donna l'ordre de marcher au combat. Zohéir, voyant ce mouvement, s'avança également suivi des siens. La plaine et les montagnes tremblèrent à l'approche des deux armées. Zohéir s'adressant à Antar : — « L'ennemi « est nombreux, dit-il, cette journée sera terrible. — Sei- « gneur, répondit Antar, l'homme ne doit mourir qu'une « fois. Enfin voici le jour que j'ai tant désiré. Je délivrerai « nos femmes et nos enfans, Kaled eût-il avec lui César et « le roi de Perse, ou je périrai. » — Puis il récita les vers suivans :

« L'homme, quelle que soit sa position, ne doit jamais supporter le mépris.

« L'homme généreux envers ses hôtes leur doit le secours de son bras.

« Il faut savoir supporter le destin, quand la valeur ne donne pas la victoire.

« Il faut protéger ses amis, et rougir sa lance dans le sang de son ennemi.

« L'homme qui n'a pas ces vertus ne mérite nulle estime.

« Je veux à moi seul tenir tête à l'ennemi.

« Ce qui nous a été ravi, je le reprendrai aujourd'hui.

« Le combat que je vais livrer fera trembler les plus hautes montagnes.

« Qu'Ablla se réjouisse, sa captivité va finir. »

En entendant ces vers, Chass s'écria : — « Que votre voix
« se fasse toujours entendre, vous qui surpassez tous les
« savans en éloquence et tous les guerriers en valeur. »

Kaled, avant d'en venir aux mains, donna l'ordre de faire le plus de prisonniers possible.

Antar se porta du côté des captifs pour tâcher de délivrer Ablla ; mais il les trouva gardés par un nombre considérable de cavaliers. Kaled s'approcha également du côté où se trouvait Djida, se flattant que Beni-Abess ne tiendrait pas une heure entière devant lui. Il commença par attaquer les guerriers qui entouraient Zohéir et parvint à blesser Chass. Son père se défendit comme un lion, et le combat dura jusqu'à la fin de la journée ; l'obscurité seule sépara les deux armées, qui regagnèrent leurs camps. Après des prodiges de valeur, Antar de retour apprit du roi que Kaled avait blessé son fils. « Par le Tout-Puissant, dit-il, demain je commen-
« cerai par vaincre Kaled ; j'aurais dû le faire aujourd'hui,
« mais j'ai cherché à délivrer Ablla sans pouvoir y réussir.
« Une fois Kaled tué ou prisonnier, son armée se dispersera
« promptement, et nous pourrons alors sauver nos mal-
« heureux amis. Beni-Zobaïd verra que nous le surpassons
« en valeur. — O le brave des braves, répondit Zohéir, je
« ne doute pas du succès, mais je ne puis m'empêcher de
« frémir en pensant que Mehdi-Karab, à la tête de nom-
« breux guerriers, est allé surprendre notre tribu, gardée

« seulement par mon fils Warka et un petit nombre des
« nôtres. Je crains qu'il ne parvienne à s'emparer de nos
« femmes et de nos enfans. Que deviendrons-nous si demain
« nous ne sommes pas vainqueurs ? » Antar ayant promis
d'en finir le lendemain, ils prirent un léger repas, et se retirèrent dans leurs tentes pour y goûter quelque repos. Au lieu
de s'y livrer comme les autres, Antar, ayant changé de cheval,
partit pour faire sa ronde, accompagné de Chaiboub, à qui,
chemin faisant, il raconta ses tentatives infructueuses pour
délivrer Ablla. « Plus heureux que vous, lui dit Chaiboub,
« après bien des efforts, je suis parvenu à l'apercevoir au-
« jourd'hui, et voici comment. Quand j'ai vu le combat
« engagé dans la plaine, j'ai pris un long détour, en tra-
« versant le désert, et je suis arrivé à l'endroit où se trou-
« vaient les prisonniers. J'ai vu le Rabek, son frère Heroné
« Eben el Wuard, votre oncle Mallek, son fils et les autres
« guerriers de notre tribu, liés en travers sur des cha-
« meaux : près d'eux étaient les femmes, et parmi elles
« Ablla, dont les beaux yeux versaient des torrens de larmes.
« Elle tendait les bras vers notre camp en s'écriant : — O
« Beni-Abess, n'est-il pas un de tes enfans qui vienne nous
« délivrer ? pas un qui puisse instruire Antar du triste état
« dans lequel je suis ? — Cent guerriers entouraient les cap-
« tifs, comme une bague entoure le doigt. J'ai cependant
« tenté d'enlever Ablla, mais j'ai été reconnu et poursuivi.
« En fuyant je leur décochais des flèches. J'ai passé ainsi
« tout le jour, revenant sans cesse à la charge, et toujours
« poursuivi. Je leur ai tué plus de quinze cavaliers. — Mais
« vous voyez la triste position d'Ablla. » — Ce récit arracha
des larmes à Antar qui suffoquait de rage. Ayant fait un
grand détour, ils arrivèrent enfin à leur destination.

Au point du jour, les deux armées, s'étant préparées au
combat, n'attendaient pour en venir aux mains que les
ordres des chefs, quand le bruit se répandit dans Beni-Abess
qu'Antar avait disparu. Cette funeste nouvelle découragea
les guerriers de Zohéir, qui se regardaient dès lors comme

vaincus. Celui-ci allait faire demander une suspension d'armes pour attendre le retour d'Antar, lorsqu'on vit au loin s'élever une poussière épaisse qui augmentait en s'approchant. On finit par entendre des cris de désespoir et de souffrance. Cette troisième armée fixa l'attention des deux autres. Bientôt on put distinguer des cavaliers souples comme de jeunes branches, tout couverts de fer, accourant joyeusement au combat. A leur tête marchait un guerrier haut comme un cèdre, ferme comme un roc : la terre tremblait sous ses pas. Devant lui étaient des hommes liés sur des chameaux, et entourés de cavaliers conduisant plusieurs chevaux non montés. Ces cavaliers criaient : *Beni-Zebaïd;* et leurs voix remplissaient le désert. C'était Mehdi-Karab, envoyé par Kaled pour dépouiller Beni-Abess. Il revenait après s'être heureusement acquitté de sa mission. En effet, arrivé à cette tribu au lever du soleil, il s'était aussitôt emparé de tous les chevaux, des meilleurs chameaux et de plusieurs filles des premières familles. Mais Warka, ayant réuni à la hâte le peu de guerriers qu'il avait, s'était mis à sa poursuite. Se voyant atteint, Mehdi-Karab, après avoir envoyé son butin en avant sous l'escorte de deux cents cavaliers, avait attaqué le corps de Warka qui, bien que très-inférieur en nombre, avait soutenu le combat avec opiniâtreté jusqu'à la fin du jour. Alors Beni-Abess ayant perdu la moitié des siens et Warka ayant été pris, le reste s'était dispersé. Mehdi-Karab, après cette affaire, s'était remis en route, et ayant hâté sa marche, il arrivait à temps pour prendre part à l'action qui allait commencer. Il se mit aussitôt en bataille. A cette vue Zohéir s'écria : « Voilà mes craintes « réalisées! mais n'importe, que le sabre seul en dé- « cide. Tout est préférable à la honte de voir nos femmes « réduites en esclavage et devenir des corps sans âme. »

Reçu avec des transports de joie, Mehdi-Karab, après avoir raconté son expédition, s'informa de Kaled, et apprit avec étonnement qu'étant monté à cheval la veille au soir pour faire la garde, il n'était pas encore de retour. Cachant

son inquiétude, il fondit avec impétuosité sur Beni-Abess, suivi de tous les siens poussant leur cri de guerre. Les guerriers de Zohéir soutinrent ce choc terrible en désespérés, aimant mieux mourir que de vivre séparés de leurs amies. Des flots de sang inondèrent le champ de bataille. A midi, la victoire était encore indécise, mais Beni-Abess commençait à faiblir. L'ennemi faisait un ravage affreux dans ses rangs. Zohéir, qui se trouvait à l'aile gauche avec ses enfans et les principaux chefs, voyant le centre et l'aile droite plier, était dans le plus grand embarras, ne sachant comment arrêter son armée prête à se disperser, quand il aperçut derrière l'ennemi un corps de mille guerriers de choix criant : *Beni-Abess*. Il était commandé par Antar qui, semblable à une tour d'airain, et couvert de fer, accourait en toute hâte, précédé de Chaiboub criant d'une voix forte : — « Malheur à
« vous, enfans de Beni-Zobaïd ! Cherchez votre salut dans
« la fuite. Dérobez-vous à la mort qui va pleuvoir sur vous.
« Si vous ne me croyez pas, levez les yeux, et voyez au bout
« de ma lance la tête de votre chef, Kaled-Eben-Mohareb. »

DEUXIÈME FRAGMENT.

Antar, pendant sa captivité en Perse, ayant rendu au roi de ce pays d'importans services, ce prince lui accorda la liberté, et le renvoya comblé de riches présens en argent, chevaux, esclaves, troupeaux et armes de toutes sortes ; Antar ayant rencontré sur sa route un guerrier renommé par sa valeur, qui s'était emparé d'Ablla, le tua et ramena sa cousine avec lui. Près d'arriver à sa tribu, il envoya prévenir ses parens, qui le croyaient mort depuis longtemps ;

l'annonce de son retour le combla de joie, et ils partirent pour aller à sa rencontre, accompagnés des principaux chefs et du roi Zohéir lui-même. En les apercevant, Antar, ivre de bonheur, mit pied à terre pour aller baiser l'étrier du roi, qui l'embrassa ; les autres chefs, heureux de le revoir, le pressèrent dans leurs bras ; Amara, son rival dédaigné, paraissait seul mécontent.

Pour faire honneur à son souverain, Antar continua la route à ses côtés, confiant la garde de sa fiancée à dix nègres qui, pendant la nuit, s'endormirent sur leurs chameaux. Ablla, en ayant fait autant dans son haudag, fut alarmée, à son réveil, de se trouver loin du reste de la troupe ; ses cris éveillèrent les nègres, qui s'aperçurent alors que leurs montures avaient changé de route. Pendant qu'ils s'étaient éloignés pour tâcher de retrouver leur chemin, Ablla, descendue de son haudag, se sentit saisir par un cavalier qui l'enleva et la plaça en croupe derrière lui ; c'était Amara qui, furieux de la considération qu'on témoignait à son rival, s'était éloigné, et, rencontrant sa cousine seule, avait pris le parti de s'emparer d'elle ; comme elle lui reprochait cette lâcheté, indigne d'un émir : — « J'aime mieux, « lui dit-il, vous enlever que de mourir de chagrin en « vous voyant épouser Antar. » Puis, continuant sa route, il alla chercher un refuge dans une tribu puissante, ennemie de Beni-Abess. Pendant ce temps les nègres, ayant retrouvé leur route, étaient venus reprendre le haudag, ne se doutant pas qu'Ablla l'avait quitté. Antar ayant accompagné le roi jusque chez lui, revint au-devant de sa fiancée, qu'à son grand étonnement il ne trouva plus dans son haudag ; ses informations auprès des nègres étant restées sans résultats, il remonta à cheval et courut à la recherche d'Ablla durant plusieurs jours, se lamentant de sa perte en disant les vers suivans :

« Le sommeil fuit ma paupière ; mes larmes ont sillonné mes joues.

« Ma constance fait mon tourment, et ne me laisse aucun repos.

« Nous nous sommes vus si peu de temps, que mes souffrances n'ont fait qu'en augmenter.

« Cet éloignement, ces séparations continuelles, me déchirent le cœur. Beni-Abess, combien je regrette vos tentes!

« Que de pleurs inutiles versés loin de ma tendre amie!

« Je n'ai demandé pour rester heureux près de vous que le temps qu'accorderait un avare pour laisser voir son trésor. »

Antar, de retour après de longues et infructueuses recherches, se décida à faire partir son frère Chaiboub, caché sous un déguisement; celui-ci, à la suite d'une absence assez longue, revint lui apprendre qu'il avait découvert Ablla chez Maferey-eben-Hammarn, qui lui-même l'avait enlevé à Amara, dans le dessein de l'épouser; mais celle-ci, ne voulant pas y consentir, feignait la folie, et son ravisseur, pour la punir, la forçait de servir chez lui, où elle se trouvait en butte aux mauvais traitemens de la mère de Mafarey, qui l'employait aux travaux les plus rudes. Je l'ai entendue vous nommer, ajouta Chaiboub, en disant les vers que voici :

« Venez me délivrer, mes cousins, ou du moins instruisez Antar de ma triste position.

« Mes peines ont épuisé mes forces; tous les malheurs m'accablent depuis que je suis loin du lion.

« Un vent léger suffisait pour me rendre malade, jugez de ce que j'éprouve dans l'état de souffrance où je suis réduite.

« Ma patience est à sa fin; mes ennemis doivent être contens; que d'humiliations depuis que j'ai perdu le héros de mon cœur!

« Ah! s'il est possible, rapprochez-moi d'Antar; le lion peut seul protéger la gazelle!

« Mes malheurs attendriraient des rochers. »

Antar, sans vouloir en entendre davantage, partit à l'instant, et, après de longs et sanglans combats, parvint à délivrer Ablla.

PENSÉES D'ANTAR.

« Que vos ennemis craignent votre glaive ; ne restez pas là où vous seriez dédaigné.

« Fixez-vous parmi les témoins de vos triomphes, ou mourez glorieusement les armes à la main.

« Soyez despote avec les despotes, méchant avec les méchans.

« Si votre ami vous abandonne, ne cherchez pas à le ramener, mais fermez l'oreille aux calomnies de ses rivaux.

« Il n'est pas d'abri contre la mort.

« Mieux vaut mourir en combattant que vivre dans l'esclavage.

« Pendant que je suis compté au nombre des esclaves, mes actions traversent les nuages pour s'élever jusqu'aux cieux.

« Je dois ma renommée à mon glaive, non à la noblesse de ma naissance.

« Mes hauts faits feront respecter ma naissance aux guerriers de Beni-Abess qui seraient tentés de la dédaigner.

« Les guerriers et les coursiers eux-mêmes sont là pour attester les victoires de mon bras.

« J'ai lancé mon cheval au milieu de l'ennemi, dans la poussière du combat, pendant le feu de l'action.

« Je l'en ai ramené taché de sang, se plaignant de mon activité sans égale;

« A la fin du combat, il n'était plus que d'une seule couleur.

« J'ai tué leurs plus redoutables guerriers, Rabiha-Hafreban, Giaber-Eben-Mehalka, et le fils de Rabiha-Zabrkan est resté sur le champ de bataille.

« Zabiba[*] me blâme de m'exposer la nuit, elle craint que je ne succombe sous le nombre.

« Elle voudrait m'effrayer de la mort, comme s'il ne fallait pas la subir un jour.

« La mort, lui ai-je dit, est une fontaine à laquelle il faut boire tôt ou tard.

« Cessez donc de vous tourmenter, car si je ne meurs pas, je dois être tué.

« Je veux vaincre tous les rois qui déjà sont à mes genoux, craignant les coups de mon bras redoutable.

« Les tigres et les lions même me sont soumis.

« Les coursiers restent mornes, comme s'ils avaient perdu leurs maîtres.

« Je suis fils d'une femme au front noir, aux jambes d'autruche, aux cheveux semblables aux grains du poivre.

« O vous qui revenez de la tribu, que s'y passe-t-il?

« Portez mes saluts à celle dont l'amour m'a préservé de la mort.

« Mes ennemis désirent mon humiliation; sort cruel! mon abaissement fait leur triomphe.

« Dites-leur que leur esclave déplore leur éloignement pour lui.

« Si vos lois vous permettent de me tuer, satisfaites votre désir; personne ne vous demandera compte de mon sang. »

Antar s'étant précipité au milieu de l'ennemi, disparut aux yeux des siens qui, craignant pour sa vie, se disposaient à lui porter secours; lorsqu'il reparut tenant la tête du chef des ennemis, il dit les vers suivans :

[*] Mère d'Antar.

« Si je ne désaltère pas mon sabre dans le sang de l'ennemi, s'il ne découle pas de son tranchant, que mes yeux ne goûtent aucun repos, même en renonçant au bonheur de voir Ablla dans mes songes.

« Je suis plus actif que la mort même, car je brûle de détruire ceux qu'elle consentirait à attendre.

« La mort, en voyant mes exploits, doit respecter ma personne. Les bras des Bédouins seront courts contre moi, le plus redoutable des guerriers; moi, le lion en fureur; moi, dont le glaive et la lance rendent aux âmes leur liberté.

« Quand j'apercevrai la mort, je lui ferai un turban de mon sabre, dont le sang relève l'éclat.

« Je suis le lion qui protége tout ce qui lui appartient.

« Mes actions iront à l'immortalité.

« Mon teint noir devient blanc, quand l'ardeur du combat vient embraser mon cœur; mon amour devient extrême, la persuasion alors n'a plus d'empire sur moi.

« Que mon voisin soit toujours triomphant, mon ennemi humilié, craintif et sans asile.

« Par le Tout-Puissant qui a créé les sept cieux et qui connaît l'avenir, je ne cesserai de combattre jusqu'à la destruction de mon ennemi, moi, le lion de la terre, toujours prêt à la guerre.

« Mon refuge est dans la poussière du champ de bataille.

« J'ai fait fuir les guerriers ennemis, en jetant à terre le cadavre de leur chef.

« Voyez son sang qui découle de mon sabre.

« O Beni-Abess! préparez vos triomphes et glorifiez-vous d'un nègre qui a un trône dans les cieux.

« Demandez mon nom aux sabres et aux lances, ils vous diront que je m'appelle Antar[*]. »

Le père d'Ablla ne voulant pas donner sa fille à Antar,

---

[*] Courageux.

avait quitté la tribu pendant son absence. A son retour, ce héros ne trouvant plus sa cousine, dit les vers suivans :

« Comment nier l'amour que je porte à Ablla, quand mes larmes témoignent de la douleur que me cause son absence? Loin d'elle, le feu qui me dévore devient chaque jour plus ardent; je ne saurais cacher des souffrances qui se renouvellent sans cesse.

« Ma patience diminue pendant que mon désir de la revoir augmente.

« A Dieu seul je me plains de la tyrannie de mon oncle, puisque personne ne me vient en aide.

« Mes amis, l'amour me tue, moi, si fort, si redoutable.

« O fille de Mallek, je défends le sommeil à mon corps fatigué; pourrait-il d'ailleurs s'y livrer sur un lit de braise?

« Je pleure tant que les oiseaux mêmes connaîtront ma douleur, et pleureront avec moi.

« Je baise la terre où vous étiez; peut-être sa fraîcheur éteindra-t-elle le feu de mon cœur.

« O belle Ablla, mon esprit et mon cœur sont égarés pendant que vos troupeaux restent en sûreté sous ma garde.

« Ayez pitié de mon triste état : je vous serai fidèle jusqu'à l'éternité.

« En vain mes rivaux se réjouissent, mon corps ne goûtera aucun repos.

RÉSUMÉ POLITIQUE

DU

VOYAGE EN ORIENT.

Pendant dix-huit mois de voyages, de vicissitudes et de loisirs, l'esprit pense, même involontairement. Les faits innombrables qu'il a sous les yeux l'éclairent à son insu. Les différents aspects sous lesquels les choses humaines se présentent à lui, les groupent et les illuminent; en histoire, en philosophie, en religion, l'homme raisonne instinctivement ce qu'il a vu, senti, conclu; des vérités instinctives se forment en lui, et, quand il s'interroge lui-même, il se trouve, sous bien des rapports, un autre homme. Le monde lui a parlé, et il a compris : s'il en était autrement, à quoi serviraient au voyageur les peines, les périls, les longs ennuis des séparations, l'absence des amis et de la patrie? Les voyages seraient une brillante duperie. Ils sont l'éducation de la pensée par la nature et par les hommes. Mais l'homme cependant en voyageant ne se quitte pas soi-même; les pensées qui préoccupaient son siècle et son pays, quand il a quitté le toit paternel, le suivent et le travaillent encore en route. La politique étant l'œuvre du jour pour l'Europe, et surtout pour la France, j'ai beaucoup pensé politique en Orient. En ceci comme en histoire, comme en philosophie et en religion, des apparences plus justes, plus larges, plus vraies, ont résulté pour moi de l'examen et de la leçon des faits et des lieux; dans l'ordre politique quelque chose s'est résumé dans mon esprit, le voici. C'est la seule page de ces notes d'un voyageur, que je voudrais jeter à l'Europe, car elle contient une vérité à l'usage du jour, une vérité qu'il faut saisir pendant qu'elle est évidente et mûre, et qu'elle peut féconder l'avenir. Si elle est comprise et pratiquée, elle sauvera l'Europe et l'Asie, elle multipliera et améliorera la race humaine. Elle fera une époque dans l'existence laborieuse et progressive de l'humanité ; si elle est méconnue, repoussée parmi les rêves impraticables, pour quelques légères difficultés d'exécution, les passions bonnes et mauvaises de l'Europe feront explosion sur elle-même, et l'Asie restera ce qu'elle est, une branche morte et stérile de l'humanité. Deux mots donc :

Les idées humaines ont amené l'Europe à une de ces grandes crises organiques dont l'histoire n'a conservé qu'une ou deux dates dans sa mémoire, époques où une civilisation usée cède à une autre, où le passé ne tient plus, où l'avenir se présente aux masses, avec toutes les incertitudes, toutes les obscurités de l'inconnu ; époques terribles quand elles ne sont pas fécondes ; maladies climatériques de l'esprit humain, qui le tuent pour des siècles, ou le vivifient pour une nouvelle et longue existence. La révolution française a été le tocsin du monde. Plusieurs de ses phases sont accomplies, elle n'est pas finie ; rien ne finit dans ces mouvements lents, intestins, éternels, de la vie morale du genre humain : il y a des temps de halte ; mais pendant ces haltes mêmes les pensées mûrissent, les forces s'accumulent, et se préparent à une action nouvelle. Dans la marche des sociétés et des idées, le but n'est jamais qu'un nouveau point de départ. La révolution française, qu'on appellera plus tard la révolution européenne, car les idées prennent leur niveau comme l'eau, n'est pas seulement une révolution politique, une transformation du pouvoir, une dynastie à la place d'une autre, une république au lieu d'une monarchie ; tout cela n'est qu'accident, symptôme, instrument, moyen. L'œuvre est tellement plus grave et plus haute, qu'elle pourrait s'accomplir sous toutes les formes de pouvoir politique, et qu'on pourrait être monarchiste ou républicain, attaché à une dynastie ou à l'autre, partisan de telle ou telle combinaison constitutionnelle, sans être moins sincèrement et moins profondément révolutionnaire. On peut préférer un instrument à un autre pour remuer le monde et le changer de place ; voilà tout. Mais l'idée de révolution, c'est-à-dire de changement et d'amélioration, n'en éclaire pas moins l'esprit, n'en échauffe pas moins le cœur. Quel est parmi nous l'homme pensant, l'homme de cœur et de raison, l'homme de religion et d'espérance, qui, mettant la main sur sa conscience et s'interrogeant devant Dieu en présence d'une société qui tombe d'anomalie et de vétusté, ne se réponde : Je suis révolutionnaire ? Le temps emporte ceux qui lui résistent, comme ceux qui le devancent et l'aident de leurs vœux. C'est un courant si rapide et si invincible, que ceux qui rament le plus vigoureusement et qui croient le remonter ou neutraliser la pente des flots, se trouvent insensiblement portés bien loin de l'horizon qu'ils tenaient du regard et du cœur, et sont tout étonnés un jour de mesurer le chemin involontaire qu'ils ont fait. Il y a bientôt un demi-siècle que cette révolution, mûre dans les idées, a éclaté dans les faits. Elle n'a été d'abord qu'un combat, puis une ruine : la poussière de cette mêlée et de cette ruine a tout obscurci pendant longtemps ; on n'a su ni pourquoi, ni sur quel terrain, ni sous quels drapeaux on combattait. On a tiré, comme dans la nuit, sur ses amis et ses frères ; les réactions ont suivi l'action ; des excès ont souillé toutes les couleurs ; on s'est retiré avec horreur de la cause que le crime prétendait servir, et qu'il perdait comme il les perd toutes ; on a passé d'un excès à l'autre ; on n'a plus rien compris aux mouvements tumultueux, aux vicissitudes de la bataille ; c'était une bataille, c'est-à-dire confusion et désordre, triomphe et déroute, enthousiasme et découragement. Aujourd'hui on commence à saisir le plan providentiel de cette grande action entre les idées et les hommes. La poussière est retombée, l'horizon s'éclaircit. On voit les positions prises et perdues, les idées restées sur le champ de bataille, celles qui sont blessées à mort, celles qui vivent encore, celles qui triomphent ou triompheront ; on comprend le passé ; on comprend le siècle ; on entrevoit un coin de l'avenir. C'est un beau et rare moment pour l'esprit humain. Il a la conscience de lui-même et de l'œuvre qu'il accomplit ; il fait presque jour sur l'horizon de son avenir. Quand une révolution est enfin comprise, elle est achevée : le succès peut être lent, mais il n'est plus douteux. L'idée nouvelle, si elle n'a pas conquis son terrain, a du moins conquis son arme infaillible. Cette arme est la presse ; la presse, cette révélation quotidienne et universelle de tous par tous, est à l'esprit d'innovation et d'amélioration ce que la poudre à canon fut aux premiers qui s'en servirent : c'est la victoire assurée dans une faculté puissante. Pour les philosophes politiques il ne s'agit donc plus de combattre, mais de modérer et de diriger l'arme invincible de la civilisation nouvelle. Le passé est écroulé, le sol est libre, l'espace est vide, l'égalité de droit est admise en principe; la liberté de discussion est consacrée dans les formes gouvernementales, le pouvoir remonté à sa source; l'intérêt et la raison de tous se résument dans des institutions qui ont plus à craindre la faiblesse que la tyrannie; la parole parlée et écrite a le droit de faire partout et toujours son appel à l'intelligence de tous : ce grand tribunitiat domine et dominera de plus en plus tous les autres pouvoirs émanés de lui : elle remue et remuera toutes les questions sociales, religieuses, politiques, nationales, avec la force que l'opinion lui prêtera, au fur et à mesure de sa conviction, jusqu'à ce que la raison humaine, éclairée du rayon qu'il plaît à Dieu de lui prêter, soit rentrée en possession du monde social tout entier, et que, satisfaite de son œuvre logique, elle dise comme le Créateur : « Ce « que j'ai fait est bien, » et se repose quelques jours, si toutefois il y a repos dans le ciel et sur la terre.

Mais les questions sociales sont complexes. La solution des questions de politique intérieure nécessite la solution dans le même sens au dehors. — Tout se tient dans le monde, et toujours un fait réagit sur l'autre; voyons donc, relativement à l'Orient, quels doivent être logiquement le plan et l'action de la politique européenne; je dis européenne, car, bien que le système constitutionnel, ou mieux nommé rationnel, ne prévale encore, dans les formes, qu'en France, en Angleterre, en Espagne et en Portugal, il prévaut partout dans les idées : les penseurs sont partout de son parti : les peuples sont possédés de son esprit, et la révolution, commencée ou accomplie dans les mœurs, l'est bientôt dans les faits; il n'y faut qu'une occasion, ce n'est qu'une affaire de temps. L'Europe a des formes diverses, mais n'a déjà qu'un même esprit, l'esprit de rénovation et de gouvernement des hommes selon la raison. La France et l'Angleterre sont les deux pays d'expérience, chargés, dans ces dernières époques, de promulguer et d'éprouver les idées. — Glorieuse et fatale mission. La France, plus hardie, a pris le pas; elle est aujourd'hui bien loin en avant; parlons donc d'abord d'elle.

La France a une grande gloire et de grands périls devant elle; elle guide les nations, mais elle tente la route, et elle peut trouver l'abîme où elle cherche la voie sociale; d'une part, toutes les haines du passé qui résistent en Europe, sont ameutées contre elle. En religion, en philosophie, en politique, tout ce qui a horreur de la raison a horreur de la France; tous les vœux secrets des hommes rétrogrades ou cramponnés au passé sont pour sa ruine ; elle est pour eux le symbole de leur décadence, la preuve vivante de leur impuissance, et du mensonge de leurs prophéties ; si elle prospère, elle dément leurs doctrines ; si elle succombe, elle les vérifie ; toutes les tentations d'amélioration des institutions humaines succombent avec elle : un grand applaudissement s'élève ; le monde reste en possession de la tyrannie et du préjugé. Les hommes de préjugé et de tyrannie désirent donc passionnément sa subversion. A chaque mouvement qu'elle fait, ils l'annoncent ; à chaque occasion, ils l'espèrent ; mais la France est forte, bien plus par l'esprit de vie qui l'anime, que par le nombre de ses soldats. Elle seule a de la foi, et un instinct clair et généreux de la grande cause pour laquelle elle combat ; on lui oppose des machines belliqueuses, et elle jette des martyrs dans l'arène. Une conviction est plus forte qu'une armée ; la France, divisée, ruinée, tyrannisée, ensanglantée au dedans par des bourreaux, attaquée au dehors par ses propres enfants et par les armes de l'Europe entière, a montré au monde qu'elle ne périrait pas par les périls du dehors ; ceux du dedans sont plus graves ; ils résultent de sa situation nouvelle : une transition est toujours une crise, et les conséquences prévues ou imprévues d'un principe organique nouveau amènent inévitablement des phénomènes inattendus, dans la vie sociale d'un grand peuple. Les conséquences immédiates de la révolution en France et les conséquences accidentelles des crises qu'elle vient de traverser sont nombreuses ; je ne parlerai que des principales.

L'égalité de droits a produit l'égalité de prétentions et d'ambitions dans toutes les classes : l'aspiration au pouvoir, la concurrence indéfinie à tous les emplois, l'obstruction de toutes les carrières, la rivalité, la jalousie, l'envie entre tant d'hommes se pressant à la fois aux mêmes issues ; un coudoiement perpétuel des capacités, des cupidités, des amours-propres, à la porte de tous les services publics ; l'instabilité par conséquent, dans toutes les fonctions publiques, et une foule de forces rebutées et envenimées refluant sur la société, et toujours prêtes à se venger d'elle.

La liberté de discussion et d'examen, constituée dans la presse affranchie, a produit un esprit de contestation et de dispute sans bonne foi, une opposition de métier et d'attitude, un cynisme de paroles et de logique qui effarouche la vérité et la modération ; qui égare et ameute l'ignorance, qui déconsidère la première nécessité des peuples, le pouvoir, quel qu'il soit ; qui épouvante les hommes honnêtes, mais timides, et qui donne des armes à toutes les mauvaises passions du temps et du pays.

L'instruction répandue dans les masses, ce premier besoin des populations qui en ont[1] été si longtemps sevrées, produit sur elles, au premier moment, une sorte d'éblouissement d'idées non encore comprises, un vertige d'esprit qui voit trop de jour à la fois ; elles sont comme l'homme qu'on tire des ténèbres où il a longtemps langui, et à qui on ne ménage pas le retour à la lumière ; comme l'homme affamé à qui on jette trop de nourriture à la fois : l'un est ébloui et reste aveugle un moment, l'autre périt quelquefois par l'aliment même qui doit le rendre à la vie. Il ne s'ensuit pas que le pain et la lumière soient des choses funestes ; c'est la transition qui est mauvaise. Ainsi de l'instruction des masses ; elle produit, au premier moment, une surabondance de capacités qui demandent un emploi social ; un défaut de niveau entre les facultés et les occupations, qui peut et qui doit jeter, pendant un temps, une grave perturbation dans l'harmonie politique, jusqu'à ce que le niveau, élevé pour tous, se rétablisse pour chacun, et que ces capacités multipliées se créent à elles-mêmes leurs propres modes d'action.

Le mouvement industriel ; — il arrache les populations aux mœurs et aux habitudes de famille, aux travaux paisibles et moralisans de la terre : il surexcite le travail par le gain qu'il élève tout à coup, et qu'il laisse retomber par saccades ; il accoutume au luxe et aux vices des villes des hommes qui ne peuvent plus retourner à la simplicité et à la médiocrité de la vie rurale : de là des masses, aujourd'hui insuffisantes, demain sans emploi, et que leur dénûment jette en proie à la sédition et au désordre.

Les prolétaires ; — classe nombreuse, inaperçue dans les gouvernemens théocratiques, despotiques et aristocratiques, où ils vivent à l'abri d'une des puissances qui possèdent le sol, et ont leurs garanties d'existence au moins dans leur patronage ; classe qui, aujourd'hui, livrée à elle-même par la suppression de leurs patrons et par l'individualisme, est dans une condition pire qu'elle n'a jamais été, a reconquis des droits stériles, sans avoir le nécessaire, et remuera la société jusqu'à ce que le *socialisme* ait succédé à l'odieux individualisme.

C'est de la situation des prolétaires qu'est née la question de propriété qui se traite partout aujourd'hui ; question qui se résoudrait par le combat et le partage si elle n'était résolue bientôt par la raison, la politique et la *charité sociale*. La charité, c'est le socialisme ; — l'égoïsme, c'est l'individualisme. La charité, comme la politique, commande à l'homme de ne pas abandonner l'homme à lui-même, mais de venir à son aide, de former une sorte d'assurance mutuelle à des conditions équitables entre la société possédante et la société non possédante ; elle dit au propriétaire : Tu garderas ta propriété, car, malgré le beau rêve de la communauté des biens, tenté en vain par le christianisme et par la philanthropie, la propriété paraît jusqu'à ce jour la condition *sine quâ non* de toute société : sans elle, ni famille, ni travail, ni civilisation. Mais elle lui dit aussi : Tu n'oublieras pas que ta propriété n'est pas seulement instituée pour toi, mais pour l'humanité tout entière ; tu ne la possèdes qu'à des conditions de justice, d'utilité, de répartition, d'accession pour tous ; tu fourniras donc à tes frères, sur le superflu de ta propriété, les moyens et les élémens de travail qui leur sont nécessaires pour posséder leur part à leur tour ; tu reconnaîtras un droit au-dessus du droit de propriété, le droit d'humanité ! Voilà la justice et la politique ; c'est une même chose.

De tous ces faits de l'ordre nouveau, un besoin incontestable résulte pour la France et l'Europe, le besoin d'expansion ; il faut de nécessité absolue que l'expansion au dehors soit en rapport de l'immense expansion au dedans, produite par la révolution qui s'accomplit dans les choses. — Sans cette expansion au dehors, comment obvier aux périls que je viens de signaler, comment consacrer l'égalité en droit, et la nier dans les faits ? comment admettre l'examen, et résister à la raison et à son organe, la presse ? comment répandre l'instruction, et refouler les capacités qu'elle multiplie ? comment activer l'industrie, et pourvoir aux agglomérations de populations et aux subites cessations de travail et de salaire qu'elle amène ? comment enfin contenir ces masses de prolétaires qui s'accroissent sans cesse, armées, indisciplinées, ayant à lutter entre la misère et le pillage ? comment sauver la propriété des agressions de doctrines et de faits qu'elle aura de plus en plus à subir ? et si cette pierre angulaire de toute société venait à crouler, comment sauver la société elle-même ? et où serait le refuge contre une seconde barbarie ? Ces périls sont tels que, si la prévision des gouvernemens de l'Europe n'y trouve pas de préservatifs, la ruine du monde social connu est inévitable dans un temps donné.

Or, par une admirable prévoyance de la Providence qui ne crée jamais des besoins nouveaux sans créer en même temps des moyens de les satisfaire, il se trouve qu'au moment même où la grande crise civilisatrice a lieu en Europe, et où les nouvelles nécessités qui en résultent se révèlent aux gouvernemens et aux peuples, une grande crise d'un ordre inverse a lieu en Orient et en Asie, et qu'un grand vide s'offre là au trop plein des populations et des facultés européennes. L'excès de vie qui va déborder chez nous peut et doit s'absorber sur cette partie du monde ; l'excès des forces qui nous travaille peut et doit s'employer dans ces contrées où la force est épuisée et endormie, où les populations croupissent et tarissent, où la vitalité du genre humain expire. L'empire turc s'écroule, et va laisser, d'un jour à l'autre, un vide à l'anarchie, à la barbarie désorganisée, des territoires sans peuples et des populations sans guides et sans maîtres ; et cette ruine de l'empire ottoman, il n'est pas nécessaire de la provoquer, de pousser du doigt le colosse ; elle s'accomplit d'elle-même providentiellement par sa propre action, par la nécessité de sa nature ; elle s'accomplit comme les choses fatales, sans qu'on puisse en accuser personne, sans qu'il soit possible, ni aux Turcs, ni à l'Europe, de la prévenir. La population, affaissée sur elle-même, expire par sa propre impuissance de vivre, ou plutôt elle n'est plus. La race musulmane est réduite à rien dans les soixante mille lieues carrées dont se compose son immense et fertile domaine ; excepté une ou deux capitales, il n'y a presque plus de Turcs. Parcourons de l'œil ces riches et admirables plages, et cherchons l'empire ottoman : nous ne le trouverons nulle part ; la stupide administration, ou plutôt la meurtrière inertie de la race conquérante des enfans d'Osman, a fait partout le désert, ou a laissé partout multiplier et grandir les races conquises, tandis qu'elle-même diminuait et s'éteignait tous les jours.

L'Afrique et son littoral ne se souvient plus même de son origine et de la domination turque. Les régences barbaresques sont indépendantes de fait, et n'ont plus même avec la Turquie cette fraternité, cette sympathie de la religion et des mœurs, qui constitue encore une ombre de nationalité. Le coup porté à Navarin ne retentit même pas à Tunis ; le coup porté à Alger ne retentit pas à Constantinople : la branche est séparée du tronc ; le littoral de l'Afrique n'est ni turc ni arabe, ce sont des colonies de brigands superposées à la terre, et ne s'y enracinant pas ; cela n'a ni titre, ni droit, ni famille parmi les nations ; cela appartient au canon ; c'est un vaisseau sans pavillon, sur lequel tout le monde peut tirer ; la Turquie n'est pas là.

L'Égypte, peuplée d'Arabes, dominée, tour à tour, par tous les maîtres de la Syrie, vient de se détacher de fait de l'empire. Méhémet-Ali tente la résurrection de l'empire des kalifes, mais le fanatisme d'un dogme nouveau qui brillait autour de leur sabre ne brille plus autour du sien. L'Arabie, divisée en tribus, sans cohésion, sans uniformité de mœurs et de lois, l'Arabie, accoutumée depuis des siècles au joug de tous les pachas, est bien loin de voir un libérateur dans Méhémet-Ali ; elle n'y voit pas même un civilisateur qui la rappelle, de la barbarie et de l'impuissance, à la tactique et à l'indépendance ; elle n'y voit qu'un esclave heureux et rebelle, qui veut agrandir le lot que la fortune lui a donné, s'enrichir seul des produits de l'Égypte et de la Syrie, et mourir sans maître. Après lui, elle sait qu'elle retombera sous un joug quelconque, peu lui importe.

Bagdad, aux confins du désert de Syrie, ne renferme qu'une population mêlée de juifs, de chrétiens, de Persans, d'Arabes ; quelques milliers de Turcs, commandés par un pacha que l'on chasse ou qui se révolte tous les trois ou quatre ans, ne suffisent pas pour constituer la nationalité turque dans cette ville de deux cent mille âmes. Bagdad est de sa nature une ville libre, un karavansérail appartenant à toute l'Asie, pour le dépôt de son commerce intérieur ; c'est une Palmyre du désert. Entre Bagdad et Damas règnent les vastes déserts de la Syrie et de la Mésopotamie, traversés par l'Euphrate ; il n'y a là ni royaume, ni villes, ni dominations ; il n'y a que des tentes, que les tribus inconnues et indépendantes promènent dans ces plaines ; tribus qui n'ont de nationalité que dans leurs caprices, qui ne reconnaissent ni patrie, ni maître ; enfans du désert, qui ont pour ennemis tous ceux qui veulent les soumettre, hier les Turcs, aujourd'hui les Égyptiens... Ce ne sont pas là des Turcs.

Damas, grande et magnifique ville, ville sainte, ville où le fanatisme musulman prévaut encore, a une population de cent à cent cinquante mille âmes ; sur ce nombre trente mille sont chrétiens, sept ou huit mille sont juifs, et plus de cent mille sont Arabes. Une poignée de Turcs règne encore par l'esprit de conquête et de coreligion dans le pays ; mais Damas, ville orageuse, indépendante, se révolte à chaque instant, massacre son pacha et chasse les Turcs. Il en est de même d'Alep, ville infiniment moins importante, d'où le commerce se retire, et qui expire sous les ruines de ses tremblemens de terre. Les villes de la Syrie proprement dite, depuis Gaza jusqu'à Alexandrette, y compris les deux villes de Homs et de Hama, sont également peuplées d'Arabes, de Grecs syriaques, de Juifs et d'Arméniens; la totalité des Turcs de ce beau et vaste territoire ne s'élève pas au delà de trente à quarante mille. Les Maronites, nation saine, vigoureuse, spirituelle, guerrière et commerçante, occupent le Liban et dédaignent ou défient les Turcs. Les Druses et les Métualis, tribus indépendantes et courageuses, forment, avec les Maronites, sous le gouvernement fédéral de l'émir Beschir, la population dominante et maîtresse en réalité de la Syrie et même de Damas, le jour où tout sera démembré et abandonné à la nature; là est le germe d'un grand peuple nouveau et civilisable; l'Europe n'a qu'à le couver de l'œil et à lui dire : Lève-toi !

Vient ensuite le mont Taurus, et cette immense Caramanie (Asie-Mineure) dont les provinces étaient sept royaumes, dont les rivages étaient des villes indépendantes, ou de florissantes colonies grecques et romaines. J'ai parcouru toutes ses côtes ; je suis entré dans tous ses golfes, depuis Tarson jusqu'à Tchesmé; je n'ai vu que des plages fertiles, mais désertes, et quelques misérables bourgades habitées par des Grecs; l'intérieur renferme l'indomptable tribu des Turcomans, qui paissent leurs troupeaux sur les montagnes, et campent l'hiver dans les plaines. Adana, Konia, Kutaya, Angora, ses principales villes, sont peuplées chacune de quelques milliers de Turcs ; Smyrne seule est un vaste centre de populations : environ cent mille âmes ; mais plus de la moitié se compose de chrétiens, de Grecs, d'Arméniens et de juifs. Si nous remontons les rivages de l'Asie-Mineure, nous trouvons les belles îles grecques de Scio, de Rhodes et de Chypre. Chypre, à elle seule, est un royaume ; elle a quatre-vingts lieues de long sur vingt de large; elle a nourri et nourrirait plusieurs millions d'habitans ; c'est le ciel de l'Asie et le sol des tropiques ; elle est peuplée d'environ trente mille Grecs, et soixante Turcs, enfermés dans une masure de fort, y représentent la nationalité ottomane ; ainsi de Rhodes, de Stanchio, de Samos, de Scio, de Mytilène. Jusqu'ici où sont donc les Turcs ? Voilà pourtant la plus belle moitié de l'empire.

Le bord de la mer de Marmara et le canal des Dardanelles sont peuplés, de même, de quelques petites villes, moitié turques, moitié grecques ; population rare et pauvre, disséminée, à de grandes distances, sur des côtes sans profondeur. On ne peut guère élever le nombre total de la population turque de ces contrées, à plus de cent mille âmes, en y comprenant Brousse.

Constantinople, comme toutes les capitales d'un peuple en décadence, offre seule une apparence de population et de vie ; à mesure que la vie des empires s'éloigne des extrémités, elle se concentre dans le cœur. Il y eut un jour aussi où tout l'empire grec fut dans Constantinople, et où la ville prise, il n'y eut plus d'empire. On n'est pas d'accord sur la population de Constantinople ; on diffère de trois cent mille âmes à un million : les recensemens manquent ; chacun juge sur des données particulières. Les miennes ne sont que le coup d'œil jeté sur l'immense développement de la ville, y compris Scutari, sur les rivages de la Corne d'Or, de la mer de Marmara et des côtes d'Asie et d'Europe. Je comprends tout cela sous le nom de Constantinople, car il n'y a pas interruption de maisons. Les dénominations de quartiers, de villes et de villages, sont arbitraires, ce n'est qu'un seul bloc de ville, un seul centre de population ; le développement continu des maisons, kiosques, palais ou villages, sur une profondeur quelquefois considérable, quelquefois d'une ou deux maisons seulement, est de quatorze lieues de France. Je crois que l'ensemble de cette population peut être porté de six à sept cent mille âmes ; un tiers seulement est turc, le reste est arménien, juif, chrétien, franc, grec, bulgare. — La population turque de Constantinople serait donc, selon moi, de deux à trois cent mille âmes. Je n'ai pas visité les bords du Pont-Euxin, mais, d'après l'excellent et consciencieux voyage de M. Fontanier, publié en 1834, les populations indigènes prédominent, et la population turque y est là en décadence comme dans les parties de l'empire que j'ai parcourues.

Dans la Turquie d'Europe, la seule grande ville est Andrinople ; on peut y compter trente à quarante mille Turcs : Philippopoli Sophia, Nissa, Belgrade, et les petites villes intermédiaires, autant. J'ajoute deux cent mille Turcs pour les parties de la Turquie que je n'ai pas visitées ; cela s'élève en tout à environ trois cent mille. Dans la Servie et la Bulgarie, il y a à peine un Turc par village ; je suppose qu'il en est de même dans les autres provinces de la Turquie d'Europe. En faisant la part des erreurs que j'ai pu commettre, et en attribuant à l'intérieur de l'Asie-Mineure une population turque bien supérieure à ce que les yeux et les relations en témoignent, je ne pense pas qu'en réalité la totalité de la population turque s'élève maintenant au delà de deux ou trois millions d'âmes ; je suis même loin de penser qu'elle monte si haut. Voilà donc la race conquérante, partie des bords de la mer Caspienne, et fondue au soleil de la Méditerranée ; voilà donc la Turquie possédée par un si petit nombre d'hommes, ou plutôt déjà perdue par eux ; car pendant que le dogme de la fatalité, l'inertie qui en est la conséquence, l'immobilité d'institutions, et la barbarie d'administration, réduisent presque à rien les vainqueurs et les maîtres de l'Asie, les races slaves, les races chrétiennes du nord et du midi de l'empire, les races arméniennes, grecques, maronites et la race arabe conquise, grandissent et multiplient par l'effet de leurs mœurs, de leurs religions, de leur activité. Le nombre des esclaves surpasse immensément le nombre des oppresseurs ; les Grecs de la Morée, faible et misérable population, ont, dans un moment d'énergie, purgé seuls le Péloponèse de Turcs ; la Moldavie, la Valachie, ont secoué le joug ; les îles seraient toutes affranchies, sans le traité européen qui les garantit encore au sultan ; l'Arabie tout entière est disséquée en familles d'hommes inconnues les unes aux autres, tiraillées tour à tour par les Turcs et les Égyptiens, et travaillée, dans sa partie la plus énergique, par le grand schisme des Wahabis ; les Arméniens sont, aux deux tiers, arrachés à la domination musulmane par les Russes et les Persans ; les Géorgiens sont Russes, les Maronites et les Druses seront maîtres de la Syrie et de Damas le jour où ils le voudront sérieusement ; les Bulgares sont une nombreuse et saine population, tributaire encore, mais qui à elle seule, plus nombreuse et plus organisable que les Turcs, s'affranchira d'un mot ; ce mot, les Serviens l'ont prononcé, et leurs magnifiques forêts commencent à se percer de routes, à se couvrir de villes et de villages ; le prince Milosch, leur chef, n'admet plus quelques Turcs à Belgrade que comme alliés et non comme maîtres. L'esprit de conquête, âme des Osmanlis, s'est éteint ; l'esprit de prosélytisme armé s'est évanoui depuis longtemps chez eux ; leur force d'impulsion n'existe nulle part ; leur force de conservation, qui serait dans une administration uniforme, éclairée et progressive, n'est que dans la tête de Mahmoud ; le fanatisme populaire est mort avec les janissaires, et si les janissaires renaissaient, la barbarie renaîtrait avec eux ; il faudrait un miracle de génie pour ressusciter l'empire ; Mahmoud n'est qu'un homme de cœur : le génie lui manque ; il assiste vivant à sa ruine, et rencontre des obstacles partout où un esprit plus vaste et plus ferme trouverait des instrumens; il en est réduit enfin à s'appuyer sur les Russes, ses ennemis immédiats. Cette politique de désespoir et de faiblesse le perd dans l'esprit de son peuple; il n'est plus que l'ombre d'un sultan, assistant au démembrement successif de l'empire; pressé entre l'Europe qui le protége et Méhémet-Ali qui le menace : s'il résiste à l'humiliante protection des Russes, Ibrahim arrive et le renverse en paraissant; s'il combat Ibrahim, la France et l'Angleterre confisquent ses flottes et viennent camper aux Dardanelles; s'il s'allie à Ibrahim, il devient l'esclave de son esclave, et trouve la prison ou la mort dans son propre sérail; une énergie héroïque et une tentative de sublime désespoir peuvent seules le sauver, et relever quelque temps la gloire ottomane : fermer des deux côtés les Dardanelles et le Pont-Euxin; faire un appel à l'Europe méridionale, et à ce qui reste de l'islamisme, et marcher lui-même sur Ibrahim et sur les Russes; mais en supposant le succès, l'empire, un moment glorifié, ne s'en décomposerait pas moins aussitôt après; sa chute seulement serait éclairée d'une auréole d'héroïsme, et la race d'Othman finirait comme elle a commencé, dans un triomphe.

Maintenant que nous avons vu l'état de l'Europe, et celui de l'empire ottoman, que doit faire une politique prévoyante, une politique d'humanité, et non pas d'aveugle et stupide égoïsme? que doit faire l'Europe? La routine diplomatique qui répète ses axiomes, une fois reçus, longtemps après qu'ils n'ont plus de sens, et qui tremble d'avoir une véritable et grave question à traiter, parce qu'elle n'a ni l'intelligence ni l'énergie de la résoudre, dit qu'il faut étayer de toutes parts l'empire ottoman, contre-poids nécessaire en Orient à la puissance russe. S'il y avait un empire ottoman, s'il y avait des Turcs capables de créer et d'organiser non-seulement des armées, mais un état qui pût veiller sur le revers de l'empire russe, et l'inquiéter sérieusement pendant que l'Europe méridionale le combattrait, peut-être cette politique serait-elle conservatrice. Il faudrait être bien hardi ou bien insensé pour dire à l'Europe : Effacez de la carte un empire existant et plein de vie; enlevez un poids immense de la balance si mal équilibrée du monde politique : le monde ne s'en apercevra pas; mais l'empire ottoman n'existe plus que de nom; sa vie est éteinte, son poids ne pèse plus; ce n'est plus qu'une vaste place vide que votre politique anti-humaine veut laisser vide au lieu de l'occuper, au lieu de la remplir de populations saines et vivantes que la nature y a déjà semées, et que vous y sèmerez et multiplierez vous-mêmes. Ne précipitez pas la ruine de l'empire ottoman, ne prenez pas le rôle de la destinée, n'assumez pas la responsabilité de la Providence ; mais ne soutenez pas, par une politique illusoire et coupable, ce fantôme à qui vous ne pourrez jamais donner que l'apparence et l'attitude de la vie, car il est mort. Ne vous faites pas les auxiliaires de la barbarie et de l'islamisme contre la civilisation, la raison et les religions plus avancées qu'ils oppriment. Ne soyez pas les complices de la servitude et de la dépopulation des plus belles parties du monde ; laissez s'accomplir la destinée ; regardez, attendez, tenez-vous prêts.

Le jour où l'empire s'écroulera de lui-même, sapé par Ibrahim, ou par un pacha quelconque, et tombera pièce à pièce au nord et au midi, vous aurez une question bien simple à décider : — Faut-il faire la guerre à la Russie pour l'empêcher d'hériter des bords de la mer Noire et de Constantinople ? Faut-il faire la guerre à l'Autriche pour l'empêcher d'hériter de la moitié de la Turquie d'Europe ? Faut-il faire la guerre à l'Angleterre pour l'empêcher d'hériter de l'Égypte et de sa route des Indes par la mer Rouge ? à la France pour l'empêcher de coloniser la Syrie et l'île de Chypre ? à la Grèce pour l'empêcher de se compléter par le littoral de la Méditerranée et par les belles îles qui portent sa population et son nom ? à tout le monde enfin, de peur que quelqu'un ne profite de ces magnifiques débris ? Ou bien faut-il nous entendre, et les partager à la race humaine, sous le patronage de l'Europe, pour que la race humaine y multiplie, y grandisse et que la civilisation s'y répande ? Voilà les deux questions qu'un congrès des puissances de l'Europe aura à se poser. Certes, la réponse n'est pas douteuse.

Si vous faites la guerre, vous aurez la guerre avec tous les maux, toutes les ruines qu'elle comporte, vous ferez le mal de l'Europe et de l'Asie, et le vôtre ; et, la guerre finie de lassitude, rien de ce que vous aurez voulu empêcher ne sera empêché ; la force des choses, la pente irrésistible des événemens, l'influence des sympathies nationales et des religions, la puissance des positions territoriales, auront leur inévitable effet. La Russie occupera les bords de la mer Noire et Constantinople ; la mer Noire est un lac russe dont Constantinople est la clef. L'Autriche se répandra sur la Servie, la Bulgarie et la Macédoine, pour marcher du même pas que la Russie ;

et la France, l'Angleterre et la Grèce, après s'être disputé quelque temps la route, occuperont l'Égypte, la Syrie, Chypre et les îles. L'effet sera le même; seulement des flots de sang auront été versés sur terre et sur mer. Des divisions forcées, arbitraires, faites par le hasard des batailles, auront été substituées à des divisions rationnelles de territoires; des colonisations utiles auront perdu des années, et pendant ces années, peut-être longues, la Turquie d'Europe et l'Asie auront été en proie à une anarchie et à des calamités incalculables. Vous y trouverez plus de déserts encore que les Turcs disparus n'en auront laissé. L'Europe aura reculé au lieu de suivre son mouvement accéléré de civilisation et de prospérité, et l'Asie sera restée plus longtemps morte dans son sépulcre. Si la raison préside aux destinées de l'Europe, peut-elle hésiter? Et si elle hésite, que dira l'histoire de ses gouvernemens et de ses guides? Elle dira que le monde politique a été conduit, au dix-neuvième siècle, par la folie et l'égoïsme suicide, et que les cabinets et les peuples ont rejeté à la Providence le plus magnifique présent qu'elle ait jamais offert aux nécessités d'une époque et aux progrès de l'humanité.

Voici ce qu'il y a à faire. Rassembler un congrès des principales puissances qui ont des limites sur l'empire ottoman, ou des intérêts sur la Méditerranée; établir, en principe et en fait, que l'Europe se retire de toute action ou influence directe dans les affaires intérieures de la Turquie et l'abandonne à sa propre vitalité et aux chances de ses propres destinées, et convenir d'avance que, dans le cas de la chute de cet empire, soit par une révolution à Constantinople, soit par un démembrement successif, les puissances européennes prendront, chacune à titre de protectorat, la partie de l'empire qui lui sera assignée par les stipulations du congrès; que ces protectorats, définis et limités, quant aux territoires, selon les voisinages, la sûreté des frontières, l'analogie de religions, de mœurs et d'intérêts, ne porteront pas atteinte aux droits de souverainetés locales, préexistans dans les provinces protégées, et ne consacreront que la suzeraineté des puissances. Cette sorte de suzeraineté définie ainsi, et consacrée comme droit européen, consistera principalement dans le droit d'occuper telle partie du territoire ou des côtes, pour y fonder, soit des villes libres, soit des colonies européennes, soit des ports et des échelles de commerce. Les nationalités diverses, les classifications de tribus, les droits préexistans de tout genre, seront reconnus et maintenus par la puissance protectrice. Ce n'est qu'une tutelle armée et civilisatrice, que chaque puissance exercera sur son protectorat; elle garantira son existence et ses élémens de nationalité, sous le drapeau d'une nationalité plus forte; elle la préservera des invasions, des démembremens, des déchiremens et de l'anarchie; elle lui fournira les moyens pacifiques de développer son commerce et son industrie.

Ceci posé, le mode d'action et l'influence des protectorats sur les parties de l'Orient qui leur échoiront, varieront selon les localités et les mœurs, et découleront des circonstances spéciales : voici comment les choses procéderont d'elles-mêmes.

On fondera d'abord une ou plusieurs villes libres européennes, sur un des points de la côte ou du territoire les plus favorisés par la nature et les circonstances. Ces villes, ouvertes, ainsi que leur territoire, à toutes les populations protégées, seront régies par la législation de la mère-patrie ou par des législations coloniales ; en y entrant, les protégés acquerront le droit de cité, et bientôt après de nation ; ils cesseront d'être soumis aux législations oppressives et barbares de leur tribu ou de leur prince; ils jouiront de la consécration de droit de propriété et de transmission qui leur manque presque partout, et qui est le premier levier de toute civilisation; ils y auront les immunités de commerce, d'industrie, de milice, que la politique de l'état protecteur jugera convenable de leur conférer. — Les relations commerciales entre ces principaux centres de liberté, de propriété et de civilisation, s'étendront inévitablement de proche en proche; les villes, les villages, les tribus, ne tarderont pas à demander en masse la nationalité et les droits sociaux qui en résultent. Le pays protégé passera, en peu d'années, tout entier dans les cadres de la nation protectrice. L'uniformité de lois et d'avantages politiques et sociaux s'y établira promptement et librement : tous ces avantages y sont déjà vivement appréciés et désirés. Las de la tyrannie et de l'administration barbare et oppressive qui les décime, affamés surtout de liberté individuelle, de propriété et de commerce, il n'y a aucun doute que les premières villes ouvertes se rempliront immédiatement. La contagion de l'exemple, et la sécurité prospère dont jouiront ces villes et leurs territoires, entraîneront de proche en proche les populations entières. Il n'y a que deux choses à ménager et à respecter, la religion et les mœurs. Cela est facile, puisque la tolérance est la loi du bon sens et de l'Europe, et l'habitude invétérée de l'Orient. Tous les cultes doivent continuer à y vivre côte à côte, dans toute leur franchise et leur indépendance mutuelle. Quelques conditions purement civiles pourront seulement être graduellement imposées à ceux qui s'établiront dans les villes européennes, et les modifier en ce qui concerne la législation et non les croyances. La loi municipale et protectrice n'y reconnaîtra ni la pluralité des femmes ni l'esclavage, mais elle n'interdira rien de ce qui est seulement domaine privé de la famille ou de la conscience.

Il y aura deux sortes de législation dans chaque protectorat, une législation générale et en quelque sorte féodale, qui établira les rapports généraux des peuples et des tribus protégées entre elles, et avec la nation protectrice, comme le concours à l'impôt, à la milice, les limitations de territoires, et une législation européenne des villes libres européennes, analogue à la civilisation de la nation protectrice, législation modèle, sans cesse offerte en exemple et en émulation à la législation arriérée et barbare des tribus voisines. Il est indispensable de laisser subsister, de droit et de fait, les séparations. Ces races d'hommes en nations, en tribus, en religion et en mœurs existantes dans l'Orient, il faut les obliger seulement dans le pacte commun, surveillé par le protectorat, à vivre en paix; les habituer à la communauté d'intérêts, les réunir, pour certains objets, en assemblées délibérantes par nation et par tribus; puis leur faire nommer, dans leur sein, des mandataires pris parmi les plus éclairés d'entre eux, qui délibéreront, à leur tour, avec les mandataires des autres nations et tribus, sur des intérêts communs à tout le protectorat, afin de les accoutumer peu à peu à des rapports bienveillans, et les fondre insensiblement, par la force des mœurs et non par la force des lois. L'Orient est tellement préparé par ses habitudes municipales, et par l'immense diversité de ses races, à un semblable état de choses, que la nation protectrice n'éprouvera aucune difficulté, excepté dans une ou deux grandes capitales, comme Damas, Bagdad, le Caire et Constantinople. Ces difficultés ne devront point être résolues par la force, mais par la seule excommunication temporaire d'avec le reste des territoires protégés. La cessation du commerce est pour l'Orient la cessation de la vie. Le repentir amènera bien vite la réconciliation.

La possibilité, je dirai même la facilité extrême d'une semblable organisation, est démontrée pour quiconque a parcouru ces contrées. L'excès de la servitude, de la ruine, de la dépopulation, l'absence du droit de propriété et de transmission légale, l'arbitraire d'un pacha, qui pèse sans cesse sur la fortune et sur la vie, ont tellement dénationalisé ces beaux pays, que tout drapeau qui y sera planté à ces conditions réunira bientôt la majorité des populations sous son ombre. La plupart de ces populations est mûre pour ce grand changement : toutes celles de la Turquie d'Europe, et toutes les populations grecques, arméniennes, maronites et juives, sont laborieuses, cultivatrices, commerçantes, et ne demandent que propriété, sécurité et liberté, pour se multiplier et couvrir les îles et les deux continens. En vingt années, la mesure que je propose aura créé des nations prospères, et des millions d'hommes, marchant, sous l'égide de l'Europe, à une civilisation nouvelle.

Mais, me dira-t-on, que ferez-vous des Turcs? Je demanderai où seront les Turcs ? Une fois l'empire écroulé, divisé et démembré, les Turcs, refoulés de toutes les populations insurgées, ou se confondront avec elles, ou fuiront à Constantinople, et dans quelques parties de l'Asie-Mineure où ils seront en majorité. Ils seront trop peu nombreux, trop pressés d'ennemis implacables, trop frappés du coup de la fatalité, pour reconquérir leur immense domination perdue. Ils formeront eux-mêmes une de ces nations garanties et protégées par la puissance européenne qui acceptera la suzeraineté du Bosphore, de Constantinople ou de l'Asie-Mineure, et seront trop heureux que cette égide les couvre contre la vengeance et les agressions des peuples qui leur furent soumis. Ils garderont leurs lois, leurs mœurs, leurs cultes, jusqu'à ce que le contact d'une civilisation plus avancée les amène insensiblement à la propriété, au travail, au commerce et à tous les bienfaits sociaux qui en découlent. Leur territoire, leur indépendance relative, et leur nationalité, resteront sous la tutelle de l'Europe, jusqu'à leur complète fusion dans les autres nations libres de l'Asie. Si le plan que je conçois et que je propose devait entraîner la violence, l'expatriation, l'expropriation forcée de ce débris d'une grande et généreuse nation, je regarderais ce plan comme un crime. Les Turcs, par le vice irréformable de leur administration, de leurs mœurs, sont incapables de gouverner l'Europe et l'Asie, ou l'une ou l'autre de ces contrées. Ils l'ont dépeuplée, et se sont suicidés eux-mêmes par le lent suicide de leur gouvernement. Mais, comme race d'hommes, comme nation, ils sont encore, à mon avis, les premiers et les plus dignes parmi les peuplades de leur vaste empire ;

leur caractère est le plus noble et le plus grand, leur courage est intact; leurs vertus religieuses, civiles et domestiques, sont faites pour inspirer à tout esprit impartial l'estime et l'admiration. Leur noblesse est écrite sur leurs fronts et dans leurs actions : s'ils avaient de meilleures lois et un gouvernement plus éclairé, ils seraient un des premiers peuples du monde. Tous leurs instincts sont généreux. C'est un peuple de patriarches, de contemplateurs, d'adorateurs, de philosophes, et quand Dieu a parlé pour eux, c'est un peuple de héros et de martyrs. A Dieu ne plaise que je provoque l'extermination d'une pareille race d'hommes qui, selon moi, fait honneur à l'humanité. Mais ils ne sont plus, ou ne seront bientôt plus comme peuple. Il faut les sauver comme race d'hommes et comme nation, en sauvant aussi celles qu'ils oppriment et empêchent de naître, en prenant, au moment décisif, la tutelle de leur destinée et de celle de l'Asie. De quel droit? dira-t-on. Du droit d'humanité et de civilisation. Ce n'est pas le droit de la force que je sollicite, la force ne confère pas le droit, mais la force confère une faculté. L'Europe, réunie dans un but conservateur et civilisateur de l'espèce humaine, a incontestablement la faculté de régler le sort de l'Asie. C'est à elle à s'interroger et à se demander si cette faculté ne lui donne pas aussi un droit, et si même elle ne lui impose pas un devoir? Quant à moi, je suis pour l'affirmative. Il n'y a pas un coup de canon à tirer, pas une violence, pas une expropriation, pas un déplacement de population, pas une violation de religion ou de mœurs à autoriser. Il n'y a qu'une résolution à prendre, une protection à promulguer, un drapeau à envoyer, et, si vous ne le faites pas, il y a pour l'Europe vingt années de guerres inutiles, et pour l'Asie, anarchie, ruine, stagnation et dépopulation sans terme. Dieu a-t-il offert à l'homme ce magnifique domaine de la plus belle partie du monde, pour le laisser stérile, inculte ou ravagé par une éternelle barbarie?

Quant à l'Europe elle-même, son état convulsif, révolutionnaire, exubérant de population, d'industrie et de forces intellectuelles sans emploi, doit lui faire bénir la Providence, qui lui ouvre à propos une si immense carrière de pensée, d'activité, de noble ambition, de prosélytisme civilisateur, de travail industriel et agricole, d'emplois et de rétributions de tout genre; des flottes et des armées à conduire, des ports et des villes à créer, des colonies intérieures à fonder, des déserts fertiles à exploiter, des industries nouvelles à organiser, des bras novices à employer, des routes à percer, des alliances à tenter, des populations saines et jeunes à guider, des législations à étudier et à éprouver, des religions à approfondir et à rationaliser, des fusions de mœurs et de peuples à consommer, l'Afrique, l'Asie et l'Europe à rapprocher et à unir par des communications nouvelles qui mettent les Indes à un mois de Marseille, et le Caire en rapport avec Calcutta. Les plus beaux climats de l'univers, les fleuves, les plaines de la Mésopotamie, offrant leurs ondes ou leurs routes à l'activité multipliée du commerce universel; les montagnes de Syrie fournissant un intarissable dépôt de houilles, au bord de la mer, à d'innombrables vaisseaux à vapeur; la Méditerranée, devenue le lac de l'Europe méridionale, comme le Pont-Euxin devient le lac russe, comme la mer Rouge et le golfe Persique deviennent des lacs anglais; des nations sans territoire, sans patrie, sans droits, sans lois, sans sécurité, se partageant, à l'abri des législations européennes, les lieux où elles campent maintenant, et couvrant l'Asie-Mineure, l'Afrique, l'Égypte, l'Arabie, la Turquie d'Europe et les îles, de peuples laborieux et affamés des lumières et des produits de l'Europe. Quel tableau, quel avenir pour les trois continens ! Quelle sphère sans bornes d'activité nouvelle pour les facultés et les besoins qui nous rongent ! Quel élément de pacification, d'ordre intérieur et de progrès réguliers pour notre orageuse époque ! Eh bien ! ce tableau n'est que la vérité, la vérité infaillible, facile, positive. Il ne faut à l'Europe qu'une idée juste et un sentiment généreux pour le réaliser; elle n'a qu'un mot à dire et elle se sauve elle-même, en préparant un large avenir à l'humanité.

Je n'entrerai pas ici dans la discussion des limites des protectorats d'Europe et d'Asie, et des compensations que ces limitations pourraient amener dans l'Europe même; c'est l'œuvre d'un congrès secret entre les agens des principales puissances seulement. Les nationalités établies sont en quelque sorte l'individualité des peuples. Il y faut toucher le moins possible dans les négociations; la guerre seule y touche, et c'est assez. Ces compensations seraient donc peu de chose à accorder; elles ne devraient pas entraîner ces interminables discussions, et les querelles multipliées qu'on objecte. Je le disais tout à l'heure, dans certains cas, les facultés sont un droit. Les petites puissances de l'Europe ne doivent point embarrasser les grandes, qui ont de fait la voix prépondérante et sans appel, dans le grand conseil européen. Quand la Russie, l'Autriche, l'Angleterre et la France se seront entendues, et auront promulgué une décision ferme et unanime, qui est-ce qui les empêchera d'exécuter ce que leur dignité, leurs intérêts et le salut du monde leur auront inspiré? Personne. Les petites diplomaties murmureront, intrigueront, écriront; mais l'œuvre sera accomplie, et la force de l'Europe renouvelée.

FIN DU TOME SIXIÈME.

TABLE

DU TOME SIXIÈME.

Pages.

SOUVENIRS, IMPRESSIONS, PENSÉES ET PAYSAGES. — Paysages et pensées
   en Syrie. 1
Les ruines de Balbek. 10
Vers écrits à Balbek. 28
Damas. 55

Retour à Bayruth et départ pour les cèdres de Salomon. 93
Départ de Jaffa. 130
Constantinople. 151
Notes sur la Servie. 248

RÉCIT DU SÉJOUR DE FATALLA SAYEGHIR CHEZ LES ARABES ERRANS DU
   GRAND DÉSERT. — Avant-propos. 273
Récit de Fatalla Sayeghir. 281

FRAGMENS DU POEME D'ANTAR. — Premier fragment. 427
   Deuxième fragment. 451
   Pensées d'Antar. 454

RÉSUMÉ POLITIQUE DU VOYAGE EN ORIENT. 459

FIN DE LA TABLE DU TOME SIXIÈME.

LAGNY. — IMPRIMERIE DE VIALAT ET Cie.

www.ingramcontent.com/pod-product-compliance
Lightning Source LLC
Chambersburg PA
CBHW050602230426
43670CB00009B/1228